Principles and Practice of Public Relations

工业和信息化普通高等教育“十三五”规划教材立项项目

21世纪高等学校经济管理类规划教材

公共关系原理与实务

□ 李秀忠 曲延春 主编

U0877586

人民邮电出版社

北京

图书在版编目（CIP）数据

公共关系原理与实务 / 李秀忠，曲延春主编. -- 北京 ：人民邮电出版社，2017.8（2021.12重印）
21世纪高等学校经济管理类规划教材
ISBN 978-7-115-45831-5

Ⅰ. ①公… Ⅱ. ①李… ②曲… Ⅲ. ①公共关系学－高等学校－教材 Ⅳ. ①C912.3

中国版本图书馆CIP数据核字(2017)第117963号

内 容 提 要

本书系统地介绍了公共关系学的基本理论和实务最新研究成果，在阐述公共关系基本原理的基础上，对公共关系策划、公共关系演讲、公共关系危机管理、公共关系谈判、公共关系广告、公共关系推销、公共关系文书、公共关系礼仪、公共关系专题活动等做了重点介绍。每章都附有多个案例分析，是一本理论和实践结合较紧密的教科书。

该书提供PPT、案例库、习题集和模拟试卷等配套资源，索取方式参见书末的“配套资料索取示意图”。另外也可通过编辑QQ（602983359）或微信（15652315123）索取。

本书可作为高等院校经济管理专业、公共管理专业、公共关系专业和其他相关专业本、专科学生的教材，也可供高等职业院校相关专业学生使用，同时还可供企业主管和公关策划人员阅读。

◆ 主　　编　李秀忠　曲延春
责任编辑　万国清
责任印制　周昇亮
◆ 人民邮电出版社出版发行　　北京市丰台区成寿寺路 11 号
邮编　100164　　电子邮件　315@ptpress.com.cn
网址　https://www.ptpress.com.cn
涿州市京南印刷厂印刷
◆ 开本：787×1092　1/16
印张：15.75　　2017 年 8 月第 1 版
字数：382 千字　　2021 年 12 月河北第 4 次印刷

定价：45.00 元

读者服务热线：(010)81055256　印装质量热线：(010)81055316
反盗版热线：(010)81055315
广告经营许可证：京东市监广登字 20170147 号

前　言

21 世纪，经济技术快速发展，信息技术、网络经济、生命科学等的发展，对人类的生活、学习、生产带来前所未有的机遇和挑战。我国公共关系事业也有了长足的发展，公共关系地域发展日益平衡，引进的公共关系理念促进了自我创新，公共关系愈加市场化，理论与实践更加紧密结合，高校和科研机构的研究得到了社会组织的支持。这一切都为我国公共关系事业的全面发展创造了更多、更好的机会，也对公共关系这门学科的理论研究和教学工作提出了更高的要求。

为适应这一发展要求，人民邮电出版社组织有关院校编写了这本《公共关系理论与实务》。在编写过程中，编者总结了多年来在公共关系教学方面的经验，同时也吸收了国内外同行的最新研究成果。本书一方面阐述了公共关系基本理论的最新发展成果，另一方面更多地注重了公关实务、实际操作方法。全书共分 2 篇 14 章，分别为公共关系绪论、公共关系的发展历史、公共关系的主体、公共关系的客体、公共关系传播与媒介、公共关系工作程序、公共关系演讲、公共关系危机管理、公共关系谈判、公共关系广告、公共关系推销、公共关系文书、公共关系礼仪及公共关系专题活动。本书每章附有多个案例对理论进行说明和注解，充分体现了公共关系这门学科应用性强、操作性强的特点。

本书由李秀忠、曲延春担任主编，李元、战建华、马硕、张文逸担任副主编。李秀忠撰写了本书初稿，然后分工进行了修改。参与本书编写的其他人员有马景宁、蒋金鑫、李酉君、王淑晴、王文芹、王彤辉、刘群、孔倩倩、李娜。李秀忠对全书进行了统稿。

本书提供 PPT、案例库、习题和摸拟试卷等配套资源，用书老师可通过人邮社区或编辑 QQ（602983359）下载或索取。

在本书的编写过程中，我们参阅了国内外有关资料，借鉴了国内外许多专家、学者的研究成果、著作和教材，在此表示衷心感谢！由于水平所限，书中难免出现缺点和不足，恳请同行专家批评指正。

编　者

2017 年 4 月

目　　录

第一篇　公共关系原理

第一章　公共关系绪论

学习目标：

了解公共关系的定义、概念和范畴，理解公共关系的本质及完整含义；了解公共关系学的概念与若干相关学科概念及相关实践范畴的关系；了解公共关系的职责和功能；了解公共关系的基本原则和职业原则。

案例 1.1

激烈的市场竞争中知名企业更需要公共关系

1998年2月，春节的喜庆气氛还没消失，四川长虹彩电却在济南商场栽了“跟头”——被七家商场联合“拒售”。这意味着长虹将在济南失去市场。在家电竞争日益激烈的今天，企业还有什么比失去市场更大的风险？再者，今天有济南“拒售”，明天再有其他地方效仿又该如何？为什么“拒售”？据商家一方的理由是“售后服务”不好；而长虹方面说每天有4辆流动服务车在市内流动维修，而济南消费者协会也证实没有关于长虹的投诉。这究竟是怎么一回事？一时间公众议论纷纷，多家媒体也作了追踪报道。据报载，长虹老总在事发后立即率领一班人马前往济南与七大商场进行斡旋，双方均表示“有话好好说”，争取及早平息风波，圆满解决。通过“企业危机公关”，“拒售”风波平息，长虹彩电依然畅销。

启发思考：

1. 在激烈的市场竞争中，有知名度的企业要不要公共关系？
2. 面对突发事件，企业应运用怎样的公共关系策略来解决矛盾？

自改革开放以来，公共关系以其独特的魅力，被广泛应用于社会的各个部门，在经营管理、市场营销、大众传播等领域发挥着令人瞩目的作用，越来越受到人们的高度重视。为了对公共关系学有一个总体的认识和把握，首先要对什么是公共关系，什么是公共关系学，公共关系与其他相近概念的区别与联系是什么，以及公共关系的功能原则有一个基本的了解。

第一节　公共关系的含义

公共关系作为一种客观存在，可以说，在人类社会产生的同时就已出现，但一直处于盲目的原始状态。只是到了 20 世纪初，现代意义上的公共关系才开始产生和发展起来。

一、公共关系的概念

汉语中的“公共关系”一词，源自英语的 Public Relation，缩写为 P.R.，也有人译作“公众关系”，中文简称“公关”。

> **想一想**
>
> 怎样理解公共关系的含义？

由于公共关系的历史短、学科建设晚，人们对公共关系的认识还存在许多不一致的地方。就其定义而言，专家学者们从各自不同的侧面对公共关系下了成百上千种定义，在公共关系学界为人们所正式引用的也有几十种。如：1978 年 8 月 8 至 10 日，在墨西哥城召开的各国公共关系协会世界第一次大会上通过如下定义：公共关系的实施是分析趋势、预测后果，向组织领导人提供咨询意见，并履行一系列有计划的行为，以服务于本组织和公众共同利益的艺术和社会科学。

国际公关协会的定义是：公共关系是一种管理功能，它具有连续性和计划性。通过公共关系，公立的和私立的组织、机构试图赢得同它们有关的人们的理解、同情和支持——借助对舆论的估价，以尽可能地协调它自己的政策和做法，依靠有计划的、广泛的信息传播，赢得更有效的合作，更好地实现它们的共同利益。

《大英百科全书》从内涵和外延两方面定义：公共关系是指在传递关于个人、公司、政府机构或其他组织的信息，以改善公众对他们的态度的一种政策和活动。公共关系部或公共关系公司的主要任务是发布新闻，安排记者招待会，回答公众的投书，规划对社会活动的参与，准备电影、宣传资料、雇员刊物、给股东的报告以及标准信件，规划广告项目，筹划展览会和参观访问，调查公共舆论。

此外，一些从事具体公关工作的人，从自身工作经验和体会出发，还对公共关系做了许多通俗的表述。例如，公共关系是“人和”的学问；公共关系就是努力干好，让别人知晓；公共关系是一门研究如何建立信誉，从而使事业获得成功的学问；公共关系是 90% 靠自己做得好，10% 靠宣传。

根据公共关系所包含的内容及特质，可以给公共关系做出如下定义：公共关系是社会组织为了塑造自身的形象，通过传播、沟通手段和活动影响公众的科学和艺术。对于公共关系的这个定义，可从以下几个方面来予以理解和把握。

第一，公共关系活动的根本目的是塑造社会组织自身的良好形象。组织形象是公共关系理论的核心概念，是贯穿公共关系理论与运作的一条主线。

第二，公共关系是由社会组织通过传播、沟通手段影响公众。公共关系的主体是社会组织，客体是公众，手段是传播、沟通。换言之，社会组织、公众、传播是构成公共关系的三大要素。

第三，公共关系既是一种状态，也是一种活动。公共关系是一种客观的社会状态，也就是说，公共关系总是在特定的社会关系状态和公众舆论状态的基础上展开，与此同时，公共关系必然影响和造成一定的社会关系状态和公众舆论状态，例如，A 饭店的公共关系不错。公共关系同时又是一种活动。现代公共关系活动主要指作为组织的一种经营管理行为的“公共关系实务”，包括公关调查、公关策划、公关宣传、公众关系处理、形象设计、公关交际以及各种公共关系专题活动和特别节目等，例如，B 公司赞助希望小学就是一种公关活动。

第四，公共关系既是一门科学又是一门艺术。从理论上讲，公共关系是一门科学，有较完整的学科体系，例如，张三是学公关的，这个公关就是指公共关系学理论。从运作上讲，公共关系又是一种艺术，这种艺术掌握和运用得好坏，直接影响着公共关系工作的成败。

二、公共关系的构成要素

公共关系是由社会组织、公众、传播三个要素构成。其中，社会组织是公共关系的主体，公众是公共关系的客体，而传播则是联系主体与客体的桥梁。

1. 公共关系的主体：社会组织

社会组织是公共关系活动的主体，它是按照一定目的、任务和形式，为履行某种职能而建立起来的社会群体或社会集团。包括各种政治组织、经济组织、军事组织、文化团体及民间组织等具体机构。任何社会组织的生存和发展，都需要得到相关组织和个体的支持和合作，都需要在社会上树立自己的形象和声誉，因此都需要开展公共关系。

> **想一想**
>
> 公共关系除了三个基本要素外，还有没有其他要素？

2. 公共关系的客体：公众

公众是指与组织有某种直接或间接联系的个人、群众和组织的总和，是组织传播沟通的对象。公众对社会组织的生存、发展具有现实的或潜在的利益关系，离开了公众，公关活动就无所指向，失去目标，公关活动本身也就失去了意义。因此，任何组织在计划和实施自己的公关工作的时候，都必须首先确认自己的公众对象，分析研究自己的公众对象，并根据公众的特点制订公关工作的目标和计划，随着公众的变化调整自己的公关政策和行为。

3. 公共关系的媒介：传播

公共关系中的传播是指社会组织与公众之间借助语言文字、新闻媒体和其他各种载体，直接、间接地进行思想、感情信息的交流活动。社会组织只有通过传播，才能将自己的政策、情况告诉公众，让公众知晓、理解、合作。社会组织也只有通过传播，才能收集、洞察公众的意愿、态度，据此来制定或修改自己的政策。因此，传播是主体与客体之间的媒介，是联系公共关系主体和客体的桥梁，是公共关系工作的主要手段。

三、公共关系的基本特征

从公共关系的定义及三个基本要素的分析，不难看出公共关系是组织与公众之间的相互关系，是一种传播活动，是一种特殊的管理职能，其目标是追求自身效益和社会效益的一致。因此，公共关系具有以下一些基本特征。

1. 以公众为对象

公共关系是社会组织和公众之间的关系，因此，必须以公众为对象。公共关系也是一种关系。所谓关系，是指人与人之间的普遍联系。国家为主体与他人发生关系，称为国务关系；个人为主体与他人发生关系，称为人际关系；社会组织为主体与他人发生关系，称为公共关系。因此，公共关系是社会组织与其相关的社会公众之间发生的关系。离开了社会公众，组织将无法生存和发展。社会组织必须坚持着眼于自己的公众，才能生存和发展。公共关系活动的策划者和实施者必须始终将公众看作自己的上帝。

2. 以美誉为目标

公共关系是社会组织在公众中树立良好信誉、塑造良好形象的活动，必须以美誉为目标。在公众中建立和维持良好的信誉、树立组织的良好形象是公共关系活动的根本目的。在商品经济高度发达的社会里，信誉和形象是社会组织在竞争中求生存、求发展的极其重要的手段和条件。搞好人际关系的目的是为了个人的生存和发展，搞好公共关系的目的是为了使组织拥有良好的声誉。所以塑造组织的美好形象，树立组织的良好信誉，是公共关系所追求的目标。

3. 以互惠为原则

公共关系是社会组织与公众之间互惠互利、平等相待的关系，因此，必须坚持互惠原则。组织与公众的关系是以一定的利益为基础的，社会组织只有在实现自身利益的同时，又使公众受益，才能赢得公众的长久合作；否则，一方感到得不偿失，关系就会被中断。所以，社会组织在发展过程中必须奉行互惠原则，才能赢得公众的信任和支持，只有满足了公众需求，才能实现自己的目标。

4. 以长远为方针

公共关系是社会组织与公众建立良好关系的重要手段，着眼于长远打算，着手于平时的努力，因此，必须以长远为方针。社会组织面对的是复杂的社会环境和社会关系，要与公众建立起良好的关系，获得美好的声誉，绝不是一朝一夕所能实现的。社会组织的美好形象的树立，必须经过长期的、有计划的、有目的的、持续不断的努力，即便有了好的信誉和关系，也需要维持、发展和巩固。因此，公共关系活动不是权宜之计，不要仅仅考虑眼前效果，要着眼于长远效果。

5. 以真诚为信条

公共关系是靠诚实取信于公众，因此必须以真诚为信条。公共关系工作的实效在于取信于人，只有真实、客观地传播信息，才能赢得公众的信任，保持良好的信誉。在传播活动中，任何虚假的信息传播都会损伤组织的形象，唯有真诚才能赢得合作。因此，真诚是公共关系活动的信条。

6. 以双向传播为手段

公共关系在主客体的沟通方面，主要手段是双向传播。社会组织要协调好内外关系，在公众中树立良好的形象，就必须与内外公众保持良好的信息沟通。没有沟通，主客体之间的关系就不会存在，社会组织的美誉也无从产生，互惠互利也不可能实现。但是，如果只注意内部信息的输出，忽视外部信息的采集和反馈，就无法预测社会变化的趋势，适应外部环境的需要；如果只注意搜集信息，而忽视向外传播信息，推销自我，也会在优胜劣汰的竞争中失败。因此，双向传播和沟通是公共关系的重要手段。

四、公共关系与其他相关活动

由于公共关系的特殊性，必须将它和其他社会现象或相近的事物进行区别。例如，公共关系与人际关系、公共关系与庸俗关系、公共关系与广告等。公共关系的界定通过将公共关系与相近事物的比较来明确其相互之间的联系与区别，以便在概念上说明公共关系的确切含义。

1. 公共关系与人际关系

人际关系主要是研究个人与个人之间的关系，包括血亲关系、亲属关系、朋友关系、地缘关系、业务关系等为条件建立起来的各种关系。公共关系通常表现为人际关系，因为组织整体之间的联系，往往表现为一个组织中的若干人之间的联系，即表现为人际关系。例如，某企业的工作人员接待一位因商品质量问题前来投诉的消费者，这种接待活动表面上是个人与个人之间的接触，实际上是一次公关活动。在消费者心目中，这位工作人员就是企业的代表，工作人员态度的好坏直接影响到整个企业的形象。对于工作人员来说，也不应将这位消费者当作孤立的个人看待，而应将之看作公众中的一员。

> **想一想**
>
> 公共关系在社会生活中被理解的广泛性？

虽然公共关系与人际关系有着密切的联系，但也有明显的区别。公共关系与人际关系的主要区别在于以下几点。

（1）主体不同。公共关系的主体是社会组织，处理的是社会组织与公众的关系；而人际关系的主体是个人，处理的是个人与个人之间的关系。

（2）服务对象不同。公共关系服务于社会组织，关系的融洽与冲突、受益与受损的都是社会组织；而人际关系服务于个人，关系的好坏、受益或受损都属于个人。

（3）交往范围不同。公共关系要经常组织专门的活动借助新闻界扩大影响，沟通范围广；而人际交往的范围要小得多，也简单得多。

2. 公共关系与庸俗关系

庸俗关系就是平常所说的“拉关系”“走后门”等庸俗的社会现象，它是一种非正常的、不健康的、庸俗化的人际关系。它以损公肥私、侵占他人利益及危害社会利益为特征，是一种赤裸裸的私利关系。庸俗关系和公共关系有着本质区别，主要表现在以下几个方面。

（1）性质不同。公共关系作为一种状态是客观存在的，作为一种活动是组织与公众之间的必要沟通，它对于组织的生存和发展具有重要意义，因此，公共关系已成为现代组织应予以重视、研究和应用的一门新兴管理学；而庸俗关系则是一种不正之风，它损害了国家和集体的利益，我们应对之进行坚决抵制。

（2）产生的社会基础不同。公共关系是市场经济条件下的产物，一个社会组织塑造良好的形象、构建良好的公共关系已成为其赖以生存和发展的必要前提；而庸俗关系则是生产力低下、卖方市场和经济落后的表现。当经济落后、商品数量短缺时，即使劣质产品和服务往往也供不应求，公共关系对于组织还没有成为需要。同时，人们的活动范围也局限在狭小、固定的地域，从而使社会关系具有浓厚的宗族关系、地域关系的性质。人们习惯于生活在同族、同乡的熟人世界中，并对外人产生排他性，局外人想从这个关系网中分离一份利益，获得某些商品或服务，就必须与其中的某个人建立关系。

（3）代表的利益不同。公共关系将组织利益和公众利益有机地结合在一起。公共关系所追求的是组织在公众心目中的良好形象，强调通过组织的政策、行动来赢得公众的理解和支持。任何一个组织，只有在组织利益和公众利益相互协调、互利互惠的前提下才能得到发展，因此，组织利益与公众利益是一致的；而庸俗关系背离广大公众的利益，所追求的是小团体特别是个人的私利，甚至为了一时的既得利益，不惜损人利己、损公肥私，危害社会和公众的利益。

（4）手段不同。公共关系活动以事实为基础，利用大众传播媒介，通过双向信息交流，协调组织与公众的关系，以取得公众对组织的了解和支持，因此，公共关系人员光明正大地采用公开的、合法的、符合社会道德准则的手段来塑造组织的良好形象，实现组织与公众的共同利益；而庸俗关系为逃避公众舆论的谴责和法律的制裁，总是采取隐蔽的、不正当的、不合法的手段进行私下交易，通过投机钻营来达到不可告人的目的。

3. 公共关系与广告

公共关系工作也经常需要做广告，即所谓“公关广告”，其目的是塑造社会组织的良好形象。公共关系工作能对广告起指导作用，公共关系和广告之间实际上可以互相补充、互相促进。但公关广告并非一般的广告，公共关系和广告在内容上有部分雷同，但传播的目标不同、原则不同，传播的过程也不同。

（1）目标不同。公共关系的目标是树立组织的良好形象，增进公众对组织内外部的了解，从而使组织事业获得成功。广告的目标是以最小花费在最短的时间里推销出更多的产品或服务。

（2）原则不同。公共关系工作要以公众利益为原则，讲求真实可信，向公众提供全面的事实真相而非片面的局部消息。广告的首要原则是引人注目，追求的是与众不同的轰动效应。

（3）传播过程不同。公共关系的目标是树立组织形象和信誉，需要长期有计划、有步骤的公关工作。公关工作在经营管理中处于战略性地位，组织的形象和信誉决定组织的生死存亡。广告传播周期是短暂的，可以采用多种手段，往往要求快速有效，有比较明显的季节性、阶段性和短暂性的特征。广告的效果是直接的、可测量的，一则广告的效益可用新产品销量的增加、利润额的上升等指标来衡量。

第二节　公共关系的研究意义、研究对象及方法

案例 1.2

美联航事件的启示

2017年4月9日，美联航一航班超员，因航空公司4名机组人员需要乘机，在没有乘客志愿主动下机的情况下，美联航随机抽签4人，一亚裔医生被抽中后称第二天有病人拒绝下机，被警察强行拖离飞机，期间遭到殴打。

2017年4月10日，美国媒体曝出一封联合航空CEO向员工发送的邮件，该CEO称，他坚定地支持机组人员的处理方法，并要求一线人员确保飞行正常。

2017年4月10日下午，芝加哥航空局发表声明称，涉此事件的一名警务人员已经被停职，等待调查。

2017年4月11日，美联航暴力拖拽亚裔乘客下机事件引发网友不满，有人在白宫请愿网站上发起签名，要求政府展开调查。

2017年4月12日凌晨，美联航CEO再次就“逐客”致歉，称对被拖拽的客户及其他机上的乘客表示深切的歉意，将承担全部责任，并在4月30日之前将通报对本次事件的审查结果。

面对暴力驱逐乘客下飞机事件引发的抵制风潮，美联航的危机处理却堪称一场公关灾难。虽然其首席执行官奥斯卡·穆尼奥斯三次出面发表声明，但非但未能平息事态，反而火上浇油。2017年4月12日凌晨，美联航股价周二收跌1.13%，市值蒸发了2.55亿美元。

启发思考：

1. 从美联航事件分析公共关系的重要性。

2. 怎样认识企业与公共关系的关系？

一、公共关系研究的现实意义

我国公共关系的开展依赖于改革开放，而改革开放的新形势也更加需要公共关系。我国改革开放已经进入了新的阶段，当前我国改革与发展的任务就是全面建设小康社会，实现中华民族的伟大复兴。在这种新的形势和任务面前，研究公共关系学更有特殊的现实意义。

1. 有助于对外开放的顺利进行

随着我国对外开放的实施，我国政府与各级组织同国际社会的交往与合作已大大加强，使我国进入到国际沟通的大环境中。如何赢得世界各国公众的理解、支持与合作，树立良好的国际形象，是实行对外开放的重要条件。当代世界是开放的世界，实现社会主义现代化，就需要广泛地发展与世界各国的交流与合作，就需要处理好各种国际事务和多方面的关系。

> **想一想**
>
> 公共关系在现实生活中的作用？

我国是发展中国家，为了尽快地摆脱贫穷与落后，就必须在和平共处五项原则的基础上，同所有国家发展友好关系，不断加强和扩大与世界各国平等互利的经济、科技合作，加强在文化、教育、卫生、体育等各个领域的交流，坚定不移地实行对外开放。要加强国际间的交流与合作，首先要加强国际间的信息双向交流，让中国了解世界，同时也让世界了解中国。一方面，要通过各种渠道了解世界各国的经济科技发展情况、社会文化传统、风俗习惯和公众的兴趣、爱好、取向，来调整我们的对外政策。另一方面，要利用我们的新闻媒介和其他各种渠道，向国外公众宣传我们的路线、方针、政策和政治经济形势，消除误解，调解矛盾，同世界各国互相尊重、求同存异、平等相待、友好相处，在国际上树立我国的良好形象，以获得世界各国政府与人民的理解、支持和合作，为我国的改革开放和现代化建设争取有利的国际环境。对外开放的过程，离不开国际公共关系活动。公共关系学理论的研究，为对外开放的顺利进行提供了极为有用的启迪与帮助。

2. 有助于社会主义市场经济体制的完善

建立社会主义市场经济体制，就是要使市场在国家宏观调控下对资源配置起基础性作用，以实现社会主义经济的有效运行，使国民经济持续、快速、健康发展，要在改革和发展的进程中，不断完善和实现这一目标。社会主义市场经济实际上是一种竞争经济。一方面，企业逐渐成为有独立经营自主权的经济实体，为了能在竞争中壮大和发展，企业间的协作规模越来越大，横向经济联系日益加强；另一方面，各个企业平等地、公开地参与激烈的市场竞争，迫使竞争的参与者面临成功与失败的双重考验，优胜劣汰。正是这种竞争的压力，促使企业组织积极开展公共关系学研究，掌握公共关系的技巧，增强全体干部职工的公共关系意识，提高开展公共关系活动的水平，以调节企业内部所有者、经营者和职工之间的关系，协调与其他企业、消费者等各类外部公众的关系，随时掌握市场的各种信息，进行科学的管理和决策，通过双向信息交流，提高知名度和美誉度，赢得社会公众的信任、支持和帮助，在竞争中处于有利地位，增强企业活力，提高企业经济效益，为我国全面建设小康社会、加快推进社会主义现代化做贡献。

3. 有助于社会主义精神文明的建设

我们的社会主义现代化建设，需要物质文明建设和精神文明建设同步发展。其中精神文明建设同公共关系观念的确立、公共关系的开展有着密切的关系。精神文明建设需要公共关系为之服务。

从公共关系角度来说，首先，要求社会组织及其成员提高思想道德修养，树立“公众至上”的观念，文明经商，礼貌服务。在自身的日常活动中，增强道德意识、公众意识、信誉意识，重视公众利益和社会利益，不得以损害公众利益来满足自己利益，必须以自己的良好形象影响和感染社会公众，以自身良好的职业道德、职业素养净化社会风气，如履行社会义务，支持和赞助社会上有关的文化、教育、福利事业，为社会、社区的繁荣和发展尽一份责任，树立“合格公民”的良好形象。其次，要通过公共关系优化社会环境，推动社会组织服从社会整体利益，做到组织与社会相一致，经济效益与社会效益相一致。组织与组织之间、组织与公众之间互利互惠、共同发展，有效地协调好组织的内外关系。再次，通过公共关系，倡导和建立社会主义社会新型人际关系，人与人友好相处、诚实守信，遵纪守法，讲究文明礼貌，自觉维护公共秩序，遵守社会公德。如果每个人都这样，整个社会就会形成良好的文明新风，我国的社会主义文明建设就会大大向前迈进一步。

此外，随着市场经济的不断繁荣，公共关系越来越成为企业搞好管理和经营，获得生存和发展的重要手段。搞好公共关系工作，“对于扩大信息交流、促进商品流通、沟通企业联系、建立新型人际关系都有着积极的作用”，对促进当代社会的健康发展有着极大的推动作用。

公共关系能够帮助组织实现目标。公共关系通过监测组织环境，参与组织决策，扩大组织知名度和美誉度，沟通、协调各方面的关系，促使组织成员增强公共关系意识，从而使组织得以健康发展，实现自己的目标。

在社会生活中，公共关系能够促使个人的观念更新，帮助个人能力的提高。公共关系可促使个人注重个人形象的观念、尊重他人观念、交往沟通观念、合作观念的形成；公共关系能帮助个人提高创造能力、交际能力、自我调节的能力、应变的能力，从而使个人的整体素质提高。

公共关系可以通过沟通社会信息、协调社会行为、净化社会风气促使社会互动环境的优化。此外，公共关系还可以通过协调沟通人际关系，促使社会心理环境的优化；通过对经济效益和社会效益的追求，促进社会经济环境的优化。

总之，社会生活的各个方面都需要公共关系。公共关系作为一门新兴的学科在社会生活中发挥的作用已越来越明显。社会组织在激烈的竞争中求生存、求发展，就必须开展公共关系活动。

二、公共关系的研究对象及方法

公共关系学作为一门新兴的管理科学，是研究公共关系活动现象及其规律的一门科学和艺术。它是运用传播学、心理学、新闻学、社会学、经济学等现代科学知识，总结现代经营管理和行政管理的经验与方法而形成的新兴、边缘、综合性的应用科学。

1. 研究对象及内容

公共关系是组织与公众之间的传播沟通关系，因此，公共关系学的研究对象就是组织与公众之间传播沟通的行为、规律和方法。也就是社会组织与公众之间的传播沟通现象和活动。公共关系学是现代科学相互交叉、相互渗透发展的产物，所以其学科内容呈现多学科特性和综合性。因此，公共关系学的研究内容也相当丰富。其研究内容主要包括公共关系的历史发展、公共关系的理论、公共关系的应用三大部分。详细内容有：公共关系的理论、范畴及其本质；公共关系的起源和发展；公共关系的行为主体及其功能；公共关系的客体即对社会公众的分析；公共关系的管理过程；公共关系的媒介及其应用方法；公共关系的活动实务；公共关系工作的职业道德和法律制约；公共关系在不同部门的实际应用。

2. 研究方法

公共关系学有自己的研究对象和范围，也有着自己的研究方法。公共关系学应用性强，其所有原理与实务技能、工作方法都是从实践中总结出来又被用于实践的，因此公共关系的学习和研究，必须掌握一些基本的和具体方法。

公共关系研究同其他学科的研究一样，需要注意的一般方法主要有以下几点：一是要注意掌握辩证唯物主义和历史唯物主义的方法论；二是掌握理论联系实际的方法；三是坚持“古为今用”“洋为中用”的原则。

公共关系研究除运用一般方法外，还需要掌握几种具体方法，主要有以下几个。

（1）实践实验法。根据公共关系学的原理和实务，在一定范围内进行有计划、有目的实验实践，以检验和验证公共关系原理和理论，从中获得实践技能和感性认识，并进行总结提高，上升为理论，对实验实践中的各种现象和规律给予科学的说明。这是研究公共关系的科学方法。

（2）观察法。观察法分为现场观察、实验室观察和自我观察。主要是对社会组织进行实地观察或人工设计程序进行实验观察，或是自身体验，从而对公共关系进行研究，得出结论。

（3）社会调查法。通过对公共关系活动进行调查、了解、分析，从正反两个方面进行观察、统计、分析，得出结论。具体方法有全面调查、抽样调查、典型调查等。可采取问卷、访问、座谈等方式，了解收集材料并对材料进行分析研究，以取得公共关系活动的规律，提出新观点，作出新的理论解释。

（4）案例分析法。指通过对典型公关事例进行分析研究，从中作出判断，总结经验教训的方法。运用实践实验法和社会调查法搜集来的典型事例，包括好的典型、坏的典型和专项典型案例，最能体现公关活动的本质。因此，对它们进行分析研究，便可以使人们从案例现象中引起思考，从而认识到事例的本质，有利于从感性认识提高到理性认识。

第三节　公共关系的职能和原则

在现代社会中，公共关系在社会事务中发挥着越来越重要的作用。公共关系自身职能的发挥对组织的发展起着不可替代的重要作用。公共关系在发挥自身职能的同时也要遵循公共关系的基本原则，这样才能更好地发挥公共关系的职能。

案例 1.3

中国政府网开通部长之声

2017年1月10日上午的新闻发布会刚刚结束，国家发改委主任徐绍史关于中国经济发展的最新“权威解读”，就上了中国政府网新开的“部长之声”栏目。

这一在中国政府网首页突出显示的新栏目，已经有8位部门和地方负责人积极回应公众重大关切的声音。其中既有环保部部长陈吉宁、北京市代市长蔡奇就大气治理等问题举行媒体见面会和市民座谈会实录，也有财政部部长肖捷、国家税务总局局长王军就“营改增”推出后的效果，向媒体“算细账”的公开表态，还有国家工商总局局长张茅就推进商事制度改革接受媒体专访的全文等。

在1月4日的今年首次国务院常务会议上，李克强明确要求国务院各部门负责人，要及时主动回应公众重大关切，给社会各界一个稳定预期。会后第二天，李克强总理作出重要批示，明确要求有关地方、部门，要对大气治理等问题“及时主动发声，实事求是说明情况”。

“对于各类市场主体提出的有代表性意见，对于群众的重大利益关切，各级政府要敢于担当，主动回应!”李克强总理发声后，各部门及地方负责人立刻就相关内容，积极主动回应公众重大关切。由此催生了中国政府网“部长之声”栏目。

这不是李克强总理第一次就回应舆论关切，对部长们“喊话”。在就任总理后的国务院第一次廉政工作会议上，李克强就提出要大力加强政务公开，向群众“说实话、交实底”。去年全国“两会”期间，总理“喊话”要求部长们“积极回应舆论关切”后，共有34位部长驻足人民大会堂“部长通道”主动答疑，成为两会上的一大亮点。

李克强总理反复强调，现代政府一个很重要的标志，就是要及时回应人民群众的期盼和关切。各级政府一定要时刻绷紧政务公开这根“弦”，对于涉及广大群众切身利益、影响市场预期和突发公众事件等重大信息，有关地方和部门负责人要及时主动、实事求是给予回应。

李克强总理说：“市场经济中‘预期管理’非常重要。国务院各部门一把手，要在恰当时候出现在恰当的新闻发布会上，给社会各界一个稳定的预期。”

启发思考：

1. 中国政府网开通部长之声的意义是什么？

2. 有效沟通有何作用？

一、公共关系的职能

公共关系以树立和维护良好的组织形象为目的，围绕这一目的，它在现代组织管理的各个环节上都发挥着独特的作用。概括起来，公共关系在组织管理活动中主要有情报功能、参谋功能、宣传功能、协调功能和服务功能五大功能。

1. 搜集信息情报职能

> **想一想**
>
> 公共关系五大功能在现实生活中有何体现？

当今社会是信息社会，信息资源对组织的生存和发展的意义是不言而喻的。公共关系作为组织的“耳目”，在组织的管理活动中，首先要发挥其信息情报功能。公共关系通过广泛收集、整理、分析有关组织生存、发展的信息，了解组织的现状，预测组织发展的未来趋势，帮助组织及时调整自己的政策和行为，使之与变动的社会环境保持动态平衡。这种情报功能具有宏观性和社会性，往往是组织其他职能部门所无法取代的。从公共关系工作的角度来考虑，公共关系所收集的信息情报主要应包括以下两方面的内容。

一是组织形象信息。组织形象信息是指与组织的公众形象有关的信息，它包括公众对组织的方针政策、管理水平、产品质量、服务质量、人员素质等方面的印象和评价。组织形象信息直接关系到社会组织活动的开展和组织的未来发展，收集这类信息是有效开展公共关系工作的一个重要依据。组织形象信息具体可分为产品和服务形象的信息、组织整体形象信息两个方面。

二是社会环境信息。任何社会组织都处于一定的社会环境中，社会组织与社会环境之间存在着交互作用，对于与组织相关的社会环境变化的各种信息，也是公共关系工作必须注意收集的。社会环境信息主要包括政府决策信息、法律法令信息、文化科技信息、新闻舆论信息、市场信息、公众需求信息、竞争对手信息等方面。社会环境信息对于组织的生存和发展具有直接或间接的影响，收集社会环境信息可以使组织充分利用环境中的有利因素，及时避免环境中的不利因素的影响，使组织在复杂多变的社会环境中保持高度的敏感性和应变能力。从这个角度说，公共关系是组织的环境监测器和预警系统。

公共关系情报的收集主要通过公众和大众传播媒介两大渠道。

一是从公众中获取信息。社会组织的活动离不开各类公众，公众的意见和要求是组织行为的出发点和最终归宿，它为组织决策提供背景和依据，了解掌握公众信息是非常重要的。公众信息包括内部公众信息和外部公众信息。内部公众信息是指从组织内部获取的各种信息，外部公众信息是指从组织外部获取的各种信息。收集公众信息可以帮助组织随时了解各类公众对组织的态度和行为的变化，并根据公众环境的变化及时调整组织的运行机制，为实现组织目标创造有利条件。如美国玛特耳玩具公司生产的一种玩具娃娃，在美国很畅销，而在日本则很少有人问津。他们通过了解日本的社会习俗、文化心态以及日本人的生活爱好，认识到日本人的民族感很强，于是就把玩具娃娃的金发碧眼换成黑发黑眼。由于适应了日本妇女、儿童的口味，很快打开了销路。

二是从大众传播媒介中获取信息。公关人员应当经常监测新闻，从报纸、杂志、书籍、电视、广播这些大众传播媒介中筛选有价值的信息。这是一种高效益的信息收集方法，也是公共关系信息收集的主要渠道。从大众传播媒介中获取信息比从公众中直接获取信息要省时、省力，而且获得的信息数量更多、范围更广。

2. 参谋咨询职能

现代社会中，社会组织活动的规模较大，社会联系较广，信息量膨胀，单凭领导者个人决策已不能适应现代组织管理的需要，因此，组织决策需要吸收公共关系专业人员提供的情况咨询和决策建议。参谋咨询是公共关系的一项重要职能。

公共关系在组织决策过程中发挥着咨询建议、参谋决策的作用。具体来说，公共关系的咨询决策内容主要表现在以下四个方面。

（1）为确立决策目标提供咨询。所谓决策是指确定社会组织运行具体目标以及实现目标的方法步骤。确立决策目标是决策的第一步，公共关系的咨询决策职能首先表现在为组织确立决策目标提供咨询。由于公共关系是以公众为对象，以树立良好的组织形象为目的，因此公共关系对组织决策的咨询建议不同于组织其他职能部门，它更关注公众利益，注重从社会公众和整体环境的角度评价决策的社会制约因素、社会影响和社会效果。在确立组织决策目标的过程中，公共关系要求社会组织必须站在公众立场上，充分考虑公众的利益和需求，避免只顾自身利益而忽视甚至损害公众利益的片面性倾向，使组织的决策目标体现组织利益和公众利益的统一、近期目标与长远目标的统一、经济效益与社会效益的统一，从而有利于树立组织的良好形象。此外，公共关系部门由于工作需要，广泛接触内外公众，掌握和积累了大量公众信息，对于组织存在的差距和问题比较清楚，因此也较易站在公众的立场上发现决策问题，为组织确立决策目标提供咨询建议。

（2）为决策提供各种社会信息，为公众提供咨询服务。公共关系的决策参谋作用还表现在为决策提供各种社会信息。如内部员工的思想状况、心理状态、工作状态，外部公众的需求意向和态度，新闻媒介对本组织的评价，政府、主管部门对本组织的了解程度、支持程度等。这类信息不仅提供给最高领导层作为组织决策的客观依据，而且还提供给组织的各个专业部门，以便组织各部门了解组织运行的整体情况，制订和调整各部门的计划、方针和措施，为实现组织目标创造有利条件。公共关系在为决策提供各种信息的同时，还为各类公众提供咨询服务，帮助公众了解组织的方针政策、目标、现状及面临的问题，广泛征询各类公众对象的意见，吸引公众参与决策，促进决策过程的民主化和科学化。

（3）运用公共关系手段，协助拟定、选择和实施方案。决策目标确立后要根据目标拟定、选择决策方案，决策方案是实现决策目标的各种方法和措施的总和。公共关系在决策方案的拟订、决策方案的选择和实施方面也发挥着参谋作用。公共关系运用公关手段，根据自己掌握的大量信息，制订出各种提交领导层和主管部门选择的方案和建议，并从经济效益和社会效益的统一角度对各种决策方案进行分析、评价，为决策者提供最佳的决策方案。

（4）通过公关渠道，评价政策效果。公共关系的咨询决策职能还表现在通过公关渠道观察、评价、反馈决策实施的公众反响和社会后果，为调整决策或制定新的决策提供依据，促使决策者不间断地改善组织形象。

3. 宣传策划职能

公共关系在组织管理中发挥着宣传的作用，不断通过各种媒体，将组织的有关信息及时、准确、有效地传播出去，以便让公众了解组织，营造一种有利于组织发展的公众舆论。

公共关系宣传策划的重点就在于强化和引导公众舆论，树立组织的良好社会形象。公共关系的宣传策划工作主要包括以下几方面的内容。

（1）向公众宣传组织的政策，解释组织的行为，增加组织的透明度。一个组织要获得公众的了解和支持，取得公众的理解和合作，需要不断地向公众说明和解释组织的政策和行为，促使公众的认同与接受。这种“告知公众”的信息传播是公关宣传策划最基本的工作。当公众对组织缺乏认知和了解的时候，组织就需要主动地宣传自己，宣传组织的政策和行为，使组织的政策、决定和措施为公众与社会所理解，使组织的处境和意愿为公众与社会所理解，使组织的努力、善意为公众和社会所理解，从而消除公众的疑虑，避免舆论的误解，建立良好的公众形象。

（2）运用各种传播媒介为组织及其产品推广形象，扩大影响，提高组织的知名度和美誉度。组织的良好形象必须建立在组织自身做得好的基础上。同时，还要大力向公众宣传本组织的情况，加强公众对组织的印象。深化公众对组织的了解，提高组织的知名度和美誉度。在组织的不同发展时期，公共关系信息宣传的侧重点应有所不同。在组织的初创时期，应进行全方位的、广泛的宣传工作，创造声势，力求扩大组织的知名度，给公众以较深的“第一印象”，争取公众对组织的产品或服务的信心，增加组织的吸引力；在组织推出新的产品和服务项目时，要注意宣传开发新产品的目的及新产品的性能；在组织发展顺利有了基本的公众印象及良好评价之后，需要注意坚持不懈地作宣传推广，不断维持、扩大已享有知名度和美誉度，保持、强化良好的社会舆论气氛，不断积累、巩固公众对组织及其产品的良好印象。

（3）引导公众舆论，控制组织的形象。公共关系的宣传策划职能还在于调节组织的信息输出量，缩小不利舆论的影响，引导公众舆论向积极、有利的方向发展，根据舆论反馈适当调整组织的行为，控制组织的形象。如在组织的形象受到损害时，首先应迅速查明原因，究竟是公众的误解，或者人为的破坏或其他外部客观原因，导致人们对组织产生不良的看法，还是由于组织本身的行为给公众带来损失。其次，应根据事实进行必要的解释，纠正人们的片面印象。对谣言应尽快通过各种渠道，让人们了解事实真相，纠正舆论误解，扭转被动局面，恢复组织的声誉。对事故需诚恳地向公众道歉和解释，求得公众的谅解，并设法将消极影响减少到最低限度。同时着力于改善自身，然后将改进情况公诸于众，化消极为积极，尽快重振声誉。

公共关系宣传策划的方式具有多样性。一般来说，公共关系的宣传策划主要采取以下三种方式。

（1）借助各种大众传播媒介。公共关系宣传的目标，一般不是少数人而是大量的各种类型的公众，因此信息宣传的面越广越好，所以公共关系的主要宣传途径是大众传播。在现代社会，被应用于公共关系活动的大众传播工具主要有五种：报纸、杂志、电视、新闻影片、网络。由于大众传播媒介覆盖面广，信息传播迅速及时，影响较大，因而它成为社会公众与各行各业获取信息的重要来源。公共关系如能借助大众传播媒介的公开宣传报道，及时将组织的新情况和新动向通过传播媒介扩散出去，就能收到事半功倍的效果。如利用大众传播媒介作公开的新闻报道，既能提高组织的知名度，又能提高组织的美誉度。

（2）制作、散发组织的各种资料。这是运用组织自身直接控制的各种媒体，根据公众的需要，为公众提供详尽的资料来开展宣传活动的方式。采用这种方式可以使宣传策划工作更加主动，能够紧密配合组织的需要，增加公众对组织的了解。资料制作类型主要有组织自办刊物，年度、季度报告，组织的简介，图片消息，电视录像等。

（3）举办公共关系专题活动。专题活动需要运用多种媒介和方式，如实物、文字、演讲、图片、音响、模型、幻灯、电影、彩旗、气球等宣传品，现场示范和表演等。因此利用专题活动进行宣传较易吸引公众的注意力，从而能够进一步加强组织与公众的联系，加深公众对组织的了解，使公众更真切地感受到组织的存在和作用。专题活动的具体活动方式包括组织的仪式庆典活动、开放参观活动、各种文娱演出活动、各种体育竞赛活动、展览活动和赞助活动等。

4. 协调沟通职能

公共关系作为组织与公众沟通的桥梁，发挥着协调沟通的重要职能。公共关系的协调沟通是指在保持组织管理系统整体平衡的基础上，使各个局部能协调一致，达到组织与公众互惠互利的和谐发展。协调沟通既是公关人员排解各种纠纷，创造和谐环境的活动目标，也是他们进一步开展工作的基础。公共关系的协调沟通职能一般包括内外两个方面。

（1）组织内部的协调沟通。组织成员之间的团结一致，是组织生存、发展的重要前提。组织内部的社会关系，概括起来可分为三类：一是管理阶层与全体员工之间的关系，二是组织内部各个职能部门之间的关系，三是组织内部员工之间的关系。这三类关系的状态直接关系到组织的生存与发展。公共关系对组织内部关系的协调沟通工作可以从三个方面入手：建立通畅的沟通渠道，促进组织内部的信息交流；协调组织各个职能部门之间的关系；培养员工对组织的凝聚力和向心力。

（2）组织与外部的协调沟通。现代社会组织是一个开放的系统，不是孤立存在的，必须与其他组织、个人发生各种各样的联系。组织与外部社会的关系主要包括顾客关系、社会关系、媒介关系、政府关系等。组织与外部公众的关系如何直接影响到它的生存和发展。公共关系对组织外部关系的协调沟通可以从三个方面入手:及时做好组织与外界的沟通联络工作；建立组织与公众之间真诚有效的密切合作关系；创造有利于组织发展的“人和”环境。

5. 组织服务职能

公共关系的工作首先就是为公关主体服务，公共关系正是通过为公众提供各种各样的服务来建立社会组织的良好形象，实现其工作目标的。公共关系的服务对象大体上分为两类：一类是组织的内部公众，另一类是组织的外部公众。公共关系的服务职能就体现在对内部和外部公众的服务方面。

（1）服务于内部公众。公共关系对组织内部公众服务表现在三个方面：一为组织决策层和各个职能部门提供服务。在组织管理系统中，公共关系部门处于中介性的服务地位，它在组织内部不直接生产和推销产品，但却利用其信息传播手段为决策层和各个职能部门服务，渗透到管理的各个环节中去，如公共关系通过监测环境收集信息，捕捉有利于组织发展的信息，为组织决策层和各部门提供信息咨询服务。二为协调组织内部的各种关系服务。在一个组织内部，公共关系的纠纷是不可避免的。组织内部的纠纷主要发生于上下级之间和同一层次中的各部门、各单位之间。对于组织而言，关系不协调就会影响到组织内部的团结协作，而要实现关系的协调，就必须开展公共关系活动。通过公共关系的协调和服务活动，创造内部公众良好的合作气氛，增强组织各部门活动的和谐化。公共关系在协调组织内部关系方面提供的服务，主要采用的是沟通信息渠道、加强各部门之间的联系等方法。三为团结职工服务。一个组织要在激烈竞争中生存发展，必须具备很强的竞争能力，而组织内部员工的团结合作，则是组织竞争能力的基本保证。公共关系从倡导“企业精神”入手，强调社会组织成员对其组织的权利和义务，通过情感沟通和运用传播手段，增强员工对组织的凝聚力和向心力，使组织成员团结一致，自觉为实现组织的目标而努力。

（2）服务于外部公众。公共关系对组织外部公众的服务表现在以下三方面：一为公众提供信息服务。公共关系信息传播在公共关系工作中占有重要的地位，是联系公共关系主体与客体的桥梁和纽带。公共关系通过各种有效的传播媒介把组织有关的信息传递给社会公众，以增强组织与有关公众之间的信息交流，加深公众对组织的了解和理解。二为协调组织外部的各种关系服务。任何社会组织都不是孤立地存在着，它与社会其他组织和个人有着千丝万缕的联系。当组织与其他组织或个人发生矛盾和冲突时，公共关系就充当组织与公众之间的调解员角色，为协调双方之间的关系服务。三为社会提供各种服务。公共关系通过为社会提供各种社会服务来进一步增进组织与公众之间的相互了解和情感交流。公共关系为社会提供的社会服务内容丰富、形式多样。如利用自己的经济、政治、技术、人才、设备、信息等优势，带动周围社会组织的发展；保护和改善社会的生态环境；开放组织设施，为社会的经济、文化、科研活动提供支持和便利条件。这些社会服务既有益于提高社会整体效益，又有利于组织建立良好的社会形象，增进组织的自身效益。

二、公共关系的原则

公共关系的原则是公共关系活动依据的法则或标准。任何社会组织在进行策划和实施公共关系活动时，必须遵循公共关系的原则才能真正发挥公共关系塑造形象、沟通协调的职能。本节主要从公共关系的基本原则和职业原则两方面来探讨。

1. 公共关系的基本原则

公共关系的基本原则是社会组织在公共关系活动中所应遵循的基本准则。公共关系的基本原则主要包括真实性原则、注重公众利益原则及科学性原则。

（1）真实性原则。真实性原则是公共关系的生命。决定公共关系活动成败的首要的和最基本的因素是公共关系工作人员能否准确地把握事实。

> **想一想**
>
> 公共关系为什么要遵循基本原则和职业原则？

当代公共关系的先驱艾维·李就曾把如实反映客观真实、公开事实真相作为现代公共关系的一项重要原则。他在解决无烟煤工作大罢工时发表了著名的《原则宣言》，宣称：“我们的宗旨是代表企业单位及公众组织，向报界和公众提供迅速而准确的信息。”直到现在，这一原则仍在指导公共关系事业的健康发展。坚持真实性原则应做到以下两点：

① 信息收集的真实性。公共关系作为组织的“耳目”，要广泛收集与组织相关的各类信息。这些信息，一方面可提供给组织作为组织决策的信息源，另一方面可作为制订公共关系工作计划的依据。公关人员能否出色地做好信息的获取、传输与反馈工作，不仅直接关系到组织决策与目标的实现，而且也关系到公共关系活动的成败，因此，对公共关系工作的一项基本要求就是保证信息收集的真实性。信息的真实性要求公关人员在采集信息的过程中，既不能文过饰非，报喜不报忧，也不能偏听偏信，抱有先入之见，必须尊重事实，实事求是。

② 信息传递的真实性。公共关系不仅发挥着组织的“耳目”作用，而且还发挥着组织的

"喉舌"作用。作为组织的"喉舌"，公共关系运用双向沟通的手段，一方面向公众发布组织的信息，另一方面将公众信息反馈给本组织。公共关系的这种中介作用要求公关人员在传输信息时必须做到真实、客观、全面、公正，不能有任何弄虚作假。只有这样，组织才能够做到正确决策，公共关系才能实现塑造良好组织形象的目的。倘若不顾事实地欺骗，弄虚作假，一旦为公众所识破，则组织就会失信于公众。这样不仅组织形象会受到损害，也为今后开展公关工作造成极大障碍。因此公关人员必须时刻牢记：真实是沟通的基础，是一切公共关系工作的基石。

（2）注重公众利益原则。注重公众利益是公共关系的宗旨，是组织与公众之间一种本质的必然联系。现代社会，任何一个组织和企业都不再是单一的实体，而是整个社会链条中的一个环节。每一个组织都要面对种种社会和公众的利益和意愿去进行协调和管理，否则，它将无法生存和发展。注重公众利益，以公众利益为出发点已成为公共关系的一项重要原则。注重公众利益原则具体表现为以下几方面。

① 保证圆满实现组织的目标和任务。任何社会组织都有自己特定的目标和任务，公共关系作为一定组织的一项工作，其工作目的就是帮助组织塑造良好的社会形象，以推进组织的发展和壮大。因此公共关系的各项工作都不能脱离组织既定的目标和任务，尽心尽力帮助组织圆满实现目标和任务，不仅是公共关系对组织负责的具体表现，同时也是对公众负责的主要表现。

② 保证公众利益的满足及社会整体效益的提高。公共关系的各项工作在保证实现组织利益的同时，还要保证公众利益的满足。公共关系工作必须注意由组织行为所引起的各种问题对公众和社会带来的影响。为此，公关人员应该经常收集相关公众对组织的意见和建议，并运用各种公关手段及时、认真、妥善地加以解决，以确保公众利益和要求的满足。

（3）科学性原则。科学性原则是成功地开展公共关系工作的保证。公共关系在其发展过程中表现出的一个鲜明特点是其科学性的日益增强。公共关系早期那种仅凭感情、直觉和经验的做法已逐渐为以现代化科学理论为指导的，运用现代科学手段的理性的实践所取代。坚持科学性原则主要体现在以下几方面。

① 科学掌握公共关系信息。公共关系工作要同形形色色的对象公众打交道，因而需要处理好与各种对象的关系，这就要求公关人员必须尽可能准确地了解公众信息和社会趋势，以便发现组织存在的问题，有针对性地制定出切实可行的公共关系战略和战术。

② 科学分析处理公共关系信息。公共关系在科学调查的基础上获得了大量的公共关系信息，如组织产品和服务形象信息、市场信息、公众意愿信息、文化科技信息、社会政治动态信息等。为了发挥这些信息应有的作用，就需要对收集的信息进行科学的整理分类，并运用现代科学的知识和手段分析处理这些信息，从而确定出组织存在和面临的问题，为组织决策提供高质量的咨询。

③ 科学传播公共关系信息。传播是公共关系工作的另一个重要环节，是公共关系活动的手段。在公共关系工作中，传播发挥着不可替代的重要作用。为了最大限度地扩大信息传播的范围，提高信息传播的质量，公关人员必须掌握与传播密切相关的现代科学理论，如传播学、新闻学、广告学、市场学、营销学、社会学、心理学等学科知识，并且能够运用这些现代科学理论来指导公关传播。只有这样，才能真正使传播起到沟通社会组织与公众的桥梁作用。

2. 公共关系的职业原则

公共关系是一种社会职业，作为一种职业，公共关系要求公关从业人员必须严格恪守公共关系的职业原则，以便在全社会树立良好的职业形象。具体说来，公共关系从业人员应当而且必须遵循如下职业原则。

（1）尊重并维护公众利益和个人尊严。公共关系的目标是树立社会组织的良好形象，而组织形象来源于公众对组织的看法和态度，这就决定了公关人员在职业活动中必须树立"公众至上"的观念，时时为公众着想，处处为公众服务，一切立足于满足公众的需求。"公众至上"要求公关人员在公关活动中，站在公众的立场上，以公众利益为出发点，尊重并维护公众利益，尤其是在公众与组织之间由于具体利益的差别而发生矛盾和纠纷时，更应注意公众利益的满足。在处理组织与公众之间的矛盾和纠纷时，公关人员对待公众要有宽容的精神和态度，注意尊重并维护公众的尊严，切不可据理不让，针锋相对。只有这样，才能顺利地折中对立的观点，缓和对立集团的冲突，协调对立的利益关系，妥善地解决组织与公众之间的矛盾和纠纷，为组织的发展争取良好的社会环境。树立公众意识，尊重并维护公众利益和个人尊严，是公关职业活动必须遵循的基本原则，这一原则既是公关事业成功的思想基础，也是公共关系良好职业形象的体现。

（2）遵守社会公德。公共关系工作要赢得公众的信任和尊敬，公共关系工作人员就必须具备高尚的道德品行，自觉地遵守社会公德。公关人员是代表组织与人打交道的，个人的任何不正当、不道德的行为，不仅有损于个人形象，而且也有损于整个公关事业的声誉。因此，公关人员在职业活动中必须做到公道正派，真诚老实，具有责任感，谦逊礼貌，宽容大度。

（3）以事实为依据。尊重事实，以事实为依据，真实全面、准确无误地传播信息，是公共关系最基本的职业原则。在公众和新闻媒介面前，公关人员要提供客观而真实的情况，既不夸大，也不隐瞒，更不说谎，保证信息传播的真实与准确。对于涉及党和国家的政治、经济、军事机密和组织的技术机密的信息，公关人员要从维护组织利益出发，既要坚持原则，严守秘密，又要聪慧机智，措辞巧妙，不伤对方的自尊，而决不能为了讨好他人，或为谋求自己的私利，而出卖国家、组织、团体的秘密情报。

（4）诚实信用。信誉和信用是组织立身之本，发展之源。诚实信用是一个组织树立良好形象和信誉的根本原则，也是公关人员良好职业形象的具体体现。公关人员在职业活动中必须以诚实信用为根本，做到言必信、行必果。在对外宣传中，公关人员要如实反映组织的实际情况，要维护广大公众的利益，绝不能因为个人利害关系或某个组织的局部利益而否认事实，编造谎言。对于向外界所作的承诺，要及时认真地履行，不能失信于民。如约定会晤、安排会谈、组织会议、履行合同等要守时，接受的任务要按期完成，说到做到。如因故不能按期完成，必须向对方说明原因，并尽可能地不拖延太久。一个组织、一个公关人员只有把信用看得比生命还重要，才能给公共关系工作带来较好的行业声誉。

（5）遵纪守法。组织的公共关系工作是由公关人员承担的，公关人员的一言一行直接影响组织在公众心目中的形象。因此，公关人员在公关活动中，一定要自觉接受法律的约束，其行为必须符合国家的法律、法规，做到守法和依法办事。如在公关活动中，签订合同、发布信息、安排广告等都要遵纪守法。公关人员在公关活动中除了要遵纪守法外，在与公众打交道的过程中，还要做到廉洁奉公，杜绝一切私利的诱惑，不行贿受贿，不贪污侵占，不受一切不义之财，从组织的全局利益出发，不计较个人得失。即使在个人利益受损失的情况下也能识大体顾大局，决不为一时之利，影响损害组织声誉。只有这样，公关人员才能做好公关工作， 公关活动才能起到建树组织良好形象的作用。

案例分析

为被打快递小哥维权，顺丰塑造良好企业形象

2016年4月17日，在北京某小区内，一名顺丰快递员在派件过程中，其所骑行的三轮车不慎碰撞到一辆正在倒车的小轿车。轿车驾驶员下车后情绪激动，先是以言语辱骂快递员，后又连续扇了快递员数记耳光。

据目击者回忆，17日上午9点多，他正在小区南门附近拉货，突然听到巴掌声，走近后才得知一位快递小哥把一辆正在倒车的车剐了，车主正对这位快递小哥又打又骂。

小区里多位居民告诉记者，上午10点左右，交警过来协调后，双方提出私了，快递小哥当场赔偿车主李先生400元钱。昨天下午，被打快递小哥在接受央视采访时表示，当时未还手还口，被打后向车主赔礼道歉，并赔偿了400元钱。

事发后，快递小哥小冯向上级领导汇报了事情经过，但直到下午同事们看了视频，才得知他受了委屈。随后，公司负责人陪同小冯到医院检查，并到当地派出所报案。据普仁医院外科急诊出具的诊断报告显示，小冯头部受外伤、软组织挫伤。

事发当晚，顺丰集团通过官方微博承认，公司已经找到这个受委屈的小哥，并表示“顺丰会照顾好这个孩子，请大家放心”。此外，有网友上传了顺丰总裁王卫的朋友圈，顺丰总裁王卫在朋友圈中称：“如果这事不追究到底，我不再配做顺丰总裁。”4月18日，官博还发布了长文，表示已经带小哥向警方报案，并坚定依法维权。如此霸气的回应，得到了20多万的点赞，更是令话题上升了一个新的高度。

顺丰在此前就定下了“人文公关”的基调，在第一时间转发了顺丰快递小哥被打视频，并发文描述了快递小哥工作的辛苦，也表明顺丰对快递小哥负责任的态度;随后，顺丰又义正辞严地发布公关稿，顺丰集团称：“对于快递小哥被打事件的严正声明。对于责任，我们不会因愤怒而抛弃客观公允；对于尊严，我们也不会因理解而放弃追回!希望一线小哥恪尽职守的同时也要保护好自己，你们的安危牵动着每一个顺丰人的心。”这篇言辞恳切的公关稿让此事上升到关于责任、公正的讨论层面。再加上顺丰总裁王卫在朋友圈发布了“报道总裁式”的“护犊宣言”，更是一举安定了民心，让顺丰形象变得更高大上。顺丰集团对被打快递小哥的回应在微博上得到网友们的一致称赞，有网友还打趣说：“以后快递都用顺丰了。”

启发思考：一个有责任的企业如何做好公共关系？

本章小结

当前我国改革与发展的任务就是全面建成小康社会，实现中华民族的伟大复兴。在这种新的形势和新的任务面前，研究公共关系学更有特殊的现实意义。

公共关系是社会组织为了塑造自身形象，通过传播、沟通手段和活动影响公众的科学和艺术。公共关系是由社会组织、公众、传播三个要素构成。公共关系学作为一门新兴的管理科学，是研究公共关系活动现象及其规律的一门科学和艺术。它是运用传播学、心理学、新闻学、社会学、经济学等现代科学知识，总结现代经营管理和行政管理的经验与方法而形成的新兴、边缘、综合性的应用科学。

公共关系以树立和维护良好的组织形象为目的，围绕这一目的，它在现代组织管理的各个环节上都发挥着独特的作用。概括起来，公共关系在组织管理活动中主要有情报功能、参谋功能、宣传功能、协调功能和服务功能五大功能。

任何社会组织在策划和实施公共关系活动时，必须遵循公共关系的原则。公共关系的基本原则主要包括真实性原则、注重公众利益原则、科学性原则。公共关系是一种社会职业，作为一种职业，要求公关从业人员必须严格恪守公共关系的职业原则，以便在全社会树立良好的职业形象。

思考题

1. 简述公共关系的含义和基本特征。
2. 简述公共关系在社会生活中的作用。
3. 公共关系的职能有哪些？
4. 公共关系的基本原则和职业原则有哪些？

拓展阅读

1. 公共关系案例分析 20 例：http://www.docin.com/p-52453370.html
2. 政府公共关系案例分析：

http://wenku.baidu.com/view/0839d18c6529647d2728523d.html

3.《中国名牌》杂志社的公关创意：

http://wenku.baidu.com/view/077dd11b650e52ea 55189847.html

4. 华帝“十运火炬”整合营销传播：http://wenda.so.com/q/1365113970067457
5. 农民陈阿土：公共关系经典案例故事：http://www.docin.com/p-62720376.html

第二章　公共关系的发展历史

学习目标：

了解公共关系起源的阶段和历史发展的概况，追溯公共关系的源流，了解其发生与发展的历史过程，了解公共关系形成和发展的诸多社会历史条件，把握国内外公共关系的现状，了解有中国特色公共关系事业的发展。

案例 2.1

金立手机立体品牌形象构建

《跨界歌王》收视率持续创下新高，节目收获人气的同时，特约赞助商金立手机也再火了一次。金立从签约中国足协中国之队，到携手湛庐文化，到签约代言人冯小刚、余文乐，再到联袂《笑傲江湖》《我们战斗吧》《四大名助》《跨界歌王》《真声音》等多档卫视王牌综艺节目，金立手机通过一系列花式跨界合作，打造了全面的品牌营销生态圈，成功沟通了目标群体，向大众传递出“科技悦生活”的品牌理念。同时，金立超级续航手机M6/M6 Plus 内置安全加密芯片，全面满足政商精英群体需求，标志着“超级续航+”时代的到来，亦让品牌形象更为立体饱满。

这是一个“酒香也怕巷子深”的时代，如何更有效地接触到目标群体并与之进行沟通对话，已成为品牌必修课程。相比于过去品牌的独立发声，如今信息膨胀高速传播以及多样化的媒体形式，让品牌之间的跨界联合越发呈现出独特价值，跨界绽放才能成就更好的自己，金立也深以为然。

政商精英群体注重品质，更注重信息安全。这是金立M6/M6 Plus手机的典型用户。对他们来说，体育、文化与娱乐，已成为生活的一部分，通过在用户群体熟悉的领域中渗透与植入，建立跨界合作生态圈，将各个圈层的用户精准直击、完整覆盖，成为金立跨界突击的锦囊之一。

在金立打造的这个跨界合作生态圈中，合作对象涵盖了体育、文化、娱乐等多个领域，通过与中国足球的合作，覆盖了中青年男性群体的关注；通过与湛庐文化的合作，让金立与热爱“科技阅读生活”的中高端人士亲密接触；携手新晋代言人及娱乐综艺节目，更让目标群体在娱乐中无形地接收到金立手机的相关信息。通过不同类型的跨界合作，金立将多个目标群体的圈层完整覆盖，在目标群体中建立多维度的品牌形象。

在移动化、碎片化、社交化占据社交主流的今天，单打独斗已经不能适应社会更新的节奏，品牌营销也需要纵深发展，整合跨界已成大势。通过建立跨界合作生态圈，金立通过优势资源的强势整合，取得了优质的媒介与平台，构建了市场竞争中的独特优势。以收视率与话题度不断攀高的《跨界歌王》为例，《跨界歌王》的相关话题多次包揽热搜榜单冠军，网友讨论越热烈，金立品牌输出次数越多，金立与之牵手合作，让品牌得以大声量的曝光。同样，在金立M6手机上市之时，《我们战斗吧》亦同步火热播出，金立M6手机作为男神重要的武器在整个节目中承担着重要使命，手机本身“内置安全加密芯片”和“超级续航”的产品特性也通过节目以洗脑的方式完成了对目标群体的渗透，让跨界合作水到渠成。

这意味着，合作的对象之间，不仅要有相同的受众，更要有相似的理念和态度，达到“品牌齐飞”的境界。在这方面，金立手机显然“脑洞大开”，已然成为一个有思想的品牌，而它所构建的跨界合作生态圈，也值得思考与玩味。

启发思考：

1. 怎样看待“酒香也怕巷子深”这句话？
2. 金立手机构建跨界合作生态圈，让品牌形象更为立体饱满的启示？

公共关系是人类社会发展进步的必然现象。它是近现代商品经济快速发展和大众传播日益现代化的产物。现代意义上的公共关系至今不过一百多年的历史。20世纪初期，公共关系作为一种专门职业出现；到20世纪20年代，公共关系便发展成为一门新学科。随着市场经济的发育成熟和大众传播技术的不断发展，公共关系已越来越成为现代组织不可缺少的管理手段和活动工具。

第一节　公共关系的起源和发展

公共关系作为一种客观存在的社会关系和社会现象，有着悠久的历史。纵观历史，早在古代埃及、巴比伦、波斯、古希腊、古罗马，统治者就一方面用武力，另一方面用舆论手段来控制社会，处理与民众的关系。在中国古代的一些经济活动中，人们都自觉或不自觉地运用各种传播手段和沟通技巧来宣传自己，树立自己良好的声誉和形象。严格来讲，古代并不存在科学意义上的公共关系，但它们却是今天公共关系产生的基础，是丰富而宝贵的人类文明遗产，应辩证地加以取舍、扬弃。

一、古代朴素公共关系

朴素的公共关系思想和原始的公共关系活动古已有之。

在中国，古代的朴素公共关系思想及活动已相当丰富。春秋时期的孔子周游列国，四处讲学。战国时期君子士大夫争相养士，这些幕僚策士常常为其统治者的利益而四出游说，向对方或民众宣传本国或本君主的政策与方针，争取民心或动摇敌心。战国的孟尝君礼贤下士，门下食客三千，其中一个食客冯缓，擅自将孟尝君在某一领地的全部债券付之一炬，使得不久后孟尝君政治失意逃亡时受到该地区人民的欢迎，并在该地休养生息，重整旗鼓，最终得以东山再起。可以说，冯缓为孟尝君作了“公关投资”。还有，春秋时期郑国子产不毁乡校，重视群众呼声，颇得百姓爱戴。刘备三顾茅庐，才使诸葛亮为汉刘江山“鞠躬尽瘁，死而后已”。诸葛亮七擒七放孟获，使顽固的孟获终有所感，归顺汉室，成为汉室的可靠后方。李世民、朱元璋等帝王，让手下人编传民谣，树立自己“真命天子”的灵光形象，为篡权夺位做舆论准备。诸如这些重视宣传、重视民众的思想，都是我国古代原始公共关系观念与活动的反映。而郑国“子产不毁乡校”的故事，就是古代公共关系思想的极好表现。

案例 2.2

子产不毁乡校

郑人游于乡校，以论执政。然明谓子产曰："毁乡校，何如？" 子产曰："何为？夫人朝夕退而游焉，以议执政之善否。其善者，吾则行之；其恶者，吾则改之。是吾师也，若之何毁之？我闻忠善以损怨，不闻作威以防怨。岂不遽止？然犹防川也：大决所犯，伤人必多，吾不克救也；不如小决使道，不如吾闻而药之也。" 然明曰："蔑也今而后知吾子之信可事也。小人实不才。若果行此，其郑国实赖之，岂唯二三臣？"

仲尼闻是语也，曰："以是观之，人谓子产不仁，吾不信也。"

——《左传 · 襄公三十一年》

【译文】

郑国人到乡校休闲聚会，议论掌握政权的人（施政措施的好坏）。郑国大夫然明对子产说："把乡校毁了，怎么样？" 子产说："为什么呢？人们早晚干完活儿回来到这里聚一下，议论一下施政措施的好坏。他们认为好的，我们就推行；他们认为不好的，我们就改正。这是我们的老师，为什么要毁掉它呢？我听说尽力做好事可以减少怨恨，没听说过依权仗势能堵住怨恨。难道不能很快地制止（这些怨恨）吗？但是就像堵大川一样：河水大决口所造成的灾害，伤害的人必然很多，我是挽救不了的；不如开个小口让（川）通畅，不如我们听取（这些议论)并且把它当作良药。" 然明说："我从现在起才知道您确实可以成大事。小人确实没有才能。如果真的这样做，恐怕郑国真的就有了依靠，岂止是我们这些做官的（赖之)!"

孔子听到了这番话后说："照这些话看来，人们说子产不行仁政，我是不相信的。"

在古希腊，一些精明的统治者和学者亦已经注意到了沟通技术对于影响公众及其舆论的重要性。统治者亲自进行宣传鼓动活动，以争取民众的支持。一些能言善辩的诡辩者由于得到统治者的重视与重用而威极一时，异常活跃；一些专门探讨传播技术的专著书籍也开始出现。如亚里士多德的《修辞学》一书，详尽地概括了运用语言来影响民众思想的艺术，被后人誉为最早问世的原始公共关系学的理论书籍。如古罗马的独裁者儒勒 · 凯撒便是沟通技术的精通者，其自身的纪实专著《高卢战记》，曾被后来的公关专家亨利 · 比诺誉为"第一流的公共关系著作"。再有，西方宗教的兴盛流传也已出现了早期公共关系技术的萌芽。教徒们的布道演讲、礼拜庆典、诵经祈祷等宗教活动，浸透着重视宣传、重视改善传播沟通技巧、重视以舆论争取和统一民心的早期公共关系思想。

案例 2.3

最早的公共关系著作：《修辞学》

亚里士多德运用严谨的思维逻辑和科学的方法写出《修辞学》，强调语言修辞在人际交往和演讲中的重要性。他认为，修辞是沟通政治家、艺术家和社会公众相互关系的重要手段与工具，是寻求相互了解与信任的艺术；他还提出在交往沟通中，要用感情的呼唤去获取公众的了解与信任，要从感情入手去增强演讲和劝服艺术的感召力和真切可靠性。为此，西方的一些公共关系学者视亚里士多德的《修辞学》为人类历史上最早的公共关系著作。

古罗马时代，人们更加重视民意，并提出"公众的声音就是上帝的声音"。整个社会都推崇沟通技术，一些深谙沟通技术的演说家往往因此而被推选为首领。据记载，古罗马的独裁统治者儒勒·凯撒就精通沟通技术。面对即将来临的战争，他通过散发各种传单来展开大规模的宣传活动，以便获得人民的支持。他甚至为此还专门请人写了一本记录他功绩的纪实性著作《高卢战记》，后来该书成为一部纪实性的经典之作而广为流传。

其实，人类历史上的任何统治者频繁使用宣传舆论与诱导劝说等多种沟通传播手段，以树立自身神圣形象与地位，来争取民众的支持。但在大众传播事业及其技术尚不发达，以竞争和开放为特征的商品经济尚未出现之前，这些早期的公共关系活动只能是零碎不成体系的，远没有成为专门职业，更不可能成为一门学科。有专家指出，这些早期的争取民心的活动与公共关系活动有着极大的区别：它以利用民众为目的，而非为民服务；它们多数是临时性的、投机性的；它依靠的是编造神话传奇和宗教活动，而非依靠事实真相。故严格上说，这些早期争取民心的传播活动并不是真正的公共关系活动。首先，从自觉程度来看，当时人们所开展的各种沟通、协调活动带有明显的自发性和盲目性。由于缺乏系统的理论，公共关系活动往往是某些天才人物的灵感闪现，很少能流传下来。其次，从其发挥作用的社会领域和范围来看，当时社会生产力相对低下，经济还相对落后，人与人之间的经济关系还相当简单，人类早期的公共关系活动主要发生在政治领域，带有强烈的政治色彩和伦理色彩。古代的公关活动主要形式是人际传播，其层次、范围都是很小的。古代的“公共关系”只能算是一种“准公关”“类公关”。

二、现代公共关系的发展

纵观公共关系的产生和发展史，大致划分为起源阶段、职业化阶段、学科化阶段和全面发展阶段四个时期。

1. 现代公共关系的起源

1833 年《纽约太阳报》，开启了美国报刊史上以大众读者为对象、大量发行的、价格低廉的“便士报”时期。由于这种报纸许多普通民众买得起，因而发行量大增，进入千家万户。但报纸售价的降低造成了另一结果，即报刊上广告费的大幅度上升。这时一些大公司为了节省广告费用，便雇佣了大批专门人员，在报刊上制造煽动性新闻，为自己的产品或服务进行宣传，以此来扩大影响。报纸为了迎合下层民众的阅读心理，也乐意刊登这类新闻，两相配合，就出现了所谓“报刊宣传运动”。

当时许多企业雇佣的报刊宣传员，编造了大量离奇的新闻，以便引起公众对自己及他们所代表的组织的关注。其中最突出的代表便是一个马戏团的经理费尼斯·巴纳姆。巴纳姆可以说是新闻传播方面的行家里手，他具有很强的吸引公众注意的才能。他的工作信条是：“凡宣传皆好事”，完全不把公众放在眼里。他运用他的才能和技巧，编造许多荒诞离奇的故事来吸引公众的注意和好奇，在制造新闻、愚弄公众方面达到了登峰造极的地步。黑人女仆海斯的故事便是其中之一。巴纳姆说：“凡宣传皆是好事”，只要别把他的名字拼错了。可见，巴纳姆对初露锋芒的大众传媒的神奇魔力的感悟能力，他已经能够熟练地应用这些手段，无中生有，编造神话。而他在制造“新闻”、愚弄公众之后，又善于审时度势、推波助澜，使事件朝着他希望的方向发展。但是，他走向了极端。首先，他这种宣传完全不顾及公众的利益；

其次，当时的报刊宣传员都以获得免费的报刊版面为首要目的，并为此而不断地编造神话，欺骗公众，这种做法与公共关系职业的基本要求和道德准则相去甚远。这些报刊宣传员典型的"个人英雄主义"、忽视公众利益的做法，给现代公共关系的健康发展带来了巨大的负面影响。他们滥用公众信任的大众传播手段，一味地无中生有，制造"新闻"来欺骗公众。因此，人们把整个巴纳姆时期称为"公众受愚弄"时代。

在报刊宣传运动时代，每个报刊宣传员在争取顾客的关注时，都是不择手段地制造神话，甚至不惜愚弄公众。报刊宣传运动还不是真正意义上的公共关系，由于他们并没有认识公众的作用。从思想实质上来看，该时期实际上是一个反公众、反公关的时期。不过，当时巴纳姆等人运用报刊等大众传播媒介为组织进行宣传，已经具有了现代公关活动的萌芽。因而，一般称为现代公共关系的起源。

2. 公共关系的职业化

公共关系作为人类社会活动的一种客观状态早已存在，然而它专门化为一种职业却是在19世纪中叶至20世纪初。在那个时期，通过美国"报刊宣传活动"的酝酿，"清垃圾运动"的催化，公共关系逐渐形成一门社会职业。

> **想一想**
>
> 艾维·李是在什么样的背景下开始他的公共关系职业生涯的？

19世纪上半叶，随着经济的繁荣、科技的提高，美国的大众传播事业得到了迅速发展。

随着经济的日益趋于垄断集中，美国少数经济巨头几乎掌握了全美大半的经济命脉。这些巨头大多数盛极一时，不注意处理内部关系，更不重视外部社会关系，一味强取豪夺，并在经营管理上实行封闭保密政策，引起人们的反感，人们辛辣地称之为"强盗大王"。

这些现象理所当然地引起社会公众与新闻界的不满，使社会矛盾日趋激化。于是，新闻界一吐为快，率先掀起了一场"清垃圾运动"。一批热血沸腾、年轻正直的记者，勇敢地充当了揭丑斗士，组成了一股为民众鸣不平、与寡头针锋相对的力量。他们锋芒所向，直指那些不顾公益只重私利的不法巨头以及政府的腐败行为。他们的新闻宣传揭开了不法巨头们的神秘面纱，将其丑恶行径暴露于光天化日之下。一些正直的记者甚至专事"揭丑"活动，自己创办专门尖锐揭丑的杂志，成为美国报刊宣传活动中"清垃圾运动"（揭丑活动）的一面旗帜。这一"清垃圾运动"与当时此起彼伏、愈演愈烈的工人罢工运动相互映衬，给那些政治巨头、经济巨头带来极大的冲击。

揭丑运动与罢工运动的冲击，使经济界开始正视新闻界与社会公众对企业发展的重要影响。许多企业开始走出封闭的"象牙塔"，修建开放透明的"玻璃屋"，增强企业经营的透明度。一些企业还纷纷聘请一些新闻专家来兼任自己企业的"新闻代言人"，委托他们进行传播沟通活动，增进与新闻各界和社会公众的联系，塑造和改善自身在社会大众中的形象。于是，公共关系活动日趋频繁而重要。一种代表企业及政府组织利益，为沟通社会组织与社会公众之间的对话，并从中收取劳务费用的新职业便应运而生了。

艾维·李是开创这一崭新行业的先驱者。艾维·李原是《纽约时报》与《纽约世界报》的一名记者。1903年，艾维·李辞去记者工作，和乔治·派克合资成立了"派克和李公司"，为社会公众提供收费的公共关系服务。这是美国也是世界上较早的公共关系性质的专门公司之一。从此，艾维·李开始了他的公共关系的职业生涯。正规的公共关系职业即由此发端。

1905年，美国无烟煤业工人大罢工，整个无烟煤业陷入一片混乱。艾维·李临危受命，受聘前来解决这一难题，协调各方关系。艾维·李提出两项要求作为受聘的前提条件：第一，必须有权与行业最高层决策者接触；第二，必要时有权向社会公开全部事实真相。在工人大罢工及社会舆论的强大压力下，老板们只好接受了这两个条件。艾维·李一举成功，顺利地处理了这次大罢工事件。就在解决罢工事件期间，艾维·李通过报界对外发表了著名的《原则宣言》，全面阐述了他的事务所的宗旨："我们的宗旨是代表企业单位及公众组织，就对公众有影响且为公众乐闻的课题，向报界和公众提供迅速而准确的消息。"这就是"门户开放策略"。艾维·李的公共关系思想与宣传思想是"公众必须迅速被告知"——对公众"讲真话"。他经常对报界免费提供新闻公报，只是要求在公报上标明公报的作者和他所代表的组织名称而已。公开提供客观的新闻材料，放弃一直是神圣不可侵犯的行业秘密，久而久之，艾维·李在社会公众中树立起自己的良好信誉。一次，洛克菲勒财团凶残地对待一个员工，引发科罗拉多州的大罢工，令洛克骑虎难下，处境十分为难。艾维·李受命于危难之中，接受了这一特殊业务，采取了一系列积极措施与工人领袖会晤，聘请国内有名的工运专家撰文并演说、分析罢工利弊，抚慰受伤害工人及家属等，又一次成功地平息了这场令洛氏心寒的大罢工。对此，洛克菲勒曾感激地赞叹道："在科罗拉多州的大罢工中，艾维·李扮演了一个十分成功的角色，为约翰·洛克菲勒家族的历史增添了十分重要的一页。"

当然，由于时代的局限，艾维·李的咨询指导主要还是凭经验和直感而进行的，还缺乏对公众舆论的严密、大量的科学调查。因此，有人批评艾维·李的公关咨询只有艺术性而无科学性。在艾维·李临死前，甚至还因曾给纳粹德国的一家公司提供过咨询而受到非议和审查。但无论如何，艾维·李作为公共关系职业的先驱者的地位是无可争议的，后人称艾维·李为"公共关系之父"。

3. 公共关系的科学化

公共关系职业化的发展，促进了公共关系由简单零碎的活动上升为规律性的较系统的原则与方法的探索，使公共关系自立于学科之林，成为一门独立的学科的条件已成熟。美国学者爱德华·伯尼斯就是公共关系科学化的一名旗手。

出身维也纳的奥地利裔美国人爱德华·伯尼斯是著名心理学泰斗弗洛伊德的外甥。1923年，他以教授的身份首次在纽约大学讲授公共关系课程，同年出版了被称为公共关系理论发展史的"第一个里程碑"的专著——《公众舆论的形成》。在书中。伯尼斯首先详尽阐述了"公共关系咨询"这一概念，而且提出了公共关系的原则、实务方法和职业道德守则等。1952年，他又写出了《公共关系学》教科书。伯尼斯的主要贡献就在于，他把公共关系学理论从新闻传播领域中分离出来，并对公共关系的原理与方法进行较系统的研究，使之系统化、完整化，最终成为一门独立完整的新兴学科。而在这些原则和理论中，他的公共关系核心思想是"投公众所好"。他认为，以公众为中心，了解公众的喜好，掌握公众对组织的期待与要求的态度，确定公众的价值观念，应该是公共关系的基础工作；然后按照公众的意愿进行宣传，才能做好公

想一想

伯尼斯为何被称为"公共关系学之父"？

共关系工作。伯尼斯不仅是一位公共关系理论家，同时又是一位公共关系的实践家。他与妻子合作进行公共关系咨询，接受过多位美国总统和实业界巨头的委托，运用公共关系实务成功地帮助他们塑造良好的社会形象。有人评价道：“他同公共关系这门学科的发展方向保持一致，并且考虑得更深远、更全面。”伯尼斯的突出贡献，使他成为公共关系学科化的助产婆，成为真正的“公共关系学之父”。

继伯尼斯之后，1937 年，雷克斯·哈罗博士在斯坦福大学开设公共关系课程。1947 年，波士顿大学成立了第一所公共关系学院，培养公共关系学士及硕士。许多公共关系的论著也相继出版。至此，公共关系正式进入学科化阶段。一门充满时代特征的、具有强大实用性的新兴学科以其崭新的身姿崛起于学科之林中。

4. 公共关系的迅速发展

公共关系一经产生就显示了强大的生命力，在很短的时间里取得极快的发展。1952 年，美国的卡特利普和森特等人出版了他们的权威性的公共关系专著《有效公共关系》，论述了“双向对称”的公共关系模式，在方法上坚持组织与公众之间的双向传播与沟通。此书不断再版，成为畅销书，被誉为“公共关系的圣经”，使作者成为亨有声望的理论权威。此后现代公共关系得以迅速发展。

首先，社会组织纷纷建立公共关系机构，公关公司也有较快发展。在美国，早在 1908 年，艾维·李的早期客户之一，有名的美国电话电报公司率先在公司内部设置公共关系部及分配一名副经理主管该部工作，并长期聘用公共关系顾问至今。该公司将公共关系纳入了公司经营管理的范畴，凡公司的一切重大决策，若未经公共关系部门参与研究，不能作出决定和付诸实施执行。1930 年，在克利夫兰市由约翰·希尔和威廉·诺顿成立了“希尔·诺顿有限公司”。后来这家公司在希尔的经营下迅速扩大，拥有 600 多名工作人员，遍及美国 40 多个城市并扩大至 20 多个国家。美国《商业周刊》在 1937 年第一次就公共关系进行调研并提出报告。据统计，当时全美有公共关系顾问公司 250 家，从业人员达 5000 人。美国是公共关系的发源地，同时也一直保持了公共关系的领先地位，对各国公共关系事业的发展一直发挥着重要的影响作用。

其次，公关职业成为令人羡慕的职业。美国一所大学进行了一次公共关系人员“职业意向”调查表明，美国在职公共关系人员自认为本身职业的社会地位不低于物理学家、律师和大学教授，高于记者、推销员、飞行员、设计师，对职业自感满意。不少新闻界人士、广告师和推销员也都纷纷转行搞公共关系工作。公共关系在美已成为受人瞩目、令人羡慕的时髦行业。

再次，公共关系迅速传遍世界各国。早在 1920 年，公共关系由美国传入英国。1926 年，英国成立了第一个正式的公关机构——皇家营销部。为弥补经济萧条的重大损失，皇家营销部竭尽全力组织了一场声势浩大的公关活动，支持首相“买英国货”的号召，这次大规模的成功的公共关系活动使人们认识到公关能创造社会与经济价值。1940 年，公共关系传入加拿大。1946 年，公共关系在法国崭露头角。1946 年，荷兰出现首批公共关系事务所。

紧接着，加拿大、英国、挪威、比利时、瑞典、芬兰、联邦德国等相继成立了公共关系协会。1947 年，美国盟军将公共关系引入日本，强行设立公共关系机构并举办了多种演习会、训练班，广为发动宣传，在日本兴起公共关系热。“日本的 PR 王国”——电通公司便是其中的突出代表。1957 年，成立了日本首家公共关系公司。1950 年至 1955 年间，公共关系的种子在中美洲、南美洲、澳大利亚、日本、新西兰和南非扎根。1955 年，“国际公共关系协会”（IPRA）在全球公共关系热潮中宣告成立。

最后，公共关系学科化发展的步伐也很迅速，公共关系教育事业蓬勃发展。仅在美国，1955 年就有 28 所院校创设“公共关系专业”，招收学士和硕士生，66 所院校开设“公共关系”课程。至 1970 年已有 100 所院校设置此专业，约有 300 所院校开设此专业课程。其中设有博士学位的有 10 所大学，设硕士学位的有 23 所大学，设学士学位的近 100 所大学。1977 年进行的一项调查表明，在全美的公共关系从业人员中已有 54%具有学士学位，29%的人具有硕士学位。20 世纪 80 年代以来，公共关系的教育已开始按不同的行业分门别类进行，各有一套不同的大纲要求，逐步向更细、更深的领域健步发展。

第二节　现代公共关系产生的条件

公共关系经过零散活动及职业活动的长期酝酿之后诞生于 20 世纪 20 年代，这不是偶然的。它是当时文化背景、政治背景、经济背景及技术背景等诸方面历史条件综合作用的结果，是时代进步的必然产物。

一、文化条件：人性文化的发展

> 想一想
>
> 现代公共关系产生的历史必然性。

美国是一个由移民组成的一块新大陆。美国文化体系中有三个突出的特性：个人主义、英雄主义、理性主义。个人主义使美国人富于自由浪漫色彩；英雄主义使美国人崇拜巨头伟人，富于竞争的精神；理性主义使他们注重严密的法规，崇尚教条、数据和实效。管理科学的鼻祖泰罗的思想及其制度，便是理性主义的典型代表。泰罗制的核心是通过“时间和动作分析”，强调对一切作业活动的计量定额，强调严格的操作程序，甚至连手足动作幅度、次数等都要计算限定，“人是机器”是这一时期最典型的代表性口号。它将人视为机器的一部分，颠倒了人与机器的关系，使手段异化为目的。这种机械唯理主义的管理，虽然短期内取得了显赫的高效率，但同时也促使阶级矛盾与劳资矛盾日趋尖锐激化，孕育着社会危机与动荡不安，也孕育着社会文化意识的嬗变。正是在严峻的现实面前，人们逐渐意识到纯理性文化的局限，人文主义重新抬头，在管理中注重人性、注重个人的文化观念迅速获得人们的认同。20 世纪 20 年代哈佛大学教授梅耶在著名的“霍桑实验”中提出的“人群关系理论”“行为科学”，便是人性文化逐渐抬头的有力体现。此外，大众传播的发展、社会化大生产的发展，也对尊重个人隐秘但又互不相关、过于狭隘的美国传统文化形成冲击，使社会生活、社会交往更趋开明化、开放化。这种尊重人性的、尊重个人感情和尊严的、人文的、开放的文化，正是公共关系得以滋生及成长的土壤。

二、经济条件：市场经济取代小农经济

在封建社会里，其经济模式是自给自足的小农经济，生产组织方式是以一家一户为基本单位，一村一乡为界限。其社会联系也就脱离不了这种以家庭、村落为支点的血缘、地缘、人缘关系。这种关系一是非常狭隘，二是相当固定，三是极端封闭。直至资本主义社会前期，大工业尚不十分发达，受经济水平的限制，人们的社会联系仍然相当狭隘。

20 世纪初，美国的社会环境、政治环境已趋于安定，经济发展速度迅速提高，大工业的商品经济方式突破了时空与血亲的局限，重新形成了以市场为轴心的极广泛的社会分工协作，反过来又促进了商业经济的快速发展。商品经济社会以社会化生产、社会化交换为其重要特征。任何社会组织均须得到社会广泛承认，获得社会整体的支持，方能生存和发展起来。故商品经济社会势必需要公共关系。

在商品经济的发展过程中，市场形式经历了由“卖方市场”向“买方市场”的逐步转变。正是在“买方市场”这种商品经济的温床中，公共关系才得以产生。在生产力尚不发达的资本主义前期，市场中求大于供，供求关系不平衡，名义上的自愿平等、互惠互利便告消失，于是形成了价格可以随意上升、销售者可以趾高气扬、态度恶劣，恣意妄为地刻薄公众，而消费者则须委屈讨好销售者。在这种卖方市场的状态下，卖方可以不考虑公众需要，无须考虑公共关系。但随着生产力的提高，产品供给日益充分，市场上供求关系发生了根本变化，消费者具有更多的优势，可以根据销售者的产品质量、价格、服务以及人情关系等条件，灵活地决定向哪一个“卖家”去购买所需商品。而销售者则须竭力在以上这些方面讨好或优惠消费者，努力同消费者发展交换之外的感情关系，从而形成了以消费者为重心的“买方市场”。在买方市场条件下，必须通过发展良好的相互感情关系方能更有效地维护交换关系，维持市场发展。因此，搞好公共关系，增进相互理解与感情，提高组织声誉就显得越来越重要。

此外，随着商品经济的发展，消费者的消费水平也不断提高，从初始的满足温饱、安全等千人一律的“基本需要”，而逐步转向满足消费者的挑选商品的个性、情感等各不相同的“选择需要”。由于人们的选择需要是人人相异、多种多样并又不断发展的，为满足公众这一选择需要，产销的直接见面就日益重要，生产者、销售者必须对消费者多样的、多变的选择需求有及时、深入而全面的了解与掌握，以便能提供适销对路的商品，这就需要公共关系工作来促进双边沟通和相互了解。这些社会现实，都十分迫切地需要公共关系。在市场经济的背景下，能否争取市场、争取顾客、争取公众支持，成了企业生死攸关的关键，这就直接促成了公共关系的兴起。

三、技术条件：大众传播超越个体传播

在自然经济社会中，经济水平不发达，科技水平落后。落后的经济生活与科技水平，只能产生落后的交往沟通工具。而由于受落后沟通传播手段的限制，社会公众的交往的广度、深度是极其有限的。哪怕是古代的帝王，要传播谕令与信息，充其量也不过是“烽火报信”和“快马加鞭”而已。这种极简陋落后的传播方式不仅传播速度极慢、传播范围相当狭小，而且信息失真率极高。

而在资本主义大工业时代，日益精细的社会化大分工使人们之间、组织之间的纵横关系与相互沟通依赖日趋重要并加强，成为社会组织生存发展的基本条件。各种形式的传播沟通技术与理论也就在这样的社会背景下迅速发展起来。印刷技术日益普及与提高，报刊媒介遍及千家万户；电子技术不断进步，更带来广播、电影、电话、电视等电子传播媒介的普及；在电脑、人造通信卫星全球普及的现代信息社会，具有极高的传播广度、速度与深度及高保真度并且费用低廉的崭新的传媒迅猛发展，世界日益成为“天涯若比邻的地球村”。瞬息万变的信息同时也就“瞬息可悉”。各种大众传媒的迅速而广泛的发展、“地球村”的出现，为人们进行大规模的交往提供了可能性，并为公共关系的产生提供了必要的技术与方法。

综上所述，正是由于20世纪初人性文化的兴起、商品经济的高度发达和大众传播技术的日趋普及与提高等诸方面因素的滋生与促成，才使公共关系学这门崭新的学科脱颖而出，以令人耳目一新的崭新面貌自立于新学科之林。

案例 2.4

杰克逊的政治公共关系

公共关系领域的一个开拓者安德鲁·杰克逊，通过运用公关技巧迎合普通群众而赢得了1828年的总统选举。杰克逊在军中服役时曾被人称做“老胡桃木”。他有一个助手，实际上相当于今天的新闻秘书，尽管当时并没有这么一个头衔。这位助手负责收集公共舆论样本，给杰克逊提建议，并为他撰写演讲稿以让他比较粗糙的想法被广大公众理解。在选举之后，该助手也会作为杰克逊行程的先遣人员，向当地的报社提供预先写好的赞扬新总统的文章，然后他会购买重印的这些文章并散发给其他的编辑。最终杰克逊建立起了一支高效的公关队伍，一时间他在全国范围内拥有60名由白宫支付薪水的全职记者。

启发思考：

1. 杰克逊的明智表现在哪些方面？
2. 试总结公关技巧以及原则。

第三节　中国特色公共关系的发展

公共关系学于20世纪80年代传入我国大陆沿海地区，又随改革浪潮迅速波及全国各地，中国公共关系事业不断发展。这表明中国的国情是中国公关事业发展的适宜的“土壤”与“气候”。

综观中国大陆的公关发展史，可以发现，公共关系作为一种新的经营管理和技术传入中国后，呈现出由南向北、由东向西、由服务行业向工业企业、由外资企业向国有企业、由企业组织向政府组织逐步发展的格局，而且发展过程也呈现出明显的阶段性。当代中国公共关系的发展大致经历了以下四个时期。

想一想

当代中国公共关系发展的特点是什么？

1. 引入与初步发展期

20 世纪 80 年代初，随着改革开放的进行，中国在引进资金、技术的同时也引进了先进的管理经验。一批外资携带着发达国家先进的经营管理观念进入了我国，其中包括公共关系。公共关系作为一种理论和职业，开始引起中国人的广泛关注。在深圳、广州等改革开放的桥头堡，一些中外合资企业和外商独资企业开始按照西方资本主义国家的管理模式，设立了公共关系部。1980 年，中港合资的深圳蛇口华森建筑设计顾问公司率先成立我国第一个公共关系性质的专业公司。1982 年，深圳竹园宾馆成立公共关系部，开展以招徕顾客为目标的、扩大影响的服务性公共关系活动。1983 年，中外合资的北京长城饭店成立公共关系部，并因成功策划接待美国总统里根访华而名扬海内外。1984 年，广州中国大酒店设立公共关系部。后来，广东电视台以宾馆、酒楼的公共关系活动为题材，拍摄了中国第一部反映公共关系理论与实践的电视连续剧《公关小姐》。1984 年 9 月，我国国有企业的第一家公共关系部——广州白云山制药厂公共关系部正式成立。至此，中国人用照搬照抄的模式初步完成了公共关系在中国的导入。20 世纪 80 年代中后期，公共关系在中国的发展进入了一个全面引进的高潮时期，专业性公共关系公司、公共关系协会如雨后春笋般纷纷建立起来，同时，公共关系教育培训以及公关理论研究也发展迅速。1985 年，伟达公司和博雅公司这两家世界上最有影响的公共关系公司先后进入中国。其中，博雅公司与中国新闻发展公司于 1986 年 7 月合作成立了我国第一家公共关系公司——中国环球公共关系公司。1986 年 12 月，上海成立了全国第一家省级公共关系协会。1987 年 5 月，全国权威性的公共关系社团组织——中国公共关系协会在北京正式成立。许多企业内部的公共关系部开始运作，并取得了较大的成果。1985 年 1 月，深圳市总工会举办全国第一个公共关系培训班。1985 年 9 月，深圳大学率先设立公共关系专业(专科)。

此后，中山大学、北京大学、兰州大学、首都师范大学、复旦大学、清华大学、中国人民大学等相继讲授公共关系课或开办公共关系专业。1986 年 11 月，中国社科院编著的《塑造形象的艺术——公共关系学概论》正式出版。同年 12 月，王乐夫、廖为建等人的公共关系专著问世。自 1988 年起，全国公共关系组织联席会议相继在杭州、西安、广州等地召开。1988 年 1 月，中国公共关系第一家专业性报纸——《公共关系报》在杭州创刊。1989 年 1 月，中国第一份国内外公开发行的公共关系杂志——《公共关系》在西安创刊。

上述实践表明，公共关系传入我国的时间不长，但因为它适应了市场经济的需要，所以获得了迅速的发展。

2. 相对稳定发展与普及时期

从 20 世纪 90 年代初期到中期，公共关系在中国的发展进入了一个相对稳定、成熟的时期。1994 年 4 月，中国国际公共关系协会成立，促进了中国公共关系理论研究与社会实践的国际化。1994 年，中山大学被教育部批准开办部属院校第一个公共关系本科专业，随后在行政管理专业的硕士点招收公共关系方向的硕士生。全国公开出版的公共关系专著、教材、译著、工具书已超过 1000 多种。而这一时期，学术研究活动活跃，中国公共关系的一些学术流派开始产生，如形象学派、协调学派、传播学派、管理学派等，从而加深了对公共关系的研究。公共关系实践活动由自发走向自觉，全国有一大批公共关系专家、学者分别主持、策划、操作企业公共关系、企业 CIS、政府公共关系、城市 CIS 和城市形象建设。

3. 曲折发展时期

20 世纪 90 年代中后期，公共关系在中国的发展受到阻碍，开始由高潮阶段步入低谷。这一时期，许多地方性的公共关系公司纷纷消失；企业中的公共关系部也被撤销，或者是有公共关系部也形同虚设；公共关系从业人员素质普遍偏低且数量急剧减少。实际上，这并非偶然产生的现象，它有产生、发展的必然性原因。其一，从 20 世纪 80 年代初到 90 年代中期，公共关系在中国的发展虽然在短时期内似乎是一片繁荣，但实际上却并非如此。当时，人们对公共关系的引进和运用，都是机械的模仿、一股脑的拿来主义，结果是层次较低、良莠不齐、鱼龙混杂，引进的理论没有消化、没有创新，有的也不符合中国的民族文化习惯。所有这些深层次矛盾爆发的结果，最终祸及公共关系自身的发展。其二，国家对大学本科专业设置进行调整时，取消了公共关系这一本科专业，这对当时满怀激情的公共关系专家、学者来说，无疑是当头一棒，使得当时形势大好的局面消失殆尽。其三，20 世纪 90 年代中后期，中国改革开放进入了关键的体制转型时期，许多企业将其主要精力投入到适应市场经济的内部改革之中，从而在人、财、物上对公共关系重视不够，从而导致公共关系事业停滞不前。其四，人们对公共关系的理解存在诸多误区，这些现象却没有引起公共关系专家、学者的足够重视而及时加以校正，从而使得公共关系在中国的发展偏离了正常的轨道。例如，在当时许多人对公共关系持有一种庸俗化的理解，认为公共关系就是一种“美女公关”，是一种拉关系、走后门的不正之风，而且许多公共关系从业人员也秉承这些并非公共关系本质原则的原则，取得了一点成绩便沾沾自喜。还有一些人则认为，公共关系几乎无所不包，它既可用于政治，亦可用于经济，还可用于个人交往，结果使得人们形成一种错觉——公共关系完全可以用其他技巧来取代，此时公共关系部成了不折不扣的杂务部、不管部，其权力完全被空心化。正是因为上面所述的种种原因，使得公共关系在中国的发展受到了巨大的挫折，迫使人们不得不重新审视、理解这门科学，从而做出相应的调整。这一切又为公共关系以后的发展做好了准备。

4. 稳定与成熟发展期

2001 年，中国加入世界贸易组织(WTO)，这不仅为中国的现代化建设带来了机遇与挑战，同时也为公共关系在中国的发展带来了新的契机。我国加入 WTO 将是中国公共关系的第二次大的发展机遇，同时，也将使中国的公共关系事业面临着更多的压力。首先是 WTO 所制定的贸易规则本身，要求各成员国的体制必须纳入世界贸易体系之中，按照 WTO 规则来办事。这对我国政府的公共关系活动带来了巨大的挑战。其次是 WTO 体制迫使中国企业参与国际间的公平竞争，过去的贸易保护措施将不复存在。企业要想求得生存与发展，只有与公众建立良好的关系，建立知名企业，创造名牌产品，提供更好的服务，占有更多的市场份额。同时，国内企业除了要占领国内市场外，更要实施走出去战略，参与国际竞争，这就对国内企业的公共关系部提出了更高、更新的要求，而这也必将使我国的公共关系开创一种新的局面。最后，随着世界经济一体化进程的加快，跨国公司、企业集团势必加快进入中国的步伐，使得竞争更加白热化。但同时，它们也带来了更多、更新的管理经验，而跨文化交流的障碍、冲突则对我们的协调、沟通能力提出了新的挑战。

加入 WTO 后，对于我国的公共关系事业来说是机遇与压力并存。这不仅需要我国的公共关系专家、学者适应形势的需要，不断创立符合我国具体国情的公共关系理论，也需要公共关系从业人员不断提高自身素质，努力开创适合我国现代化建设公共关系事业的新局面。

案例 2.5

整合营销遇上大数据

1. 大数据的价值所在

随着多屏时代的到来，消费者在互联网上搜索、访问、交易、社交的行为创造了海量的互联网信息数据。企业如何从外部获取这些数据、是否善于管理这些数据，并且根据这些数据创造出满足消费者需求的产品和服务，将成为企业成败的关键。大数据主要能在以下4个方面挖掘出巨大的商业价值：对顾客群体细分，从而对每个群体量体裁衣般地采取独特的行动;运用大数据模拟实境，发掘新的需求和提高投入的回报率;促进大数据成果在各相关部门的分享程度，提高整个管理链条和产业链条的投入回报率;进行商业模式、产品和服务的创新。

2. 大数据为整合营销传播插上腾飞的翅膀

毋庸置疑，数以亿计的互联网、移动互联网用户已经并将继续创造海量数据，大数据时代已经来临。我们从日常行为和相关调研数据可以深切地体会到信息技术带给人们行为方式的变化：早先的一份报纸、茶楼聚会、电视新闻播报等人们几十年形成的习惯，已经或正在被搜索引擎、新闻门户浏览、手机客户端和微博、微信、自媒体的社交行为所取代;身边的数据设备，也从一家一两台电脑和手机，变成每人三五台智能设备；U盘的容量，从32MB变成128GB；数码相机的像素从100万变成2000万；一张照片的数据量，从10年前的100KB，变成现在iPhone照片的4MB。技术领域的飞速发展让人炫目，ADSL被光纤入户取代，2G已经过时，4G正在如火如荼地部署，电商和物流，甚至“双11”消费节，都成为大数据时代的清晰符号。

大数据时代的一个特点是日常生活发生了巨大变化，人们对社会的了解、与社会中其他成员联系和沟通的方法日新月异，手段丰富多彩，内容瞬息万变，营销人员所关心的消费者行为也在这些行为日趋复杂多样的同时，变得清晰透明;消费者在依赖这些设备和手段的同时，也为产品和服务的供应商提供了清晰明确的线索。

大数据给整合营销传播活动带来了前所未有的机遇。消费者行为数据的丰富、及时和准确，给我们的企业带来收集和分析处理的便利。消费者的上网记录、浏览记录、位置信息、团购兴趣、网店浏览记录和网购记录，如果能够加以收集、整合和分析，企业就可以得到完善清晰的消费者行为地图，为消费者洞察带来便利的工具、完美的手段和良好的结果。

耐克在基于大数据的整合营销中取得了实实在在的成果。中国的年轻消费者对于跑步反馈狂热，跑步依然是耐克在中国最大的运动品类，高于篮球和足球。在耐克2013财年的全球业绩中，跑步鞋的业绩贡献占比20.46%，仅次于Sportswear的26.99%。这也是耐克为什么会对跑步鞋有如此大信心的原因。当然，更为关键的是Nike+平台延伸出的运动社交网络。而耐克的商业模式也正随着这个平台的延展发生着变化：“耐克推出Nike+平台数字营销模式，关键在于增强了与消费者的互动，并通过检测、处理消费者信息实现对客户更为个性化的服务。这是对消费者需求服务的创新，有利于商家更便捷快速地理解、掌握消费者信息，也有利于其有针对性地推出产品。”技术的革新也推动着耐克创造新的商业模式，即“用户+数据+服务+终端”。通过Nike+的数字创新，耐克正在脱离传统的制鞋、卖鞋的运动企业，在这种新显现的模式中，Nike+就像神经系统，将各类运动产品、用户连接在一起;耐克可以通过Nike+的平台为用户提供线上、线下（如夜跑、品类体验店、马拉松等线下活动）的专业运动服务，提升运动体验，也能从中发掘更多的商机，例如夜跑概念，让耐克的研发人员将反光元素加入鞋子、衣服，直接提振了市场销售。

3. 挑战和机遇并存

大数据也给整合营销传播活动带来了巨大挑战：数据的丰富，固然带来更清晰全面的行为描述，但在一致性方面也带来问题。多来源的数据，可以从各个侧面描述细节，然而拼合消费者行为的全景图片，却成为更高技术含量、更细致复杂、更需要水平和能力的工作，需要数据专家、行为和心理专家在分析工作中更多参与，更大程度地发挥作用。

营销活动的对策：大数据时代之前，整合营销传播人员难以取得地域广泛、特征全面、反馈及时、内容准确、互动性强的消费者数据。片面、慢速、无互动是大多数行为数据的状态，营销人员应该深刻理解这些数据的产生和加工的背景环境和渠道，积极主动又要小心谨慎地善用这些数据，将消费者洞察转化为促进消费者互动、交付消费者需要的产品和服务、不断提升消费者忠诚度的能力，成为企业战略的积极建议者和有效实践者。

例如，在以消费者为中心的营销过程中，营销组织尽可能实事求是、开诚布公地交流信息，为消费者提供实用、知识性、趣味性的内容，也称之为内容营销。此项努力不仅可以提升品牌的认知度，树立品牌的权威性、思想领导力，还将获得消费者青睐，形成消费者对品牌的忠诚。20世纪初开始出版的《米其林指南》是法国米其林轮胎公司为法国驾车旅游的消费者提供的景点、餐厅等实用信息的指南，后来发展成为全球最权威的餐饮评价读物，其权威性、趣味性、教育性、实用性深受喜爱。因此，有价值的内容将长久地促进品牌与消费者的沟通。

大数据分析将成为市场营销人员的核心竞争力。如何有效运用数据这个最宝贵的企业资产，已经成为市场营销人员的重要课题。数据分析将使营销投入获得更高成效，还可以对预测消费者行为起到至关重要的作用，其任一成果都曾是营销人员梦寐以求的结果。数据分析将帮助品牌从经济全球化、竞争同质化、产品服务重度商业化的环境中脱颖而出。尽管如此，许多企业还有很长的路要走，为适应消费者为中心的企业战略而进行组织结构的调整，善于利用数据的人才和大数据分析技术的匮乏等都是企业普遍面临的巨大挑战。

启发思考：

1. 大数据形势下公关活动如何更好地开展？

2. 当今公共关系发展的时代特点是什么？

案例分析

约法三章

汉元年十月，沛公兵遂先诸侯至霸上。秦王子婴素车白马，系颈以组，封皇玺符节，降轵道旁。诸将或言诛秦王。沛公曰："始怀王遣我，固以能宽容；且人已服降，又杀之，不祥。"乃以秦王属吏，遂西入咸阳。欲止宫休舍，樊哙、张良谏，乃封秦重宝财物府库，还军霸上。召诸县父老豪桀曰："父老苦秦苛法久矣，诽谤者族，偶语者弃市。吾与诸侯约，先入关者王之，吾当王关中。与父老约，法三章耳：杀人者死，伤人及盗抵罪。馀悉除去秦法。诸吏人皆案堵如故。凡吾所以来，为父老除害，非有所侵暴，无恐！且吾所以还军霸上，待诸侯至而定约束耳。"乃使人与秦吏行县乡邑，告谕之。秦人大喜，争持牛羊酒食献飨军士。沛公又让不受，曰："仓粟多，非乏，不欲费人。"人又益喜，唯恐沛公不为秦王。

——出处《史记·高祖本纪》

【译文】

汉元年（前206）十月，沛公的军队在各路诸侯中最先到达霸上。秦王子婴驾着白车白马，用丝绳系着脖子，封好皇帝的御玺和符节，在轵（zhǐ，音纸）道旁投降。将领们有的说应该杀掉秦王。沛公说："当初怀王派我攻关中，就是认为我能宽厚容人；再说人家已经投降了，又杀掉人家，这么做不吉利。"于是把秦王交给主管官吏，就向西进入咸阳。沛公想留在秦宫中休息，樊哙、张良劝阻，这才下令把秦宫中的贵重宝器财物和库府都封好，然后退回来驻扎在霸上。沛公召来各县的父老和有才德、有名望的人，对他们说："父老们苦于秦朝的苛虐法令已经很久了，批评朝政得失的要灭族，相聚谈话的要处以死刑，我和诸侯们约定，谁首先进入关中就在这里做王，所以我应当当关中王。"

"现在我和父老们约定，法律只有三条：杀人者处死刑，伤人者和抢劫者依法治罪。其余凡是秦朝的法律全部废除。所有官吏和百姓都像往常一样，安居乐业。总之，我到这里来，就是要为父老们除害，不会对你们有任何侵害，请不要害怕！再说，我之所以把军队撤回霸上，是想等着各路诸侯到来，共同制定一个规约。"随即派人和秦朝的官吏一起到各县镇乡村去巡视。向民众讲明情况。秦地的百姓都非常喜悦，争着送来牛羊酒食，慰劳士兵。沛公推让不肯接受，说："仓库里的粮食不少，并不缺乏，不想让大家破费。"人们更加高兴，唯恐沛公不在关中做秦王。

启发思考：

试运用公共关系中的相关知识分析评点这一案例。

本章小结

公共关系是人类社会发展进步的必然现象。它是近现代商品经济快速发展、政治民主化浪潮日益高涨和大众传播日益现代化的产物。现代意义上的公共关系至今不过一百多年的历史。20世纪初期，公共关系作为一种专门职业出现；到20世纪20年代，公共关系便发展成为一门新学科。

公共关系的产生和发展史，大致划分为起源阶段、职业化阶段、学科化阶段和全面发展阶段四个时期。

公共关系诞生于20世纪20年代，这不是偶然的。它是当时文化背景、政治背景、经济背景及技术背景等诸方面历史条件综合作用的结果，是时代进步的必然产物。

公共关系学于20世纪80年代传入我国大陆沿海地区，又随改革浪潮迅速波及全国各地，中国公共关系事业不断发展。这表明中国的国情是中国公关事业发展的适宜的"土壤"与"气候"。

思考题

1. 公共关系的产生和发展经历了哪几个阶段？
2. 现代公共关系产生的条件有哪些？

3. 如何理解中国的国情是中国公关事业发展适宜的“土壤”与“气候”？

拓展阅读

1. 世界上第一张丝绸报纸：http://www.doc88.com/p-5179946962048.html

2. 斗鱼中的公关事件：http://sanwen8.cn/p/16fPPH5.html

3. 罗斯福的公关艺术：http://3y.uu456.com/bp_0ahwh4vsq02xzhu2l5cl_1.html

4. 杜邦公司“变脸”：http://www.doc88.com/p-2803120729737.html

第三章　公共关系的主体

学习目标：

了解社会组织形象的要素、企业文化及其功能；了解公共关系的组织机构的工作特点，认识公关机构对做好公关工作的重要性；了解公共关系人员的基本素质，充分认识公关人员对做好公关工作的重要性。

案例 3.1

阿里巴巴“月饼门”事件

2016年9月12日下午，阿里巴巴在内部搞了一个中秋抢月饼的活动，阿里巴巴四位员工采用技术手段作弊，共计多刷了124盒月饼。结果被开除。而开除的原因是他们在抢购月饼时采用技术手段作弊，对内部其他员工造成福利分配不公正，而且这种行为有“黄牛”意识。内部通告显示，认为秒杀虽然没有涉及阿里巴巴外部平台业务秩序的干扰，但对于内部员工却造成福利分配的不公正。阿里巴巴安全的攻防技术是用来对付黑客的。后来腾讯和360借势此次事件展开招聘工作，不过腾讯招聘的是特定方向的职位，但360网络攻防实验室老大林伟在朋友圈明确指出是需要“月饼事件”四位当事人的简历。

9月14日晚上，阿里巴巴集团首席人力官蒋芳代表公司管理层在阿里内网贴出内部信，向全体员工做出复盘说明。

对于公司对四位员工做出的劝退决定，我们读到和听到各界的反馈，也检讨和反思我们在做这个决定之前和之后哪些工作没有做好，引发许多同事担忧我们对坚守价值观过于偏执以及会给鼓励创新的容错文化造成伤害。实话实说，我们也争论，纠结，感到难受。很多人问为什么我们处理得这么重？因为阿里巴巴是一家把权力真正下放到每个普通员工手里的公司，下放权力的基础就是组织和员工之间的本能的信任。只有一个建立在信任基础上的团队才能走得长远，打得起硬仗。因为只有授权才能服务好客户，更快地根据客户需求做出迅速有效的决定。但我们必须反复提醒自己，要善待手中的权力，就像爱惜自己的眼睛一样爱惜别人对自己的信任，爱惜自己的才华，更何况是以攻防网络灰黑产和反作弊为己任的安全部门同事。未来我们还将继续充分信任和授权我们的同事。在这个过程中，我们可能还会作出一些让公司陷入风暴眼的决定，因为我们不是做给别人看的，而是敬重大家彼此间的信任，一致的理念，遵循做事做人的初衷和本心。公司和人一样，不完美。从员工角度看，阿里巴巴未免显得太不近人情。因为写了一个JS代码抢月饼，在没造成任何损失以及获利的情况下，一个小时内就让你离职走人，惩罚过于上纲上线。

从官方的角度看，这个月饼门已经牵涉整个阿里巴巴的企业文化和价值观，正所谓不以善小而不为，不以恶小而为之。阿里巴巴此举也是杀鸡儆猴，告诫自己的员工，按规则做事，旁门左道坚决不容姑息。

事件根本为技术人员利用脚本技术优势，抢到比别人更多的月饼数。就脚本本身来说并不是利用了技术漏洞，不存在网上所说的黑客论。但结果确实是干扰到了活动的公平性，侵犯了其他人的利益。

这件事情，马云看得很清楚，一家公司如果没有正确的文化图腾，迟早会出大问题。

在阿里巴巴，企业文化中价值观考核占据50%，这一相当高的比例直接影响员工的年终奖以及红包。因此，这件事对于外界看来的“小题大做”其实就是阿里巴巴的“寻常不过”。

诚信位于价值观金字塔的“腹部”，也就是要害之处，并且三角形比重远大于同一阶层的激情和敬业，这点想必已表达得很清楚，就是诚信是企业“金字塔”屹立的根基，承载着上面的团队合作和文化。

从阿里巴巴角度来看，事件虽小，但集团庞大，时刻处于风口浪尖之中，员工违反了诚信的准则，若无明确的处理，舆论将对公司产生难以估计的影响，这不是简单几盒月饼的价值可以衡量的。集团所宣扬的价值观、品牌口碑等价值要远远大于四位员工，为了避免潜在影响，弃卒保帅才是明智之举。

马云曾说过这样一句话：“今天很残酷，明天很美好，但是你违背了阿里巴巴文化，我就要开除你。”

启发思考：

1. 阿里巴巴小事大作的行为体现了什么？

2. 这一事件对企业文化建设有什么启示？

公共关系是社会组织与公众之间相互作用的关系。在这样的关系中，社会组织是相互作用的积极的一方，是公关工作中的主体。公共关系主体是指公共关系中主动影响客体的一方。在公共关系学中，一般是指社会组织、公共关系的组织机构、公共关系人员。了解社会组织的含义、特征、类型以及组织形象的有关内容，对公共关系工作的开展具有十分重要的意义。

第一节　组织形象与企业文化

公共关系的主体是指公共关系的承担者、实施者和行为者。公共关系的主体只有一个，那就是社会组织。社会组织作为公共关系的主体，主宰着公共关系的活动，决定着公共关系的状态。因此，社会组织在公共关系中处于主体地位。

一、社会组织及其特征

社会组织是人们有计划、有组织地建立起来的一种社会机构，它有领导、有目标，成员间又有明确分工和职责范围，还有一套工作制度。通俗地说，社会组织就是指社会上一个个具体的单位，例如各级政府机构、党派团体、各种工矿企业、商场、公司以及学校、医院等。

1. 组织的构成要素

根据组织的上述含义，可以归纳出组织的一般构成要素。

（1）组织目标。这是构成社会组织的最基本要素。有了明确的共同目标，才能使不同的人发生关系并整合为一个组织。没有目标，社会组织就不可能存在下去。目标是社会组织的宗旨，它对社会组织的全部活动起着指导和制约作用。

（2）组织成员。社会组织是特定社会成员的有机统一。所谓“特定”，就是他必须承认组织目标并决心为之奋斗；所谓“有机整合”，就是成员之间有一定的社会分工，担任不同的职责，形成一定的分工合作体系，共同为达到组织目标协调一致地行动。

（3）组织章程。这是为了实现社会组织目标而制定的一套制约社会组织成员活动的准则和规范的总和，它是社会组织活动的依据以及处理社会组织内部问题和判定是非的标准。

（4）组织管理系统。它包括一套完善的、多层次的领导体系，有一个明确的管理目标以及为了实现有效管理而设置的各种机构及其功能。

（5）组织设备。组织设备是保障社会组织得以存在和发展的物质基础，也是保障社会组织实现其特定目标的客观物质条件。

2. 社会组织的类型

依据不同的标准，可以将社会组织划分为各种不同的类型。

根据组织的功能和目标来划分，可分为四种类型。一是经济组织。这是最基本、最普遍的社会组织。它是指社会中提供产品和服务的各种社会组织，其特点是具有经济职能。各类企业都属于经济组织。二是政治组织。它是指为推动社会发展而进行权力分配的组织。包括各种政党组织和国家政权组织。三是文化组织。它是以满足人们的文化需求为目标。以文化活动为基本内容的各类文化团体，各类文学艺术组织、教育组织和科研组织等都可以纳入文化组织范畴。四是整合组织。它是指调整社会内部关系，维持社会秩序的组织。诸如工会、公安机关等。

根据组织成员的关系来划分，可分为两种类型。一是正式组织。这种组织成员之间关系明确，组织活动有一定的要求和规定。企业、学校、机关、军队等都属于这一类。二是非正式组织。组织成员之间的关系比较随便和自由，是一种自发关系；组织机构比较松散；规范要求不严格。各种同乡会、学术团体以及正式组织内部的各种非正式小团体等都属于这一类。

根据组织目标和受益者的关系来划分，可分为四种类型。一是营业性组织。这类组织以获得利润为目标。各种产业组织都属于此类。二是服务性组织。这类组织是为它的服务对象谋求利益。如公益学校、医院、社会福利机构等非营业性组织。三是互益性组织。这种组织的目标对所有的组织成员都有利益。如各种群众性组织、职业团体等。四是公益性组织。这是为国家和社会公众谋求利益的组织。如政府部门、消防队、公共安全机关等。

3. 社会组织的基本特征

尽管不同的社会组织体现出不同的特殊性，但作为一个正式健全的社会组织，一般都具备以下特征。

（1）明确的目标。社会组织是人们为了达到特定的目标而建立的系统，明确的目标是社会组织的显著特征之一。组织目标指的是组织争取达到的一种未来状态，它是开展各项组织活动的依据和动力。比如，工厂的目标就是生产和推销产品，学校的目标就是培养人才。目标是组织的灵魂，正因为有了组织目标，才决定了组织及其成员承担的工作任务和实现任务所应选择的途径。没有目标的组织，就没有存在的实际意义。

（2）协作的意识。社会组织是由一些具有相互合作愿望的人们组成的集体。社会组织的成员们相互协作，自愿为组织目标的实现而努力工作。如果成员没有协作的意愿，社会组织的目标也就无法实现，社会组织也就无法存在和发展下去。

（3）严密的组织体系。为了确保社会组织成员之间的协调与合作，社会组织必须建立起规范的章程，同时也必须有权威的领导体系。否则，即使是自愿组合在一起的成员，也会产生许多矛盾。若无章可循、无法可依，势必造成管理混乱的局面。

（4）广泛的信息联系。在当今“信息爆炸”时代，任何社会组织都离不开信息。社会组织成员之间的联系、组织目标的确定、章程的颁布等，都是通过信息联系的；同时，组织也要通过信息与外界不断地进行技术、管理结构、社会等多方面的交流，不断调整自己的目标和行为，使社会组织适应环境的要求。

（5）一定的物质依托。人、财、物是任何社会组织存在所必备的物质基础，此三要素缺一不可，它们是组织存在的基本保证。“巧妇难为无米之炊”，任何社会组织离开一定的物质基础，其生存和发展都将成为“空中楼阁”。

二、组织形象及其作用

在现代社会，良好的组织形象是组织赖以生存和发展的支柱。在社会主义市场经济的激烈竞争中，越来越多的企业已经把组织形象摆在了与资金、技术、人才、信息同等重要的地位。良好的组织形象是组织最重要的无形且无价的资产。

1. 组织形象的含义及特征

组织形象是社会公众对于社会组织的总体印象和综合评价，是社会组织内外部因素的有机统一。具体而言，第一，组织形象作为一种总体评价，是各种具体评价的总和。第二，公众是组织形象的评定者。第三，公众对社会组织的印象和评价不是凭空产生的，而是基于社会组织的行为表现形成的。组织形象包括的内容很多，如组织精神、价值观念、行为规范、道德准则、经营作风、管理水平、人才实力、经济效益以及福利待遇等。

> **想一想**
>
> 组织形象的时代作用是什么？

不同的社会组织有不同的形象，不同的组织形象又有不同的表现形式，但就其共性而言，主要有如下特征。

（1）客观性。形象是一种观念，是人的主观意识，但观念的反映对象却是客观的，也就是说，组织形象所赖以形成的物质载体都是客观的。如建筑物是实实在在的，产品是实实在在的，社会组织的员工也是具体的，社会组织的各种活动也是实实在在的。所以，组织形象作为对客观事物的反映，是不以人的意志为转移的，不能在虚幻的基础上构筑组织形象。无论何种社会组织，要想获得良好的社会评价，都必须以良好的社会公德为基础，靠欺骗是不行的。

（2）主观性。组织形象是公众对组织的意见或看法，因而具有主观性。因为社会公众本身具有差异，他们的社会地位、价值观念、思维方式、认识能力、审美标准、生活经历等各不相同，他们观察社会组织的角度、审视社会组织的时空维度也不相同，这样社会公众对同一企业及其行为的认识和评价就必定有所不同，“公说公有理，婆说婆有理”就是这个道理。此外，在形象塑造和传播过程中，必然要发挥组织员工的主观能动性，渗透了组织员工的思想、观念和心理色彩，因此，组织形象是主观的。

（3）综合性。组织形象的内容是十分广泛的，它包括产品、服务、人员、组织机构、组织外貌、管理水平、精神文化等。虽然公众的层次不同、观察的角度不同，对组织行为的认识带有个人色彩，但就整体而言，这种不同的认识就使得组织形象的反映较为完整，具有内容上的全面综合性。

（4）相对稳定性。当社会公众对社会组织产生一定的认识和看法以后，一般会保持一段时间，而不会轻易改变或消失，这就是组织形象的相对稳定性。组织形象的这种相对稳定性可能会产生两种结果：其一是社会组织因良好的形象被维持而受益；其二是社会组织因不良形象难以改变而受损。当然形象不是一成不变的，但是一种形象一旦形成，要想改变是不容易的。

（5）动态性。由于社会组织的生产经营情况、构成公众的人群、信息传播所借助的媒介渠道等决定组织形象的因素总是处于发展变化之中，因此组织形象也是变化的，而不是静止不变的。但组织形象究竟向哪个方向发展变化，主要取决于组织本身的努力状况。良好的组织形象是一个组织中全体人员共同努力的结果，但如果以后不去巩固这一成果，再好的组织形象也会向相反的方向转化。反之，即使最初组织形象不佳，但只要组织全体人员继续努力，不佳的组织形象也会向好的方面转化。因此，要使组织塑造和保持良好的形象，必须进行持续不断的努力。

2. 组织形象的内容

尽管组织形象由多种要素构成，但基本内容不外乎两个大要素：一是组织的内在因素，一是组织的外在形象。

（1）组织的内在因素。组织的内在因素主要体现在以下几个方面。

① 组织的战略目标。组织形象的好坏在很大程度上取决于组织的战略目标，以及对目标市场需求的满足程度。组织一定要根据自身的条件和能力选定目标市场，根据目标市场的需求状况及变动趋势，确定组织的发展战略，使公众的需求得到最大程度的满足。

② 组织的指导思想。组织的指导思想是组织进行各种活动的基本指导思想。“一切为了公众”是组织必须树立的极为重要的指导思想。只要社会组织能够站在公众的立场上评价自己的活动，做到想公众所想，急公众所急，那么一个良好的组织形象会不知不觉地在公众心中树立起来。

③ 组织的作风。组织的作风是组织在日常活动中所表现出来的态度和行为。社会组织在活动中玩弄不正当手段、投机取巧，可能会得逞于一时，但终究会彻底损害组织形象，不利于组织长期稳定地发展。事实证明，遵纪守法、诚实守信的作风，在任何条件下都是组织形象的根基所在。

④ 进取精神和风险意识。社会组织要想充满生机和活力，必须具有开拓与创新精神。一个墨守成规、固步自封的社会组织迟早会被激烈的市场竞争所淘汰。这就要求组织的决策者，根据市场情况的变化，不断开拓新的服务领域，达到引导市场新潮流的战略高度。社会组织处于繁荣兴旺时期，往往因贪图既得利益而抱有维持现状、不思进取的心理。这种保守思想会使组织蒙受不应有的损失。

（2）组织的外部形象。组织的外部形象一般包括物质设备形象、员工形象、产品质量形象及品牌商标形象等。

① 物质设备形象。组织的物质设备包括厂房、仓库、办公楼、生产设备、组织标志以及组织在公开场合使用的一切有形物。诸如建筑物的式样、外部装修、色彩搭配、周围绿化、内部装饰。对组织来说物质设备犹如面容对人那样重要。既要体现出组织的风格，又要具有审美价值，以能给公众强烈的第一印象为佳。

② 员工形象。员工给公众留下的第一印象，对组织形象的树立起着举足轻重的作用。社

会组织应不惜花费时间和金钱，对员工进行严格选拔和特殊训练，以改善他们的服务形象，提高服务质量。如美国贝尔电话公司要求话务员必须训练得“声音带着微笑”；麦当劳公司有一本长达 350 页的经营手册，上面对雇员在各方面应遵循的标准作了极为具体的规定。

③ 产品质量形象。产品质量是影响组织形象的一个决定性因素。随着经济的发展、人民生活水平的提高，消费者在购物时已不再过于重视商品的价格，商量质量的优劣在消费者购买决策中所占的地位已经越来越重要。产品质量是社会组织的生命，要树立良好的组织形象，就必须加强企业管理，保持产品质量的稳定和不断提高。

④ 品牌商标形象。品牌商标是用以识别不同商品的标记。一个好的品牌应具备下列条件：名称简明易记、朗朗上口，寓意美好；图案设计和色彩搭配要富有装饰性，构思巧妙；个性突出，给人以美的享受，切忌平庸流俗。好的品牌有助于树立组织形象，名牌效应能给组织带来巨额利润。如可口可乐、麦当劳、柯达、奔驰、菲利浦等举世闻名的超级品牌，为各自的组织在全球范围树立了良好形象，其潜在价值是无法衡量的。

3. 组织形象的作用

在商品经济不断发展、市场日趋繁荣、竞争手段越来越巧妙的经济世界中，良好的形象具有无法替代的作用。良好的组织形象是社会组织重要的无形资产。对于一个社会组织来说，它具有多方面的作用。

（1）良好的组织形象可以创造消费信心。社会组织一旦被公众认可和信赖，它生产的任何产品、提供的任何服务都会在最短时间内被公众接受，即良好的社会组织形象可以创造消费信心。如美国堪农毛巾公司做了一个实验：这家公司与商店合作，在自己的产品出售时一部分加上堪农商标，另一部分则不加任何标志。结果，尽管毛巾质量完全一样，但售价相同时有商标的销售量是无商标的 3 倍；将有商标的提价 4 美分后，两者销量才算拉平。

（2）良好的组织形象是适应竞争的需要。随着时空缩短、产业结构改变，特别是市场竞争的国际化、自由化趋势，顾客对商品的品质要求极高，顾客指定品牌购买的比例也将增加。在这种情况下，良好的组织形象就成了竞争的利器。

（3）良好的组织形象优化了组织的生存环境。良好的组织形象对外有强大的吸引力，对内有强大的凝聚力，是现代组织竞争的法宝。在现实生活中，一些知名度、美誉度高的企业，其社会地位都比较高。一旦一个组织在社会公众中形成良好的形象和声誉，就会使公众乐意购买该组织的股票，银行乐意为该组织提供优惠贷款，政府乐意为该组织提供优惠的经营条件，甚至保险公司也乐意为它经营作保。有人说，如果可口可乐公司遍及全世界的工厂一夜之间被大火烧光，那么，第二天的头条新闻是：世界各国银行巨头争先恐后地向它提供贷款，以便让它尽快恢复生产。这是因为人们相信可口可乐这一良好的品牌形象。同时，良好的组织形象也利于组织寻求到稳定的经营销售渠道。这些都可以为组织创造一个优于其他组织的外部经营环境。

案例 3.2

红会募捐因郭美美事件影响下降

民政部在深圳发布《2012年度中国慈善捐助报告》。报告显示，去年全国接收捐赠的总额约817亿元，是我国年度捐赠总额第二年下降。其中，红十字会系统的募捐额也连续两年下降。

《2012年度中国慈善捐助报告》是中民慈善捐助信息中心受民政部委托编制的年度系列报告之一。

报告显示，2012年，我国社会捐赠总量（含我国接收国内外社会各界的款物捐赠）共计约817亿元，相当于人均捐款约60.4元，不过该数字只占去年人均可支配收入的0.25%左右。与2011年度相比，全国接收捐赠额减少28亿元，同比减少3.31%，这也是我国接收捐赠额连续两年下降。

民政部社会福利与慈善事业促进司副司长徐建中说，导致捐赠总量下降的原因主要是由于全球经济形势持续低迷、重大自然灾害的减少等。

另一个重要原因则是受到郭美美"问责风暴"的持续负面影响。此外，捐赠人权利意识也开始觉醒，盲目捐赠的行为大量减少。

启发思考:

1. 组织形象的重要意义是什么？

2. "郭美美"这一事件对我们有什么启示？

三、企业文化

企业是现代社会最重要的经济组织。在所有的组织文化中，企业文化最引人注目。在现代商品经济社会里，探讨企业文化问题是研究公共关系主体的重要内容，具有十分重要的理论意义和现实意义。

1. 企业文化的含义

企业文化有广义和狭义之分。广义的企业文化是指企业创造出来的所有物质和精神产品。即其不仅包括企业的各种物质产品，如产品服务、技术设备、工艺流程和各种具体的经营管理活动等，而且还包括企业的各种精神产品，如企业制度、价值观念、经营方针、行为方式、道德规范和风俗习惯等。狭义的企业文化是指在企业行为中表现出来的价值观念和行为规范的总和。本章主要是指狭义的企业文化。但这种狭义的企业文化又要通过企业的物质层面和制度层面体现出来。对企业文化概念的理解，可从以下几个方面来把握：①企业文化是一种"亚文化"，可以说，企业文化是社会文化在一定程度上的缩影。②企业文化是一种复合形态文化。企业文化有以人脑、书籍等为载体的观念形态文化，以生产资料、物质产品等为载体的物质形态文化和以人的行为、企业制度等为载体的行为形态文化三种形态。③企业文化是一种群体文化。企业文化是企业职工和企业领导者、管理者共同创造、共同遵循、共同维护、共同发展的群体文化。④企业文化具有功利性。企业文化的构建和发展带有明显的功利性色彩，即为实现企业目标服务。⑤企业文化的形成是一个长期过程。

2. 价值观是企业文化的核心

> 想一想
>
> 为什么说价值观是企业文化的核心？

价值观是指企业员工以其需求为参照系，对自己所从事的活动是否与其需求相符合、相一致或相接近的认识，它综合地反映了企业员工的愿望、要求、理想、需要、利益等。它集中体现为企业员工对客观事物，主要是对本企业生产经营活动的意义或重要性的总评价、总看法，是企业员工价值观念在生产和生活实践中的沉淀。当企业价值观为员工所认同，企业的生产经营管理活动就会得到他们的积极参与、拥护和支持；相反，则会遭到他们的厌恶和抵抗。当以被员工认同的价值观为核心的企业文化导入企业后，会给员工以心理上的约束和行为上的规范，使他们齐心协力，共谋企业发展。

价值观之所以是企业文化的核心，是因为价值观对内具有强大的凝聚力、约束力、驱动力，对外具有极大的渗透力、影响力和竞争力。它可以有效地动员和团结企业员工为实现既定目标而奋斗，有效地提高企业知名度，树立企业在社会上的良好形象，在市场竞争中发挥不可替代的作用。组织的生存，其实就是价值观的维系以及大家对价值观的认同。每个著名的企业都有自己的价值观，上海老字号店张小泉剪刀店树立了“诚信赚得字号久，谦和赢来顾客常”的价值观。老字号店长盛不衰。美国波音公司的企业精神口号是：“我们每个人都代表公司”，即把个人与公司融为一体的价值观。

3. 企业文化的内容

企业文化的形成是以一定的价值观念为核心，通过企业的行为机制，最终衍生、外化为企业形象的过程，从而形成了一种具有多载体、多层次结构的复合型文化。因此，从企业文化的形成机理出发，结合企业文化结构，我们认为企业文化应包括深层的观念形态文化、中层的行为形态文化和表层的现象形态文化三个部分。

观念形态文化是指以头脑、书刊等为载体，以人的观念体现出来的企业文化。它处于企业文化的深层，是构建企业文化的基础和指导思想。观念形态文化主要体现在企业的经营哲学和价值观念、企业目标宗旨、企业道德、企业精神等方面。

行为形态文化是指企业在内部和外部发生的多种活动、行为中体现出来的企业文化。它以企业行为（活动）为载体，受到观念形态文化的指导和制约，处于企业文化的中层，是企业文化表层的动态化和企业文化深层的具体化形式，在整个企业文化中起着衔接和传递作用。行为形态文化主要体现在企业经营管理方式、企业制度、企业社会关系活动、企业宣传、企业内部文化活动等方面。

现象形态文化是指以企业外观形象要素表现出来的企业文化。它通常以企业生产资料、产品、英雄模范人物等为载体，是企业观念形态文化和行为形态文化的集中外化和凝结，处于企业文化的表层，以生动具体的形象和面貌直接展示在公众面前。现象形态文化主要体现在企业识别标志、企业特质状况、企业文化传统、企业英雄模范人物等方面。

上述企业文化的内容的是相互联系、相互制约的。观念形态文化是核心，行为形态文化是现象形态文化的动态化和观念形态文化的具体化，现象形态文化是观念形态文化和行为形态文化在企业外观上的集中体现，三者缺一不可，统一结合为完整的企业文化。只有三者协调发展、相互强化，才能有效地发挥企业文化的整体功能。

4. 企业文化的功能

企业文化具有如下功能。

> **想一想**
>
> 企业文化与企业形象有什么关系？

（1）导向功能。企业文化对企业的生产经营管理活动具有导向作用。首先是观念导向。企业文化的内核是价值观。企业文化的形成过程是企业员工价值观的统一、认同过程，不同企业文化背景下的企业员工，往往具有不同的价值观念。其次是行为导向。企业的生产经营活动是由人来推动的。而人的行为要受一定的思想意识和观念的支配，其中最重要的是价值观。人们总是选择从事与自己价值取向相符合的活动，从而使不同企业文化背景下的同一性质企业，在经营管理活动上表现出不同的方向、方式和效果。

（2）凝聚功能。企业文化对企业员工具有凝聚功能。首先，以价值观为核心的企业文化具有使个体认同的归属功能和机制。它使企业员工具有共同的价值观念、精神状态和理想追求，从而将他们紧密地凝聚在一起，心往一处想，力往一处使。其次，企业文化含有一种规范机制。以企业员工认同的价值观为核心的企业文化导入企业后会带来无形、不成文的行为准则，给企业员工以心理上的约束和行为上的规范。这种软约束具有很大的灵活性和适应性，弥补了单纯的硬约束（企业规章制度的约束）带来的偏颇和不足，从而把企业全体员工的力量凝聚成一个合力，使企业整体行为获得最佳效果。

（3）协调功能。企业文化对企业具有协调功能。首先，作为企业文化核心的价值观与企业内部成员的价值取向是一致的，它所带来的行为准则和规范，对企业成员具有潜在约束力。这样，能够使企业与员工、员工与员工之间在统一的价值观念、道德准则的影响下，为实现同一目标而奋斗。其次，企业文化作为社会文化的一个缩影，它所反映的价值取向必须与时代的要求和发展相一致。这样，企业文化能够使企业员工、企业集体利益符合国家、社会利益的要求，使企业眼前利益与长远利益保持一致，从而正确处理好国家、企业与个人之间的关系。

（4）激励功能。企业文化具有激励功能。首先，企业文化以人为中心。符合企业员工的价值理想和内心愿望，它所实现的是全方位的价值调节，从而能够最大限度、最全面地激发企业员工的积极性和首创精神。其次，企业文化能创造一个良好的组织环境，这种带有浓厚文化气息的组织环境，弥补了企业员工在企业这种功利性组织环境下所受到的物质的单调性，给他们以精神上的满足，从而发挥其他激励手段所起不到的作用。此外，企业文化中的英雄模范人物也能唤起企业员工的进取心和荣誉感，起到精神激励的作用。

（5）渗透功能。企业文化对外具有辐射、渗透功能。首先，企业文化是一种“亚文化”。良好的企业文化能给整个社会文化注入更多的时代文明要素，赋予社会文化新的生机和活力，促进社会文明的进步和发展。其次，企业文化的对外辐射，能够使不同的富有特色的文化气息享受到企业文化带来的文明成果，促进社会公众文化素质的提高。

第二节　公共关系组织机构

随着社会的发展，组织的公共关系作用也越来越重要，现代社会需要专门的机构来从事公共关系工作。公共关系要处理组织内外部的各种关系，不仅需要高超的技巧，还要依赖于健全的公共关系组织机构。

案例 3.3

中国环球公共关系公司的成立

与中国公共关系咨询市场同步成长的中国环球公共关系公司是中国大陆成立的第一家专业性公共关系顾问公司。

中国环球公共关系公司1986年经中华人民共和国对外经济贸易部批准成立，至今已在中国公关市场上运作三十多年。中国环球公共关系公司隶属于中国国家通讯社——新华社，总部设在北京，在中国的省会及重要地区均设有分支机构。凭借良好的背景、经验丰富的人才和专业化的服务，环球在学习中成长，在成长中壮大。在为客户提供优质服务的同时，赢得了客户的信任，也取得了自身的发展。今天，环球的客户已遍及信息技术、通信、医疗保健、金融、机械、化工、房地产以及日用消费品等各个领域。多年来，环球始终坚持：客户服务是经营工作的主体；有效的超值服务是工作的标准；业务的拓展是公司生存的基础；专业化管理是业务发展的核心；人才培养是环球承前启后的关键；团结协作是环球公关事业成功的保障。本着“开拓创新、艰苦奋斗、团结协作、止于至善”的宗旨，为客户提供各种长期或项目的公关顾问服务。

环球是开拓者，环球是探索者。面对新世纪的机遇与挑战，中国公关业将迎来崭新的发展时期，中国环球公共关系公司视中国公关业的发展为己任，力图摸索出适合中国公关发展的新路，竭力为中外企业提供最适合其发展的解决方案。

启发思考：

1. 我国公共关系公司发展的条件是什么？

2. 我国有哪些公共关系公司？

公共关系的组织机构是执行公关任务、实现公关功能的行为主体，是公共关系工作的专业职能机构。公共关系的组织机构一般分为公共关系部、公共关系公司及公共关系社团。

一、公共关系部

在组织内部设立的公关职能部门，一般称做公共关系部。不同的组织，公关机构往往以不同的名称和形式存在。除“公共关系部”之外，还有许多不同名称，如“公共信息部”“公共事务部”“企业传播部”“沟通联络部”“公关宣传部”“公关广告部”“公关接待部”“公关与市场推广部”“公关策划部”“公关与新闻办公室”“公关与开发办公室”“社区关系部”等。政府部门中的“信访办公室”“政府新闻处”“外事联络处”等机构，也是相应的公关职能机构。

1. 公共关系部的职能

公共关系部在组织中起着重要的作用，是一个重要的职能部门，其重要的职能有以下几个。

（1）收集信息。公共关系部首要的职能就是收集信息、分析信息、管理信息、传播信息。公共关系部要搜集、处理、存储与组织有关的内外部信息，使之体系化，便于提供给组织决策者。

（2）策划形象。公共关系部还承担着为组织塑造形象的职能，公共关系部是组织的“智囊团”，组织的知名度、美誉度的宣传策划，都需要公共关系部进行设计定位。

（3）参谋决策。公共关系部通过搜集的信息，可以预测组织内外部环境的变化及市场发展的动向，这些可以为组织的决策层提供可选择的方案，协助组织进行决策。

（4）协调关系。公共关系部通过接待各类公众的来访，协调处理各方面的关系，帮助组织建立良好的内外部关系，给组织的发展提供良好的社会环境。

2. 公共关系部设立的基本模式

公共关系部的设置主要有以下四种模式。

（1）部门隶属型。即公共关系部隶属于组织的某个职能部门，至于具体附属于哪一个部门，可视具体需要而定。一般来说，可隶属于传播沟通的业务较集中、较繁重的部门。公共关系部门作为一个普通的部门可以隶属于销售部、广告宣传部、接待部、办公室等部门，并且发挥其相应的作用。

（2）部门并列型。即公共关系部与组织的其他职能部门平行排列，处于同一层次。与第一种类型相比，此种类型的公共关系部在组织中的地位和权力比较高，反映了公关业务在组织中的独立性和重要性。公共关系部门可直接参与高层决策，并有足够的职权调动资源，协调关系，其传播业务也比较完整。但一般来说，只有较大型的组织（如集团企业）才需要或可能这样来设置公共关系部，中、小型组织公共关系部的规模与其他职能部门相比，一般都小很多。

（3）高层领导直属型。即公共关系部门处于整个组织系统中的第三个层次，但作为一个第三级机构，它并不隶属于哪一个二级机构，而是直属于组织的最高层领导，直接向最高决策层和管理层负责。这种类型综合了以上两种类型的特点，公共关系部既可以较为自由地与其他职能部门沟通，又具有相当的独立性和自主性，直接介入决策，而且机构比较精简灵活。

（4）公共关系委员会。即由组织的主管领导牵头，各职能部门负责人共同组成的公关工作协调委员会，统一指导和协调全局的公共关系活动，下设公共关系办公室，负责日常工作。特别是当组织需要筹办大型的公共活动项目时，可以设立专项性的、跨部门的公共关系协调委员会，以策划、统筹、协调专题活动涉及的公共关系事务，发挥公共关系“总调度”的作用。

各类组织在具体设置公共关系工作机构时，必须根据自身的性质、特点、需要、规模等具体情况来考虑。如果条件不具备或不必要，也不一定设立专门的公关职能部门，可以指定某个现有的职能部门（如行政办公室、外事处或宣传部）兼管和负责，使组织的公共关系事务纳入组织的目标系统和管理系统。

3. 公共关系部的优缺点

从公共关系实际操作的角度看，一个组织的公关部具有以下主要特点。

第一，了解内情。组织内设的公关部对本组织的业务和人事比较熟悉，因此开展公关工作能做到有的放矢，切合实际。

第二，便于协调。内设公关部直接受最高管理当局的指导，直接与其他部门和基层沟通，比较方便协调。工作任务的临时增减，工作目标和计划的随时调整都比较方便。

第三，效率较高。因公关部是常设机构，能够“召之即来，来之能战”，特别是应付突发事件时效率较高。

第四，成本较低。自设的公关部便于控制预算和投入。

第五，工作受到组织内部因素的制约，难以完全做到客观公正。自设的公关机构处于组织的人事环境和目标压力之中，必然首先从组织自身的利益和需要出发，难免受到组织领导者主观意图的控制和约束，传播工作有时候就难以完全做到实事求是、客观公正，在组织和公众的天平上难免向组织一边倾斜。

二、公共关系公司

公共关系公司是指由公共关系专家和专业技术人员组成，以提供公共关系服务为基本工作内容的有偿服务机构。

公共关系公司的类型是多种多样的，可以从不同的角度进行分类。从工作范围，可以分为跨地区，甚至跨国度经营的公共关系公司和地区性的小范围的公共关系公司；从经营主体和运作方式，可划分为中外合资、中外合作、民办和私营的公共关系公司；从服务对象，又可分为各行业服务的综合性公共关系公司、为特定行业服务的专业性公关公司。常见的公共关系公司类型主要有咨询型公共关系公司、顾问型公共关系公司、专项服务型公共关系公司、综合服务型公共关系公司。

1. 公共关系公司的业务范围

公共关系公司在开展公共关系服务时的主要业务范围主要有下面几个方面。

（1）确立目标，调查研究。公共关系公司应根据客户所要实现的公共关系的特定目标，通过社会调查、民意测验等影响实现公共关系目标的各种因素，分析公共关系所处的现实状态及其产生的原因，为客户提出解决的具体办法和措施。

（2）制订实施计划。在调查研究的基础上，公共关系公司帮助客户制订出具体而有效的公共关系计划，并对计划进行可行性论证，逐项开展实施。

（3）提供参谋咨询服务。公共关系公司根据客户的要求，有针对性地提供咨询服务，提供解决公共关系存在问题的建议，作为组织进行公共关系决策的参考依据。

（4）代理公共关系实务。公共关系公司接受客户的委托，在为客户进行公共关系策划的基础上，直接代表客户进行公共关系活动，从事公共关系的具体业务。

（5）提供全面的公共关系服务。公共关系公司为客户的公共关系活动进行全面规划，从公共关系的战略和战术的结合上提供具体指导。既考虑客户的长远利益，又考虑客户的眼前利益；既处理客户重大公共关系业务，又处理客户的日常公共关系业务，为客户提供全面而有效的公共关系服务。

（6）开展专业培训。公共关系公司企业和组织乃至为整个社会培训公共关系的业务人才，以提高全社会的公共关系的业务素质。

2. 公共关系公司的工作原则

公共关系公司所从事的工作必须遵循以下一些原则。

（1）遵纪守法原则。公共关系公司既是服务性机构，又是经济实体，但其根本职责是为社会公众服务，促进整个社会事业的发展。公司的一切行为都要以遵守党和国家方针政策为前提，在法律约束的范围内从事公共关系的业务活动，才能赢得良好的信誉，促进整个公共关系事业的健康发展。

（2）保密性原则。公共关系公司在工作中所要遵循的一条重要原则就是为客户保密原则。公司在代理委托的公共关系业务过程中，为了实现公共关系的总目标，必然了解委托单位的各种情况，如经营战略、工作计划，甚至包括一些技术秘密和科技秘密。这是委托单位参与社会竞争的资本，也是委托单位生存和发展的物质条件。公共关系公司应当为客户保密，这是公共关系公司的职业道德的基本要求。特别是在代理任务完成之后，更需要强化自我约束；

否则，不仅会给客户的利益造成极大的损害，而且也会损害公共关系公司自身的形象和声誉。

（3）客户利益优先原则。信誉第一、服务第一是一切社会组织的最高宗旨。公共关系公司的工作业务都具有强烈的服务意识。因此，公共关系公司在代理公共关系业务或提供其他形式的公共关系服务时，都应尽力为客户办好事情，站在客户的立场上思考和处理问题。只有坚持合理的收费标准，提供高质量的服务，才能吸引更多的客户，创造良好的社会效益和经济效益。

3. 公关公司服务的优缺点

专业公关公司服务也有其长处和短处，主要表现为下面几点。

第一，较为客观、公正。专业公关公司以专业的眼光和外部公众的角度去处理客户的公关问题，不受客户内部主观因素的干扰，容易做到客观、公正。第二，技术全面，专业性强。专业公关公司能够利用其技术专长和丰富的经验为客户工作，比客户掌握更多的专业信息、社会关系和传播媒体，能为客户提供较高水准的专业服务。第三，较灵活，适应性强。可以根据需要随时提供不同的公关服务，不必增加客户的正式人员编制而应付意外的公关事务，具有时间和空间的机动性和适应性。第四，不了解内情。因为专业公关公司一般难以参与客户的决策过程，与客户内部机构和人事关系疏远，难以得到完整的信息和资料，对客户内部情况的了解有限，对经营活动的介入性差，所提出的方案、计划的可行性往往受到影响。第五，运作成本较高。聘请专业公关公司的成本一般比自己处理公关事务要高。但从长期来看，如能建立良好的合作关系，能得到高水平的策划和服务，使公关的资源投入更为合理和有效，对于客户来说还是值得的。

三、公共关系社团

公共关系社团泛指为实现组织目标而组织起来，从事公共关系理论研究并开展公共关系实务活动的群众组织或社会团体。公共关系社团包括各种公共关系协会、学会、研究会、联谊会等。

1. 公共关系社团的类型

根据我国公共关系社团的现状，主要有以下几种类型。

（1）综合型社团。综合型社团是指不同地域范围的公共关系协会。1986 年在上海成立的上海市公共关系协会，1987 年在北京成立的中国公共关系协会，都属于综合型的公共关系社团。综合型公共关系社团既从事一些学术性的公共关系理论研究、经验交流，又可承担各种公共关系的实务活动，代理有关公共关系业务。公共关系协会多为自筹活动经费或“民办官（政府部门）助”。其主要职能是指导、服务、监督和协调。

（2）学术型社团。学术型社团是以开展公共关系学术研究为主要活动内容的社会团体。它包括各种公共关系学会、研究会等社会团体。学术型社团多由公共关系的理论工作者和高校有关教师组成，它通过举办理论研讨会、学术交流会等具体形式，总结公共关系活动的实践经验，研究公共关系的动态和理论问题，把握公共关系活动的发展趋势，对公共关系的具体实践进行理论指导，促进公共关系事业的发展。

（3）行业型社团。行业型社团是一种行业性的公共关系组织。由于各个不同的行业，其公共关系活动有不同的特点。公共关系的行业化已成为一种发展趋势，各种行业型公共关系社团也不断出现，如中国煤炭公共关系专业委员会、安徽省商业公共关系协会、浙江省新闻界公共关系学会等，都属行业型公共关系社团。这类公共关系社团，由于注重将公共关系的基本原理同本行业的具体实际相结合，因此，对于促进公共关系事业在行业内的深入发展具有重大作用，是一种很有潜力且大有前途的公共关系社团组织形式。

（4）联谊型社团。联谊型社团属于没有固定活动方式、松散的公共关系社团组织形式。如公共关系俱乐部、公共关系沙龙、公共关系联谊会等。这种类型的公共关系社团，没有严格的组织条例，没有严密的组织机构，它的主要作用是在成员之间沟通信息，联络情感，建立良好的人际关系，一般不从事公共关系的实务活动。

（5）媒介型社团。媒介型社团是以创办公共关系的刊物等传播媒介而组建起来的一种社会团体。这类社团直接利用传播媒介开展公共关系活动。它以探讨公共关系理论，普及公共关系知识，交流公共关系经验，传播公共关系信息的形式，来树立公共关系在广大公众中的良好形象。我国各种公共关系报刊的编辑发行机构就属于媒介型的公共关系社团。

各种类型的公共关系社团都各有所长，对于促进我国整个公共关系事业的发展都有积极的作用。

2. 公共关系社团的特征

公共关系社团属于非营利性的群众团体。它具有以下特征。

（1）组织结构的松散性。公共关系社团虽然也属于一种社会组织，但它没有严格的组织结构，没有统一的组织活动，没有严密的规章制度，甚至其内部结构也是根据组织自身需要而灵活设置。因此，公共关系社团对其成员没有组织约束作用。

（2）人员构成的广泛性。公共关系社团一般都由热心公共关系事业的各种人士组成。因此，普遍存在成员来源的多样性，即成员来自各个行业，如企业界、新闻界、教育界、科技界，甚至包括党政机关单位人士和法律工作者。成员素质的差异性，由于公共关系社团是凭兴趣加入，有的可能是公共关系活动的专家，而有的可能是连公共关系常识都不懂的社会成员。成员职业的复杂性，即包括从事各类职业的人士。由于人员构成的广泛性，因此，公共关系社团可能形成四通八达的信息联络网，可以广交朋友和广泛合作，促进公共关系事业繁荣。

（3）活动内容的社会服务性。公共关系社团的服务性主要体现为社会服务。这种社会服务是通过公共关系社团的学术性探讨、实践经验的总结，以及各种公共关系信息的传播实现的。公共关系公司的服务性主要体现在为具体的客户服务，而公共关系社团的服务性主要体现在为整个社会服务。

（4）工作目标的非营利性。公共关系社团不是一个经济实体，它不以营利为目的，一般也不直接为具体的客户服务，而只是从事公共关系的学术活动和信息交流活动，它所创办的经济实体性质的下属机构，可以从事有偿服务活动，但这种实体已经属于公共关系公司性质的社会机构。

（5）经费来源的多渠道性。公共关系社团活动经费来源主要有以下几个：一是主管部门拨付。在我国，各种社团都必须挂靠相应的部门，主管部门一般要给予少量的活动经费。二是社会资助。由于公共关系事业是一种引起社会普遍关注的公益事业，社会各界往往对公共关系社团予以资助。三是会费收入，即参加公共关系社团的要缴纳一定数额的会费。四是服务活动收入。公共关系社团利用联系面广、信息源多的优势，在承担咨询服务、智力开发等项目中可以收取一定的费用。五是所属经济实体的收入。公共关系社团可以从所属经济实体有偿服务收入中提取部分费用，作为社团的活动经费。

3．公共关系社团的工作内容

公共关系社团作为公共关系活动的一个社会组织，它的工作内容主要包括以下几个方面。

（1）内外联络。任何公共关系社团，都具有相对广泛的成员，社团与成员之间应建立经常性的联系，才能形成凝聚力。同时，社团与社团之间也应开展横向联系，形成网络系统，建立合作关系。这是公共关系社团最基本的工作内容。

（2）制定规范。制定、宣传公共关系从业人员的职业道德和行为准则，并监督检查其执行情况，是公共关系社团一项基本工作内容，也是衡量公共关系社团社会效果的重要标准。公共关系从业人员的职业道德是公共关系活动健康发展的重要因素，世界各国的公共关系社团都十分重视公共关系人员职业道德的培养和提高。

（3）普及知识。公共关系社团一方面要进行公共关系的理论研究和经验总结，但更重要的是向广大公众宣传、介绍公共关系的基本知识，提高全民的公共关系文化素养。

（4）专业培训。开展公共关系业务培训是公共关系社团一项经常性的工作。向社团成员传授公共关系的基本理论和工作技巧，是公共关系社团工作目标的重要内容。

（5）编印刊物。编辑出版有关公共关系的书籍、报刊，传播有关公共关系的信息，是普及公共关系知识的重要手段，也是某些公共关系社团的根本工作内容。

第三节　公共关系从业人员

公共关系工作的开展不仅依赖于严密的公共关系组织机构，而且需要多层次、高素质的公共关系从业人员。公共关系从业人员是公共关系事业的主力，是组织形象的主要策划者和传播者。公共关系人员只有具备较高的思想品德素质、知识素质、能力素质和心理素质，才能保证公共关系事业的健康良性发展。

一、公共关系从业人员的基本素质

公共关系工作集科学性、艺术性、理论性、操作性于一身，对从业人员的要求很高。公共关系工作的实践证明：一切公共关系工作的成败得失，有效程度和创造活力，在很大程度上取决于公共关系人员的素质高低。所谓公共关系人员的素质，是指从事公共关系工作的职业人员的气质、性格、兴趣、风度、学识和技能方面的综合品质。有人认为，公共关系人员的素质应该是性格、品德、智慧、教育和经验的结合，同时还应有组织领导能力、表达能力、社交能力、专业技术能力等基本技能。一般来说，公共关系人员应具备以下基本条件。

想一想

对公共关系人员为什么有较高的素质要求？

1. 良好的气质、性格

公共关系人员的基本素质，首先表现为气质、性格。

（1）良好的气质。气质是人的相当稳定的个性特点，表现为人的情感、认知、语言和行动中比较稳定的心理特征，它是构成公共关系人员素质的重要方面。人类大致有四种气质类型，即胆汁质、多血质、黏液质和抑郁质。不同气质类型的人所表现出来的恒常性、稳定性各有不同。一般地，胆汁质的人较直率、热情、精力充沛，但情绪不稳定，易于兴奋冲动，脾气多暴躁；多血质的人活泼好动，反应敏捷迅速，善于交际，但注意力容易转移，兴趣多变，做事缺乏耐心；黏液质的人喜欢安静，办事稳重、沉着，善于忍耐，但情绪不易外露，大多沉默寡言，反应较为迟缓；抑郁质的人办事谨慎、小心，体验深刻，善于觉察别人不易觉察的小事物，但孤僻、忧郁，行动迟缓，疑虑重重。通常人们认为，多血质的人凭其活泼、大方、机智、聪敏、善于交际、兴趣广泛的气质特征，更能使自己具有较强的凝聚力，能灵活地使组织领导的决策和措施得到顺利贯彻和落实，并能较好地掌握公众的意见、态度和期望，使信息及时反馈，因而更适合从事公共关系工作。当然，多血质的人同时也具有不能持之以恒的气质弱点。其实，严格地讲，气质本身无所谓好坏，也不能决定一个人的社会价值和成就的高低，因为任何一种气质类型既有其积极的一面，也有其消极的一面。我们说某种气质类型的人更适合做公共关系工作，是因为气质不但可以影响人的活动效率，而且可以影响人的情感和行动，但这并不等于其他气质类型的人就不能从事这一工作。事实上，在实际工作中，典型气质类型的人并不多见，大多数人的气质是介于各种气质类型之间的中间类型，因而不能把它绝对化。

（2）良好的性格。性格是指一个人表现在态度和行为方面的较稳定的心理特点，如刚强、懦弱、寡断等。它是个性的重要组成部分，与人的气质密切相关。优秀的公共关系工作人员在性格上应具备以下特点。

① 开朗、耐心、善解人意。由于公共关系工作中要与各种公众打交道，要能与社会各界沟通联系，参加各种社交活动，因此，要求他们具有开朗的性格。公关工作人员只有善于辞令，才能向公众表达意向、愿望，以诚恳的态度说服公众。同时，他们还要以极大的耐心，认真听取公众的意见和反映。公共关系工作人员在与公众交谈时要以情感人、以理服人，态度要和蔼、友善，将心比心，善解人意，营造一种平等、融洽的气氛。

② 沉着、顽强、勤于思考。公共关系工作面临的人与事往往是非常复杂的，有时甚至是各种矛盾纷至沓来，相互交织，公关工作人员稍有疏忽，就有可能使矛盾激化，甚至酿成大错。为此，要求公关人员遇事要沉着冷静，慎重思考，善于透过表面现象抓住事物本质。当然，沉着不等于拖拉，而应该是忙而不乱，有条不紊，对于深思熟虑的事情，要毫不迟疑地大胆去干，对于工作中的失误，也要勇于承担责任。特别是当工作中遇到挫折和困难时，要有顽强的毅力，不气馁，不灰心，不断总结经验，取得成功。

③ 风趣、幽默、富有感染力。现代社会中，幽默被认为人际交往的润滑剂。开朗的性格可以通过富有幽默感的谈吐表现出来，语言的风趣、幽默往往是机智、开朗的重要表现方式，可以缓解紧张的气氛，甚至可以表达用正式语言难以表达的意思。公共关系工作人员在工作中经常会产生误解，这时，如果以幽默的语言应对，就比声嘶力竭的争吵或郁郁寡欢更能巧妙地解脱困境，而且公共工作人员幽默的言谈更容易感染公众，影响公众的态度。

2. 良好的知识素质

知识素质是知识体系在求知者头脑中的内化，它是一种多元素、多系列、多层次的动态综合体。公共关系人员的知识素质是公共关系知识体系在公共关系人员头脑中的内化。公共关系知识体系主要包括以下三个方面。

（1）公共关系的基本理论和实务知识。公共关系的基本理论知识包括公共关系的基本概念，公共关系的历史，公共关系的职能，公共关系的基本原则，公共关系的类型、程序以及工作内容等。公共关系是一门实践性很强的学科，公共关系人员除了要学习和掌握基本理论知识外，还要熟悉公共关系的实务知识，具体包括公共关系调查研究的知识、公共关系策划的知识、公共关系实施和评估的知识、公共关系分析的知识、与各类公众打交道的知识、社交礼仪知识等。

（2）与公共关系密切相关的学科知识。公共关系是一门新兴的交叉性的边缘学科。从管理的角度来看，公共关系是一种管理行为、管理过程和管理方式，具有管理学类学科的特点，涉及管理学、组织行为学、市场学、营销学等学科；公共关系的工作是借助传播技术实现的，无论是何种类型的公共关系工作，都离不开人际传播、大众传播甚至跨文化的传播技术，因此，它又具有传播学类学科的特点，涉及新闻学、传播学、广告学、人际关系学等学科；公共关系工作直接面向社会，面对各种各样的人，公共关系人员需要研究社会中的人的心理、态度和行为，因而它涉及了社会学、心理学、社会心理学等学科。这些学科的许多理论、应用技巧与公共关系的联系极为紧密，对公共关系人员搞好工作具有重要的指导意义，是公共关系工作人员的必修课。

（3）开展特定公共关系工作所需要的专业知识。公共关系人员应掌握自己所服务的组织或企业的专业知识，充分了解组织的情况，包括组织的性质、特点、任务、目标，组织的历史、现状和发展前景，员工的精神面貌及竞争对手的行为、心态等。此外，由于社会组织是变化的，社会组织所面对的公众是多种多样的，所以公关人员的知识结构也必须是动态的、开放的，要能够随时吸收新的知识，不断丰富和发展自己。

3. 过硬的能力素质

掌握了公共关系的理论知识，并不意味着就有了很强的能力，成了公共关系专家，这是因为知识并不等于能力。能力是知识与经验的集合。公共关系人员应具备的能力主要有以下几个方面。

（1）广泛的社交能力。公共关系工作是通过传播活动树立组织形象的，公共关系人员是社会组织形象的体现者和代言人，肩负着沟通公众、环境、社会的重任，因此，他们必须有相当的社交能力。要努力与众多的社会成员交朋友，了解不同公众的心理特征与行为特征；懂得与不同行业、职业、地位的人交往的技巧；善于主动出击，推销自我，并寻找交际的机会和增加交际的深度；应遵循人际交往中的一些约定俗成的规矩，懂得社交场合中的礼仪。总之，公关人员只有具备了较强的社交能力，才能潇洒自如地走向各种社交场合，施展自己的魅力和才能，为组织树立良好的形象。

（2）较强的表达能力。公共关系工作是一种双向的信息交流过程。信息传播和意见沟通是公共关系工作的基础。因此，公关人员能否成功地与公众进行信息交流与沟通，很大程度上取决于其个人的表达能力。公关工作中的表达能力包括演说能力、解释能力、说服能力、概括能力、协调能力、谈判能力、文字写作能力和非语言传播能力等。可见，表达能力是综合性的技巧，它既需要简洁、清晰，更需要生动、有趣、注入感情。公关工作中的表达主要包括口头表达、书面表达、形体表达三种形式。在公关实践中，这三种形式不是截然孤立的，而是互相配合、补充，综合运用，以达到最佳的表达效果。

（3）良好的组织能力。在公关实践中，经常要利用新闻发布会、公务谈判、沟通性会议、产品展销会、订货会、商品交易会等各种活动传播信息、推销产品、树立组织形象。每一项活动都离不开周密严谨的组织，这就要求公关工作者要有良好的组织能力，善于计划，头脑清醒，办事周到细致。

（4）处乱不惊的应变能力。在公关工作中经常会遇到一些令人尴尬的事件和场合，甚至可能发生意外，这就需要公关人员具有灵活的头脑，冷静地思考、果断地处理及具有技高一筹的应变能力。当然，为了应付可能出现的各种意外，公关人员在制订工作计划时就应尽可能地对各种意外情况制订出相应的措施，做到“有备无患”。

（5）自我控制和调节能力。公关人员的一举一动都关系着组织的形象和声誉，因此，他们必须有自我控制和调节的能力，不能因喜而得意忘形，也不能因悲而失去理智，更不能因恼而迁怒于公众。如果在工作中受到指责、误解、嘲讽、刁难，公关人员必须“忍”字当头，心平气和地认真听取意见，以冷静的态度、和颜悦色的服务去消除对方的误解。

（6）创新能力。公关人员只有在渊博的知识基础上，克服习惯性思维的弱点，摆脱传统观念的束缚，有批判地学习、借鉴成功的经验，才能不断求新、求异、另辟蹊径，才能在充满竞争的现代社会中技高一筹、领先一步，从而扩大组织影响，推销产品，争取公众，树立形象。

4. 健康的心理素质

公关人员的心理素质是从事公关工作的人员必须具备的思想和意识，这些心理素质在实践中表现为自信、热情、审美等心理。

（1）自信。自信是对公共关系人员职业心理的最基本的要求。充满自信的公关人员敢于面对挑战，自强不息。当然，这种自信不是盲目的，而应是建立在周密的调查研究、全面了解情况的基础之上的。特别是当一个组织遇到危机时，只有充满自信，才能临危不乱，才能以稳健的姿态，凭借着智慧，依靠耐心和毅力，化险为夷，转危为安。

（2）热情。热情是每一位从事公关工作的人都必须具备的一种心理品质。对于公关人员来说，一方面，要热爱自己从事的工作，有一种敬业精神，以满腔的热情，全身心地投入到工作当中，不怕吃苦，乐于奉献；另一方面，要以真诚去对待每一位公众，把公众当作自己的朋友，发自内心地去关心、理解、帮助他们。

（3）审美。公关工作的目标是追求社会组织的知名度和美誉度，所以要求公关人员一定要有高层次、高品位的审美情趣和审美心理。他们要追求美的气质、美的风度、美的语言和美的行为，要适合时代的审美标准，去实现外在美与内在美的和谐统一。

5. 优良的品德

品德是指人的品质和道德。由于公共关系人员所从事的是一种塑造组织形象的复杂的工作，是一项影响、说服乃至征服公众的工作，这就要求工作人员本身具有人格影响力和品德魅力。公共关系人员应具备以下优良品德。

（1）真诚可信，实事求是。真实是公共关系的生命，因此，公共关系人员必须具备实事求是的品质，无论是与公众交往，还是调查研究、收集和传播信息，都必须以真实为原则。只有以诚相待，开诚布公，才能赢得信任，提高组织的知名度和美誉度。

（2）公正无私，乐于奉献。公关人员是否公正无私，有没有奉献精神，直接关系到公关工作的成败。对于一个优秀的公关人员来说，不仅要注重所在组织的特殊利益，而且要重视公众利益，对整个社会负责。

（3）乐于助人，富有同情心。公关人员在工作中会遇到各种各样的人，在处理人际关系的时候应当站在对方的角度多为他人着想，要善于理解人、宽容人，乐于助人，富有同情心。

（4）光明磊落，胸怀坦荡。公共关系本身就是商品经济竞争的产物，在激烈的竞争中，公共关系人员必须正确处理好与其他组织和个人的关系，应该光明磊落，胸怀坦荡，不以不正当的手段来抬高自己，而应凭着自身的能力、水平、经验、技术，在竞争中立于不败之地。

总之，作为一名公关职业人员，必须具备较为全面的良好的思想道德、性格气质、工作能力和文化修养，掌握与工作密切相关的知识和技能，培养良好的心理素质。只有如此，才能在公共工作中如鱼得水，应对自如。

二、公共关系从业人员的日常工作

根据公共关系人员的工作性质、范围、职能的不同，公关人员的角色大体可以分为专家型、领导型、技术型、事务型等四种类型。不同角色的公关人员的日常工作也不尽相同。

1. 专家型公共关系人员

专家型公关人员是专门研究和解决公共关系理论与实践问题的权威，有较高的理论水平和宣传推广能力，知识渊博，经验丰富，是公共关系队伍的中坚。他们是对公共关系工作有一定研究，不仅有理论知识，而且具有丰富的实践经验的社会技术专家。他们的日常工作主要是：制订与实施公共关系方案，为当事人作决策参谋；帮助组织与公众建立联系，协调与公众的关系；提供各种业务咨询，传播信息，解决公关难题；指导与教育一般公关人员，提高他们的素质和水平。

2. 领导型公共关系人员

领导型公关人员是指在各公关组织和相关单位担任领导职务的人。他们是一个部门公共关系工作的总设计者，对这个组织有举足轻重的影响。这类人员主要是指组织的经理、部长、主任等，其日常工作主要有：制订公关工作的目标，策划公关方案；估算、分配公关实务活动所需要的人力、物力、时间和费用，确保公关工作的正常运转；参与高层次决策活动，及时反映各方面情况和信息，从公共关系角度为组织决策提供参考意见；处理公关部门的各种问题，领导、检查、监督全体人员的工作；总结评估公共关系工作，定期向组织提交报告，总结和展望公关工作；对内协调各部门的工作，对外作为组织的发言人。

3. 技术型公共关系人员

技术型公关人员是从事专项技术的业务工作人员，主要包括摄影师、广告师、设计师、编辑、记者等有技术专长的技术人员。他们是公关计划和目标的具体执行者和业务技术实施者，其日常工作主要包括：在公关程序中承担某一方面的具体任务，并利用自己的特长发挥作用；进行专业技能的学习和训练；在传播信息、沟通媒介关系中进行组合和搭桥活动。

4. 事务型公共关系人员

事务型公关人员是组织中从事一般日常工作的最普通、最基层的工作人员。日常工作主要是对内和对外两个方面。对内日常工作主要有：了解员工，培育员工正确的价值观；协调组织内部各部门之间、员工之间、领导和员工之间的关系；组织各种形式的联谊活动和福利活动，为员工排忧解难。对外日常工作主要包括：负责联系外部的顾客和客户，不但要向顾客进行宣传和产品推销，还要负责售出产品的维修；收集公众对产品及工作的意见、建议，答复客户的询问和投诉；负责与媒体的联系，代表组织与友邻及同行或社会其他部门交际、联系；主持召开记者招待会、新闻发布会、产品订货会、商品交易会等。

三、公共关系从业人员的职业道德

公关人员作为组织的代表，肩负着塑造组织的良好形象、扩大组织的知名度和美誉度的重任，他们的言行举止不仅反映出其自身素质和水平的高低，还影响着组织的形象和声誉。因此，公共关系人员必须具有良好的职业道德素养。其职业道德要求主要包括以下几方面。

1. 恪尽职守，忠诚老实

公关人员的首要职业道德就是热爱本职工作，对工作高度负责，充分履行工作职责，遵守国家法律法规和组织规章制度，严守组织机密，维护组织形象，为公关事业的发展做出贡献。所谓真诚老实就是要求公关人员在对待职业的态度上要体现出客观真实的原则，要讲实话，力戒弄虚作假，欺上瞒下，投机取巧。“真实”是公共关系的生命所在，只有真实才能取得公众的信任和友情，才能有效地开展公关工作。

2. 勤奋学习，努力工作

公关工作是一项实干的事业，需要从业人员有过硬的本领。因此，公关人员只有通过勤奋学习，才能全面掌握公共关系理论知识；只有努力工作不断实践，才能把知识转化为能力，才能凭借自己的真才实学为组织赢得信誉。

3. 廉洁奉公，不谋私利

公关工作就是服务。公关人员只有为公众、组织、国家谋利益的义务，而没有谋取个人私利的权利。公关人员必须始终把国家利益、公众利益、组织利益放在首位，依法办事，在任何时候都不利用手中的关系和权力谋取私利，并勇于同违法行为作坚决的斗争。

4. 公道正派，谦虚团结

公关人员应当为人正直，办事公道，作风正派，品德高尚，原则性强；不阿谀奉承，投机钻营。此外，公关工作通常是非常复杂的，需要工作人员之间团结合作，相互尊重，相互信任。这就要求公关人员要努力营造谦虚、民主、宽容、团结的氛围，群策群力，使公关工作在良好的环境中健康地开展。

案例分析

顾客争座，肯德基到底该不该管

【案例陈述】

事件经过大致如下：在江西一家肯德基餐厅，一位女顾客用所携带物品占座位后去排队购买套餐时，座位被一位男顾客坐住而发生争执。餐厅的员工未能及时平息两人的争端。最后二人争吵上升到斗殴，男顾客大打出手，殴伤女顾客后离店，别的顾客也纷纷离座外逃和远远地看热闹。女顾客非常气愤，当即要求肯德基餐厅对此事负责，并加以赔偿。但餐厅经理表示“这是顾客之间的事情，肯德基不应该负责”，拒绝了女顾客的要求。女顾客马上打电话向《南昌晚报》和《江西都市报》两报投诉。餐厅经理在接受采访时对女顾客被殴表示同情和遗憾，但是认为餐厅没有责任不能做出道歉和赔偿。事后，根据消费者权益保护法，肯德基被认为对此事负有部分责任，向女顾客公开道歉，并赔偿了部分医药费。

【案例分析】

从公共关系的角度来看，肯德基对顾客争座应该管，而且管得越早越好。从整个过程来看，肯德基事件的处理态度实为公关大忌，餐厅经理为维护一时的权益，不仅失去了一个消费者，而且造成了众多消费者的心理阴影。而在这一事件中，即使从自身形象出发，肯德基也应主动及早处理，使消费者免伤和气，心情愉快地消费。

从这一事件我们应该汲取教训，在以后的工作中应注意以下几个问题。

（1）培养员工的公关意识十分重要。目前不少公司的员工宁输公司的形象也不愿输理，因小失大，就源于员工公关意识的薄弱，看不到形象作为无形资产对于公司的巨大价值。公关不只是公关部的责任，进行员工素质培养，推行全员公关，是各种社会组织不应忽视的。

（2）公关无小事。公关危机大都是由小事件引起的。公关应从小事抓起，而不是在引起轩然大波之后再来处理，方显公关水平。消除隐患，防微杜渐，是危机公关的主要原则。塑造形象的公关工作当从点滴做起，而现在一些企业热衷于“大手笔”，重视媒体公关，往往忽视了日常公关管理，这正是造成企业名声在外，而消费者却不满意的现象的原因之一。

“莫以善小而不为”，在中华民族传统文化中，有“万事德为先”的思想，这也是一个优秀企业内在品质的表现。南昌肯德基员工在两位顾客争座过程中，就缺乏这一品质，始终没有挺身而出为顾客排忧解难。其实争的不过是一个座位而已，只要肯德基的员工设法为其再提供一个座位，事情马上就可得到解决。而其“管不了”的态度无疑让人们为其落伍的企业价值观感到深深的遗憾。

启发思考：

通过这一公共关系案例，分析公共关系人员素质培养的作用。

本章小结

公共关系主体是指公共关系中主动影响客体的一方。在公共关系学中，一般是指社会组织、公共关系的组织机构、公共关系人员。

社会组织是人们有计划、有组织地建立起来的一种社会机构，它有领导、有目标，成员间又有明确分工和职责范围，还有一套工作制度。

公共关系的组织机构是执行公关任务、实现公关功能的行为主体，是公共关系工作的专业职能机构。公共关系的组织机构一般分为公共关系部、公共关系公司、公共关系社团。

公共关系工作的开展不仅依赖于严密的公共关系组织机构，而且需要多层次、高素质的公共关系从业人员。公共关系从业人员是公共关系事业的主力，是组织形象的主要策划者和传播者。公共关系人员只有具备较高的思想品德素质、知识素质、能力素质和心理素质，才能保证公共关系事业的健康良性发展。

思考题

1. 试述企业文化的内容及其功能。
2. 试述公共关系部与公共关系公司的工作特点。
3. 试述公共关系人员的基本素质。

拓展阅读

1. 博雅公共关系公司：http://wiki.mbalib.com/wiki/
2. 全球十大公共关系公司：http://wenku.baidu.com/view/7a09fcf8770bf78a65295434.html
3. 中国公关公司 25 强：http://www.doc88.com/p-7814753293109.html
4. 奥美公关的经典案例：http://blog.sina.com.cn/s/blog_a53c9f2401014cnv.html
5. 中国公关员资格证书：http://blog.sina.com.cn/s/blog_6975f74401011a3x.html

视频链接

中国友好和平发展基金会文化使者基金启动仪式

http://www.tudou.com/programs/view/f3BhjgSNXOA/?tpa=dW5pb25faWQ9MTAzMDkzXzEwMDAwMl8wMV8wMQ&fromvsogou=1

第四章　公共关系的客体

学习目标：

了解公众的含义、公众的基本特征、公关分析的方法及意义，以及公共关系工作中常见的目标公众对象；了解与公众行为关系比较密切的若干社会心理现象，包括知觉、需要、态度、流言、舆论、从众心理、逆反心理等，把握一般的公众心理和行为特征。

案例 4.1

麦当劳代售月票

2012年，北京的麦当劳食品有限公司推出一项新举措，在所属57家麦当劳餐厅代售公交月票。麦当劳在对北京发售月票网点的调查后知晓，北京有600多万人使用月票乘公交车，而发售月票的网点只有88处，乘客深感不便。于是他们便“拾遗补缺”，做起了“代售月票”，为广大乘客创造便利条件。此举吸引了大批食客络绎而来。其实，麦当劳做了不少这种“好人好事”并且一直在做。早在2011年高考前夕，在麦当劳宽敞明亮的餐厅里就坐着不少手拿书本只要一杯饮料就待上好几个小时的考生，面对此景，麦当劳不但没有赶他们走，反而特意为这些学子延长了营业时间。无偿地为学子学习延长营业时间，为普通公众代售公交月票，两则案例都是麦当劳自找麻烦；如此做法，不能不让人由衷地感叹赞赏，其实这正是麦当劳与众不同的高明之处。在别人看来，拒之唯恐不及，麦当劳却视为己任，这就是一个跨国企业在中国“讲述”的一系列平凡而可贵的经典商业故事。在这种独创思维支配下采取的营销举措，无疑给我们留下了极为深刻的现实启示。

现代企业公关的“金律”，即“让公众满意，赢得公众支持”。从来没有发生过丝毫动摇，处于复杂社会关系之中的企业，要想提高美誉度、赢得良好的口碑，必须与外界建立起水乳交融的和谐关系，尤其是处理好与形形色色的消费者关系。在某种程度上，消费者的态度决定了企业的兴衰。消费者除了购买产品，也购买了企业的服务，消费者对产品和服务越满意，购买率就越高，企业就会兴旺发达；反之，企业就会衰退。这虽然是“老生常谈”，但多数企业并没有踏踏实实、兢兢业业地做到这一点，只有麦当劳等优秀企业埋头做到了。可见，赢利固然是每一个面向市场的企业最直接的目标，但它是需要经过一系列中介行为尤其是公关行为的帮助才能最终实现的目的。

启发思考：

1. 如何理解麦当劳这种“费力不讨好”的行为？
2. 案例中的公众在公共关系中有何作用？
3. 如何理解公众在现实中的地位？

公共关系客体是指在公共关系中处于客体地位的人和人群。一般称为公众。公共关系主体不能把期望得到的印象强加于公共关系客体，公共关系主体只能对公共关系客体施加影响，最终决定公共关系客体印象的是公共关系客体自身。所以公众的态度和行为足以反映公共关系目标的实现程度，也是检验公共关系成败的最好尺度。

第一节　公众的含义及特征

公众是公共关系中最重要和使用频率最高的概念之一。公共关系也称作公众关系，因为公共关系的工作对象就是公众。要做好公共关系工作，就必须了解和研究公众。

一、公众的含义

“公众”一词在社会科学和日常生活中使用得很广泛，但它在公共关系学中的含义不同于其他学科。比如，在社会学中，公众即大众，指社会上的大多数人；而在公共关系学中，只有与特定的公共关系主体相关的个人、群体或组织，才被称为公众。又比如，在日常生活用语中，公众并不包括诸如政府机构、企事业单位，而是泛指社会大众，而公共关系可以将政府机构作为公众对象。因此，正确地理解公关客体，必须准确地理解和把握公众的含义。

所谓公众是指作为公共关系活动目标，具有共同特征，对一个组织的目标和发展具有现实或潜在的利益关系或影响力的所有个人、群体和组织。对于公众含义的理解，可以从以下几方面来把握。

（1）公众是公共关系活动的目标。公众概念是由于公关活动的产生而产生，失去了公关活动，公众也就失去了意义。因此，作为公众，是特定组织的公众，是公关活动中的公众，而不是泛指社会生活中的大众或某一方面、某一领域的部分人。

（2）公众与一定组织构成某种利益关系。只有当特定的个人、群体和社会团体与一定组织发生利益关系，从而使他们的意见和行动对组织的生存和发展产生影响力时，这些个人、群体和社会团体才会成为组织的公众。

（3）公众总是与某一组织构成某种互动关系。公众的意见和行动对一定的组织的生存和发展具有影响力，同时组织的行为对公众的生活也具有影响力。也就是说，公众与一定组织之间的利益关系是双向的，组织和公众都可以从对方那里获得利益，以此为基础形成了组织和公众之间的公共关系活动。

（4）公众是一个复杂的系统。一方面，公众的结构是立体式多层次的，小到个人，大到社团，公众是由若干个人、群体和社团组合而成的。另一方面，公众又是多类型的，从不同的角度，组织的公众分为不同的类型。

二、公众的特征

在公共关系中，公众总是一定组织的公众。因此，不同的组织、同一组织在不同的发展时期以及同一组织、同一时期在不同的公关活动中，所面对的公众是不同的。任何一个组织，其公共关系工作所面对的公众都不是单一的，而是由社会各方面的公众所组成。虽然不同的组织面对着不同的公众，但是，各类公众又都具有一些相同的性质。这就是公众的同质性、整体性、多样性、相关性和可变性。

1. 同质性

同质性是公众的内在本质特征。所谓同质性，是指公众都面临着同一个问题，这个问题影响着他们的利益，引起他们的普遍关注；或者说是他们具有某种共同的利益关系并与组织构成了一定的利益联系或利害冲突。例如，一幢大楼中开设了一家卡拉 OK 歌厅，天天闹到深夜，使整幢大楼都不得安宁。那么，这幢大楼中原本没有任何联系的各行各业的居民，就会很自然地形成一类公众，一起同歌厅交涉甚至向有关部门投诉。

2. 整体性

公众不是单一的群体或个人，而是与某一组织运行有关的整体环境。任何组织的生存与发展都是在一定的社会关系中进行的，都离不开一定的公众环境。这个公众环境，就是组织运行过程中必须面对的各种社会关系和社会舆论的总和。这些社会关系和社会舆论范围很广，涉及组织内部和外部、社会的方方面面，而且相互关联，构成复杂。比如，一家企业，既有内部的员工公众、股东公众、部门公众，也有外部公众，涉及市场上的顾客、原料供应商、产品销售商、政府部门、社区、新闻媒体、科研院所等有关的团体、组织或个人。

3. 多样性

公众的存在形式不是单一的，而是复杂多样的。“公众”是个统称，具体的公众形式可以是个人，可以是群体，也可以是团体和组织。日常的公共关系工作对象，包括各种各样的个人关系、群体关系、团体关系、组织关系等。即使是同一类的公众，也可以有不同的存在形式。比如，消费者公众，可以是松散的个体，也可以是一个严密的组织（如集团消费），还可以是特殊的利益团体（如消费者协会）。公众形式的多样性，决定了沟通方式和传播媒介的多样性。

4. 相关性

“公众”虽然广泛存在，但实际与某一社会组织发生关系的公众都是有限的。即不与某一社会组织发生关系的“公众”，都不是该组织的公众。社会组织的特定公众对社会组织具有特定的要求，与该组织存在着一定的利益关系，也就是说，特定公众都是要求从该组织获得某些应得的权益。由于公众与社会组织的这种相关性，公众的选择和确定就成了公共关系的重要任务。

5. 可变性

公众的可变性，取决于公众自身的流动性与公共关系工作的变化性。这种变化性首先表现在公众成员的结构、数量和活动范围是可变的。例如，一个股份制企业，股东是其主要的公众之一。但是，由于股票的自由买卖，股票的持有人具有不确定性。再如一家商店，顾客是其首要的目标公众，但是，顾客的构成是随机的，每天甚至每时顾客的成分都处在变化之中。公众的变化性还表现为公众与组织的关系是可变的。公众因共同问题的产生而存在，若面临的共同问题解决，目标实现，与此问题相关的公众便不存在了。所以，某一社会群体或个人今天是某组织的公众，明天可能就不是了；而某一社会群体或个人今天不是某组织的公众，明天则可能成为其公众。如，每年学校招生期间，考生、考生家长甚至他们的亲戚朋友都会成为学校的公众，可是录取工作结束以后，报考期间的这些公众就会发生很大的变动，那些未被录取的考生和他们的家长往往就不再是这所学校的公众了。

从上可知，“公众”概念在公共关系中有自己特殊的规定，它既不同于“人民大众”等概念，也与“顾客”等概念有别，甚至跟通常所说的“公众”的一般概念也不完全一样，但无疑它同这些概念都有一定的联系。

第二节　公众的分类

社会组织面临的公众很多，这众多的公众并不是千篇一律的，而是各具特点。对于不同的公众，必须实施不同的公共关系工作方法，这就要求对公众进行分类，只有这样，才能制定出有针对性的对策。对公众的分类，可以根据公众所具有的不同属性，划分出不同的类型。

案例 4.2

“海底捞勾兑门”事件

事件回顾：

2011年8月22日，信报报道《记者卧底“海底捞”·揭秘》，直指骨汤勾兑、产品不称重等问题，在社会上引起轩然大波，公众一度一直无法阻止的海底捞，终于遇到了一个大坑。

2011年8月22日，海底捞官网及官方微博发出《关于媒体报道事件的说明》，声明语气诚恳，承认勾兑事实及其他存在的问题，并感谢媒体监督。此微博被转发 1809次，评论690条，用户基本接受海底捞的态度。

2011年8月22日16:18，海底捞官网及官方微博发出《海底捞关于食品添加剂公示备案情况的通报》，笔锋更加诚恳，“多年厚爱，诚惶诚恐”之类的词语相继出现。

2011年8月23日20:00，海底捞掌门人张勇的一篇微博，尤为经典：

“菜品不称重等根源在于流程落实不到位，同时我还要难过地告诉大家，我从未真正地杜绝这些现象。责任在管理，不在青岛店，我不会因此次危机而追查责任，我已派心理辅导师到青岛，以防该店员工压力太大。对饮料和白味汤底的合法性，我给予充分保证，虽不敢承诺每一样农产品都先检验再上桌，但责任一定该我承担。”随后，海底捞邀请媒体记者，全程记录骨汤勾兑过程，视频、照片瞬间布满网络，事件到此画上圆满句号。

案例启示：

其实，每个企业在发展的道路上都不可避免地会遇到负面的报道或事件，但在危机公关上能够比肩海底捞的却为数不多。

试想，如果味千拉面这样的企业，在出事后也能这样处理，没有丝毫的搪塞和敷衍，别干欲盖弥彰的傻事，兴许后果就不会这么严重。

国内一些“目中无人”的企业，在危机来临时依旧一副蛮横不知悔改的“赖皮样”，只会让消费者从心底上厌烦和排斥。倒不如效仿海底捞多一点真诚的态度，多一点市场敏感度，多一点公关意识，才会让自己走得更远。

启发思考：海底捞对待顾客的意见处理的方式对你有何启示。

在现实生活中，公众不是一个简单的整体，而是一个极其复杂的网络系统。每一个组织在开展公共关系活动之前，都必须根据不同的需要，从不同的角度，按不同的方法，对自己的公众进行分类。

一、公众分类的意义

对公众进行分析，能够为公关调查研究和组织形象评估确定范围；能够为制定公关政策、设计公关方案明确方向；能够为公关活动的组织和运行打下基础；能够为科学评估公关工作的效果提供依据。对公众进行科学分类的意义主要表现在以下几个方面。

第一，公众分类是认识公众的手段，是开展公关工作的前提。每一个组织只有认清自己所面对的特定公众才能开展工作，没有明确的公众就没有调查与分析的对象。而通过公众分类，公共关系工作者可进一步认识对象的特点和结构，了解其愿望和需求，从而有的放矢地开展工作。因为公关计划的制订、公关策略的选择，都要因公众的不同而不同。反之，如果忽视不同公众之间的差异，甚至蔑视公众的存在，仅凭主观想象办事，也就谈不上开展公关工作了。

第二，公众分类可增强公关工作的针对性，提高工作效率。组织所面对的公众是多方面、多层次的，而组织所开展的公关工作却是具体的、有针对性的。从不同角度将公众分为首要的和次要的、受欢迎的和不受欢迎的、顺意的和逆意的等，可使公关工作有主有次，有先有后，层次分明，重点突出，这样不仅可提高工作效率，还可使有限的公关经费得到最充分、最合理的使用。正所谓“集中优势兵力打歼灭战”。在人力、物力、财力、精力有限的条件下，通过公众分类，确保重点公关。

> **想一想**
>
> 怎样理解公众分析的意义？

第三，公众分类可锻炼公关人员的分析能力，提高其公关自觉性。公众分类反映了公关人员的基本功，对各类公众及其与本组织关系的了解程度和判断水准。因此，对公众进行必要的分类，是每个公共关系部门的必修课。一名公关工作人员要做好本职工作，就必须分析不同类型公众的需要，满足各类公众的愿望。进行公众分类不仅是锻炼自己认识分析公众能力的必要环节，也是增强个人公关自觉性的有力措施。

二、按公众的归属关系划分

根据公众与组织有无归属关系，可以将公众分为内部公众和外部公众。

1. 内部公众

内部公众一般与组织有归属关系，是指社会组织内部的所有成员。对于社会组织来说，内部公众具有相对稳定性。这类公众与组织有着直接而密切的联系，他们的意见、态度、情感等对组织的生存与发展有着直接的影响，同时组织的状况直接决定着他们的利益，所以他们是组织最重要的公众之一。同内部公众协调关系，也是公共关系工作中最重要的环节之一。比如，给本组织的员工送生日蛋糕，由组织出面为员工操办婚事或丧事，关心员工的菜篮子、米袋子，以及他们子女的上学、就业问题等，就会使全体员工有一种归属感，自觉自愿地为所在组织效力。

2. 外部公众

与内部公众相对应，外部公众是指那些与组织没有归属关系的公众，亦即除内部公众以外的全部公众，它包括政府、社区、新闻媒介、服务对象等。对于特定社会组织来说，外部公众具有不稳定性。随着社会组织的运行，外部公众的成员、人数、态度、行为都会发生变化。这在前面谈及公众的可变性时已经论及，不再重复。对于某一社会组织来说，外部公众纷繁复杂，对他们进行认真的分析并分别采取不同对策是公共关系工作的重要内容。

三、按公众对组织的重要程度划分

根据公众对组织的重要程度，可以将公众分为首要公众、次要公众和边缘公众。

1. 首要公众

首要公众是指对组织的生存和发展具有重要的影响力和决定性作用的公众。一般来说，组织的内部公众都是组织的首要公众，同时还包括那些可以直接决定组织兴衰、关系组织生死存亡的目标公众。由于首要公众对组织最为关键，所以，组织要投入最多的时间，主要的人力、财力和物力对他们开展公共关系工作，建立、维护和保持同这一类公众的良好关系。

2. 次要公众

次要公众是相对于首要公众而言的，是指那些对组织的生存和发展具有一定的影响力，但这种影响力尚不具有决定作用的公众。如企业组织外部的社区、新闻媒介等。他们虽不是组织公共关系的重点对象，但是建立、保持与这类公众的良好关系，也是组织发展所不可缺少的。首要公众与次要公众只具有相对的意义。今天的首要公众可以变成明天的次要公众，今天的次要公众也可以变成明天的首要公众。这种变化是由组织需要的变化、环境条件的变化及公众自身的变化造成的。根据首要公众和次要公众在一定条件下相互转化的原理，公共关系部或公关人员应及时对公众进行重要性的考察与分析，根据组织需要，确定一定时期内公共关系的主攻对象。

3. 边缘公众

边缘公众是指与组织有一定关系，但不是直接关系，而是间接关系，对组织有间接影响的公众。如对企业来说，相关的科研机构、研究人员、科学家等就是企业的边缘公众。次要公众是相对于首要公众而言的，而边缘公众则是相对于次要公众而言的。由于组织与边缘公众关系松散，没有明显的利益关系，因此，组织与他们保持一般的关系即可。但是，应该认识到，他们是一个不可忽略的公众群体，随着时间和环境的变化，他们也可能成为组织的次要公众或首要公众。

四、按公众对组织的态度划分

组织所面临的公众是一个复杂的集合体，因为他们各自所处的地位、环境、扮演的社会角色不同，个人的修养、能力不同，所以对组织的态度也就不同。根据公众对组织的不同态度，可以将公众分为顺意公众、逆意公众及独立公众。

1. 顺意公众

顺意公众是指对组织的政策和行为持认同、赞赏和支持态度的公众。对顺意公众的策略是强化原有态度。组织应加强与他们的联系和沟通，保持和扩大顺意公众的队伍。

2. 逆意公众

逆意公众是指对组织贯彻的政策、采取的行为持反感、反对、不合作态度的公众。一般来说，逆意公众的形成有两种原因：一是由组织的政策、行为的不当而危害了公众的合法利益或因为组织与公众的价值取向不同而形成了利益上的冲突；二是由于组织、公众之间的信息渠道不畅使公众对组织的政策、行为产生了误解。逆意公众的产生，直接影响着组织形象的树立与进一步的发展。因此，一旦逆意公众形成，组织公关部应立即展开工作，根据逆意公众形成的不同原因，采取不同的方式，使逆意公众的态度发生转化。

3. 独立公众

独立公众也称中立公众，是指对组织贯彻的政策、采取的行为持中立态度，或尚未表态或态度还不明朗的公众。独立公众的发展有两种趋势：一是成为逆意公众，一是成为顺意公众。由于独立公众的态度具有较大的可塑性，因此，他们被称为公共关系的重点争取对象。组织通过有效的公共关系工作，一方面防止独立公众向逆意公众的转化，另一方面使独立公众转化为顺意公众。

五、按公众的发展过程划分

按公众的发展过程，可分为非公众、潜在公众、知晓公众和行动公众。

1. 非公众

非公众是指在一定条件下，与组织无任何联系和利益关系的群体和个人，即组织和这些群体、个人不发生任何交互作用。非公众不构成公共关系的对象。正确区分公众与非公众，可以减少公众工作的盲目性。但是，非公众不是绝对不变的，而是随着时间、地点、条件的变化而变化的，非公众有可能转化为潜在公众。

2. 潜在公众

潜在公众是指在事实上已与组织发生了某种利害关系，但目前尚未被组织意识到的公众。例如，某企业生产出售了 1000 台电冰箱，不久，质检部门发现，这批电冰箱的温控器质量不过关，半年后，这批温控器将先后失灵，电冰箱将失去制冷功能。虽然半年还未到，问题尚未暴露，1000 名顾客也未意识到温控器质量不佳，但是，他们客观上已经面临这一隐患，这 1000 名顾客就成为电冰箱厂的潜在公众。当潜在公众本身没有意识到问题的存在时，他们不会采取任何行动，也不对组织构成威胁。但是，这种状况不会始终存在下去，他们迟早会注意到问题的存在。因此，及早发现潜在公众，并着手进行公关活动是公关活动的最佳方案。而一旦潜在公众自己发现了问题，他们就成了知晓公众。

> **想一想**
>
> 公共关系工作在什么阶段开展更有作用？

3. 知晓公众

当一定的个人、群体和社会团体面临着由一个组织的行为引起的共同问题，而他们本身已经意识到这种问题的存在时，他们在组织的视野中就成了知晓公众。知晓公众是由潜在公众发展而来的。潜在公众已经面临着组织行为引起的共同问题，但尚未意识到；知晓公众则不仅面临着共同的问题，而且本身也意识到了问题的存在。由于知晓公众已经意识到问题的存在，因此，他们对任何有关问题的信息都会感兴趣，他们急切地想了解问题的缘由以及解决办法。一旦知晓公众形成，组织的公关部就应立即开展公关活动，及时向组织反映公众的意见与要求，准确地向公众传播组织的政策与行动，保证组织与公众之间的信息渠道畅通。如上述例子，假若电冰箱未在潜在公众阶段解决问题，半年后，1000 台冰箱的温控器纷纷失灵，顾客焦急地寻找原因，这 1000 名公众就成为知晓公众。

4. 行动公众

当一定个人、群体和社会团体不仅意识到由组织行为引起的问题，而且准备采取或已经采取行动以寻求问题的解决时，他们在组织的视野中就成了行动公众。行动公众是由知晓公众发展而来，行动公众不仅意识到问题的存在，而且准备或已经采取行动以求得问题解决，这样就可能对组织构成某种威胁，对公关工作造成较大的困难。如上述例子，1000 名顾客发现冰箱不制冷后，经过了解，发现了事情的真相，纷纷找到厂家要求承担责任，赔偿损失，有些甚至投书报社、消费者协会等，于是该厂的声誉大受影响。这 1000 名顾客就由知晓公众发展成了行动公众。

六、按组织对公众的好恶划分

按组织对公众的好恶，可将组织的公众划分为受欢迎的公众、不受欢迎的公众和被追求的公众。

1. 受欢迎的公众

受欢迎的公众是指那些能迎合组织需要，主动对组织表示兴趣和交往意向的公众。这类公众对组织的经营方针、工作目标表现出浓厚的兴趣并希望主动合作，而组织对他们也非常欢迎，如主动前来的赞助者、慕名而来的采访者等。

2. 不受欢迎的公众

不受欢迎的公众是指那些抱着既定的目的接近组织，而最终将给组织带来利益损失的公众。这类公众有的对组织抱有成见和敌意，有的则向组织提出过分的奢求。如那些先入为主、带有偏见的采访者、调查者，以及那些纠缠不休地拉广告、拉赞助的组织和个人。对于组织不欢迎的公众，也应开展公共关系，向他们阐明组织的观点，与他们保持适当的距离，为组织的发展扫清障碍。

3. 被追求的公众

被追求的公众是指那些能给组织带来利益、令组织十分感兴趣并努力想接近、渴望建立良好关系，而其自身对组织并不一定感兴趣的公众。这类公众是组织发展所必需的，当然也就是公共关系部或公关人员工作的重点。由于这类公众与受欢迎的公众不同，他们本身并不一定具有与组织建立良好关系的愿望，因此，建立、保持、发展与这类公众的良好关系，其公关难度是可想而知的。这类公众有社会名流、专家学者以及新闻机构等。

第三节　公众心理分析

不同的公众有不同的心理，公共关系工作必须针对公众的不同心理采取不同方式。因此，必须对公众的心理进行必要的分析。

案例 4.3

“半瓶酒”招客

中国香港有家五星级酒店，在其餐厅大门旁边，特意摆了一个金碧辉煌的橱柜，里面陈列着来自世界各地的名酒，有大半瓶的，也有小半瓶的，就是没有一瓶原装酒。另外，在每个酒瓶上还挂着一块精美的卡片，上面写着某先生或某夫人的名字。后来经了解，这些酒都是顾客喝剩下的。那么将这些“半瓶酒”陈列在橱柜里有什么作用呢？原来这是酒店吸引顾客的经营高招。一般到这家酒店用餐的顾客，饮的酒大多是价格昂贵的名酒，有时喝了以后剩下小半瓶，想带走却嫌麻烦或显得寒酸，但丢掉又觉得可惜。于是，酒店便在餐厅门口设了一个大橱柜，存放顾客喝剩的半瓶酒，并在一张卡片写上该顾客的名字，待顾客下次来就餐时接着饮用。

这一新招就像一块无形的磁铁，吸引着顾客常常来这家酒店。当然，“回头客”越来越多，生意也越来越兴旺。另外，代保管半瓶酒也获得了一种意外的收获，那就是高档酒越来越好卖。因为人都是要面子的，那橱柜摆在大堂里面，高档名贵的酒瓶上挂着自己的名字，就给人一种满足和荣耀感。

启发思考：

1. “半瓶酒”案例满足了顾客的什么消费心理？

2. 要满足顾客的社会尊重需要，应开展什么公关活动？

一、公众的心理定势

心理定势是在日常生活中存在着的一种心理，影响着公关活动，公关人员必须高度重视。

1. 心理定势的含义

公众的心理定势，是指在一定的社会条件下，由人与环境相互作用而出现的公众对某一对象的共同心理状态与一致的行为倾向。人们在共同的社会生活中，其心理和行为存在着一种社会化、标准化倾向，这种倾向规定着人们的行为，共同的规定就构成了公众的心理定势。公众的心理定势潜伏在人们的意识之中，制约着人们的行为，成为存在于公众之中的一种无形的影响力。善于利用这种影响力，有利于提高公关工作的效率。

2. 公众心理定势的特点

心理定势具有以下一些特征。

自发性。心理定势是对特定情境的适应性反应，是公众经过相互作用后自发产生的。

内隐性。心理定势是一种内在的心理倾向，由人们对某个对象的评价、情感体验和意向三个因素组成，不易直接把握。

主动性。心理定势一经形成并成为公众的内在心理倾向之后，便表现出激发人的行为的主动性，从而起着控制与支配公众的现实生活的作用。

规范性。心理定势是人们对某一自然现象或社会事物的共同心理反应，在其反应方式、策略、原则和标准上，带有一定程度的规范性。

3. 心理定势的表现形态

心理定势的表现形态很多，主要有模仿、暗示和感染；遵从和服从；时尚、舆论与流言；风俗和习惯。公关人员应根据不同的心理形态采取不同的措施，顺应公众的一般心理要求。把握并运用公众的特殊心理要求，正确引导公众。从微观角度讲，心理定势主要包括以下几种类型。

（1）首因效应。首因效应即第一印象的强烈影响。事物给人留下的最先印象往往有强烈的作用，左右着人们对事物的整体判断，影响着人们对事物以后发展的长期看法。第一印象一旦形成就比较难以被消除。因此，在公共关系工作中要十分注意传播中的首因效应，积极运用各种传播手段和途径，实事求是地宣传组织、组织的产品或服务，以便给公众留下良好的第一印象。

（2）近因效应。近因效应即最近或最后印象的强烈影响。事物给人留下的最后印象往往是非常深刻的，难以消失。对一件事物或与一个人接触的时间延长以后，该事物或人的新信息、最近的信息就会对认识和看法产生新的影响，甚至会改变原来的第一印象。公关传播工作应注意用新信息去巩固公众心目中原有的良好印象，或尽力改变原来的不良印象。

（3）晕轮效应。晕轮效应即片面印象的强烈影响。人们在认识人或事物时，往往会把某一特征推广为整体印象，从而掩盖了其他特征或品质，形成某种以偏概全的错误印象。人们在买商品时，选购的往往都是包装精美、价格偏高的商品，总认为里面的东西会像包装一样好，会和偏高的价格相一致。这就是人们因为精美的包装和偏高的价格而对其商品产生的晕轮效应。作为公共关系工作，应利用晕轮效应实事求是地向公众宣传，影响公众，如“名人广告”“名流广告”等，但要反对和制止利用晕轮效应来从事坑蒙拐骗公众的不法行为。

（4）刻板印象。刻板印象即先入为主的强烈影响。人们往往自觉或不自觉地凭借以往形成的固有经验去判断、评价某人某事。如认为老师是文质彬彬的，商人是唯利是图的，大型商场的商品质量一定可靠，街头小贩经常短斤少两等。这种看法一旦在人的头脑中定型，造成“先入为主”的成见，就容易在新的认知中产生偏差，妨碍人与人之间的正常交往或对事物的正常判断。公关工作一方面要研究和顺应公众的某些刻版印象，使自己的形象与公众的经验相吻合；另一方面也要努力传播新观点、新知识、新经验，以改变公众某些狭隘的成见或偏见，以及由此形成的误解。

二、公众的消费心理

> **想一想**
>
> 公共关系为什么要分析公众的心理？

公众的消费心理指公众在消费过程中的心理活动表现，它是影响消费者行为的内在因素。

1. 常见的几种消费心理

公众的购买行为充分体现了公众的消费心理，主要有以下几种：求廉心理，即以商品价格低廉为中心的购买心理；求实心理，即以商品的使用价值、讲究实用为目的；求名心理，主要是追求名牌商品，重视商标与牌号的知名度、美誉度；便捷心理，即图省时省事，包括购买方便、携带方便、使用方便、维修方便；求新心理，主要注重商品的外形、式样，追求时髦；从众心理，即随大流，看到其他人买什么，自己也买什么，总希望自己与周围环境保持一致；偏好心理，由于习惯、爱好、环境、职业、修养等各种因素影响，顾客会对某种品牌的产品产生特殊偏爱而经常购买。

2. 公众的消费心理需要

心理需要是人类为提高物质生活水平而产生的高级社会性需要。主要有以下几种：知晓需要。日常消费中，对商品的知晓是公众购买的第一位心理需要。尊重需要。人人都有被尊重的需要，消费过程中同样期待着被尊重。美观需要。爱美之心，人皆有之，消费过程中，同样要求商品的美感。价值需要。一个人最高层次的需要就是体现其自身的价值。

3. 吸引公众的方法

根据公众的不同消费心理和需求，公关人员可用各种各样的方法来吸引公众。常见的方法有：利益吸引，任何一个组织都应把公众利益放在第一位从而吸引公众。组织的行为只要给公众带来利益，公众就会被吸引；新奇吸引，公众的共同心理是对新奇的东西很偏爱，对陈旧的东西较为反感，因此，组织的行为力求创新，就能有足够的吸引力，从而“出奇制胜”；信息吸引，当今时代，许多组织靠捕捉信息而起死回生，而及时地、恰当地传播组织的信息就能争取公众；形象吸引，如果一个组织在社会公众中信誉好、形象佳，就会赢得公众，受益无穷；示范吸引，用直观的、可学习的行为来吸引消费者，是最实用的方法。组织可以有意识地组织一些商品博览会、展销会，条件许可的话还可将商品提供给消费者试用；目标吸引，组织的目标是组织未来所要达到的状态或事实。公关人员可及时传播信息，借助良好的形象吸引公众。

三、公众的心理和行为

公众的行为都受一定的心理所支配，因此，了解公众的心理与行为之间的关系是十分必要的。

（1）公众的知觉与行为。知觉是人脑对直接作用于它的客观事物的整体反映。一定的知觉导致一定的行为。因此公众的不同行为是由公众的知觉不同而决定的。公众的知觉不仅具有选择性，而且具有偏见。因此，公关人员必须设法改变公众的知觉偏见。

（2）公众的价值观与行为。公众对是非、善恶、好坏的评价标准是有差异的，对自由、幸福、荣辱、平等这些观念的理解也不同，而且不同生活背景和文化传统会形成不同的价值观。因此，就决定了人们的行为方向和能达到的程度，决定了公众向往什么，追求什么，喜欢什么，推崇什么。因此，公关活动应根据公众的价值观的差异，制定相应的方针策略，以达到最优效果。

（3）公众的态度与行为。态度是人们在认识和行为上相对固定的倾向。态度的变化影响着公众的行为变化。公共关系工作必须通过宣传、教育、引导来影响或转变公众的态度，使之对组织的发展有利。

（4）公众的需求与行为。需求是人们对特定目标的渴求与欲望，是推动行为的直接动力。人们的行为总是直接或间接、自觉或不自觉地为了实现某种需求。人们的需求是多样化的，但在一定条件下，总有一种需要是最为迫切的，支配着人们的行为目的。因此，公共关系的政策和活动不一定能够满足公众对象的所有要求，但要尽可能满足公众对象的特定需要。

（5）公众的性格、气质与行为。性格是人们待人接物稳定的态度和行为方式，气质是人们较典型、稳定的心理特征。一个人的性格、气质决定着他的行动，因此，公关工作必须针对不同性格、气质的人，运用不同的沟通方式。

（6）公众的兴趣、能力与行为。兴趣是人们力求认识某种事物或特别爱好某种事物、活动的倾向。能力是人们从事活动、完成工作的本领。一个人的兴趣和能力将影响他的目标选择和行动，因此，公共关系的活动应当适合公众的口味，从而具有较强的吸引力。

（7）公众的从众心理与行为。从众心理是指在社会团体的压力下，个人被迫放弃自己的意见，采取与大多数人一致的行为。尽管团体压力不是强制性的，但更能制约个人的行为。公共关系活动要充分利用从众心理去增强组织的凝聚力，创造人和的气氛。

（8）公众的逆反心理与行为。逆反心理指作用于个体的同类事物超过了个体感官所能接受的限度而产生的一种相反的体验，从而形成抵触行为。公关工作应力求防止出现逆反心理和行为。

第四节　常见目标公众分析

每个组织都有特定的目标公众对象。组织的性质、类型不同，具体的目标公众对象也就不相同。比如，政府的目标公众对象、企业的目标公众对象、学校的目标公众对象，相互之间会有很大的差异。以下列举一般社会组织较为常见的带有一定共性的目标公众。这些公众主要包括员工公众、顾客公众、媒介公众、政府公众、社区公众和股东公众。

案例 4.4

阳光保险爱心基金会阳光飞轮公益活动

1. 项目背景

大学生有高涨的公益热情和无限的创意，是公益事业未来的生力军、公益文化未来的传播者。但在公益实践方面，大学生群体缺乏经费的支撑、规范的指导和专业的平台，这使得很多充满创意的公益梦想无法实现。因此，阳光保险爱心基金会决定开展阳光飞轮公益活动。传播目标是：与高校人群充分沟通，吸引大学生群体广泛参与到公益活动中来；以高校活动为突破，积累经验，持续公益，做成品牌活动；影响高校目标受众，品牌深入年轻人群，打造长期、可持续的公益事业，提升品牌形象。

2. 项目策划

活动策略：弱化商业信息，加强公益气质——只露出阳光慈善基金，不宣传出资方，强调每一个参与者都是慈善家；

推广策略：深入高校阵营，注重精准营销——依傍优势资源，确保活动落实；

沟通策略：轻松活动，真诚对话——运用大学生常接触的媒体，采用激励及漫画式的信息传达。

3. 项目执行

打破传统公益执行模式，开拓“预支—践行—传递”这一公益创新。

预支：首期采用“预支梦想”的方式，参加“阳光飞轮”活动的大学生需要在平台上展示自己的爱心公益梦想，通过争取网友的投票支持及公平、公正的审核评选，64位大学生获得了由阳光保险爱心基金会提供的万元公益基金；

践行：入围者获得梦想基金之后，开始践行公益梦想，包括助学支教、保护环境、看望孤寡老人、关爱流浪动物等，在此过程中要将活动的实施过程及感想回传到“阳光飞轮”；

传递：通过推动在校大学生投身公益，并号召他们未来走向社会后，将公益基金返还至“阳光飞轮”，让社会上更多有需要的人实现梦想，这寓意着将爱的接力棒传递下去、让爱的种子播撒，完成爱心传递。

4. 项目效果

“阳光飞轮”公益活动一经推出，其引发的热烈反响已大大超出了预想。活动自上线以来，吸引了来自105所院校的上千名在校大学生报名参与，共超过25万人关注并投票，互动总人数突破50万。最终，64位入围大学生奔赴全国32个城市、地区践行公益梦想，活动执行地遍布华夏。从公益梦想的内容来看，在不断涌现助学支教、保护环境、看望孤寡老人、关爱流浪动物、促进外来务工人员及其子女的城市融入等爱心公益梦想外，还出现了走进少管所、保护黑顶鹤等拥有更加广阔视角的同学，执行了异乎寻常的公益梦想，有效地发挥了年轻群体的无限创意。

启发思考：

1. 简评阳光保险爱心基金会公益创新的策划。

2. 阳光飞轮公益活动的公关效应有哪些？

一、员工公众

员工公众是指组织内部的职工，包括全体职员、工人和管理干部。员工公众是组织的主体，是组织形象的设计者和创造人，但他们同时又是组织内部公共关系的工作对象。所以，员工公众是社会组织的首要公众，任何社会组织都应该首先处理好组织与其员工公众之间的关系，培养员工的认同感和归属感，增强组织的向心力和凝聚力，这是搞好组织外部公共关系的基础。

员工关系又称为内部公众关系。它是指在企业内部管理过程中形成的人事关系，其具体对象是全体职员。因此，建立良好的员工关系具有十分重要的意义。

第一，组织需要通过员工的认可和支持来增强内聚力。一个组织的存在价值和整体形象在取得社会的认可以前，首先需要得到自己成员的认可；组织的目标和任务在赢得社会支持之前，首先需要赢得自己成员的配合与支持。否则，组织的价值和目标将会落空，组织将无法作为一个整体面对外部社会公众。每一个成员都是组织的细胞，他们对组织有机体的认同和依附，是这个有机体得以存在的基础。因此，良好的内部关系是公共关系的起点，组织内部的公关工作首先要增强内聚力，将全体成员组合成为一个有机的整体。一个组织如果其形象得不到自己成员的认可，就很难赢得社会的认可；组织的目标得不到自己成员的配合与支持，就很难赢得社会的支持。因此，组织的内部公共关系工作首先要增强内聚力，使员工组合成一个有机的整体。第二，组织需要通过全员公关来增强外张力。一个组织的对外影响力有赖于全体成员的努力与配合。因为每一个组织成员都是组织与外部公众接触的触角，都处在对外公共关系的第一线；组织的整体形象必须通过他们在各自工作岗位上的良好行为具体体现出来。如电话总机的接线员，服务台、问询处、接待室的工作人员，行政部门的办事员，业务部门的业务员，乃至生产线上的员工等，都是有形无形的公关人员，他们的一言一行都代表着组织的形象。在对外交往中，每一位组织成员都是非常重要的公共关系行为主体。

建立良好的员工关系首先要了解员工的基本情况，包括心理、技能、身体等方面。具体来讲，一方面要将本组织的成员视作传播沟通的首要对象，尊重组织成员分享信息的权力，争取他们的了解与理解，形成信任与和谐的内部气氛。如果内部传播存在障碍，沟通不灵，成员对本组织的信息没有了解的优先权，甚至于外部社会早已传得沸沸扬扬，自己的成员还蒙在鼓里，就会在组织内部产生麻木不仁、忧虑不安、焦急烦恼、猜疑传言等消极情绪和现象，从而形成隔阂冷漠、离心离德的状况。要避免这种情况的发生，就需要健全组织内部的传播渠道，完善组织内部的沟通机制，使全体成员在信息分享和感情沟通中与组织融为一体。要争取员工的理解和支持，就需要将员工视作传播沟通的首要对象，尊重员工分享信息的优先权，使员工在信息分享中与组织融为一体，形成信任与和谐的内部气氛。可定期召开职工代表会议，改善员工的工作、医疗、起居等条件，改善员工的福利等待遇，了解员工的需求，从而使员工凝聚在一起。

另一方面，应该时时处处善待和尊重自己的成员，将他们作为重要的公共关系对象，努力培养他们对组织的认同感、归属感，增强他们对组织的向心力、凝聚力。没有全体员工的努力和配合，组织要在社会中树立良好形象，是不可能的。因为每一个员工都是组织与外部公众接触的触角，组织形象必须通过他们在生产、服务岗位上的实际行动具体体现出来。因此，组织应时时处处以“员工为第一”。要尊重员工的个人价值，才能培养员工对组织的认同感、归属感，不断增强员工对组织的向心力、凝聚力。

问与答

问：“顾客是上帝”与“员工第一”有矛盾吗？
答：没有矛盾。只有做到“员工第一”，顾客才能是上帝。

二、顾客公众

顾客公众指购买、使用本组织提供的产品或服务的个人、团体或组织。例如，企业产品的用户、商店的顾客、酒店的客人、电影院的观众等。顾客公众包括个人消费者和社团组织用户。顾客公众是与企业具有直接利益的外部公众，是企业组织传播沟通的重要目标对象。

顾客关系是指组织与组织的产品或服务的购买者、消费者之间的关系。顾客是与组织具有直接利害关系的外部公众，因此，建立良好的顾客关系具有重要意义。

第一，良好的顾客关系能够为组织带来直接利益。一个组织的存在价值，很大程度上在于其产品或服务能够得到顾客的接受和欢迎。对于企业来说，顾客就是市场，有了顾客就有了市场，有了市场企业的效益就能够实现。得人心者得市场，良好的顾客关系是企业经营的生命线，可以给企业带来直接的利益。

第二，建立良好的顾客关系能够帮助企业树立正确的经营思想。“利润第一”还是“顾客第一”是两种根本对立的经营观念，但是，组织要实现自己的利润目标，最根本的就是使其产品或提供的服务得到顾客的认可与接受。组织必须通过满足顾客和社会的需求来换取自己所希望的利润。因此，组织应认真做好顾客的公共关系工作。

第三，建立良好的顾客关系，能够引导和培养积极、健康的消费意识，形成稳定的消费者系列。认真做好顾客公共关系工作能够培养具有现代消费意识，自觉维护消费者权利的消费者公众。就是能为现代社会营造一个健康、良好、稳定的消费公众环境，即培养顾客的“皇帝”意识。

要处理好组织和顾客公众的关系，可从以下几方面着手。

（1）树立“顾客至上”的观念。要处理好与顾客公众的关系，重要的是树立顾客就是上帝的思想。思想上没有顾客，就很难在实际中保证一切从顾客的需求出发。所以，企业组织的工作人员必须时刻把顾客放在心里，想顾客之所想，供顾客之所需，解顾客之所急。组织不仅要满足顾客消费的需求，还要满足其知晓的需求、情感的需求、选择的需求、表达和参与的需求，从而达到经济效益和社会效益的统一。

（2）收集顾客的信息，了解顾客心理。组织首先要了解顾客需要什么，要求组织提供什么样的产品和服务，这就要主动收集他们的信息，包括他们的年龄、性别、职业、爱好、兴趣和需求，他们对产品或服务的种类、性能、质量、价格的评价和要求，对服务态度和售后服务是否满意等，对这些信息进行分析、归类后，既可作为组织决定经营方向和改进工作的依据，也能为最大限度地满足顾客的需求，处理好与顾客的关系打下良好的基础。组织要尽可能地进行消费教育，比如：为顾客和公众编辑印发指导性的手册和刊物；举行操作表演或实物展览会；帮助顾客认识和熟悉新产品的性能、技术等；举办培训班，让商店销售人员和顾客掌握使用、维修和保养某类产品的基本知识；向报纸、杂志、广播电台、电视台提供有关新产品的介绍性资料。总之，为顾客提供免费的介绍、示范、指导、咨询、培训等，通过这些工作，满足公众的愿望。组织要担当起消费教育者、引导者、组织者的角色，与顾客一起设计生活、美化生活，从而形成和谐的顾客关系。

（3）经常将组织的信息传给公众。为了让顾客了解、理解和支持组织并与组织保持合作，公共关系部门必须经常向顾客公众传递组织的各种信息，如组织的经营宗旨、经营政策，组织的历史，组织的产品质量、数量、款式、规格、性能、价格、销售服务方式，组织的荣誉和先进事迹、先进人物的信息，组织为社会做的贡献等。

（4）要处理好与顾客的矛盾。每个组织都会遇到顾客因对产品质量、服务态度等不满而来信、来访投诉。对于顾客的投诉，组织应及时妥善地处理，以稳定顾客，缩小影响，并诚恳地解释和解决实际问题，必要时应向顾客道歉，争取顾客谅解，以减少顾客公众被竞争对手拉走的机会。

三、媒介公众

媒介公众是指以传递新闻信息为主要特征的信息传播机构：新闻媒介主要包括电视、广播、报纸、杂志。新闻媒介具有双重作用：一方面，它是组织开展公共关系的重要工具，组织可通过它与社会公众取得联系；另一方面，它又是组织公共关系工作的重要对象，形成了组织的媒介公众。

媒介关系也称新闻界关系，指组织与新闻传播机构（包括报社、杂志社、广播电台和电视台）以及新闻界人士（记者、编辑等）的关系。对任何一个组织来讲，都必须与新闻界保持良好的关系。

第一，良好的媒介关系就等于良好的舆论关系。一般情况下，每一个与新闻界保持良好关系的个人或组织，都容易获得良好的公众舆论；每一个与新闻界关系不好的个人或组织，都会在舆论中遇到麻烦。因为，在现代信息社会中，新闻界是社会信息流通过程中的"把关人"，他们决定着哪些信息应该被中转、疏导、传播，哪些信息应该被终止、抑制、封闭。新闻媒介报道的热点，往往成为公众的舆论话题，直接影响着公众的舆论。因此，组织公共关系的一项重要任务就是努力建立一个良好的媒介关系。

第二，建立良好的媒介关系是运用大众传播手段的前提。组织与公众沟通的重要途径就是运用大众传播，大众传播借助于现代印刷、电子等传播技术，大量地、高速度地复制信息，因而是公共关系绝对不可缺少的手段。但是，大众传播媒介不是由组织内的公共关系人员直接掌握和控制的。组织的信息能否被大众媒介所报道，以及报道的时机、频率、角度等，决定权不在组织的公共关系机构，而在专业的传播界人士如记者、编辑、总编那里。因此，与新闻界人士建立广泛、良好的关系，是成功运用大众传播媒介的必要前提。

组织要处理好与新闻媒介的关系，应注意以下几点。

（1）认真分析和研究各个新闻媒介的特点。不同的新闻媒介在公共关系工作中产生的作用不同，这就需要对各种新闻媒介进行认真的分析和研究。包括各种媒介的性质、特点、风格；各种媒体的听众或读者；各种媒体的影响及覆盖面。另外还应研究各种媒体在报道方针、报道内容、报道手法上有何特点和特殊要求，以便有针对性地配合、利用。

（2）加强联系，增进友谊。组织的公共关系部门要与新闻工作者建立起良好的人际关系，同时也可以安排组织领导人与新闻工作者经常接触，交朋友，保持组织与媒介之间的信息交流和感情沟通。

（3）为新闻记者提供真实的信息。组织无论是向新闻记者提供新闻消息还是接受记者采访，都必须提供真实的情况，不能提供虚假新闻。否则，会失信于新闻媒介公众，影响组织的良好形象。

（4）与新闻机构联办各种活动。组织要处理好与新闻媒介的关系，还可以与新闻机构联办各种活动。比如，联合拍摄电视剧，开展各种评选活动、竞赛活动、文艺节目等。这样既可以密切联系、加深感情，又可以为组织做广告宣传。

四、政府公众

政府公众是指政府部门各职能机构及其政府工作人员。任何社会组织都必须接受政府的管理和制约，因此需要与政府的有关职能机构和管理部门打交道，这是所有传播沟通对象中最具社会权威性的对象。

企业必须与政府各职能部门建立和保持良好的沟通，这是企业生存、发展的重要保障和条件。建立良好的政府关系，能够争取政府对组织的了解、信任和支持。良好的政府关系还能够帮助组织形成有利的政策、法律和管理环境，对组织的发展十分有利。

第一，政府的认可和支持是最具高度权威性和影响力的认可和支持。政府具有强大的宏观调控力量，代表公众的意志来协调各种社会关系。一个组织的政策、行为和产品如果能够得到政府的认可和支持，无疑将对社会各个方面产生重大影响，甚至使组织的各种渠道畅通无阻。为此，应该把握一切有利时机，扩大本组织在政府部门中的信誉和影响，使政府了解本组织对社会和国家的贡献和成就。

第二，与政府建立良好关系能够为组织形成有利的政策、法律、管理条例创造条件。政策、法律、管理条例是一个组织决策与活动的依据和基本规范，组织的一切行为都必须保持在政策法令许可的范围之内。通过良好的政府关系，组织能够及时了解到有关政策的变动，能够较方便地争取到政策性的优惠或支持，能够对有关本组织的问题在进入法律程序或管理程序之前参与意见，使之对组织的发展有利。为此，应该主动建立和加强组织与政府有关部门之间的双向沟通。一方面，组织的公关部门应该详尽地分析研究政府的方针、政策、法令，提供给本组织领导及各部门参考，使组织的一切活动都保持在政策法令许可的范围内，并随时按照政策法令的变动来修正本组织的政策和活动。另一方面，组织的公关部门应随时将实际工作部门的具体情况上传至政府有关部门，并根据本地区、本行业、本部门的特殊情况，主动地提出新的政策设想和方案，并通过适当的渠道进行说服性的工作，协助发现及纠正政策执行中出现的偏差或失误。

协调组织与政府公众的关系可从以下几方面努力。

（1）加强彼此间的信息沟通。社会组织与政府公众之间应加强彼此间的信息沟通。一方面，公共关系部门要详尽地分析研究政府颁布的与本组织有关的方针、政策、法令，提供给组织领导及各部门参考，使组织的一切活动都保持在政策、法律和法规许可的范围内，并随时根据政策、法规的变化来修正组织的决策和行为。另一方面，公共关系部门要随时将本组织的具体情况向政府有关部门汇报，以取得指导和帮助。

（2）把握有利时机，扩大组织对政府的影响。社会组织应该把握一切有利时机，扩大本组织在政府部门中的信誉和影响，使政府了解组织对社会和国家的贡献。

（3）淡化、减少和政府的矛盾。在社会生活中，组织和政府公众间有时会产生或大或小的矛盾，面对这种情况，组织要高度重视协调和政府公众的关系，尽量淡化矛盾，避免和减少对组织利益的损害。

五、社区公众

社区公众主要指组织所活动的一定区域范围内的居民和各种社会群体。组织是社区的一分子，社区是组织生存和发展的基地。组织运行所需要的各种社会服务，如水、电、交通等离不开社区公众；组织内部员工和家属的日常生活也离不开学校、商店、医院等单位的社区公众。因而，社区公众是组织的基本公众。

社区关系亦称区域关系、地方关系、睦邻关系。处理好与社区公众的关系，对组织来说是至关重要的。建立良好的社区关系，能够有效地争取人心，获得社区公众的好感与支持，并为组织谋求稳定顺利的发展打下牢固的根基。

第一，社区关系直接影响着组织的生存环境。社区如同组织扎根的土壤，没有良好的社区关系，组织就会失去立足之地。社区公众是由特定的活动空间所确定的，区域性、空间性很强。地方性组织的活动直接受社区公众的制约，社区关系便直接影响着组织其他各方面的关系，如员工家属关系、本地顾客关系、地方的政府关系和媒介关系等。跨区域性的组织也不能脱离特定的社区，甚至要善于同各种不同背景的社区公众打交道，以争取社区提供各种地方性的服务和支持，使跨区域性组织能够在各种完全不同的社区环境下生存和发展。因此，组织需要将社区作为自身发展的一个组成部分，将社区公众视作“准自家人”。

第二，社区关系直接影响着组织的公众形象。社区公众涉及当地社会政治、经济、文化、教育等各个方面，类型繁多，涉及面广，对组织客观上存在着各种不同的感受、要求和评价；由于处在同一社区，对组织的某一种评价和看法又极容易相互传播，形成区域性的影响，从而形成组织的某一种公众形象。很显然，组织的社区关系好坏，直接影响着组织的社会公众形象。比如一家企业，即使产品很好，远销海外，但如果社区关系恶劣，所形成的不良形象最终也会影响到市场的销售。一个组织如果连左邻右舍的关系都处理不好，就很难在社会上获得良好的名声。组织要想提高自身在社区中的地位，就要树立一个“合格公民”的形象，主动承担必要的社会责任和义务，像爱护自己的家业一样爱护社区，在社区的物质文明和精神文明建设方面发挥中坚作用，为社区造福，为社区公众多做贡献。

处理好与社区公众的关系，必须做好以下几方面的工作。

（1）减少对社区的损害。尽量避免或减少本组织对社区正常生活环境和生活秩序的影响或损害，如做好“三废治理”，控制、减少噪音，保证安全生产等。

（2）关心社区公益事业。积极赞助社区的教育文化事业，如：为学校、医院、图书馆等提供资金、设备；赞助社区的福利事业，包括养老院、残疾人事业等；积极参加各种公益活动，如植树造林、精神文明建设等。

（3）帮助社区繁荣。以组织自身在资金、设备、技术、人才上的优势帮助社区发展乡镇、街道企业和第三产业，促进社区经济发展。

（4）联络与社区公众的感情。在节日、庆祝日邀请社区公众代表参加联欢会、娱乐活动、宴会等，增强社区公众对组织的了解，从而更好地支持组织的工作。

六、其他公众

1. 名流公众

名流公众指那些对公众舆论和社会生活具有较大影响力和号召力的有名望人士，如政界、工商界、金融界的首脑人物，科学界、教育界、学术界的权威人士，文化、艺术、影视、体育等方面的明星，新闻出版界的舆论领袖等。这类关系对象的数量有限，但对传播的作用很大，能在舆论中迅速“聚焦”，影响力很强。通过社会名流去影响公众和舆论，往往具有事半功倍的效果。

建立良好的名流关系的目的，是借助名流的知名度扩大组织的公共关系网络，扩大组织的公众影响力，丰满组织的社会形象。其意义和作用有以下几个。

第一，借助于社会名流的知识和专长。与社会名流建立良好关系，能充分利用他们的见识、专长为组织的经营管理提供有益的意见咨询。社会名流往往见多识广，或是某一方面的权威，组织的管理人士能够在与他们交往的过程中获得广泛的社会信息或宝贵的专业信息，无形中使企业增添了一笔知识财富或信息财富。

第二，借助于社会名流的关系网络。与社会名流建立良好关系，能通过他们良好的社会关系网络为企业广结善缘。有些社会名流虽然不可能为本组织直接提供所需的专业信息或管理咨询，但由于他们与社会各界有广泛的联系，或对某一方面的关系有特别重大的影响，组织便能通过他们与有关公众对象疏通关系，扩大社会交往范围。

第三，借助于社会名流的社会声望。与社会名流建立良好关系，能借助他们较高的社会地位，或具有某方面的权威性，或由于他们对社会的特殊贡献、突出成就等，而具有较高的知名度。另一方面，一般公众存在"崇尚英雄""崇拜明星"的社会心理。组织与社会名流建立了良好关系，就会将本组织的名字与社会名流的名望联系在一起有利于提高本组织在公众心目中的位置。

2. 国际公众关系

国际公众指一个组织的产品、人员及其活动进入国际范围，对别国的公众产生影响，并需要了解和适应对象国的公众环境的时候，该组织所面对的不同国家、地区的公众对象，包括别国的政府、媒介、消费者等。国际公众对象具有与本组织完全不同的社会和文化背景，因此传播沟通活动具有显著的跨文化特征。

搞好国际公众关系的目的是争取国际公众和舆论的了解、理解与支持，为本组织及其政策、活动、产品和人员塑造良好的国际形象，创造良好的国际声誉。

第一，发展国际公共关系，为对外开放服务。我国实行对外开放政策，企业发展外向型经济，参与国际经济大循环，急需发展国际公共关系：一方面需要通过公共关系方法及时、准确地了解国际市场动向，了解有关国家的政治、经济、文化、社会等方面的信息，了解国外的投资者、合作者和客户等；另一方面，需要运用国际公共关系手段，向国外的公众、舆论和市场传播自己的信息，树立自己的形象，介绍自己的产品和服务，提高自己的国际知名度和国际信誉。即使不出国门的企业，在对外开放的条件下，也要运用国际公共关系，为来华投资、经商或合作的外商以及来华旅游参观的外国客人提供信息服务，做好接待工作等。

在文化、艺术、科学、教育、医疗、体育等方面的国际交流中，也需要接触许多国际公众对象。良好的国际公共关系有利于促进这些方面的交流与合作，有利于树立中国在世界上的良好形象。

第二，运用跨文化传播手段，促进组织形象的国际化。参与国际性活动的组织需要建立国际化的形象，即能够适应别国公众、获得各国人民接受和欢迎的形象。这就需要注意研究和适应别国公众的社会和文化差异，调整公关的政策和方法。国际公共关系是一种跨文化传播，与国内公共关系有很大不同。在信息的传播和对外交往方面，不仅要懂得运用外国的语言文字，还要了解对象国的历史文化、风俗习惯、公众心理，以及国际商法和对外交往的国际惯例，使传播的信息尽量符合对象国公众的习惯。

国际公共关系要成功，还必须善于运用国际新闻传播和广告传播手段。不仅运用我国的对外传播工具，更要了解对象国及国际上知名的新闻媒介和广告界，与国外的新闻机构和广告业建立联系，懂得如何为他们提供新闻资料和广告资料。国际公共关系早已进入中国。我们的企业及各类组织一定要抓住机遇，运用国际公共关系帮助自己走向世界。

3. 股东公众

股东公众是那些实行股份制的经济组织的重要公众，包括这些组织的所有投资者和资产拥有者。股东给股份制组织带来了活力。他们与所投资组织的利益捆在了一起，他们关心着所投资组织的情况，支持着这些组织。

协调好与股东公众的关系，必须做好以下几项工作。

（1）尊重和保障股东权益。在股份制企业中，股东依法享有一定的权益。比如：股东具有参加或委托代理人参加股东会议并行使表决的权利；具有依照章程转让股份的权利；具有查阅企业（公司）章程、股东会议记录，提出批评建议或质询检查的权利；具有按股取得股息和红股的权利；具有企业终止后，依法取得企业剩余财产的权利；等等。只有使股东的这些权益得到尊重与保障，他们才能心情舒畅，坚定向企业投资的信心并与企业密切合作。

（2）及时将组织的情况通报给股东公众。股东购买了组织的股票，自然要求知道组织的发展动向和经营成果，因此凡是组织重大的经营决策、人事任免、生产经营中的重大成果或严重失误都应通过股东大会及时通报给股东，以求得他们的理解、信任和支持。

（3）加强与股东的联系。要通过经常的股东调查，了解股东的特点、兴趣和态度，了解他们对组织情况的熟悉程度和需求，以及对组织的意见和看法。公共关系人员要及时将股东方面的信息报告给领导层，从而改进组织的经营、管理、生产和服务等。

（4）协调管理部门与股东之间的各种矛盾。股东和企业之间既然有联系，就必然产生矛盾。作为公共关系部门，要帮助企业管理部门尽量避免与股东发生矛盾。一旦矛盾出现，就要加强沟通和交流，求得谅解，消除矛盾，促进相互信任与合作。

案例分析

海尔集团向灾区捐 1000 万　启动“重建家园”计划

【案例陈述】

汶川地震后，2008年5月13日，海尔实施“重建家园”计划，海尔成都工贸成立了抗震救灾援助委员会，由成都工贸总经理曾宪金担任总负责人。海尔抗震救灾援助委员会分别向四川的德阳、绵竹、眉山等12个地级市分派了援救小分队，共200人，他们与海尔专卖店一起对灾区的群众进行援助；另外，还组织了50名售后服务精英，成立海尔售后服务队进行特别服务。5月14日，海尔援救小分队为绵竹的学校捐赠了空调被、帐篷、伞、手电筒、方便面等生活必需品。同日，海尔集团发动干部员工进行“情系震区 爱心捐助”活动，不到3小时，仅海尔在青岛地区的员工就捐款70万元；而且捐款仍在进行中，捐款数目仍在增加。海尔集团的员工爱心捐助所集款项通过红十字会，在第一时间送往灾区。同时，海尔集团在全球各地的工厂、工业园、贸易公司，在全国的50个工贸等下属机构的员工也积极参与到捐助灾区的活动中，为灾区人民奉献一片真诚。北京的海尔电脑员工组织了捐助活动，积极进行捐款、捐物、献血，并将1960顶帐篷发运成都工贸支援灾区，为灾区人民送去一份温暖。

“面对灾区需要救助的人民，我们海尔的员工有责任参与到抗震救灾中来。海尔是国际化企业、也是中国第一家电企业，作为海尔人，我们义不容辞！”海尔成都工贸总经理曾宪金说：“我们用6辆海尔运输专用车给灾区送物资，可是现在救援物资不好买，我们还在想尽一切办法去做。”参与抗震救灾，海尔在行动。每个全球海尔人的行动，体现的是海尔对社会的真诚和责任。

【案例分析】

海尔的核心价值：“工作创最佳、创新无止境、服务重信誉、真诚到永远。”

海尔的企业文化：“敬业报国，追求卓越”的企业价值观；“迅速反应，马上行动”的企业作风；“公平竞争，人尽其才，积极向上”的文化氛围；等等

海尔的顾客满意系统（CS）：海尔的高明在文化概念的创新上表现得淋漓尽致。就在中国大多数企业还在似懂非懂地寻求CIS的时候，海尔已经将自己成熟（据说仅文本就可堆满两个房间）的CIS系统拔高到“以需求为导向”的CS（customer satisfaction，客户满意战略）。它包括对内，对外公共关系的全面满意。海尔第一个提出“用户永远是对的”，于是又有了令用户感动的一条龙“星级服务”，和最完善的售后保障。

启发思考：

通过这一公共关系案例，分析海尔顾客公共关系的启示。

本章小结

公共关系客体是指在公共关系中处于客体地位的人和人群一般称为公众。公共关系主体不能把期望得到的印象强加于公共关系客体，公共关系主体只能对公共关系客体施加影响，最终决定公共关系客体印象的是公共关系客体自身。公共关系也称做公众关系，因为公共关系的工作对象就是公众。

社会组织面临的公众很多，各具特点。对于不同的公众必须实施不同的公共关系工作方法，这就要求对公众进行分类，只有这样，才能制定出有针对性的对策。不同的公众有不同的心理，公共关系工作必须针对公众的不同心理采取不同方式。

每个组织都有特定的目标公众对象。组织的性质、类型不同，具体的目标公众对象也就不相同。社会组织较为常见的带有一定共性的目标公众主要包括员工公众、顾客公众、媒介公众、政府公众、社区公众和股东公众。社会组织必须制定出有针对性的对策，针对不同的公众采取不同方式，做好公共关系工作。

思考题

1. 公共关系公众的含义和特征?
2. 公众心理分析的作用是什么?
3. 公共关系公众分析的意义是什么?如何进行分类?
4. 如何建立良好的顾客公众关系、社区公众关系、政府公众关系及媒介公众关系?

拓展阅读

1. 经典的公关案例分析：http://blog.sina.com.cn/s/blog_65d571aa0101qf4x.html

2. 目标公众分析教案：http://www.docin.com/p-770509951.html

3. “情感激励”凝聚人心：

http://www.eventer.cn/guanyuwomen/shandabaike/201312184100.html

4. 富士康“连跳门”背后的深思：http://blog.sina.com.cn/s/blog_691b23cb 0100j293.html

5. 为普通工人树碑立传：http://blog.sina.com.cn/s/blog_61b5302e0100nb63.html

第五章　公共关系传播与媒介

学习目标：

了解公共关系传播模式与相关理论；掌握一些主要的传播媒介知识，如印刷类大众传媒、电子类大众传媒、互联网等；了解公共关系传播的基本手段。

案例 5.1

天喔品牌的传播

天喔品牌的崛起与其品牌传播的效果分不开，从宏观上来看，将线上打造完美品牌形象与线下呼应消费群体这两种营销方式共同推进，提高消费者对品牌的认知度和好感度，从而直接转化为销售力。线下为点，分散布局。凭借对青年学生群体娱乐需求与猎奇心理的洞察与迎合，深度植入天喔品牌的良好口碑。线上为面，形成广告规模，全方位覆盖消费人群。

全线推广，荧屏布局无死角。2015年一季度播出的综艺节目中，天喔品牌同时冠名了湖南卫视《我们都爱笑》、湖北卫视《我为喜剧狂》第二季以及四川卫视的《中国爸爸》，从而形成了覆盖周间档和周末档，一线卫视与准一线卫视的全线布局。依托综艺节目这类年轻化栏目平台，及其刻意为之的季度性的贯穿栏目带，天喔品牌能够准确大规模覆盖青年学生、上班族等大多数消费主体。同时，天喔品牌的荧屏投放多元并存。片头、片尾、口播、开场等显著位置均有品牌展示。天喔品牌在时间、空间多角度，巧妙占位进行宣传推广，完美实现了线上广告的准确全面投放，并以良好的知名度与品牌形象为相应的线下传播打下了坚实基础。

2014年12月1日，天喔茶庄校园音乐季顺利落下帷幕。自2014年10月17日开始，活动走进全国十余个省份，几十所所中心高校，近百所辅助高校等，覆盖区域效果显著，现场学生踊跃参与，有效传播天喔系列品牌。天喔校园音乐季活动，仿照“好歌曲”等荧屏节目，从舞台、灯光到音效背景，从流程设置到现场把控无不精心设计。从现场学生群体反馈来看，学生对音乐类活动十分认可，且热情参与。大型音乐舞台与欢快的娱乐氛围作为天喔茶庄品牌与学生群体沟通的桥梁，为后期天喔茶庄炭烧奶茶的音乐品牌形象夯实了坚定的基础。天喔校园音乐季，采用外场互动与内场结合的立体式传播，有效加深了学生群体对于天喔的品牌印象，也为天喔加入了青春色彩。

通过历时两个月的“天喔校园音乐季”，天喔品牌在学生群体快速传播和扩散，并且成功植入良好的口碑和形象。天喔校园音乐季，用音乐成功打造出天喔品牌青春、活力的形象特征。

天喔VG校园行。面对前所未有的环境压力，电子竞技游戏让年轻人感受到激情，热血沸腾，发泄心中的不满，在游戏中获得足够的荣誉和尊重。2015年，天喔茶庄携手VG电子竞技俱乐部走进全国十几个省份，近百所高校。天喔VG校园行活动现场依据天喔茶庄系列产品特性，设置“天降C满E”“烈焰飞镖”等互动游戏，结合电子竞技现场氛围，使品牌互动与电子竞技形成共鸣，形成品牌传播爆点。“畅饮C满E，悍战正青春”，“过把火，最热血”等主题标语，不仅为天喔茶庄C满E品项注入激情元素，更将游戏中的激情转向内心。在赋予天喔青春、时尚、激情的品牌形象的同时激发消费需求。

值得一提的是，天喔VG校园行活动巧用“微信扫码机”这种创新模式。关注天喔茶庄微信即得精美礼品。以此形式邀请同学微信参与，不仅推广了天喔品牌，增加了消费者对天喔品牌的关注度，更以关注者为媒介实现了二次传播。

定位消费人群，选择准确稳定的栏目平台促成了天喔品牌的线上推广。大力度，全方位覆盖是其效应显著的直接推动力。与此同时，天喔品牌借力“好歌曲”等歌曲类节目的娱乐热潮，将竞技题材融入天喔茶庄的品牌宣传当中，从线下以更为直接的角度实现了与消费主体的对话沟通。天喔品牌将线上与线下推广并行，交相呼应。选择综艺与校园平台共同进行品牌营销，既能形成规模与效益的集聚，又能优势互补实现双线共赢。线上线下整合营销，以点求深度，以面求广度，点面联合，形成在众多品牌中完胜突围的最佳局面。

启发思考：

1. 天喔品牌线上线下传播给我们什么启示？

2. 天喔品牌崛起的原因是什么？

公共关系的整个过程就是一个信息传播、信息交流的过程，简言之，就是一个传播过程。正是传播在公共关系主体与客体之间架起了桥梁，成为连接公共关系主体与客体的纽带。因此，全面掌握公共关系传播，对于有效利用各种传播媒介，为组织开展有效的公共关系活动有十分重要的作用。

第一节　传播的含义及分类

传播是人类社会的一项基本活动，人们处在不断的传播活动之中。从不同的角度出发，传播有多种含义，也可以对传播进行不同的分类。

一、传播的含义

“传播”一词是外来语，源于拉丁文中的 Communis，英文是 Communication，其英文原意为通信、传达、交流等，译成中文时，也有人译为“沟通”。传播有广义和狭义之分。在广义上，传播指人类社会、生物界乃至整个自然界的一切信息传递现象，如人与人之间语言文字的使用，动物世界中色、味、声、光的传递，电子技术中符号与图像的传送等。狭义上，传播是一种社会现象，是人类赖以生存及发展过程中所特有的。在这个意义上，传播是个人间、群众间或群体与个人之间的交换、传递新闻、事实、意见、感情的信息过程。一般来说，我们把传播主要诠释为狭义上的传播。

公共关系传播是指公共关系主体利用一般的传播形式和方法与客体进行有效的双向信息交流，以建立起相互信任、相互理解的良好关系的过程。离开传播这一中介，公共关系主客体之间就缺少相互沟通的桥梁，也就不可能有公共关系的建立与发展。

有意识地开展各种双向传播活动，对于公共关系的发展、组织形象的提高具有重要作用。首先，它可以使公共关系主体能够准确地把握自身与现实环境及其关系的真实状况，从而调整公共关系策略。其次，它可以使公共关系主体增加选择能力，扩大选择范围，从而提高公共关系决策的可行性。最后，它可以使公共关系主体的预定公关目标易于实现。离开了有意识的信息传播，任何公共关系过程都无法变成现实。

案例 5.2

数字化大潮下的传播体系创新

2014年5月，一份长达96页的《〈纽约时报〉创新报告2014》进入大众视线。尽管《纽约时报》在2013年4月因“雪崩”的全媒体报道获得了普利策新闻奖，但是这份报告还是提出了它在数字时代面临的困境和转型目标。

“雪崩”报道的案例，可以说是媒体融合时代的一个典型。《纽约时报》用现场视频、3D图片、气象图表、文字报道和声音等多媒体形式在台式电脑、平板电脑和智能手机上展示的，不仅是对华盛顿州的一场雪崩全方位、全体验的报道，更是对传统报道方式雪崩式的冲击，发布6天就获得了290万访问量。资深媒体人马利克对《纽约时报》这一新媒体探索评价说：“以这一类型的数字化报道模式为起点，‘雪崩’开创了一种新的商业模式，它重新定义了新闻报道”，是21世纪的新闻模式。

这一探索是《纽约时报》在把握媒介融合趋势、推动媒体转型方面长期引领各国媒体的缩影。1996年，《纽约时报》就推出了网络版，走在美国所有主流媒体的前面，很快就成了全球最大的网上报纸品牌。2011年开始全面实施数字发行，下属《纽约时报》《波士顿环球》等网站先后实施收费订阅。其中，《纽约时报》的读者每个月可以看一定数量的免费文章，超过限制后就将开始收费，俗称“收费墙”。但所有报纸订户都可以获得免费的数字内容入口。从“收费墙”业务开始以来，《纽约时报》的订阅用户增长很快。2012年，《纽约时报》网络的订阅收入首次超过广告收入。2013年，数字订阅的增长势头更为强劲，数字产品付费订阅户达到76万，相较前一年增长了19%。全年发行数量中，周一至周五平均付费发行量约为190万份，其中122万为数字产品订户，而周日报的发行量为239万份，其中有116.8万为数字订户。

纽约时报公司对类似报道项目进行了多年的探索。公司设有技术部门，负责将新闻内容数字化，延伸到平板电脑和智能手机上。此外，还专门设立了以“互动新闻技术部”为核心的自主研发团队。在纽约时报网站中，设有一个名为“特别策划”的开拓性板块，作为该部门研发媒介融合新技术的演练场，最终能够成就“雪崩”报道的很多技术手段和制作模式，都是在这里试验出来的。仅2012年，《纽约时报》推出了60个互动信息图，每一张都有大量数据在底层作支撑，最终以读者更加容易理解的方式呈现出来。例如，奥运会时的“如何赢”系列图片，用3D捕捉技术和动态图片向读者展示金牌和银牌之间的细微差别；总统大选后，根据“摇摆州”投票数而描绘出的线条在图片上“摇摆”，直观地表达这些州在历史上是怎么“摇摆”的；到了“雪崩”时期，《纽约时报》的试验又更进一步，网站、报纸加上电子出版的全营销模式，既拓展了媒体的盈利渠道，也将媒介信息的传播延伸到受众手掌上。正如公司主管数字战略的副主编阿隆·菲尔霍夫所说：“我们要看未来的读者所在，我们得往读者去的那个地方去。”

启发思考：

1. 《纽约时报》展开全方位传播给我们什么启示？
2. 如何整合各类媒体进行有效传播？

二、传播的要素

形成传播需要有一些基本条件，这就是传播要素。构成传播的基本要素包括以下几个。

（1）传者。传者也就是传播者，是在信息传递过程中处于“传播”一端的组织或个人，是信息的制造者。传者的基本任务是提出、产生、形成各种传播内容。在公共关系传播中，传者是公共关系主体。但有时也可以委托媒介或其他专门机构与个人制造有关信息。

（2）受者。受者就是信息的接受者。受者是传播的目标，他们在传播活动中没有主动权，但在对所传信息的接收上则有着决定权。在公共关系活动中，如果是某一社会组织发出信息，受者一般都是社会公众。他们对信息的接受程度就是传播的效果。传播效果很大程度上取决于受者的社会生活背景、文化知识水平、心理性格特征等因素。受者接收信息后根据接收情况向传播者反传播，即信息的回流，也就是信息的反馈。受者在有些情况下是个人，有些情况下是群体。

（3）信息。信息也就是传播的内容，包括各种具体的意见、观点、消息、思想感情等。公共关系传播中的传播内容是各种各样的公关信息。公共关系信息既包括公共关系主体传达给受众的各种具体意见、观点等，也包括公众向主体反馈的各种意见和建议。简单说来，公关信息有两类：一是关于组织自身的信息，如组织及各部门运行情况、财政经营情况、股东信息、员工情况、组织决策与政策信息等。二是关于公众的各种信息，如社会各界对本组织的反应，竞争对手的基本情况，消费者的人数、比例及其对本组织产品的依赖程度，消费者的购买动机、购买模式、购买特点，潜在顾客分布情况，各种流通渠道信息等。因此，公关信息的范围极为广泛。公关传播要根据具体目标而合理有效地选择和利用各种公关信息。

（4）媒介。媒介即插入传播过程中，用以扩大并延伸信息的各种工具，如报纸、杂志、书籍、广播、电视、电影等。媒介的范围和形式也十分广泛和丰富，任何用以记载和保存信息的痕迹并随后由其重现信息的媒介体或物质载体都可称作媒介。任何信息都不能独立存在，必须借助于信息载体才能存在。公共关系传播中，各种媒介形式与一般传播没有多大区别，也几乎要用到所有这些媒介形式。但是，不同媒介对公关传播的效果有很大影响。因此，必须对各种媒介有深刻而全面的认识，并学会如何选择和运用最佳的媒介形式。

传播除了这些基本要素之外，还有许多其他因素存在。但这些因素不是传播的互动过程中的主要成分，故不一一详述。

案例 5.3

奥巴马的“啤酒峰会”
——总统的媒介公关

2009年7月30日下午6时，美国前总统奥巴马在白宫椭圆形办公室外的野餐桌边主持了“啤酒峰会”，邀请“白人警官逮捕黑人教授风波”中的主角——哈佛黑人教授盖茨、马萨诸塞州剑桥警长克劳利喝啤酒消气，希望借此机会平息这场全国范围的种族歧视争论。

58岁的盖茨是哈佛大学研究非洲裔美国人历史的资深学者，也是奥巴马的好友。2009年7月16日，盖茨从海外旅行归来，因家中前门损坏而试图撬门进入，白人警官克劳利等接到他人报警，赶到盖茨住处后与其发生争执，警察一度将盖茨拘捕。奥巴马当政后，一直刻意不使种族问题成为关注焦点，但此事使他不得不卷入风波。2009年7月22日，在白宫举行的记者会上，奥巴马被问及白人警官与黑人教授之事说，“公平地说，首先，我们都感到很气愤，其次，坎布里奇警官行动愚蠢地逮捕了已经证明是在他自己家中的人；最后，我们都知道，在这个国家很长的历史中，非洲裔和拉美裔常常受到执法者不合情理的干扰。”此言立即引来风波。执法部门称奥巴马在没有了解到全部事实前便得出结论，干扰了他们的公务。知名的保守派评论员称奥巴马“对白人有着根深蒂固的仇恨”。黑人支持者则敦促奥巴马不要在美国仍严重存在的种族问题上退却。在如何灭火的问题上，奥巴马面临着抉择。7月24日，奥巴马突现白宫新闻发布会现场，为自己的“不当言语”作解释，以平息由此引发的风波。他说，他已分别与盖茨和克劳利通话，邀请两人“到白宫喝杯啤酒”，希望他们能冰释前嫌。他说，此事之所以引来全国如此大的关注，说明种族问题在美国仍然非常敏感。7月30日晚，奥巴马邀请黑人教授盖茨和白人警官克劳利到白宫玫瑰园一起喝啤酒。同时在场的还有美国副总统拜登。美国媒体将此称为“啤酒峰会”。奥巴马却表示，这不是一次峰会，只是几个男人在工作之余喝上一杯啤酒，希望借此听取彼此的意见。“啤酒峰会”结束后，奥巴马发表了一份声明，对盖茨和克劳利与自己之间“友好、周到的谈话”表示感谢。“在我们坐在一起喝啤酒之前，我知道他俩已经花时间倾听对方，这对他们来说也是一种考验。”奥巴马说，“我始终相信，团结的力量远胜于分歧的力量。我希望，所有人都能够从今晚所发生的事情中得到积极的教益。”奥巴马试图用气氛轻松的“啤酒峰会”遏制负面影响的蔓延，尽力化解由此可能引起的种族矛盾。这一努力取得了积极效应。事后，奥巴马与好友奥格尔特里坐在白宫华盛顿像下的沙发上就此进行了交流。奥巴马告诉奥格尔特里，无论是面对有白人称他为“一个愤怒的黑人总统”或是有黑人称他“不愿为本种族争利益”，他此时的心态已平静了许多。面对此类风波时，他更愿因势利导，而不受负面影响。“他吸取了此前教训，他对自己的自信已经增强了许多。”奥格尔特里说。

启发思考：

1. 奥巴马成功的原因是什么？

2. “啤酒公关”都有哪些优势？

三、传播的分类

传播是人类社会的一项基本活动，人们总是处在不断的传播活动之中。从不同的角度出发，可以对传播进行不同的分类。根据传播活动的通道方式或所采用的媒介形式来划分，可以分为自我传播、人际传播、群体传播、组织传播、大众传播五类；根据信息传播过程中的信息流向来划分，可以分为单向传播、回应传播、双向传播三类；根据传播者对传播过程的控制特征来划分，可以分为自发传播、自觉传播两类。下面重点介绍自我传播、人际传播、群体传播、组织传播、大众传播五类。

1. 自我传播

自我传播是指局限于个人内部的传播，如自言自语、自我反思、自我欣赏、自我陶醉等。人在视、听、触、味的触发下，通过大脑的各部位的联络协调，将信号在人的神经思想中进行搜索、反省、记忆、前瞻，从而对对象作出反应。从传播学的角度看，自我传播是人类一切传播行为的基础。

2. 人际传播

人际传播又称个体传播，指个人与个人面对面地互通信息，或者个人通过信件、电话、演讲等与群体进行信息交流。它是人与人之间的直接传播，不通过大众传播媒介来分享信息。从传播学的角度看，人际传播是人类最常见、最广泛的一种传播方式。

3. 群体传播

群体传播即群体对个体或群体对群体所进行的信息交流活动。如展览、展销、联谊活动，利用自控媒介如闭路电视、有线广播、内部刊物、传单等所进行的各种传播。

4. 组织传播

组织传播是指社会组织与其成员之间、社会组织与其所处的环境之间的信息交流与沟通。它包括对内和对外两个维度。组织传播的目的在于稳定、密切组织成员之间的关系，协调行动以维持和发展组织的生命力，疏通组织内外渠道，应付外部环境的变化。

5. 大众传播

大众传播指的是由职业传播者（大众传播机构及其个人）利用传播媒介如报纸、杂志、电视等从各个方面影响传播对象（不特定的大众）的过程。从传播学的角度看，大众传播是现代社会科技高度发展的标志，随着科学技术的不断发展，大众传播的现代化程度也必将进一步提高，其作用也愈显重要。

公共关系传播主要是采用大众传播、群体传播、个体传播。公共关系传播主要是信息双向对称式沟通，双向性是其基本特征。因此，它主要采用双向传播，但双向传播是公关传播的基本形式而不是唯一形式。公共关系传播主要强调自觉传播，但又要注意运用自发传播渠道，以使二者相互补充、相互促进，共同维护和宣传组织形象，促进组织与公众之间的有效沟通与交流。

四、传播的模式

传播模式可以看作传播过程运行的方式和机制。为解释信息传播的机制和传播本质，分析传播心理和传播过程中人的大脑神经功能，预测未来情报的形式和结构，传播学家从不同角度研究了传播现象，提出了各种传播模式。

各种各样的传播模式大致可归结为两大类：一是传统的线性传播模式，二是新型的控制论传播模式。前者侧重于揭示传播过程的运行机制，后者侧重于研究如何有效地对传播过程进行控制，以便达到最理想的传播效果。

1. 传统的线性传播模式

传统的线性传播模式，也被称为“香农-韦弗模式”，是由信息论创始人、数学家香农和韦弗一起提出的。其模式如图 5-1 所示。

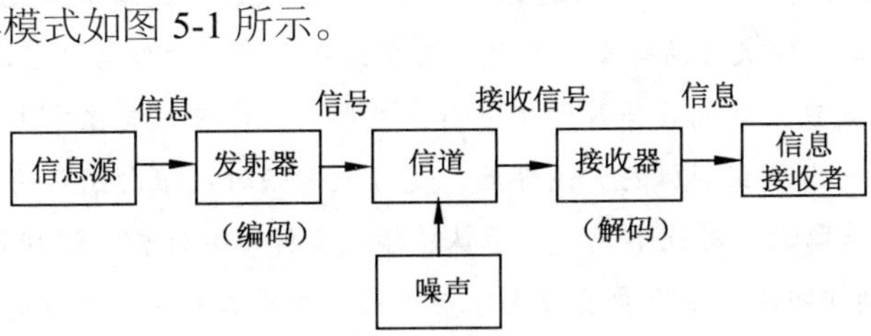

图 5-1 传统的线性传播模式

线性传播模式把传播过程确定为以传播者为起点，经过媒介，以受传者为终点的单向、直线的运动过程。

最典型的线性传播模式是拉斯韦尔模式，它是由美国著名的传播学者拉斯韦尔提出的。其模式如图 5-2 所示。

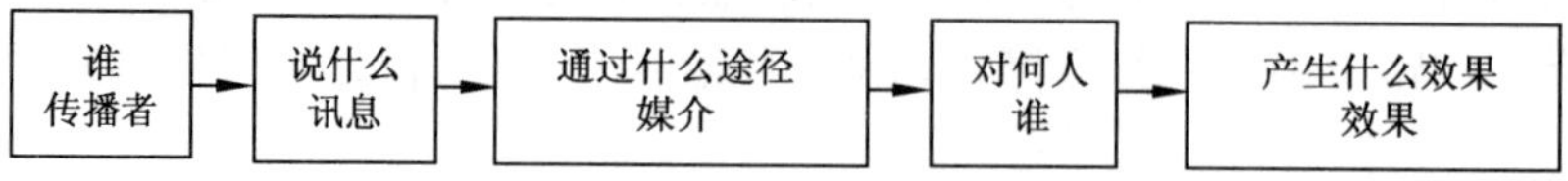

图 5-2　拉斯韦尔的线性传播模式

这种模式用一句话来表示就是：Who says what in which channel to whom with what effects，所以也被称为“五 W”模式。拉斯韦尔认为传播过程应包括“向谁传播”“谁在传播”“传播了什么”“通过什么渠道”“产生了什么效果”五个部分，传播就是这五者构成的整体性过程。

2. 新型的控制论传播模式

新型的控制论传播模式是美国学者施拉姆提出的。其模式如图 5-3 所示。

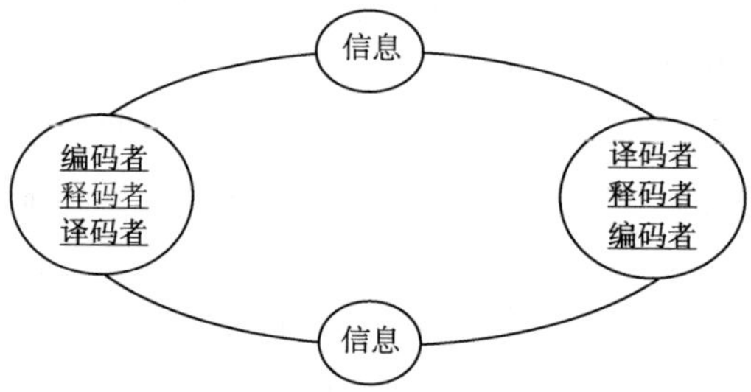

图 5-3　新型控制论传播模式

控制论模式把传者和受者都看作活动的对象，有其自己的观点、行为、心理、特性和需要，传者和受者是互动的。因此，传播过程是传者与受者相互作用的双向性运动过程，传者必须对这种相互作用加以认真分析和研究，从而达到控制传播流程的目的。

总之，传播的模式至今已提出许多种，很难说哪一种正确，哪一种错误。在实际的传播中，采用何种传播模式，也不是一概而论的，必须具体问题具体分析。

案例 5.4

复旦大学“抄袭门”事件

2015年5月27日，是复旦大学110周年校庆日。为了表示对这次校庆的重视，校方当日发布了名为《To My Light》的形象宣传片。在隆重推出这部宣传片之前，校方曾连续十多天在多个官方平台发布预告片，进行造势。可以说，校庆日的郑重发布就是为了围观点赞。但事与愿违，宣传片刚刚发布不久，就有眼尖的网友指出，复旦大学的宣传片涉嫌抄袭，在形式与内容上与东京大学在2014年发布的形象宣传片如出一辙。此语一出，立刻引发舆论哗然，复旦大学顿时被推向了舆论的风口浪尖。面对舆论的质疑，复旦大学首先采取的应对策略是拒不承认。学校宣传部副部长、该片制片人回应称：“创作剧本的过程是独立的。”制作团队主要来自复旦大学与上海某视觉工作室。在没有进行自我调查，也没有十足的把握的前提下，复旦大学试图采取“否认策略”这无疑是“鸵鸟心态”，再次点燃了网友“扒粪”的斗志。你不要以为网友们都是吃素的，怀着一腔怒火，有网友将两所高校的形象宣传片视频截图进行比照，随即媒体报道和网友评论此起彼伏。一位知乎的网友这样评论：“这对于母校来说直接毁掉了一个本应幸福的一日，对于普通校友、同学，毁掉了朋友圈；伴随着东京大学的视频，朋友圈一阵啪啪啪啪，脸肿无比。”复旦大学教授严锋也在微博上这样写道：“看完视频后我无地自容，无话可说。再看看校庆日自己在微博上写的那段盛赞母校的话语，更觉无颜面对大家。”面对舆论质疑，复旦大学迅速采取了危机应对策略。第一步，采取的是“中止策略”。5月28日下午14时许，复旦大学全面撤下《To My Light》，随即于18时许在官方微信平台上发布了新版的宣传片。第二步，采取的是“隔离”策略。制片人第二次进行回应，这一次他不再嘴硬，而是向公众道歉并表示愿意承担责任，在字里行间，试图尽量减轻事件与复旦大学的关联性。对于新发布的形象宣传片，网友似乎并不买账，而是不依不饶，呈现出继续 “扒粪”的热情：有网友指出，最新版的宣传片复制了慕尼黑工业大学创意；又有网友指出，复旦大学校庆的Logo，转面之后与苹果Touch ID标志几近吻合。自此，复旦大学三连抄的叠加效应，再度刺激了舆情的高涨。此时此刻的网络舆论，已然是滔滔江水，绵延不绝，那简直就是想停都停不下来的节奏。根据教育舆情网监测数据显示，截至5月29日14时，对于该事件的新闻报道量已经达到了2356条，微博评论更是突破了30 000余人次。 5月31日，被架在火盆上的复旦大学再也坐不住了，当日，复旦大学在其新浪官方微博发布了一纸迟到的“致歉”声明。声明中，校方承认，视频《To My Light》涉嫌抄袭，造成了不良社会影响，损害了学校声誉，伤害了大家的感情。对此，学校在初核基础上，将启动相关调查程序，并依据调查结果追究责任，严肃处理，改进工作。 随后的几天里，关于复旦大学抄袭的舆论算是逐渐回落。回过头来，我们反观这一起舆论事件，不难发现，它之所以能够受到舆论的持续高度关注，原因有二：第一个方面的原因是复旦大学的抄袭行为戳中了中国多年来学术抄袭层出不穷、创新能力严重不足的痛点。但将这么大的黑锅让复旦大学一个机构来背，似乎有些不够厚道，但这也是没有办法的事情，谁让你撞到枪口上了呢？第二个方面的原因就是复旦大学的舆情应对能力明显不足，从起初的拒不承认，到后来的撤换宣传片，再度涉嫌抄袭，这一连串的应对失误也一度将自己抄袭的行为坐实。

启发思考：什么因素影响了复旦大学宣传片的传播效果？

第二节　传播效果及其影响因素

公共关系传播的目的就是要对受众产生真正的影响力，所以，传播效果是检测公共关系传播的最高标准。但传播效果受到许多因素的影响，研究这些影响因素，对于公共关系工作的开展最具有实际意义。

一、传播效果

传播效果是指传播内容即信息通过传播媒介对接受者所产生的实际影响和反应。对传播效果的认识，应注意以下几点。

（1）任何传播对社会和人们的行为、观点的影响都是有限度的。因为每个人都是活生生的个体，有自己的判断力和鉴别力，不可能毫无选择地接受传者所传播的任何信息。传播的效果在很大程度上取决于传播的信息是否符合受者的判断标准。

（2）并非任何传播都对社会和个人的发展有积极作用，也不是所有公关传播都有助于组织形象的树立与提高。应该承认，传播客观上是有某些负作用的，如容易使个体丧失个性，人云亦云，有的组织为了提高知名度而片面追求传播的短时效应等。

（3）公关传播的效果本身是极为复杂的。从定性的角度看，公关传播的效果与预期传播目标可能出现不一致，也可能完全或部分相符。于是，公关传播效果可能会有五种情况：超过预期目标、达到预期目标、部分实现预期目标、完全没有实现预期目标但也没负效应的零值效果以及部分或全部产生相反结果的传播效果等。因此，进行公关传播时，必须想方设法争取达到最理想的效果，即达到或超过预期目标。

二、影响传播效果的因素

在传播过程中，影响传播的因素很多，有的来自传播过程本身，有的来自传播的环境。从公共关系传播的角度看，影响传播效果的因素大致有以下几个。

1. 传者因素

传者作为信息的制造者，决定着信息的内容和传播技巧。传者是否了解受者的心理、文化背景、需要等；选择的内容是否合理；使用的传播技巧是否恰当；传播时间的确定是不是最理想等，这些都会在很大程度上影响到传播的效果。

2. 受者因素

传播的内容最后要到达受者那里，而每个受者都有其独特的价值观和心理特性，其个性特质对传播过程有着重要影响。从信息的传播来看，它要经过使受者注意、理解和记忆三个决定性环节。这每一个环节都是由受者去选择的，而传者却不能决定受众的选择。贯穿于每一个选择环节的是受者自身的两种主要功能因素：一是延缓性功能因素，二是即时性功能因素。所谓延缓性功能因素，是指与受者的价值观、理想、评价标准等相关的在较长时期内起作用的种种因素；所谓即时性功能因素，是指与受者的情绪、需要、精神状态等相关的在较短时间内起作用的种种因素。如果传播的信息和时机正好与受者的这两大类功能因素相冲突，就必然导致传播的失败。

3. 发送者因素

由于发送者的主要任务是把传播内容转化为符号然后再发送出去，因此它是传者与受者之间的重要中介。其影响传播效果的程度主要取决于两个方面：一是编码的准确度。编码就是将一定的观念、信息、意义化入符号或代码，如果编码失误，就不可能使受者正确理解和接受信息。二是发送中的噪声干扰大小。噪声是信息传播中常见的伴随现象，它指的是信息传递过程中的附加物，如收音机里的静电干扰；电话、电视、电影里的声音、图像失真；电报的误译等。如果发送者的信息量中噪声多，就会大大影响受者对信息的接受程度。

4. 信息因素

传播的内容是所要传递的信息本身，这种内容因素在某种意义上更具有决定意义。信息对传播过程影响是多方面的，其中最为重要的是多余信息的安排问题。所谓多余信息，指的是信息中某些部分，虽然不是传播的内容本身，但根据符号使用规则来看却是必需的，又是不容发送者自由选择的。例如，使用英语时，所能使用的选择，约有一半是由语言的性质及其使用规则所制约的，这是无法自由选择的。重复也是多余信息的主要表现形式，而且在传播中很重要。重复越多，就越容易预测它的发展趋势，但同时重复又会相对减少所要传播的信息量。因此，合理安排所要传播的信息量与多余信息，是传播中极为关键的问题。当然，信息源的可靠性也至关重要。

5. 媒介因素

传播媒介对传播效果的影响包括两个方面：一方面是传播媒介本身的客观效果极限。这是客观的，传者和发送者无法自由选择。不同媒介在传播效果上客观地存在着差异。另一方面是传播媒介的选择和使用所带来的不同效果。如我们选择了某种大众传播媒介进行传播，那么是采用新闻形式还是广告形式，在新闻形式中采用邮寄新闻稿的方法还是新闻发布会的方法，这显然会在传播效果上出现一定的差异，而这种差异都主要因传者对媒介的选择和运用而产生。这就要求在公关传媒中必须学会正确运用媒介。

6. 环境因素

传播总是在一定的客观环境中进行的，而传播的环境是否有利于传播者进行传播和受者接受信息，这无疑会对传播效果产生重要的制约作用。例如，一个人想劝服另外一个人买一件衣服，这人也确实看中并想购买，但周围的人都说他穿这件衣服难看，那么，任何劝服工作都可能受阻，甚至完全失败。而这种阻力既不来自传播本身，也不来自受者，而是来自环境。这充分表明，环境对传播效果的影响是不容忽视的。人是环境的产物，传者不可能在具体环境之外去进行传播，而传播环境又是多方面综合因素的合力作用，如经济的、文化的、政治的、舆论的等。这就要求传者必须善于选择最佳的传播环境，还要善于创造最有利的传播环境。

由此可见，影响传播效果的因素是多方面的，以上列举的仅仅是其中最主要的几种因素。既然传播效果要受到许多因素的制约，我们就不能期待达到最好的传播效果，但是，可以通过努力达到更好或比较好的传播效果。

三、寻求最佳传播效果的途径

公共关系传播要达到最佳的效果，应重点从以下几个方面去努力。

1. 时机要最有利

有利时机也称最佳时机，指的是能够最大限度地发挥公共关系作用的时间与机会。如果错过这一时机，公共关系传播的效果就会大大减小；相反，抓住这一有利时机，同样的传播活动就会有意想不到的效果。选择时机主要考虑两个因素：一是公众的可接受程度，包括媒介可能予以重视的程度；二是对组织的生存与发展的重要和有利程度。从前一因素看，所选择的时机必须满足这样的最优化条件：首先，公众的注意力最容易集中。不同时间段里，公众的注意点是不断变化的，而最佳时机应当非常容易并且自然而然地引起公众的注意。为此，在所选时间里，公众的注意点要尽量少。其次，影响和发展的范围要广，可能受影响的公众要尽量多。再次，媒介机构主动关注。从第二个因素看，所确定的时机必须对组织自身是最有利的，它应在某种程度上标志着组织发展的一个“里程碑”或转折点。在这个角度上，组织的一些重大事件自然就成了公众关心的热点。企业改名、合并、推出新产品或新的服务项目、出现失误或被公众误解之时，都是极其有利的公关传播时机。当然，有利时机都具有一定的隐藏性，它潜伏在各种必然过程和偶然事件之中，公关人员应当主动地去发现和寻找。

为此，一方面公关人员应有强烈的公关意识，不放过任何一个机会，始终保持“公关之弦”高度紧张。另一方面要学会细致地观察和分析事物，善于从一些小事或表面上不相干的事件里捕捉到开展公关传播的契机。同时，公关人员还必须善于利用各种偶然事件，头脑始终保持开放状态，在各种机遇的启发下找到开展公关传播的最佳时机。另外，还应进行公关传播效果预测，对各种时机里可能产生的传播效果加以比较分析，从而选择预期效果最佳的时机。

2. 讲究传播沟通的技巧

首先，信息主题词要一目了然。传者必须首先注意信息的安排要有中心、有重点、主题词突出。受者对信息的注意主要靠主题词。只有注意后，才会去理解信息的内容，进行译码活动。所以，主题词明显与否是引人注目的关键。公关传播必须把传播主题用极为浓缩的符号反映出来，否则传播效果不可能理想。其次，要合理安排信息内容。在传播信息时，公关人员应善于了解受众。尽管公共关系不是一味地讨好公众，但只有相互沟通才会有效果。为此，必须对受众进行全面分析、研究，把传播定向与受众需要和心理艺术性地结合起来，才能架起相互理解的桥梁。如果信息内容和传播定向不符合受众的特性，传播就不会产生预期的效果。最后，利用合理的传播方法。比较常见的强化效果的传播方法有以下几个：其一，提高信息刺激强度，即用某种方式使信息的刺激给公众的印象更加深刻，因为科学证明，印象越深的信息越不会忘记。其二，提高对比度。不仅在图案色彩、线条的设计上要形成鲜明的对比,而且要让公众自然而然地把所接受到的信息与其他任何先前或同时存在信息相对比。其三，重复刺激。当代社会，信息饱和，竞争激烈，要让公众记忆，就不得不反复刺激。但是，重复刺激也容易引起公众的厌恶感，为此必须合理控制刺激的频率和改变刺激的角度、手法等。

3. 建立全优的信息表达形式系统

一定的信息内容需要一定的形式来表达。所谓信息的表达形式，也就是信息的符号、标记、语言和信息的结构。在选择信息的表达形式时，可考虑下列几个方面：其一，字符大小。其二，色彩。其三，字符的排列和组合。先出现哪个句子，后出现什么词，什么地方用印刷体，何时用美术体或手写体等，都必须认真考虑。其四，语言的价值色彩问题，有些词是中性的，有些则具有不同的褒贬意义，必须准确地运用。其五，简洁、生动、易懂。

4. 选择恰当的传播媒介

首先要根据传播目标选择媒介。离开了媒介，公关活动的任何形式都不可能实现。媒介一般可分为受控和非受控两种。群体和个体传播媒介属于受控媒介，组织是可以对其加以控制的，大众媒介是非受控媒介。所谓非受控媒介就是指使用媒介的公关人员几乎没有这种权限和能力。媒介的主要作用就在于它给公共关系传播提供一条特殊的信息通道。使用受控媒介的公关人员可根据需要开通或关闭这条通道，相反，使用非受控媒介则无法这样做。所以，在选择媒介时，首先必须根据传播的目标考虑选择哪种类型更合适。其次，要根据传播的内容选择。一般来说，公共关系部门如果想把本组织的详细情况，包括空间环境、历史变革以及重大成就等方面全方位地介绍给公众，或者要介绍一种新颖独特的产品、演示某个项目的流程，则最好选择图文并茂的电视；如果传播的内容比较单一，可选择广播作一次性说明；如果传播的内容比较复杂，需要仔细分析思考才能理解，最好选择报纸等印刷媒介；在特殊情况下，可选择多种传播媒介。再次，要根据传播对象的特点选择。不同的社会组织在不同的时期其公关目标是不同的，需要联系的公众对象也各不相同。公众的类型不同，性格、文化素质、心理承受能力、经济状况也不相同。因此，在选择媒介时，一定要分析研究传播对象的特点，结合传播的内容选择恰当的媒介。最后，要根据经济承受能力选择。在选择传播媒介时，还应考虑组织的经济承受能力。每个组织的公关经费都是有限的，如果不考虑经济承受能力，必将打乱整个公共关系计划。因此，选择传播媒介时，一定要结合组织的经济条件综合考虑，选择恰当的传播媒介。

第三节　公共关系传播媒介

公共关系传播必须使用一定的媒介。要正确地使用媒介，必须了解有关媒介的特点。公共关系传播媒介主要可分为以下几类：第一类是以语言、文字为代表的文字传播媒介；第二类是以广播、电视、电脑为代表的电子传播媒介；第三类是以视觉形象为主要手段的图像和标识。

一、文字传播媒介

文字是一种书面语言，是有声语言的符号形式：这种符号体系有一整套形式上相对稳定的规则和方法，人们能够借助于它有效地记录和传递信息、交流信息。公共关系所使用的传播媒介中，运用文字符号的媒介占了大多数。

文字媒介主要包括报纸、杂志、书籍等，它们通过印刷文字将信息和意见传递给公众，它们是最具渗透力和扩散力的传播工具之一。文字传播媒介具有以下特点。

第一，记录性。在录音设备发明之前，言语交流受时间、空间的限制，无法记录，无法重现。文字则可以将信息资料记录下来，进行跨时空的传播。第二，扩散性。文字传播可以借助各种媒体发送到遥远的地方，扩散到大范围的公众，从而扩大了信息的影响范围。第三，渗透性。文字传播资料可以长时间保存，同一信息有可能对读者产生反复刺激和影响；而且读者接受信息的过程比较从容，有利于通过思考来加深理解，因此文字传播的信息渗透性比较强。第四，准确性。文字媒介的信息在制作的时候可以字斟句酌，反复推敲修改，对信息内容的表达更具条理性、逻辑性和准确性。

文字传播媒介最常见、最常用的是报纸和杂志。报纸作为一种印刷媒介，是以刊登新闻为主的面向公众发行的定期出版物。杂志也是一种印刷媒介，它是定期或不定期成册连续出版的印刷品。

报纸、杂志通过印刷文字将大量的信息和意见传递给公众，属于印刷类大众传播媒介。公共关系传播工作是离不开报纸、杂志的，它不仅要通过报纸、杂志去搜集公众的信息，更要通过报纸、杂志向公众传播信息，如刊发新闻稿、作公共关系广告等。

报纸和杂志合称报刊。报刊传播具有以下多种优势。

一是广泛性。报刊传播的受众很广泛，遍及社会各个阶层。二是自由度高。读者在接受信息的时候自由度比较高，有充分的选择余地。既不需要专门的设备，也不受既定顺序和场地的限制，可以按照自己的需要和兴趣来选择阅读的内容、顺序、速度和方式。三是有深度。

报刊能够通过增加版面和发行密度，充分地处理信息资料，使报道的内容更为深入细致。四是具有保存性。报刊传播的资料便于保存和检索，具有较高的史料价值。五是低成本。相对广播、电视来说，报刊的制作比较容易，成本较低，易于普及推广。

但报刊传播也有许多弱点，具体如下。

一是传播信息不如广播、电视那么迅速、及时。主要是因为报刊的传播要受出版周期和发行环节的制约。二是受读者文化水平和理解能力的限制。三是报纸刊物不如广播电视那么形象、生动、直观和口语化，特别是在文化水平低的公众群体中，传播的效果受到制约。

文字传播的另一种媒介是书籍。

书籍也是一种印刷类的大众媒介，与其他大众媒介一样，具有提供信息、教育劝服和娱乐服务等功能。手册、纪念刊则是公共关系使用的一种书籍形式。

书籍作为一种文字媒介其传播特点与报纸、杂志基本相同。区别在于：其一，书籍对信息内容的处理更有深度，因此劝服性较强，资料性更强，保存价值更高。其二，书籍的出版周期长，亦非定期出版，时间性不强，传播的时效性不如报刊。其三，书籍的内容比报刊更为专业，所适应的读者面比较窄。一般来说发行量不如报刊（当然也有发行量很大的畅销书，但直接用于公关传播的书籍发行量均有限），社会影响面也相对较窄。其四，书籍一般不刊登广告（也有例外）。从这些特点可以看出，书籍这种媒介形式适宜对某一专题作深入的探讨和介绍，这种专题对特定公众的针对性、教育性较强，但时间性的要求不强，内容较稳定。它的传播影响面不是很广，但传播的影响周期较长。

在公共关系传播中常用的文字传播媒介还有海报、传单、名片、函件等。

海报是一种提供简短、及时、确切信息的招贴。它常张贴于能引起公众注意的醒目之处，以告知公众某事，营造宣传气氛；或澄清某一事实，以稳定公众情绪。

传单是一种印成单张向外散发的宣传品，如在传单上写明产品的名称、功能、特点及生产厂家地址和联系方法，将其作为促销广告使用。它的优点是散发到个人，人手一张，给人留下印象较深，且人们反应直接；它形式灵活，造价低廉，散发方便，时间、地点和对象均可视具体情况而定。

名片是印有姓名、身份、单位和联系地址等内容的小卡片，它多用于社交场合的自我介绍，方便日后的联系。

函件指的是组织和个人发出的信件，它是进行组织内部和外部沟通的重要手段。信件的优点是：经济实用；直接和个人接触、印象深刻，对个人的影响力大；简便快速。信件能够确保传递信息准确，通过强调那些重要和值得注意的问题，来加强直线交流。

二、电子传播媒介

电子媒介包括广播、电视、电脑、电影、录音、录像、幻灯片等运用电子技术设备来制作、传送信息的传播媒介。电子媒介的发明和使用，给语言、文字信息传播提供了高技术的、现代化的载体，是现代公共关系工作最有效的手段。

所谓电子媒介，最初指通过无线电波或电缆导线将信息和意见传递给公众的工具，如广播、电视和电脑。现在它的概念扩展了，包容了除广播、电视之外的电影、录音、录像、幻灯片等。

大多数电子媒介属于大众传播媒介，它们对语言、文字信息都具有强大的放大功能。其中广播、电视、电脑是最主要的电子媒介，与印刷类大众媒介相比较，它们在信息传播中具有以下特征。

第一，时效性。电子媒介具有最好的时效性，与印刷媒介相比，对信息的传播更迅速、更及时，消息的报道与事件的发生、发展能够做到同步，具有同时性。第二，远播性。电子媒介通过电波作远距离的传播，不受空间的局限，不受气候的影响，即使与事件的发生地点相隔遥远，消息的报道也能做到同步进行，具有同位性。第三。生动性。电子媒介通过声音、图像、色彩、文字的组合，使信息的传播比印刷类媒介更加生动，现场感比较强，更富于感染力。第四，技术性。与印刷媒介相比，电子媒介的科技含量更高，无论播发还是接收信息，都需要专门的技术设备；而且制作和播送信息的操作过程复杂，需要有专门的技术人才。

电子媒介最常用、最常见的是广播、电视。

广播、电视和电脑通过电波的形式传送声音、文字、图像，通过电波将大量的信息迅速地传送给大众，是电子类大众媒介。公共关系组织经常会运用广播、电视和互联网去播发新闻、广告，及时、有效地影响公众，这是非常重要的传播手段。

案例 5.5

聚美优品：充分利用电子媒介优势

利用明星代言推广。突破传统IT行业的营销定位，以娱乐时尚的形象从众多电子商务网站中脱颖而出。2011年4月21日，韩庚正式签约聚美优品，成为其首位代言人。凭借其超高的人气，聚美优品迅速进入了人们视野，逐渐开始被了解和熟悉，打开了它在中国的市场。第一，博客、微博推广。聚美优品有自己的官方博客，客户可以在上面自由评论，了解一些品牌的知识以及聚美优品创业以来的历程，拉近与客户的距离。第二，聚美优品在2010年4月在新浪开通了官方微博，目前有粉丝36万，微博8000条，通过微博来发布一些团购信息，并为粉丝提供关于美容与健康的讯息，保持了与大家的很好互动。第三，奖励会员推广。聚美优品的会员如果成功地邀请到一个人注册会员将获得15元的奖励。第四，利用其他媒体进行推广。聚美优品一直与媒体保持着密切的关系，网站被众多媒体报道，如中国日报、中国经营报。聚美优品创始人陈鸥是《非你莫属》的嘉宾，他出众的表现也为网站赢得了很好的声誉。第五，增加分享。聚美优品上的商品信息可以分享到QQ空间、人人网、新浪微博、MSN、腾讯微博、开心网、网易微博、搜狐微博、腾讯朋友、百度贴吧、淘江湖、豆瓣、百度收藏等网络平台上。

课堂讨论：聚美优品都用了哪些电子媒介？它们分别发挥了什么作用？

电子媒介是通过无线电波或导线公开、广泛、大量地传输信息的工具，包括电视、广播、网络等。传播迅速，声画兼备是电子媒介的主要特点。

（1）广播。目前，作为广播接收工具的收音机，微型便携、价格低廉，特别适合学生、流动人员和野外作业人员收听。广播信息制作简便，传播迅速，便于报道突发性事件，声情并茂，感染力强，但信息稍纵即逝，不易保存。

案例 5.6

请留心你家的后窗

20世纪50年代，好莱坞影片《后窗》曾风靡中国香港。该片描写了一个脑部受伤的新闻记者，在家养伤时闲极无聊，便买来一架望远镜，每日坐在屋子里从对面楼层的后窗窥视住户的家庭隐私，从而卷入了一场谋杀案。影片上映后，香港（中国）人竞相观看，形成了“后窗热”。这时，中国香港的一家生产百叶窗的企业成功地抓住了这一事件。他们在报上连续刊登题目为“请留心你家的后窗”的销售广告，其生意一下子兴隆起来。

资料来源：根据相关资料整理编写。

【案例分析】首先，此案例说明了大众传播媒介在公关活动中的重要作用。科学调查表明：大众传播对某些议题的着重强调和这些议题在受传中受重视的程度构成强烈的正比关系。在案例中，企业抓住“后窗热”，利用报纸连续刊登“请留心你家的后窗”这则广告，就是充分利用这一原理，多次大量地报道这一事件，从而使社会中的公众突出地议论这一话题。然后，当大众传媒热情介绍某个新闻事件时，也就意味着这个新闻事件可能成为公众关注的“议题”。同时，公众需要有人出面对复杂的信息加以整理，为他们选出那些值得关心和注意的事件。案例中的报纸就扮演了这一角色。它反复强调“后窗”这一问题，使“后窗”成为公众关心的问题。最后，在这次公关活动中，企业通过大众传播媒介在社会中形成一个热门话题，让这个话题或直接或间接地与组织及其产品挂钩，从而达到良好的传播效果。他们借助“后窗热”这个与自己产品关联度极高的“议题”，通过报纸宣传，轻而易举地掀起了一个“百叶窗热”，从中获得了良好的市场效益。

（2）电视。电视是最生动形象、最具感染力且极具娱乐性的大众传播媒介，因而也是受众人数最多的大众传播媒介。但电视信息的制作成本较高，且绝大多数电视接收机笨重难移，因而限制了电视信息的传播范围。

（3）网络。网络是现代计算机技术、通信技术的硬件和软件一体化的产物，代表了现代传播技术的最高水平，是人类传播史上的第四个里程碑。网络的出现，将根本改变人类的传播意识、传播行为和传播方式，并影响到人类社会生活的方方面面。网络具有很强的时效性、时空上的无限性、平等参与性以及服务的个性化等特征。网络媒体的这些特征，决定了它具有比传统媒体更为明显的传播优势。因此，近几年来网络媒体迅速普及，已成为公共关系传播的主要手段之一。

三、图像和标识

视觉形象是最生动的语言，图像和标识就是以视觉形象为主要手段进行信息传播的一种符号。所谓图像和标识实际上指两类媒介：其一是图像，如照片与图画；其二是标识，如商标、品牌名称、徽记、包装、门面与代表色。

图像和标识能集中、生动地再现事物的某一方面，或表现组织及其产品的某种特征，以特定的视觉标志吸引公众的注意力，强化公众的记忆，帮助公众在众多的商品信息中识别出本组织及产品。因此图像标识具有较强的装饰性、标志性、持久性。它有宣传组织及其产品以及组织活动的作用。绝大部分组织的职能性公共关系部和社会上的职业性公共关系公司，都配备有摄影和美工人员，这些人的一大任务就是设计和制作图像和标识。

照片与图画均属图像的范畴，它们都是通过平面构图造成视觉上的空间立体感，用来传播物体特定的形象信息。照片是现代科学技术发展的产物，它是运用光学、化学等技术方法，将现实生活中发生的转瞬即逝的现象，加以记录呈现的图片。

照片与图画在特点上有相同之处，也有不同之处。它们的相同之处表现在：照片与图画都是通过平面构图造成视觉上的空间立体感；两者都是要在不停流动的时间过程中，捕捉事物具有典型意义的内容，以物质媒介将其凝定下来，构成一种形象。两者都具有丰富的表现力，它们通过光影、色彩、线条在一张平面上将事物的丰富性表现出来，让人们一眼可见地接受下来。它们的不同之处在于：照片能更准确地记录客观生活，更逼真地表现客观事物；图画则比照片具有更灵活的想象力和表现力。

公关人员在公关活动中经常使用照片和图画，以强化公关传播的效果。如在制作各类宣传小册子和举办各种展览、展销会的时候，就要大量使用照片和图画，并配以必要的文字说明，以生动、形象地介绍组织的有关情况，使读者、观众一目了然，留下深刻的印象。一般来说，公关人员可以运用图画将抽象、枯燥的事物变得具体、生动，运用图表说明、比较有关的复杂数据的情况，运用照片反映组织活动。

标识系列包括商标、品牌名称、徽记、包装、门面与代表色等，作为图像标识它们都是以特定的文字、图案、色彩等符号设计，向公众提供自己组织或产品有别于其他组织或其他产品的有关信息，成为本组织及其产品的形象标志。图像标识还可以反映组织特有的文化价值和精神风貌。也许可以这样说，与一个组织有关的图像标识是该组织形象的有机组成部分，因而设计图像标识属于公共关系工作。公关人员要想设计好图像标识，就必须充分了解各种图像标识的性质和特点。

（1）商标。商标是商品经济发展到一定阶段的产物，它是区别不同的商品生产或经营者所生产或经营的商品的一种特定的标记，它反映了商品的质量和商品生产者或经营者的信誉。商标通常是由文字、图案或符号，或者是这几者的结合所构成。

商标有这样一些功能：第一，标记功能。它可以帮助消费者在购买商品的过程中，识别该种商品是哪个企业生产与销售的。第二，服务功能。它可以帮助消费者在使用商品的过程中，比较迅速地找到生产者或销售者，以获得咨询、维修和更换零部件等方面的服务。第三，传播功能。一个设计出色的商标，可以通过商标本身的鲜明图案和色彩，以及陈列和广告等各种手段，突出地宣传商标，把它所代表的商品广泛地传播给消费者，以在消费者脑海中留下深刻的印象。第四，促销功能。商标能表明商品合法经营以及它在展销会上已经建立的信誉，因而它往往能成为消费者选择商品的根据之一，消费者中“认牌购货”和重复购买的行为，就能印证商标的这一功能。第五，保护功能。商标一经在国家的商标管理机构注册，就取得了专用权，受到法律的保护，禁止他人假冒或仿照使用。第六，监督功能。商标能成为公众监督企业产品质量的一个重要手段。由于商标具有上述如此多的功能，因此企业的经营者或公关人员都应给予足够的重视。

一般来说，要使一种商品的商标在竞争的市场上站住脚，获得成功，就必须注意这样几个问题：生产企业要力保产品质量稳定，产品质量是商标的基石；生产企业还要确保商品的稳定供应，这是商标能稳固占领市场的必要保证；商标设计必须突出商品的特征和优点，简练醒目，美观大方，容易识别，这就要求商标设计的构思巧妙新颖；商标设计还必须考虑当地消费者的文化风俗，如我国生产出口的“白象”牌电池在美国市场上三年无人问津，其原因不是电池本身的质量，而在于该商品的商品形象“白象”，在美国人的心目中大象是累赘无用、令人生厌的东西。

（2）品牌名称。品牌名称是商品的牌子，它一般与商标图形紧密相联。给商品定牌子、起名字时，一般可考虑这样几个因素：第一，语感好。如“春花”“飞亚达”“星海”，读起来顺畅，听起来悦耳，容易令人产生好感。第二，具有独特性。给消费者印象深刻，难以忘怀。

第三，寓意美好。如将Coca Cola译成“可口可乐”，将Pepsi Cola译成“百事可乐”，都是出于寓意受人们欢迎、易为人们接受的考虑。第四，贴近消费者。如：为老年人生产的商品用“福寿康”，给孩子们生产的商品用“大白兔”，能令消费者感到亲切。

（3）徽记。徽记指组织自己的标志，它是组织的“商标”。人们经常把自己组织的徽记镌刻在组织大门旁、招牌中、广告中或建筑物及专用车辆上，印制在信封、信笺、名片、纪念品上，以宣传自己的组织，或在更高的层次上反映组织的文化价值。

（4）包装。包装是商品的“外衣”，它主要起保护商品使用价值和促进商品销售的作用。它涉及产品的形象，对顾客发挥着“第一印象”的作用。在市场竞争日益激烈的今天，商品的包装已成为帮助商品争夺商场和消费者的一个有用的工具，包装设计由此也成了企业的一项重要工作。包装设计一般应注意其实用性，如对商品的保护、安全因素的考虑等，还应注意其创造性，如美观大方、新颖独特等。以往我国的商品不讲究包装，在对外贸易中吃了亏，国内消费者对此也很不满意。如今我们在这方面的工作已有所改善。但其水平仍有待进一步提高。

（5）门面。门面是组织的“包装”，每个组织都应根据自身的特点来设计自己的门面。有一阵子，国内一些高级宾馆、饭店、商场采用茶色玻璃作为自己的门面，国内一些中、低档饭店、商店也争相仿效，企图借此提高自己的档次，其实这样的做法有时会弄巧成拙，因为它无形中把自己组织与消费者的距离拉开了。门面设计不能相互照搬，否则会令自己的组织处于一种被动的局面。

（6）代表色。代表色是组织为其自身或其产品选定的具有代表意义的色彩，被用在产品包装、建筑装修、人员服饰、专用设备、宣传品、广告设计等一切具有传播意义的物品上。代表色一经选定就应当相对稳定，因此在设计时就要注意其形象内涵、美学效果、情感象征、文化风格，以及在各类应用设计上的延伸性、实效性。

代表色不仅在物理上有美化装饰的作用，经心理学研究证明，它还有一定的情感性和象征意义。如红色的热烈感；黄色的明快、轻松感；蓝色的清静、凉爽、冷冻感；绿色象征春天与和平；白色代表纯洁、干净等。因而，组织在选择代表色时，应注意各种色彩的内在特点。这里举一个例子，北京吉普汽车有限公司在美国克莱斯勒公司董事长李·艾科卡来访之时，把所有的厂房建筑都刷上了克莱斯勒公司所特有的蓝颜色，以表示自己是克莱斯勒团队的一个成员。这一行动效果很好，得到了艾科卡先生的极大赞赏。

此处，公共关系传播中还有以身势语言和情态语言为代表的非语言传播媒介。是指通过具体个人的动作、体态、表情、姿势等非语言的通道方式传递某种信息。身势语言是指人们身体部位作出表现某种具体含义的动作符号。手势动作是身势语言的主体。情态语言是指人脸上各部位动作构成的语言符号，其基本主体是“眼”语。使用非语言传播媒介有助于传播中的信息更加形象、生动和易于理解，从而使传播更加丰富多彩、生动活泼。

案例分析

耐克与里约奥运会

2016年夏季最受全球瞩目的盛会，里约奥运会的关注热度还在持续。对于全球各大品牌来说，四年一次的奥运会也成了营销大战的赛场。

和奥运会关联最密切、占尽先机的就是各大体育运动品牌了，其中自然少不了美国运动品巨头耐克。得益于今年里约奥组委官方供应商身份，耐克在营销上的底气更足，也更加强势。

“不信极限”（unlimited）是耐克这次的奥运营销主题。在耐克看来，用“不信极限”来谈及运动员表现或者产品设计的时候，意味着无限的可能性，鼓励每一个运动爱好者在竞技体育中不断突破。迄今为止，耐克推出的一系列以“不信极限”为主题的励志短片已经超过了20个。

“永不放弃”“成就伟大”“不断突破”……听起来都是常见的鸡汤主题，和其他品牌的奥运营销励志口号，诸如安踏的“去打破”似乎并没有本质上的不同。

赞助运动明星来进行奥运营销的做法，也是品牌惯用的策略。在这一点上，耐克也不例外。它找来了不同国家的精英运动员来讲述他们的故事，包括世界长跑冠军莫·法拉（Mo Farah）、短跑名将雪莉-安·弗雷泽-普莱斯（Shelly-Ann Fraser-Pryce）、网球名将小威（Serena Williams）以及田径运动员苏炳添、张国伟，中国女足李冬娜，篮球运动员周琦等。不过，在打破传统奥运营销套路这件事上，耐克还是花了不少心思。

让大牌运动员在广告中以什么样的方式登场是个关键。2016年7月24日，耐克用一则20多个宝宝的广告吸引了巨大关注。短片中，美国男演员Bobby Cannavale走进一间婴儿房，向他们大声发表了一通演讲，大意就是：人生是不公平的，你们无法决定出生地、名字、家庭等，但是可以决定未来，让人生如何结束。

短片的创意亮点在于，不同肤色宝宝床边写着的名字，居然都是各个大牌运动员：内马尔、小威、周琦、莫·法拉、NBA球星詹姆斯等。这个名为《未来 不信极限》的短片凭借创意登上了不少热门奥运营销广告的榜单，在You Tube上获得了2400多万次的浏览量。

为了让“不信极限”的主题更有感染力，在大牌运动员之外，耐克还发掘了不少“不同寻常”的运动员们，比如史上最年长的铁人三项完成者，86岁的“疯狂修女”麦当娜·布德尔 (Sister Madonna Buder)；四肢残疾，却成为第一个不借助任何义肢登顶乞力马扎罗山的凯尔·梅纳德（Kyle Maynard）；首位在美国国家队获得一席之地的变性运动员克里斯·莫西尔（Chris Mosier）；等等。在“不信极限”的大主题下，每个运动员的故事短片都有各自不同的角度，比如“活力 不信极限”“意志 不信极限”“勇气 不信极限”及“团结 不信极限”等，这就以更加丰富的视角把主题进行了延伸。而且找来这些运动员的另一个好处是，他们虽然没有大牌运动员知名度高，但是成功之路却更艰难、更独特，也能激励更多的普通人。

其实，让更多的普通人爱上体育运动一直是耐克近年来一贯的品牌态度。在这个思路下，耐克在用各种方式让奥运营销变得更加平易近人，它乐于展示大牌运动员风光背后不为人知的辛酸和脆弱，也让更多“不同寻常”的非大牌运动员，甚至是普通人作为故事的主角。

毕竟，尽可能地赢得普通消费者的好感是它最重要的目的。在最新一季财报中，耐克的业绩不及预期，以及与阿迪达斯、 Under Armour激烈竞争的情况下，这家体育用品巨头正在借力于奥运营销刺激销售。

课堂讨论：耐克公司在选择公关媒介时都遵循了哪些原则？

本章小结

公共关系过程就是一个信息传播、信息交流的过程，正是传播在公共关系主体与客体之间架起了桥梁，成为连接公共关系主体与客体的纽带。

传播是人类社会的一项基本活动，从不同的角度出发，可以对传播进行不同的分类。根据传播活动的通道方式或所采用的媒介形式来划分，可以分为自我传播、人际传播、群体传播、组织传播、大众传播。各种各样的传播模式大致可归结为两大类：一是传统的线性传播模式，二是新型的控制论传播模式。

在传播过程中，影响传播的因素很多，有的来自传播过程本身，有的来自传播的环境。公共关系传播要达到最佳的效果，要能够最大限度地发挥公共关系作用的时间与机会；讲究传播沟通的技巧；建立全优的信息表达形式系统；选择恰当的传播媒介。

公共关系传播必须正确地使用媒介。公共关系传播媒介主要可以分为四大类：以语言、文字为代表的文字传播媒介；以广播、电视、网络为代表的电子传播媒介；以视觉形象为主要手段的图像和标识；以身势语言和情态语言为代表的非语言传播符号。

思考题

1. 传播的含义是什么？其构成要素有哪些？
2. 什么是公共关系传播？
3. 影响传播效果的制约因素有哪些？
4. 公共关系传播要如何才能达到最佳的传播效果？
5. 公共关系传播的媒介有哪些？应如何选择适当的传播媒介？

拓展阅读

1. 成也媒体，败也媒体：http://www.chinadmd.com/file/rxevoauacso3weosuctz636a_1.html

2. 公关与媒体深度互动的三个案例：http://doc.mbalib.com/view/a40eb57c2d52613db94798767b6f0194.html

3. 海报创意哪家强？看各大品牌如何玩转“双 11”：http://www.chinapr.com.cn/templates/T_Second/index.aspx?nodeid=42&page=ContentPage&contentid=13691

4. 让明星代言不落俗套，看数字王国借“幻乐一场”让品牌走得更远：http://www.chinapr.com.cn/templates/T_Second/index.aspx?nodeid=42&page=ContentPage&contentid=13927

5. 新媒体之下的公关转型之路：http://www.damndigital.com/archives/108407

第六章　公共关系工作程序

学习目标：

了解公共关系管理过程的基本步骤；掌握公共关系调查的方法；了解公共关系策划的过程；能在实际生活中灵活运用公共关系实施的方法解决问题。

案例 6.1

中国公共关系业 2016 年度调查通知

尊敬的同仁：

为反映2016年度公共关系服务市场的运行态势，正确评价中国公共关系业的发展状况，为业内专业机构提供积极的行业指引，我协会自即日起开展“中国公共关系业2016年度行业调查”活动，活动结束后综合调查结果将形成《2016年度行业调查报告》并对外发布，报告将体现中国公共关系行业2016年度TOP公司及最具成长性公司榜单。

具体内容通知如下：

1. 调查时间：2017年2月20日～3月20日
2. 调查内容：全国主要公关代理商2016年度经营情况和市场评价
3. 调查样本：以协会会员为基础的全国主要公共关系公司
4. 工作流程：发送问卷、回收问卷、核实数据、统计分析，撰写报告
5. 报告发布：2017年4月 “行业调查报告发布会”上正式发布；中国公关网“行业调查”专题和《国际公关》杂志2017第二期。

我们要求CIPRA所有公关公司会员参加本次调查，以尽一份会员之义务；也欢迎其他未加入CIPRA的公司参加。

望各有关单位积极参与本次调查活动，并根据问卷要求为我们提供详尽、准确的数据，上述报告和榜单的形成将主要依据你们客观、准确、完整的数据。

调查问卷2017年3月20日前传回我协会有效。

启发思考：

1. 从中国国际公共关系协会的调查通知了解公共关系调查的准备。
2. 公共关系调查在公共关系工作中的地位是什么？

公共关系工作不仅具有较高的艺术性，而且还有较强的科学性。组织与公众之间的传播沟通是一个复杂的过程，将这个过程纳入组织管理的轨道，按照一定的程序有目的、有计划地去实施，这就是现代公共关系活动专业化、职能化的特征。本章主要从公共关系工作的一般程序出发，介绍公共关系管理过程的四个基本步骤，即公关调查、公关策划、公关实施、公关评估，这一程序被公共关系工作者称为“四步工作法”。

第一节 公共关系调查

公共关系调查是公共关系工作的首要步骤。通过公关调查，可以使组织能够准确地进行形象定位，便于塑造良好的组织形象。公共关系调查所搜集的信息及时提供给组织，使组织能够及时把握公众舆论，监测社会环境，提高组织公共关系活动的成功率。

一、公共关系调查及其内容

所谓公共关系调查，是指运用定性分析与定量分析相结合的方法，对组织公共关系的现状及其影响因素进行考察和分析，寻求建立组织良好形象的科学认识活动。公共关系调查是一项基础性工作，与其他社会调查不同，它是就公众对组织形象的评价进行统计分析，用数据或文字的形式显示公众的整体意见，或就某一具体公共关系活动条件进行实际考察。

公共关系调查的目的是甄别公众对象，测量舆论民意，评价组织形象。然后，再找出差距，确定存在的问题，为组织形象设计和策划公共关系活动提供依据。因此，公共关系调查主要包括三项内容：组织形象的调查（组织知名度及美誉度调查）、组织的公众舆论调查、组织开展公共关系活动的条件调查。

1. 组织情况调查

首先是对组织经营情况进行调查。组织经营情况的调查包括组织的经营目标、经营方针、服务质量、服务态度、市场占有率、经营产品的种类以及公众对组织的评价意见等。其次是对组织实力进行情况。组织实力情况主要是指组织自身的物质基础和技术方面。主要包括调查组织拥有的先进技术、组织拥有的各种设备等，还要调查组织拥有的技术人员的数量以及组织技术的领先程度等，组织的财务实力情况等。最后是对员工的基本情况进行调查。员工基本情况的调查主要包括调查员工的年龄结构、知识结构、心理结构等，还要调查员工之间的人际关系、员工的工作态度变化以及员工的价值观等。

2. 公众状况调查

公众是公共关系工作的客体，也是公共关系工作的对象。在公共关系工作中，公关人员必须将社会公众的情况调查作为工作重点。公众情况调查主要包括以下几项。①公众构成情况：内部公众构成情况，如组织成员的数量构成、专业构成、年龄构成、能力构成、文化程度构成、知识构成等方面；外部公众构成情况，如外部公众的数量构成、需求构成、观念构成等几方面。②公众需求情况：社会组织必须掌握好公众的需求情况，才能满足公众的需求。③公众评价情况：对组织产品的评价，如对产品质量的评价、对产品价格的评价、对产品外形的评价等；对组织产品服务质量的评价，如公众对组织服务项目、服务方式、服务措施、服务水平的评价等；对组织管理水平的评价，如公众对组织管理机构及办事效率的评价、对组织经营理念和管理创新的评价等。

3. 社会环境调查

社会环境对组织的经营发展具有重要作用，因此，公共关系工作必须做好社会环境状况的调查。社会环境调查一般包括与组织有关的政治环境状况、经济环境状况、文化环境状况、市场需求状况以及消费者状况的调查等。组织处在一个大的社会环境中，必须注意对社会环境情况的调查。

二、公共关系调查的方法

公共关系调查的方法是指保证公共关系调查目的得以顺利实现的途径、方式、手段、措施等。公共关系的调查方法是多种多样的，一般来说，主要有两大类：一是非正规调研，二是正规调研。

1. 非正规调研

非正规调研的作用在于：可以节省调查费用，缩小调研的范围。尤其是如果能够通过查阅有关文献、资料就可以获得需要的数据的话，就没有必要再派人作实地调查，这样可以大大节省调研费用。同时，通过初步情况分析，可以进一步确定调查项目，明确调研的范围。

非正规调查主要有两类：①馆藏调查。馆藏调查是指通过查阅馆藏的文献资料，如图书、报刊、档案、内部资料等，获取公共关系调查所需要的数据资料。利用馆藏来调查收集公共关系所需要的资料，简单、快速，能够节省调研费用。②网上调查。网上调查是指通过网络来查询信息资料。当前社会网络资料丰富，并且时效性很强，运用网络查询可以广泛地收集公共关系信息，并且可以及时了解公众的消费意向以及有关市场竞争状况的信息等。

2. 正规调研

正规调研的形式主要有观察调查法、访谈调查法及问卷调查法。

（1）观察调查法。观察调查法就是在产生信息的地方通过耳闻目睹，客观记录下信息源产生过程，其优点在于调查对象没有意识到自己处在被调查中，能够真实地表达自己的意见或想法，具有自然性强的特点。观察调查法的类型有直接观察法、间接观察法和比较观察法。

（2）访谈调查法。访谈调查法又称访谈法，它是调查员通过与调查对象进行有目的的谈话，收集口头资料的一种方法。访谈法收集信息是通过访谈员与调查对象进行面对面交谈的方式来实现的，因此，它具有直接性的特点。访谈法具有较好的灵活性和适应性。由于访谈法获取资料的过程是由访谈员来直接进行的，因此，访谈员个人的访谈技巧、人品气质和性格特征等都会直接影响到调查的结果。访谈法回答率高、效度高，但标准化程度低，常常给统计分析带来一定的困难。而且，访谈法费用大。所以一般应用于那些准确性要求较高的问题的研究上，或者应用于探索性研究。按不同的划分标准，访谈法可分为不同的类型。按访谈提纲的方式分为结构性访谈和非结构性访谈；按访谈的场所分为机关访谈、街头访谈、家庭访谈和公共场所访谈；按受访谈的人数可分为集体性访谈和个别访谈；按访谈的时间可分为一次性访谈和跟踪访谈。

（3）问卷调查法。问卷调查法是目前国内外社会调查中使用最为广泛的一种方法。问卷是指为统计和调查所用的、以设问的方式表述问题的表格。问卷调查法就是研究者用这种控制式的测量对所研究的问题进行度量，从而搜集到可靠资料的一种方法。问卷调查法的类型主要有两种：开放型问卷和封闭型问卷。所谓开放型问卷，是指问题虽然对每一被访者是同一的，但不是事先做出任何选择答案，被访者可根据自己的情况自由回答。封闭型问卷是指不仅问题是相同的，而且每一个问题都事先列出了若干个可能的答案，由被访者根据自己的情况，在其中选择认为恰当的一个答案。封闭型问卷根据其提问的方式，又可分为两项选择、多项选择、对比选择、排序选择和意见程度选择等。

问与答

问：为什么说公共关系调查是公共关系工作的基础？

答：公共关系调查主要是了解那些受到组织行为和政策影响的人对组织的观念、态度、看法和反应，掌握组织实际形象，发现组织实际存在的问题，以及对问题进行全面深入的了解。因此公共关系研究是公共关系的基础工作，发挥着情报功能。

第二节　公共关系策划

公共关系策划是指公关人员根据组织形象的现状和目标要求，分析现有条件，设计最佳活动方案的过程。公共关系策划是公共关系工作程序的一个重要环节。

一、公共关系策划的含义、意义及原则

策划是公共关系工作中的核心和关键。它是公共关系人员在进行公关活动之前，为了逐步实现塑造组织形象、改善组织环境这一根本目标，在认真调查研究、全面准确地掌握信息的基础上，找出需要的具体公关问题，分析比较各种相关因素和条件，遵循科学的原则和方法，运用自己的知识和经验充分发挥想象力、创造力，确定公关活动的主题和战略，并制订出最佳方案，从而达到最好效果与目标。因此，公关中的策划活动，是公关工作成功的保证。

1. 公共关系策划的含义

策划是随着人类社会活动经常进行的一种活动。简单地说，策划可作为策略与谋划来解释。策略是宏观的、静态的把握，而谋划是微观的、动态的过程。将两者融合起来才构成策划的完整含义。目前学术界对公共关系策划的理解大致有以下三个层次。

一是广义的理解，即把公关策划理解为公共关系活动中“四步工作法”中的第二步。所谓“四步工作法”，即调查、策划、实施、评估。公共关系策划包含了其中第二步的全部内容，包含计划、谋略、设计等方方面面，即在公共关系调查完成的基础上，进行设计计划和制订方案的过程。二是中义的理解，即把公共关系策划理解为只是谋略设计。三是狭义的理解，即把公共关系策划理解为公共关系活动的设计和操作过程。显然后两种理解是不全面的。

笔者认为，公共关系策划应该从广义上来理解。如果要给它下个定义的话，那就是：公共关系策划是指在公共关系决策之前，为了保证组织总目标的实现和公共关系活动的成功，在公共关系调查的基础上，对总体公共关系战略、专门公共关系活动和具体公共关系操作，进行谋略、计划和设计的工作。这个定义包含以下几层意思。

第一，公共关系策划是公共关系人员的工作，是由公共关系人员来完成的。人们经常把公关人员分为三种：一是具体操作者，二是组织指挥者，三是公关专家。由于公共关系策划已进入高层阶段，它的重点在于创造性，就是要研究如何能创造和设计出多个方案，进而进

行周密的运筹和谋划。因此，公关策划是由公共关系某一类人员来完成。我国公关由于起步晚，公共关系专家阶层尚在成长过程中，公关策划往往由笼统的公关人员和组织领导（厂长、经理）一起完成。

第二，公共关系策划是为组织目标服务的。

第三，公共关系策划有一套完整的程序，而不是凭空臆造。

第四，公共关系策划可分为三个层次，即总体公共关系战略的策划、专门公共关系活动策划和具体公共关系操作的策划。

第五，公共关系策划包括谋略、计划和设计三个方面的工作，研究重点贯穿在方案制作的全过程，具有很强的实践性和操作性。

第六，公共关系策划属于软科学管理，它主要依靠人脑和人的创造艺术来完成。

2. 公共关系策划的意义

策划作为一种有明确目的的积极活动，具有多方面的重要意义。公共关系策划的重要意义就在于它在公共关系工作中所处的地位和作用。可以说在决策、计划的事业、领域，都要有策划。只要有管理和决策活动的地方，就存在策划活动。而科学的决策和公共关系活动的成功是密不可分的。因此，公共关系策划既是决策的前提，又是决定公共关系活动成败的关键。具体来说，公共关系策划的重要意义主要表现在以下几个方面。

（1）公共关系策划可增强组织形象管理的有效性。随着市场经济的发展，社会组织之间的协作不断加强，竞争日趋激烈，组织的环境和公众的态度也处在不断的变化中。因此，组织要生存和发展，就要开展多种公共关系活动。经过巧妙策划的公共关系活动，可以使组织收到事半功倍的效果，从而增强组织形象管理的有效性。

（2）公共关系策划可增强组织形象管理的目的性。组织形象管理的目的是不断完善组织的形象，而组织形象完善的重要环节就是公共关系策划。无论组织处在什么条件下，都需要开展公共关系活动。只有公共关系策划才能开展公共关系活动，才能实现目的、达到目标。好的策划不仅可以使组织摆脱困难，还可以进一步完善组织形象，从而使组织开展的公共关系活动能更有效地达到组织形象管理的目的。

（3）公共关系策划可增强组织形象管理的计划性。组织塑造形象是一个长期的过程，依据其所处的不同发展阶段可选择不同的公共关系活动。在不同发展时期组织应对形象管理工作有一个完整的计划，此外，在开展某一公共关系活动之前，也应就开展活动的时间、空间及人、财、物等条件有一个通盘考虑，这些都需要在策划过程中完成。因此，公共关系策划可以大大增强组织形象管理的计划性。

3. 公共关系策划的原则

公共关系策划是公共关系工作程序的中心环节，是一种社会行为，必须遵循一定的原则。公共关系策划一般应遵循以下几个原则。

（1）事实性原则。尊重客观事实是公共关系策划的重要原则。在现实生活中不存在的事物，不能作为公共关系传播的内容。公共关系传播必须以事实为依据，要言之有据。组织在运作过程中发生的事情，如有必要公开，必须依据事实，做到客观、真实、全面和公正。客观就是不以猜测和想象代替事实，要还事情本来面目；真实就是不夸大也不缩小面对的事实；全面就是充分掌握事实，公布事实的全景材料；公正就是不偏不倚地对事实采取公众可接受的立场。无论有利的事实还是不利的事实，只有组织尊重事实，才能理智地进行策划。

（2）公众利益优先原则。组织开展公共关系活动，目的是树立组织的良好形象，从而实现自身的利益。因此，公共关系的策划，在考虑组织自身利益的同时，一定要把公众的利益放在首位。组织在圆满完成自身的任务，为社会做出贡献的同时，还要重视其行为所引起的公众的反应，关注整个社会的进步和发展，才能获得自身利益的满足。公共关系策划讲求公众利益优先的原则，就是当公众利益与组织利益发生冲突时，要以公众利益为重，这就是公共关系策划利益原则的核心。

（3）整体性原则。指挥全局的人，最要紧的是把自己的注意力摆在照顾战争的全局上面，谋篇全局，“善谋者，谋势。不善谋者，谋子”。“谋势”重于“谋子”，这个“势”就是全局和整体，这个“子”就是局部和部分。因此，公共关系策划应遵循整体性原则，即从塑造社会组织整体形象出发，从社会组织全局的角度来审视公共关系策划活动和度量策划方案。这是决定社会组织形象作为一个整体出现在公众面前的公共关系策划能否取得最大成效的一条原则，是内外公众对社会组织的一种整体印象和评价。社会组织形象作为整体形象是产品或服务形象的有机结合和融化。在公共关系策划中，应该把具体形象放在整体形象中衡量，以整体目标来协调各个具体形象的单项目标，进行总体性的综合平衡，形成整体的最优化。

（4）创新性原则。创新是公共关系策划的灵魂，公共关系离不开创新，公共关系策划活动必须具有创新性。由于同一个组织的自身条件和环境是在不断变化着，不同组织的主客观条件也不一样，公共关系人员要根据社会条件的变化、公众心理状况的变化、组织内部的变化进行新的策划，使其标新立异，先声夺人，取得好的效果。

二、公共关系策划的过程

公共关系策划是一个动态的过程，主要有以下几个步骤。

1. 设计主题

公共关系活动的主题是对公共关系活动内容的高度概括,对整个公关活动起着指导作用。设计一个好的公共关系活动主题一般要考虑到公共关系目标、信息特征和公众心理三个方面的因素。要求做到：主题必须与公共关系目标一致，并能充分体现目标。主题表述要独特新颖，有鲜明的个性，突出特色，有强烈的感召力。主题要适应公众心理的需要，要形象、富有激情，又贴切、朴素。主题要简明扼要，易记、易传播。

2. 分析公众

公共关系工作的对象是公众，任何一个组织都有特定的公众，公共关系工作也是针对特定的公众而言的。因此，公共关系策划活动必须明确公众范围，分析公众的特征，了解公众的心理和需求。只有弄清了公众的需求，才能有针对性地设计公共关系活动主题，才能得到公众的支持和合作。

3. 选择媒介

根据公众的类别和要求不同，应该选择不同的传播媒介。一般来说，传播媒介主要有以下几种：一是个体传播媒介，主要针对个别特殊的公众和关键公众；二是群体传播媒介，主要针对一群人的特殊要求、特殊问题进行传播；三是大众传播媒介，它传播迅速，辐射面广，影响力大，主要有利于解决共性问题。各种传播媒介各有所长，各有所短，只有选择恰当，才能事半功倍，取得良好的传播效果。

4. 预算经费

公共关系活动都要花费一定的人力、物力、财力，因此，公共关系活动必须进行经费的预算。通过预算，组织可以预先知晓自己的计划、项目、活动需要投入多少经费，使计划具有可行性和现实性。预算的基本内容有行政开支和项目开支两大项。行政开支主要指劳动力成本、管理费用及设施材料费等；项目开支主要指实施各种公共关系活动项目所需要的费用，如赞助费、专家咨询费、调研费、专项组织形象的广告费以及为不测事件而准备的经费等。

5. 审定方案

审定方案是对公共关系计划的再分析，看有没有其他方案可以达到同样的目的，却更省力、省时、省钱。审定方案第一步是对方案进行优化。方案的优化主要考虑三个方面：增强方案的目的性；增加方案的可行性；降低耗费。通过优化选定的方案还要进一步论证，一般由有关领导、专家和实际工作者对公共关系方案的目标、潜在的问题及预期的结果提出问题，由策划人员答辩论证。方案论证后，必须写成书面报告。其报告的内容为：综合分析的介绍、公共关系活动的计划书和方案的论证报告。方案报告可交决策层审核批准，实施。

三、公共关系策划的模式及方法

在策划公共关系时，可借鉴一些公共关系模式，它是以一定的公关目标和任务为核心，将若干种类的传播沟通媒介有机地结合在一起，形成具备特定公共关系功能的工作方法系统。公共关系活动方式极为广泛，不同组织，同一组织的不同阶段，同一阶段的不同公众都有其特征。因此，需要根据实际情况来选择不同的方法。

1. 公共关系策划的模式

公共关系活动模式多种多样，而且具有明显的适应特征，仅仅适用于特定的公共关系活动。常见类型有下列几种。

（1）宣传型公共关系。宣传型公共关系是运用各种媒介等宣传手段，传递信息，影响公众舆论，树立良好组织形象的公关活动模式。其特点是利用一定媒介进行自我宣传，其主导性、时效性极强。主要方式有：一是运用公关广告形式，按照组织的意图在报纸、杂志、广播、电视等新闻媒介上宣传自己，树立形象，取得公众的好感。二是策划专题活动，“制造新闻”，吸引新闻界报道。三是利用举办各种纪念会、庆祝典礼，或利用名人、明星等特殊人物的声望，达到提高组织知名度的效果。

（2）交际型公共关系。交际型公共关系是指不借助其他媒介而只是在人与人的交往中开展公关活动，通过人际交往，建立感情，达到建立良好关系的目的，富于人情味。其方式有团体交际和个人交往。团体交际包括各式各样的招待会、座谈会、工作餐会、宴会、茶话会、慰问、舞会等。个人交往有交谈、拜访、祝贺、信件往来等。实施交际型公关应注意完善自我形象，掌握交际艺术，经常保持联系，缩短人际交往的心理距离，密切感情关系，保持长期良好关系。

（3）服务型公共关系。服务型公共关系是一种以提供各种优良服务为主要手段的公共关系活动模式，以自己的优质服务赢得公众的好感。其特点是依靠本身实际行动做好工作，其特别媒介是服务，而不是依靠宣传。开展服务型公共关系的主要做法是：完善服务措施，加强售后服务；把出售商品与文化娱乐结合起来，与饮食服秀结合起来，与送货上门结合起来，与发扬特色结合起来，方便顾客，提供最佳服务。

（4）社会活动型公共关系。社会活动型公共关系是组织利用举办各种社会性、公益性、赞助性活动开展公共关系的模式。主要是靠各种社会活动扩大组织的影响。主要内容有：组织本身开展活动，赞助社会福利事业，资助大众传播媒介举办各种活动。要注意利用各种时机灵活策划各种公关活动，以期引起新闻界和公众的兴趣与重视，而且要坚持利他原则，尊重公众利益，重视社会整体效益。

（5）征询型公共关系。征询型公共关系是以提供信息服务为主的公共关系模式。运用收集信息、社会调查、民意测验等信息反馈手段，为组织决策提供参考。其特点是长期性、复杂性、艰巨性。做好此类公共关系一要设立信息渠道，广泛收集信息；二要开展各种咨询业务，设立监督电话，处理举报和投诉。

（6）建设型公共关系。建设型公共关系是指组织为开创新局面而开展的公共关系活动。主要是通过公共关系活动使公众对该组织及其产品、服务有一种新的兴趣，以直接推动组织事业的发展。适用于组织初创时或新产品首次推出时。特点在于创新开拓，能大大提高组织的知名度。主要方法有开业广告典礼、新产品展销、免费试用、招待参观、开业折价酬宾、赠送宣传品等。

（7）防御型公共关系。防御型公共关系是组织为防止自身公共关系失调而采取的一种公共关系模式。适用于组织出现潜在危机之时。其特点是采取以防御和引导相结合，以防为主的策略，敏锐地发现公共关系失调的症状和前兆，及时采取措施调整自身的政策和行为，促使其向有利方向转化。其主要方法是：采用调查、预测手段，了解潜在危机，提出改进方案。

（8）矫正型公共关系。矫正型公共关系是为恢复组织被损害的良好形象和信誉而采取的公共关系方式。其特点是及时发现，及时采取措施，妥善处理，以挽回损失，重新树立组织的声誉和形象。主要做法是：对外界的误解、人为的破坏应迅速查清原因，公布真相，澄清事实，清除损害组织形象的因素；对本身的过失应及时纠正，控制影响面，力求尽快恢复公众的信任，重新树立良好形象。

（9）维系型公共关系。维系型公共关系是通过各种传播媒介，持续地传递信息，对公众潜移默化，从而稳定、巩固原有良好关系的公共关系活动方式。其特点是通过优惠服务和感情联络维持现状，不求大的突进。但不中断，维持良好关系。主要方法有：让顾客长期享有低价优惠；节假日向老主顾赠送小礼品；邀请顾客参加活动以加强感情联络等。

（10）进攻型公共关系。进攻型公共关系是组织为摆脱被动局面，反守为攻而有针对性地开展的公共关系活动。其特点是：内容与形式新颖，能大大吸引公众的注意和兴趣，有利于迅速提高组织的知名度和美誉度。

2. 公共关系策划的方法

公共关系策划是创造技法与具体公共关系活动相结合的产物，因此，在公关策划过程中，方法多种多样，主要有下列几种。

（1）同中求异法。同中求异法又称为“轰动效应法”，常用于同行之间的竞争。轰动效应产生的关键是别出心裁，与众不同，要做到这点，必须有严密的计划，抓住活动的最佳时机。其实，轰动效应的产生不仅靠强有力的宣传，还要靠“奇”取胜，像有些“亮丑”展览、“亮丑”记者招待会等防御性公关的实施，都属于同中求异而产生的轰动效应。

（2）弘扬优势法。优势法是针对本企业、本组织甚至组织代表人的优势来进行公关策划的手法，如某些电扇厂在商店展示转动的电扇，并标明此扇是从某年某月某日起转动；卖菜刀者表演 “削铁如泥”等，以此弘扬优势，争取人心。均含着弘扬优势法的内容。

（3）感情联络法。感情联络法是以周到热情的服务加强感情联络，吸引更多的回头客。如：某航空公司规定凡乘坐本公司航班若干次以上者，可提供免费旅行一次；或利用节假日，向长期客户送些小礼品，加强感情联络。通过细微周到的服务，赢得公众对组织的好感。有一家中档饭店，无论是前台、接待、客房服务，还是饮食就餐都给人以舒适周到的服务。一天，饭店维修自来水管道，需停水 8 分钟，饭店经理则将亲自签名的通知书发到每一个客房内，对 8 分钟的不便，向顾客真诚致歉。这一切可让人感到一种殷切服务的亲切之情，就是一种最好的感情联络法。

（4）弥补缺点法。弥补缺点法是通过巧妙弥补自身缺点的方法，使自己的形象更趋美好。如年龄过大的里根，用海军少壮派行礼的姿势来显示年轻；西铁城石英表公司针对该表样式美观走时准确但不牢固的传言，专门搞了一次活动，将该表从低空飞行的飞机上抛下来。过往行人拣起来一看，竟完好无损，于是一传十，十传百，西铁城表不牢固的传闻，不攻自破。

（5）借题发挥法。借题发挥法是依照某一种态势利导。如 1987 年 9 月 13 日，四川省泸州曲酒厂生产的泸州老窖特曲酒在泰国曼谷第二届国际饮料食品展览会上荣获金鹰杯奖，是继 1915 年国际巴拿马金奖后的再度殊荣。该厂公关部当即策划刮起一阵“老窖”旋风，内容包括彩车迎奖、人民大会堂庆典、打出“四百年泸州老飘香、七十年国际金牌不倒”的口号等，这一策划的成功之处就在于抓准了时机。

实训练习

试为你所在的学校组织一次公共关系基本知识竞赛,并写出策划方案，包括活动主题、活动目的、活动内容、活动安排、活动组织工作、竞赛程序、竞赛规则以及竞赛题目等内容。

第三节　公共关系方案实施

案例 6.2

精工表誉满全球的奥秘

1964年东京奥运会结束后不久，曾有日本人访问罗马。在一家餐厅内，当侍者看到这位日本人手腕上戴的是瑞士产品时，竟疑惑地问：“您真的是日本人吗？”诧异什么？日本人竟然没带在东京奥运会上叱咤风云的国粹——精工表。侍者的态度不仅反映了公众对精工表的评价，实际上也说明了精工计时公司借助奥运会开展的公共关系活动的成功。从某种意义上讲，这也是对该公司公共关系活动的最好评价。精工计时公司的公关计划是如何实施的呢？

1. 精心策划，运筹帷幄

功夫不负有心人。精工表饮誉东京奥运会，其公共关系战略却要追溯到4年前，当奥运会一经宣布将在东京举行，日本主办单位决定的第一件事，就是大会的计时装置要使用日本的国产表。而在这之前奥运会使用的计时装置几乎全部是瑞士产品。当东京奥运会决定首次使用日本表后，奥运会的有些人士曾深感不安，唯恐发生了故障使大会难堪。

日本精工计时公司决定消除人们的种种顾虑，制订了“让全世界的人都了解精工的计时是世界一流的技术与产品”的公共关系计划，确立“荣获全世界的信赖”为公共关系目标，“世界的计时——精工表”，作为公共关系活动的主题。为此，精工计时公司着手制订并实施了一项长达4年之久的整体计划，开始了一场史无前例的公共关系活动。

2. 巧妙实施，逐层推进

首先，精工计时公司派遣本企业的公关人员到罗马奥运会，进行“欧米茄”计时装置的现状设施使用情况调查。根据调查结果，决定产品开发的程序，拟定全盘公共关系计划。同时，各公司也开始进行多种多样的计时装置技术开发工作。随着计时装置开发工作的顺利进行，精工计时公司的公共关系计划也已策划成熟。调查研究工作结束后，整个公共关系计划便分为三个阶段实施。

第一阶段，主要是全力以赴地开发计时装置技术并同时说服主办单位使用该企业的产品。另外，会场的布置也需征得国立竞技场和东京都政府的认可。精工计时公司一方面积极从事游说工作，另一方面将新开发的计时装置提供给日本国内举办的各种运动会作为实验之用，其目的是为了向各委员会证明精工技术的可信度。真诚努力终结硕果，奥委会于1963年5月正式决定东京奥运会全部使用精工计时装置。

第二阶段，在改进技术的同时，展开了以“精工的竞技计时表将用于东京奥运会”为主题的公共关系活动。为了在世界范围内大造舆论，精工准备了奥运会预备会上所需的宣传手册，广告宣传也紧锣密鼓地开展。

进入奥运会前的第三阶段，公共关系的各种计划先后付诸实施，报纸、广播、电视等在报道与奥运会有关的消息时，都或多或少地涉及精工表，从而造成了“东京奥运会必须使用精工计时装置”的舆论。

由于精工与奥运会完美结合，公共关系活动收到了奇效。当东京体育馆室内比赛大厅的竞技计时装置完成后举行盛大的落成典礼时，精工的技术被夸耀为日本科学的精华、无与伦比的结晶，终于实现了“精工——世界的计时表”这一目标。

精工计时公司为这次长达4年的公共关系战役投入的资本是：85名技术员与890名作业员以及数亿日元的财富。然而，公关成就的最好例证便是开篇的故事，在罗马人眼里，精工表可以和瑞士表媲美。这足以说明精工计时公司此项公共关系活动的效果。

启发思考：

1. 精工计时公司如何借助奥运会开展公共关系活动的？选择了哪些传播媒介？

2. 精工计时公司公共关系策划中最有创意的一点是什么？你对此有什么评价？

公共关系实施是指公共关系主体为了实现既定公共关系目标，充分依据和利用实施条件，对公共关系创意策划进行实施策略、手段、方法设计并进行实际操作与管理的过程。公共关系实施是公共关系四个步骤中最重要的一个环节。

一、公共关系实施的基本要求

公共关系人员通过调查研究发现公共关系工作中存在的问题，公共关系工作不但要看方案的策划，而且要看方案的最终实施情况。公共关系实施的基本要求有以下几点。

（1）局部服从整体。公共关系实施过程中，要准确把握公共关系工作的目标，一切活动以实现公共关系的总目标为准绳。要有整体和全局的观念，当局部的公共关系工作和全局的公共关系目标发生矛盾时，要以局部服从全局。

（2）充分发扬民主。公共关系方案的实施过程充分采用民主的方法，让所有的公共关系从业人员在各自所负责的工作中充分发挥自己的主动性、创造性和积极性，引导他们以公共关系总目标为核心，在遇到问题时，能在顾全大局的情况下灵活解决、修正工作方法。

（3）及时反馈修正。公共关系方案实施的过程中要不断反馈、修正方案的内容。由于客观环境和组织内部的状况是不断发展变化的，不管公关方案制订时考虑得多么周密慎重，也不可能预料到未来发生的所有事情，也难免会出现方案与实际实施过程不符的现象。因此要对实施过程中的信息进行及时的收集和反馈工作，不断和总目标进行对照，找出差距及时予以调整，使整个公共关系方案的实施受到良好的控制，能更好地实现公共关系目标。

二、公共关系实施的方法

公共关系方案的实施主要有以下几种方法。

（1）目标导向法。目标导向法是指在实施公共关系方案时，实施人员利用目标对整个实施过程进行引导、制约和促进，以把握实施活动的进程和方向的方法。目标导向法的基本做法是采用线性排列法和多线性排列法，将所有的公共关系行动和措施按先后顺序有机排列组合起来，然后再加以实施。线性排列法是按公共关系行动、措施的内在联系为先后顺序逐一排列出来，一步一步地向目标迈进。多线性排列法是将几个行动同时展开，共同向成功迈进的排列方法。这种方法可以缩短整个计划实施的时间，但花费的人力、物力、财力却相对要多，而且一旦前面一步工作受阻，下一步工作将造成浪费。

（2）控制进度法。控制进度法是根据整个公共关系计划和目标的需要，按照一定的程序，掌握工作的进展速度，以避免出现不同步现象。在公共关系计划实施过程中，由于分工不同，往往会出现多方面工作不同步的现象。如某项赞助活动在电视台已经开始传播了，但赞助的纪念品尚未制作完成，这样就会造成工作脱节，影响主办赞助活动机构的声誉。因此，在公共关系计划实施过程中，应经常检查各方面工作的进度，及时发现超前或滞后情况，搞好协调，使各方面的工作同步进行和平衡发展。

（3）整体协调法。整体协调法是指在公共关系计划实施中使工作所涉及的方面达到和谐、合理、配合、统一的状态。最常见的有纵向协调和横向协调。纵向协调是指上下级之间的协调，横向协调是指同级部门和实施人员之间的协调。通过协调，使全体实施人员在认识和行动上取得一致，保证实施活动的同步与和谐，提高工作效率，减少或杜绝人力、财力和物力方面的浪费。

（4）反馈调整法。反馈调整法是指在公共关系方案实施过程中，必须不断地把公共关系计划在客观环境中实施的结果与公共关系目标相对照，如有偏差，应及时对计划或目标做出相应的调整。要依靠各种形式的信息反馈渠道，把方案实施的各种信息及时、准确地搜集汇总上来，经过研究分析，作为调整的依据。这样，经过多次循环往复地反馈、调整，使公共关系计划不断完善，直至完成公共关系计划，完成战略目标。

（5）正确选择时机法。正确选择时机法是指选择恰当的时机实施公共关系计划。在公共关系实施过程中，应对时机进行精心选择与安排，以收到良好的效果。一项公共关系计划的实施恰好碰上奥运会，那么无论计划的实施者采取怎样得力的宣传措施，其宣传效果也会在奥运会这种重大新闻面前黯然失色。因此，公共关系计划的实施在选择时机时，应注意下面几点：首先，要注意避开或利用重大节日。凡是同重大节日没有任何联系的活动都应避开节日。其次，要注意避开或利用国内外重大事件，凡是需要广为宣传的公共关系活动都应避开国内外的重大事件。最后，还应注意不宜在同一天或同一时段里同时开展两项重大的公共关系活动，以免其效果相互抵消。

三、公共关系实施中的障碍及排除

公共关系方案的实施是一个完整的过程，在公共关系实施过程中，影响公共关系实施的因素主要包括目标障碍和沟通障碍。

1. 目标障碍及排除

公共关系中的目标障碍是指由于所拟定的公共关系目标不正确或不明确、不具体而给实施带来的障碍。目标障碍的具体表现为：公共关系计划目标不符合公众利益，在实施过程中必然不会感受到目标公众的合作热情；公共关系计划目标过低，在实施过程中就不能唤起目标公众的激情；公共关系计划目标太高，在实施过程中则会使实施人员望而却步。

在公共关系实施过程中对目标障碍的排除主要可从以下五个方面进行：检查计划目标是否切合实际并可以达到；检查计划目标是否可以进行比较和衡量；检查计划目标是否指出了所期望的结果；检查计划目标是否是计划实施者在职权范围内所能完成的；检查计划目标是否规定了完成的期限。

如果在某些方面有疏漏，实施人员应主动与计划制定者取得联系并促使其重新修订，从而使计划得以实施。

2. 沟通障碍及排除

沟通障碍是指由于传播沟通工具运用不当、方式方法不妥、渠道不畅等而给实施带来的障碍。常见的沟通障碍主要有以下几种。语言障碍：语言差异、语义不明等都会使沟通遇到困难；习俗障碍：不同的道德，不同的礼节习俗，不同的审美习俗都会影响沟通，使沟通受挫；观念障碍：封闭观念会排斥沟通，极端观念会破坏沟通；心理障碍：人们的认识、情感、态度等心理因素也会给沟通带来麻烦，偏见易于歪曲事实真相，情感失控会使沟通受阻；组织障碍：组织是由若干系统组成的，因此，传递层次过多会造成信息失真，机构臃肿造成沟通缓慢，条块分割造成沟通短路，沟通渠道单一造成信息量不足等。

沟通障碍的排除方法应注意以下两方面的问题：注意缩小传播者与其公众之间的差异。基本方法有：利用公众所处的社区位置最接近的媒介；利用公众心目中信誉较高的传播媒介；尽量减少与公众在态度方面的冲突；用公众可以接受的语言或事例来说明所要沟通的问题；确定大多数公众的立场，表明立场与这些人的立场一致；发挥“公众细分”的作用，因为公众细分将会帮助沟通者得到积极的反应；根据形势需要随时调整反映组织要求的信息。

沟通者要牢记以下基本事实：公众是由许多受到各方面影响的个体构成的；公众乐于接受与他们切身利益密切相关的信息和与他们原有认识、态度相一致的信息；各种大众传播媒介有各自的公众，大众传播媒介所产生的社会影响并非都可测量出来。

第四节 公共关系评估

公共关系评估就是依据特定的标准，对公关计划、实施及效果进行检验、评价和估计。公共关系评估是公共关系工作程序的最后一个步骤。通过对公共关系工作的评估，对其实施情况进行总结和分析，做出客观的评议，找出工作中的经验和教训，为进一步提高公共关系工作水平和决策的科学性提供依据。

一、公共关系评估的意义

公共关系效果的评估是公共关系工作程序的最后一个环节，对公共关系工作的顺利进行有着重要的意义。

公共关系活动具有明确的目标和实现目标的各种具体计划、方法等。这些方法是否有效、计划是否明确、目标是否能够实现，离开检验是无法知道的。通过活动效果评估，可以发现公共关系工作的成绩与不足、优点和缺点。

活动效果评估有利于加强对公共关系工作全局的控制和监督。由于公共关系工作面向社会，所涉及的领域较为广泛，工作的实际效果不易被反映出来，工作中的问题难以发现。而对组织形象进行及时的检验，可以发现问题，找出原因，采取相应的措施，从全局和整体上对公共关系工作进行监督和控制。这有利于把握公共关系活动过程，正确处理局部效果和全局利益的关系，促进公共关系工作的顺利开展。

公共关系活动是在复杂多变的社会环境中进行的，会遇到各种各样的制约因素。通过公共关系效果评估，可以辨别出哪些是积极因素，哪些是消极因素，及时发现新情况、新问题，并采取相应的对策或措施。

通过公关活动效果评估，可以总结经验，吸取教训，提出借鉴性乃至修正性的意见，从而为公共关系决策提供依据，也有利于改进和完善公共关系工作。

二、公共关系评估的内容

公共关系评估的内容十分广泛，主要包括以下几个方面。

（1）公共关系目标检验。公共关系目标是传播信息，联络感情，改变态度，引起行为。检验组织形象，首先要看这个总体目标是否明确，围绕这个目标的各种实施目标是否具体。同时，要检验目标是否能变为现实，或者在多大程度上能成为现实。

（2）公共关系计划检验。公共关系计划检验就是分析公共关系计划的可行性、计划的实现情况等，从而发现公共关系计划中哪些符合实际，哪些脱离实际；哪些是必要的，哪些是多余的。

（3）公共关系经济效益检验。公共关系经济效益检验是组织形象检验的重要内容。如果公共关系工作不能给组织带来较好的经济效益，甚至损害其经济效益，就不能算是成功的。

（4）公共关系社会效益检验。良好的社会效益是衡量和评价组织形象不可或缺的部分。组织形象如何，不仅在于它创造了较好的经济效益，而且在于它实现了好的社会效益。

（5）公共关系计划实施情况检验。公共关系计划实施情况检验是指检查措施是否得力，方法是否有效，过程是否顺利。同时还要检查人力、物力和时间的使用、分配是否合理，据此可以反映出公共关系组织的经营管理水平、劳动效率等。

总之，组织形象检验的内容是复杂的、综合的，几乎涉及公共关系活动的各个方面。

三、公共关系评估的基本方法

评估公共关系活动的效果方法有很多种，主要有以下两种。

1. 内部总结

内部总结是公共关系评估的重要方法，内部总结的内容很多，主要可从以下几方面进行。

总结公共关系方案在执行过程中和整体目标是否一致，是否和外部环境相符，公共关系活动的实际效果是否达到了公共关系的期望目标。

总结公关工作的状态如何，措施是否得当；公关技巧有无创新；公关人员思想水平、业务素质、工作效率以及道德水准有无明显改善和提高；员工对组织的关心度、归属感、责任感是否有了提高；公共关系自身工作中所涉及的部门和负责人是否理解并配合工作；公关活动是否对所有的公众对象产生影响。

总结公共关系工作的具体成绩在质和量上的表现，以本年度公共关系方案和预算为根据，将实现结果与预期目标相比较，找出可测量的成果、实例和存在的差距，借助于“消费—费用分析”方法，计算本组织公共关系投资所取得的正、负效益，以货币量来衡量组织的公关效益，并就公共关系工作对组织及社会的贡献做出总结报告。

广泛征求组织的领导、各部门管理人员及员工对公共关系工作的意见及评价，以及在管理层中的影响和作用。参考组织内部的评定，对公共关系工作做出参考性的总结意见。

组织的内部总结评估是一个自我提高的过程，仅有此项内容评估还不够，要得到真实客观的效果评估，还必须进行广泛的外部调查，即收集反馈信息。

2. 外部调查

进行外部调查主要是以收集来自各方的反馈信息来进行的。反馈的主要途径是公众的来电、来函，报刊的报道、评论，专家的咨询意见以及民意测验等。一般有以下两种方法。

（1）统计法。统计法主要是针对新闻媒介的反映所采用的。由于新闻舆论具有很高的敏感度和很强的透明度，因此通过统计新闻媒介对于本组织的报道动向及其频率，可以测知本组织形象的改善情况。对报道的次数、篇幅、时数、种类和受众覆盖面进行统计，从中可以得知组织引起公众注意的程度。对媒介的层次（报刊、电台、电视台的级别）、影响性（公众、政府等有关方面的反映）、有关资料的使用情况，与社会热点的关系、社会综合反响（如新闻报道后，询问该组织有关情况的人数）等内容进行统计，可以了解组织的知名度。对读者人次，受听众、观众欢迎程度加以统计，不仅可以得知报道组织情况的新闻媒体本身的影响力，而且也可以从中得知组织的影响力。

（2）分析法。分析主要是针对公众进行的，因为公众是组织树立形象的对象。如果不对公众进行调查分析，就不可能得知组织的发展及现状。调查分析公众，主要是了解公众态度怎样，组织对公众的吸引力出于什么水平，公众对组织的理解出于什么状态。这些分析可以通过访问、座谈、问卷、民意测验等方法获得。另外，可以将社会作为一个横断面作广泛的调查，寻求不同层次的公众对组织机构的不同意见和评价，并抽样分析，既可以得知组织外部的专家对本组织的评价，又可以了解一般公众对组织的看法。同时，还可以通过第一个步骤的调查结果与最近调查结果相比较，了解进行公共关系活动后，公众对本组织的态度是否有了明显的变化，分析影响公众态度的内在动机，分析方法侧重于非量化的心理方面，这是评估公共关系效果最基本也是最复杂的一种方法。

通过内部外部评估公共关系的效果，可以得出三种结论：效果较好、效果一般、没有效果。这三种结论是经过周密的设计、科学的分析得出的。因而公共关系部门及工作人员要正视评估效果，写出既有理论分析又有实例佐证的工作总结报告。对效果较好的，找出成功的原因，明确有效的方法和措施，并在本组织内部积极加以推广和应用，写出书面经验总结，然后按照原方案实施下一项公共关系活动。如果效果一般，不太显著，就要对每一个工作环节认真地分析，找出差距和存在的问题，从而确定在执行下一个方案时增补或去掉什么措施。通过调查总结来补救工作，同时要对公共关系从业人员作一定的教育培训，并尽力争取领导的理解和支持。如果工作没有成绩，在这种情况面前，最易引起组织内部的各种舆论和不解，公共关系从业人员也容易为此受到压力和泄气。因此面对这种情况，首先要做好组织内部的调解工作，调动公共关系从业人员的积极性，使其振作精神，找出没有效果的真正原因，是环境不佳、情况有所变动，还是目标不适宜、措施不得当。通过总结教训，找出改进的措施和方法，特别需要和组织的管理机构取得一致，对计划方案做出局部调整或全面调整，重新规划并开始新的公共关系活动。

实训练习

1. 选择一家店铺，分别从外观、服务人员的工作质量、服务项目设置、宣传等方面进行调查，针对该店公共关系工作写出评估报告。
2. 找一篇有关企业的新闻报道，并对该报道作一次全面的新闻舆论分析，形成分析报告。

本章小结

公共关系工作不仅具有较高的艺术性，而且还有较强的科学性。公共关系管理过程的四个基本步骤，即公关调查、公关策划、公关实施、公关评估，这一程序被公共关系工作者称为“四步工作法”。

公共关系调查是公共关系工作的首要步骤。公共关系调查主要有三项内容：组织形象的调查（组织知名度及美誉度调查）、组织的公众舆论调查、组织开展公共关系活动的条件调查。公共关系调查的方法主要有两大类：一是非正规调研，二是正规调研。

公共关系策划是指公关人员根据组织形象的现状和目标要求，分析现有条件，设计最佳活动方案的过程。公共关系策划的原则有：事实性原则、公众利益优先原则、公众利益优先原则、创新性原则。公共关系活动模式多种多样，常见类型有宣传型、交际型、服务型、社会活动型、征询型、建设型、防御型、矫正型、维系型、进攻型。

公共关系实施是指公共关系主体为了实现既定公共关系目标，充分依据和利用实施条件，对公共关系创意策划进行实施策略、手段、方法设计并进行实际操作与管理的过程。

公共关系评估是公共关系工作程序的最后一个步骤。通过对公共关系工作的评估，为进一步提高公共关系工作水平和决策的科学性提供依据。

思考题

1. 简述公共关系调查的主要内容。
2. 简述公共关系策划的含义及基本原则。
3. 简述公共关系策划的基本模式。
4. 简述公共关系方案实施过程中的障碍及其排除。
5. 公共关系评估包括哪些内容?

拓展阅读

1. 福特汽车环保奖案例：http://www.doc88.com/p-915954137120.htm

2. 2016 年热点公关实例：

http://www.docin.com/p-1559390773.html?qq-pf-to=pcqq.c2c

3. 经典公共关系案例：

http://www.docin.com/p-52453370.html?docfrom=rrela&qq-pf-to=pcqq.c2c

4. 公共关系经典案例分析：

http://wenku.baidu.com/view/667ae39151e79b8968022611.html

第二篇　公共关系实务

第七章　公共关系演讲

学习目标：

了解公共关系演讲的基本特征；了解公共关系演讲的类型；了解公共关系演讲者应具备的基本素质；掌握公共关系演讲的技巧。

案例 7.1

蔡元培：就任北京大学校长演说

五年前，严几道先生为本校校长时，余方服务教育部，开学日曾有所贡献于同校。诸君多自预科毕业而来，想必闻知。士别三日，刮目相见，况时阅数载，诸君较昔当必为长足之进步矣。予今长斯校，请更以三事为诸君告。

一曰抱定宗旨。诸君来此求学，必有一定宗旨，欲求宗旨之正大与否，必先知大学之性质。今人肄业专门学校，学成任事，此固势所必然。而在大学则不然，大学者，研究高深学问者也。外人每指摘本校之腐败，以求学于此者，皆有做官发财思想，故毕业预科者，多入法科，入文科者甚少，入理科者尤少，盖以法科为干禄之终南捷径也。因做官心热，对于教员，则不问其学问之浅深，惟问其官阶之大小。官阶大者，特别欢迎，盖为将来毕业有人提携也，现在我国精于政法者，多入政界，专任教授者甚少，故聘请教员，不得不下聘请兼职之人，亦属不得已之举。究之外人指摘之当否，姑不具论。然弭谤莫如自修，人讥我腐败，而我不腐败，问心无愧，于我何损？果欲达其做官发财之目的，则北京不少专门学校，入法科者尽可肄业法律学堂，入商科者亦可投考商业学校，又何必来此大学？所以诸君须抱定宗旨，为求学而来。入法科者，非为做官；入商科者，非为致富。宗旨既定，自趋正轨。诸君肄业于此，或三年，或四年，时间不为不多，苟能爱惜分阴，孜孜求学，则其造诣，容有底止。若徒志在做官发财，宗旨既乖，趋向自异。平时则放荡冶游，考试则熟读讲义，不问学问之有无，惟争分数之多寡；试验既终，书籍束之高阁，毫不过问，敷衍三四年，潦草塞责，文凭到手，即可借此活动于社会，岂非与求学初衷大相背驰乎？光阴虚度，学问毫无，是自误也。且辛亥之役，吾人之所以革命，因清廷官吏之腐败。即在今日，吾人对于当轴多不满意，亦以其道德沦丧。今诸君苟不于此时植其基，勤其学，则将来万一因生计所迫，出而任事，担任讲席，则必贻误学生；置身政界，则必贻误国家。是误人也。误己误人，又岂本心所愿乎？故宗旨不可以不正大。此余所希望于诸君者一也。

二曰砥砺德行方今风俗日偷，道德沦丧，北京社会，尤为恶劣，败德毁行之事，触目皆是，非根基深固，鲜不为流俗所染，诸君肄业大学，当能束身自爱。然国家之兴替，视风俗之厚薄。流俗如此，前途何堪设想。故必有卓绝之士，以身作则，力矫颓俗。诸君为大学学生，地位甚高，肩此重任，责无旁贷，故诸君不惟思所以感已，更必有以励人。苟德之不修，学之不讲，同乎流俗；合乎污世，已且为人轻侮，更何足以感人。然诸君终日伏首案前，芸芸攻苦，毫无娱乐之事，必感身体上之苦痛。为诸君计，莫如以正当之娱乐，易不正当之娱乐，庶于道德无亏，而于身体有益。诸君入分科时，曾填写愿书，遵守本校规则，苟中道而违之，岂非与原始之意相反乎？故品行不可以不谨严。此余所希望于诸君者二也。

三曰敬爱师友教员之教授，职员之任务，皆以图诸君求学便利，诸君能无动于衷乎？自应以诚相待，敬礼有加。至于同学共处一堂，尤应互相亲爱，庶可收切磋之效。不惟开诚布公，更宜道义相励，盖同处此校，毁誉共之，同学中苟道德有亏，行有不正，为社会所訾詈，已虽规行矩步，亦莫能辩，此所以必互相劝勉也。余在德国，每至店肆购买物品，店主殷勤款待，付价接物，互相称谢，此虽小节，然亦交际所必需，常人如此，况堂堂大学生乎？对于师友之敬爱，此余所希望于诸君者三也。

余到校视事仅数日，校事多未详悉，兹所计划者二事一曰改良讲义。诸君既研究高深学问，自与中学、高等不同，不惟恃教员讲授，尤赖一己潜修。以后所印讲义，只列纲要，细微末节，以及精旨奥义，或讲师口授，或自行参考，以期学有心得，能裨实用。二曰添购书籍。本校图书馆书籍虽多新出者甚少，苟不广为购办，必不足供学生之参考。刻拟筹集款项，多购新书，将来典籍满架，自可旁稽博采，无虞缺乏矣。今日所与诸君陈说者只此，以后会晤日长，随时再为商榷可也。

（1917年1月9日）

启发思考：

1. 公共关系演讲有什么特色？
2. 如何理解公共关系演讲的作用？
3. 怎样做好演讲？

演讲活动源远流长，在不同的历史时期，演讲以其独特的艺术魅力，发挥了巨大的作用。古人就有“一言可以定国”“一言可以兴邦”“三寸之舌强于百万之师”的说法。在信息传播日益广泛的现代社会，演讲越来越多地被运用于公共关系活动中。因此，如何提高演讲水平、掌握演讲技能，使组织和个体具备很强的说服力和感染力，是每一个公共关系工作者必须具备的能力。

第一节　公共关系演讲概述

案例 7.2

马云作为 CEO 的最后一次演讲

尊敬的各位媒体朋友、各位合作伙伴，今天我特别兴奋，这是我离开CEO这个职位之前最后一次新闻发布会，因为我一直在想什么事是我离开CEO以后会非常遗憾、后悔，该做而没有做的。大家知道作为一个公司CEO，经常要考虑的问题是未来这个公司将会怎么发展，而我觉得阿里巴巴很幸运，这么多年来，淘宝十周年，阿里巴巴十四年，发展得这么迅猛、这么顺利。

我不担心去年的一万亿到未来可能会成为八万亿或十万亿，而我担心的是什么东西是我们今天关注到，但是没有加以防范，什么东西会成为这家公司将来成长发展过程中的癌症、肿瘤，不可不拿掉，这是我最为担心的，也是考虑最多的。所以我觉得知识产权，打击假冒伪劣产品，这个工作假如不做好，我一定会后悔，因为我们的浙江省是市场大省，全中国建市场的地方都是来得很迅猛，倒得也很快，而倒得很快的其中主要原因之一就是假冒伪劣。

我一直在想有什么办法可以跟他们打到底，对我们这些人来讲，我们不希望淘宝今天给人们带来生活方便的同时，也为这个国家和社会种下毒瘤，所以我们必须采取行动。刚才公安部高政委曾跟我讲，假冒伪劣是经济上的毒品，它麻醉心灵、扼杀创新，我们不希望在淘宝上面得到的口碑是假货很多，造成了虚假繁荣。我们不希望影响每个家庭，所以今年年初在阿里巴巴集团内部的年度考核过程中，我特别兴奋，我差点流下眼泪，因为很年轻的一些淘宝人提出我们必须严肃对待假货，必须采取所有政策、所有方法去打击假货，我们必须采取一些行动。

所以这一次是难得整个公司上下所有的同事，也难得我们五部委联手来处理，这不是我要求你，你要求我，而是我们这些人实实在在地出击。刚才在跟各部委领导交流的过程中，我发现我们这一次是把打击假冒的一些勇士、一些专家、一些第一线战斗者团结在一起。我相信互联网是打假最好的手段之一，我上次讲，电子商务本身不产生假货，它是一面对付假冒产品最佳的镜子，可以把镜子扔了，但不等于假货可以扔掉。所以我们将给各执法机构提供准确的情报，只要网上出现，我们一定把这些情报提供给执法机构，共同把后面的黑势力和制造基地挖出来，只有这样，才能将中国社会未来经济发展的毒瘤挖掉。

这次是真正采取一种有效的措施和机制。刚才孟局长的讲话令我很感动，他肯定了阿里巴巴，同时我们将共同打造一种全球可能首创，也是最行之有效的打假措施，一种合作的机制。我们阿里集团将会全心全意在资金上面给予支持，就像邵晓锋刚才所讲，我们上不封顶，需要多少钱，我们拿多少钱。

但这个工作不是一朝一夕，不是一个部门、一个单位、一个个人可以解决的。美国碰上过这个问题，日本碰上过这个问题，欧洲碰上过这个问题，所有假冒伪劣、知识产权侵害最大的时候，是人均GDP在3000～5000美元，中国目前正处于这个阶段。我相信中国会迎来真正创新的一天，我相信中国一定会拥有自己的知识产权和自己的品牌，我相信今天这些人的努力一定会有结果。

谢谢大家！

一、公共关系演讲的含义及基本要素

演讲是一种常用的人际传播方式，也是人类最高级、最完美的一种语言形式。通过演讲，不仅可以把组织的有关信息传播给公众，与公众进行情感的沟通和思想的交流，而且还可以影响公众，左右他们的态度和行为。

1. 公共关系演讲的含义

演讲是一种运用语言艺术的手段，通过语言的表达，达到与公众沟通、宣传自己的目的。具体来说，演讲就是演讲者在特定的时间和场合，面对听众，采用有声语言和形体语言相结合的艺术方法，发表自己对某个问题的意见，抒发自己的情感，以求感召听众的一种交流思想和观点的社会活动。

公共关系演讲是指公共关系人员为了提高社会组织的知名度和美誉度，塑造良好的组织形象，争取内外部公众的支持，在特定的时间和环境条件下，运用语言艺术，向社会公众发表声明、宣传主张、抒发情感，以赢得和争取公众支持的一种社会实践活动。

2. 公共关系演讲的基本要素

公共关系演讲作为一个系统，有着复杂的内在构成。一般来说，它由以下三个相互制约、相互配合的基本要素构成。

（1）演讲者。公关演讲的主体要素指的是演讲活动的实施者、行为者，即演讲者。演讲者在演讲活动中处于核心地位，起着主导作用。因此，演讲的成功与否，在一定程度上取决于演讲者的水平。一个高水平的演讲者，除必须具备最起码的口齿伶俐、思维正常等生理基础外，还必须具备一定的素养和能力，如科学的思想素质、高尚的道德品质、良好的心理素质、丰富的文化知识、敏捷的思维及娴熟的表达和控场技能等。世上没有天生的演说家，公关人员必须注意日积月累，平时多实践、多练习。

（2）听众。公关演讲的客体要素也称对象要素，指的是演讲活动指向的对象、演讲信息的接受者，即听众。相对于居主导地位的演讲者而言，听众在演讲活动中处于被动的、从属的地位。演讲是演讲者面对听众发表的讲话，任何演讲都必须有一定数量的听众，自言自语不成其为演讲，所以听众也是演讲活动不可缺少的一个因素。演讲是演讲者与听众的双向交流活动，听众可以能动地反作用于演讲者和演讲过程。听众遵守会场纪律、自觉地配合演讲者，可以为演讲创造一个良好的氛围；听众积极的情感应和可以激发演讲者的兴致和热情；听众良好的认知素质和欣赏水平可以提高演讲的效果。反之，则会限制演讲者水平的发挥，降低演讲效果，影响演讲的顺利进行。

（3）环境。公关演讲的条件要素，指的是开展演讲活动所必要的客观条件，即环境。它包括两个方面：自然环境和社会环境。自然环境指的是会场、讲台等空间条件和扩音设备等物质条件。社会环境指的是一定的时代背景。演讲总是在一定的时间和环境中进行的，所以环境也是演讲必不可少的因素。环境状况会对演讲的成效产生重要的影响。适当的环境能给演讲增添气氛，使演讲者保持积极进取的精神状态，使听众心情舒畅、精神集中；不恰当的环境则会大大削弱演讲的效果。比如会场过大，空空荡荡，听众东一个西一个，演讲者就容易情绪低落；会场布置过于华丽、奇异，听众就容易精力分散。所以，组织演讲时只要条件允许都应选择与演讲的主题、内容相适应的环境，并尽量把环境布置得美观大方些，力求庄重、典雅、艺术化和卫生整洁。

二、公共关系演讲的特征

公共关系演讲是人类文明的结晶，是人类社会特有的一种行为方式。与其他人类活动相比，公共关系演讲具有以下基本特征。

1. 社会公开性

公关演讲是一种公开的社会活动，其场所是特定的公开场合，或是会堂，或是街头，或是工地；其对象是一定数量的公众，少则几十人，多则成千上万人；其内容也是可以广泛传播的，具有普遍性。

> **问与答**
>
> 问：公共关系演讲基本要素如何平衡？
>
> 答：公共关系演讲应当将三要素结合起来，相互配合。

2. 直接现实性

除广播电视演讲外，公关演讲都是在演讲者与听众面对面的情况下直接进行的，现场直观性强，而且演讲产生的效果表现得也比较直接。听众在现场一般就会有一定的情感反应、知性认同、行为表现。另外，公关演讲不是一种艺术活动，不存在情景虚拟的现象，也不运用艺术夸张的手法，而是一种现实活动。公关演讲讲现实之事、表现实之情、评现实之理、判现实之是非。

3. 艺术性

公关演讲需要把真的东西、实的东西表现得更和谐、更具魅力，也就是说，它追求一定的美感和艺术格调。一方面，演讲的内容安排、结构布局独具匠心，讲究艺术性。在演讲的开头、结尾、叙事、抒情、说理、修辞、论证方面，演讲者总是苦心构思，巧妙组合，把深刻的思想内容寓于灵活精巧的艺术结构当中，使听众产生一种艺术的结构美感和文采美感，从而加强表现力和感染力。另一方面，演讲的表达形式讲究一定的技巧、技艺。演讲以口头语言表达为主，姿态表达为辅，只有将二者巧妙地综合运用起来，做到字正腔圆、语调动听、双目传神、表情丰富、动作优美、仪态大方、感情充沛，才能更加充分、有效地表达出深刻的思想内涵和情感态度。

4. 鼓动性

公关演讲具有强烈的宣传鼓动性。具体表现为：首先，演讲传达的是真善美的内容，而真善美是一切正直的人们所追求和渴望的，因而自然会引起共鸣，激励和鼓舞公众。其次，演讲是以理服人，以情感人。说理时应深入浅出、旁征博引、严格周密；表情时则应真实自然、准确贴切，因而极易说服听众、打动听众。再次，演讲的表达手法多样，不仅把信息以有声语言诉诸于听众的听觉，而且还以相应的动作、表情作用于听众的视觉，声情并茂，因而能扣动听众的心弦，牢牢地把听众吸引住。

5. 交际性

公关演讲是一种比较正式的，有组织、有目的的社会交际活动。从形式上看，它是一种群体活动，是演讲者与听众在公共场所面对面的比较规范的交往活动。从实际效果来看，在演讲过程中演讲者与听众之间不仅交流了思想，而且也沟通了感情。通过演讲，演讲者、组织与听众加深了了解，增进了友谊。

> **想一想**
>
> 公关演讲还有哪些特点？

三、公共关系演讲的类型

公共关系演讲可以从不同的角度、不同的标准进行划分。

（1）按演讲的内容划分。根据内容的不同，公关演讲可分为政治演讲、经济演讲、学术演讲、道德演讲、法律演讲、宗教演讲、礼仪演讲等。

（2）按演讲的表现手法划分。按演讲的表现手法不同，公关演讲可以分为叙述性演讲、论辩性演讲、说明性演讲、抒情性演讲等。

（3）按演讲的场所划分。按演讲举行的场所的不同，可以把公关演讲分为大会演讲、宴会演讲、街头演讲、法庭演讲、教堂演讲、广播和电视演讲等。

另外，根据演讲有无指定题目或限定主题范围，可分为命题演讲和非命题演讲；根据演讲的事先准备程度，可分为即兴演讲和非即兴演讲等。

四、公共关系演讲的作用

公共关系演讲在公共关系活动中具有十分重要的作用，其作用主要表现在以下几方面。

（1）公共关系演讲是塑造社会组织良好形象的一种重要方式。它以语言为中心，融声音、表演、形象、时境等综合因素为一体，比单一形式的口头或文字表达更具鼓动力、感染力、说服力。

（2）通过展开内部公共关系演讲活动，可以调动社会组织内部员工工作的热情和生产的积极性，协调各方面关系，进一步增强员工爱岗敬业精神。

（3）通过开展外部公共关系演讲活动，可获得外部公众对社会组织的了解、合作、谅解和支持，进一步提高组织的知名度和美誉度。

第二节　公共关系演讲准备

案例 7.3

我成功的唯一理由是“三多”

（马云演讲节选）

关于社会对80后、90后的担忧、抱怨、埋怨，我最早是在前年的一次会议上听到的，后来是连续不断地听到，他们被认为是没有希望的、垮掉的一代。但引起我思考的是，阿里巴巴的人，淘宝的人，支付宝的人，腾讯的人，百度的人都是80后的，公司的建设靠他们。

社会上很多人说80后、90后不听话，我们也要反思我们听了孩子们的话没有？我觉得，80后、90后是我们的产品，我们没有理由，也没有权力去批判我们的产品，我们唯一有的权力和责任是完善我们的产品。

（对于）大家刚才提的问题，我是蛮感动的。我更加坚定地认为，一代胜过一代。

创业永远挑选最容易、最快乐的事情做，创业不是为了赚钱，而是你要喜欢这个工作，你喜欢做这件事，那是最大的激情和最大的动力所在。如果你为了挣钱（而创业），我告诉你，永远有比你能想到的更挣钱的东西。你选择是因为你喜欢，喜欢就不要抱怨。

这个世界我们可以批判，但是你们一定会替我们找到未来。今天中国的问题，50年以前中国有过，60年以前中国也有过，600年以前中国还是有过，这个世界丰富多彩就是因为有这些事。

不是每个80后、90后都会成功，但只要你勤奋有理想，完善自己完善别人，就一定会成功。

所以没有什么可抱怨的，应坦荡地做自己。怎么做自己？要先问自己这些问题：我有什么？我要什么？我愿意放弃什么？我们这一生不是来创业的，不是来做事业的，而是来体验生活的。

我们要让年轻人明白，不要怪人家富，不要怪人家有钱，而要改变自我，寻找快乐，寻找幸福感。创业不会给你带来幸福感，会给你带来快感，但快感的背后会带来很多痛苦，真正的幸福感是你知道自己在做什么，知道给别人带来什么，你会逐渐从痛苦中找到快乐。

什么是最好的机遇？20世纪的商人抓住机会成功了，阿里巴巴、腾讯、百度、微博抓住了这个时代，21世纪，能解决社会问题的公司才是未来的真正公司，想一想你能为社会解决什么问题。这样的公司才会成功。

没有人是完美的，社会也不可能完美，因为社会由所有不完美的人组成。你的职责是比别人多勤奋一点、多努力一点、多一点理想，只有这样世界才会好起来。我就是这么走过来的，我能走到今天没有任何理由，唯一的理由是我比同龄人更加乐观，更加会找乐子，更加懂得左手温暖右手，相信明天会更好，就是这样。

俗话说："不打无准备之战。"在进行演讲之前也要做好各方面的充分准备，才能完成一次成功的演讲。演讲好比盖房子，绘制的蓝图再精美，工匠的水平再高，但水、沙、砖、石、钢、瓦、木等基本材料准备不齐全或是劣质产品，那么砌出来的也只能是不堪入目的一堆废物。公共关系演讲的准备大体包括了解听众、树立演讲信心、准备演讲稿三个方面的工作。

一、了解听众

公共关系人员在演讲前，应对听众的有关背景材料作必要的了解，为演讲稿的写作及演讲的成功打基础。一定要把听众的需要与自己的优势结合起来，这样才能达到吸引听众的目的。在演讲前，需要了解听众的相关情况。

（1）了解听众的需要是政治需要、经济需要、求知需要还是伦理道德、欣赏娱乐、自我表现等的需要，对演讲有什么要求或有什么急需解决的问题等，以确定演讲主题并选择合适的材料。

（2）了解听众的文化程度和知识结构，以调整演讲的语言风格和内容的深度。

（3）了解听众关心的社会热点和急需解决的心理问题，以调整演讲内容的侧重点。也可在结合演讲主题的前提下，通过一些渠道了解听众具体的生活、工作、学习等情况，掌握一些很关键的细节问题，使听众感到熟悉，以加大听众的亲切感。

二、树立演讲自信心

自信是演讲者必备的心理素质，因为演讲者要领导和诱发听众去理解并相信自己的观点，因此，必须充满自信地进行演讲。我们通常把当众讲话不自信称为"怯场"，如何克服"怯场"是每一个演讲者必须经受的训练。当然，充分的准备和大量的演讲实践是克服"怯场"的最佳途径，但我们还可以通过一些简单的方法减轻心理"怯场"。比如：自我心理暗示法。即在演讲前，反复对自己进行暗示：我的演讲一定会成功；听众对我所介绍的内容非常感兴趣；我对这方面的内容非常熟悉，我的准备也很充分；等等。这种积极的心理暗示能够刺激演讲者，在精神上鼓励自己一定会成功，从而保持一种自信的状态，减轻"怯场"心理。切不要在上场前对自己进行负面的心理暗示，比如"我今天会不会演砸了？""听众相信我的话吗？""忘词了怎么办？""他们会不会嘲笑我？"等。实践证明，这种负面的心理暗示往往会导致演讲的失败。

三、准备演讲稿

演讲稿是演讲者事先准备的用于演讲的文稿，属于应用文中的一种独立文体。准备演讲稿的过程是一个认真调查研究、反复思考推敲的过程，也是一个理清演讲思路、构思表达言辞的过程。演讲者应亲自完成演讲稿的准备，这样才能准确把握演讲内容。准备演讲稿可从以下几方面着手。

（1）准备选题。选题也就是确立演讲的主题。写演讲稿首先要确定主题。主题是演讲的中心思想，是反映和实现演讲者演讲意图的思想观点，是演讲内容的核心。只有确定了主题、意图，才能围绕主题选取材料，把握语言风格。比如，某次演讲的主题是宣传产品的功效，树立组织的形象；而演讲者在演讲时却花费大量的时间去介绍产品开发的经过与难度，那么即使讲得再清楚明白，也不能收到预期的效果。

（2）搜集材料。根据演讲的主题搜集有关材料是准备演讲稿的重要一步。演讲稿的内容是否充实，在很大程度上取决于材料搜集是否充分，选择的材料是否恰当。材料的积累与选取一是要围绕主题进行；二是平时就要注意知识的积累和搜集，多读书，读好书，做好笔记；此外，应向社会学习、向生活学习。这些都可以说是知识和材料积累的主要途径。

（3）撰写提纲。起草前一般要先列出提纲来。列提纲就在于利用提要或图表等方式，把演讲的主题、论点和文章的结构框架等简明扼要地勾勒出来，体现出演讲稿的基本思路和层次安排。

（4）拟订初稿。在构思完整的基础上，初稿的写作应饱含激情，一气呵成，体现出个性和语言的风采。演讲稿的构成一般有三个部分，即开头部分、主体部分和结尾部分，这三部分也被人们分别称为“凤头”“猪肚”和“豹尾”，也就是说，开头要精彩，有气势，吸引人；主体部分要丰满，内容要充实；结尾部分要简洁干脆。①开头部分。演讲的开头部分犹如一首乐曲的定调，为演讲定下一个基调。匠心独具的开场白，能够吸引公众，迅速在演讲者与听众之间架起沟通的桥梁，打开场面，导入正题。②主体部分。主体部分是演讲稿最重要、最丰满的部分。这部分的写作要紧紧围绕主题，突出演讲的中心。选择的材料要典型，事例要有说服力，引用的数据要真实可靠；评议要准确、生动、形象；结构要合理，逻辑要严密，经得起推敲。③结尾部分。结束语也是演讲成功的关键一步，精彩的结尾犹如乐曲结束时的“强音”，具有很强的震撼力，令人回味无穷。成功的结尾要做到干脆、有力，令人乘兴而来，尽兴而归。

（5）熟记演讲稿。演讲稿写好以后，演讲者要熟记讲稿，为试讲和正式登台演讲做好准备。记忆讲稿可从以下四个方面着手：①从意义上入手记忆。主题和中心思想是通篇的“统帅”，从意义上入手易于记忆全篇讲稿。②从结构上入手记忆。讲稿的结构通常以提纲的形式来体现。从结构上入手就是要抓住讲稿的“纲”，纲举而目张。在诵记中，可尽量把提纲中的要点压缩成几个字，到讲的时候再按点展开。③从形象入手记忆。用能够产生视觉形象的语言去记忆讲稿，容易记住。④从感情入手记忆。真实而强烈的感情体验能强化记忆。

问与答

问：除了以上几点，你认为演讲者还需要具备什么条件？

答：演讲者还需要具备敏锐的观察能力以及演讲时的自信品格意识。

（6）练习试讲。在熟记讲稿的基础上，演讲者要进行试讲练习。可自己找一个僻静的地方单独演练，或约几个亲朋好友来试听，也可以录音后再播放分析。例如：闻一多在清华求学时，就自觉刻苦地练习试讲。据他的日记记载，有一天曾到钟台下练习演讲 8 遍，第二天晚上又外出练习 12 遍，五天后，又在深夜寒风刺骨的土山凉亭里练习试讲，回到宿舍后又温习了 5 遍。

除了试讲之外，演讲者还可以用口、手、耳并用的方式进行演讲稿的修改与试讲。用嘴讲，可以在修改中使语句更加简洁、顺畅、有韵味，更加符合口语特点；用耳听，可以发现书写顺畅但听起来比较费解的字句或意义相近而平仄却不相宜的用语。反复练习后，嘴里讲的、手中写的、耳朵听的就可以统一和谐起来。这样到了正式演讲时，就会胸有成竹，临场不乱。

第三节　公共关系演讲技巧

公共关系演讲是一门综合性的艺术，不仅要求演讲者胆大，而且还要艺高。“胆大”就是要自信，要敢讲；“艺高”就是讲起来要有艺术性，技艺要高超。所谓演讲的技巧，就是演讲者巧妙提高演讲成效的技能和方法。演讲的技巧很多，贯穿于演讲活动的整个过程，其中演讲的逻辑技巧、口语表达技巧、姿态表达技巧和场面控制技巧是演讲者必备的基本技巧。

案例 7.4

如果你不做，这个世界跟你无缘（节选）

俞敏洪

马云为什么做阿里巴巴做得这么大，新东方为什么做得这么小？原因是因为我们对自己的自信度不一样。我跟马云有很多相似的经历，我们两个人都学外语的，都是高考考了三年，第三年我们都考上了。我考上北大的本科，他考上杭州师范学院的专科，大家马上就明白，这两个人不仅仅是长相的差别，而且还有智商上的差别。但马云比我厉害的地方是，他给自己定了一些非常高的标准，要从专科变成本科，要变成校学生会主席，要跟学校的美女校花谈一场恋爱，这三件标准在我进到北大看来，都是没法实现了，结果他在大学四年全部实现了。

我在北大整整自卑了七年，没追过任何女孩子，没有参加过任何学术活动，只有一个理由，就是我觉得我做了也是失败，反而丢了自己的面子。我追女孩，女孩会拒绝；我去参加学生会竞选，根本竞选不过别人。我干脆不做，你也不知道我失败了。

关键是如果你不做，这个世界跟你无缘。我身上有没有谈恋爱的能力呢？一定有，我追第一个女人就追成了。我有没有做事情的能力呢？有，我第一次创业就是新东方，就做成了。所以当你的能力被自己否定掉的时候，你在这个世界是做不出事情来的。马云尽管没有能力，但是不否定自己。因为不否定自己，所以就变得越来越有能力。你变得越来越有能力，你就会叠加自己的自信，觉得自己就能把事情做成。所以我常常说我非常庆幸我一次把新东方做成了，要是做不成的话，我没有勇气第二次创业。马云做阿里巴巴已经是他第五次创业，他依然相信自己就能把事情做成，结果阿里巴巴做成了。另外阿里巴巴比新东方晚了八年到美国去上市，但是市值比新东方高了上几十倍，新东方现在只有40亿美元，阿里巴巴2千亿美元。

所以你只有克服自己，改变自己，才能改变别人。改变自己必须从思维的本质上来改变。当你要拥抱变化的时候，你的内心深处必须认为我就是那个人。当我把自己可以定位为中国民办教育产业的领路人的时候，我才发现自己找对了路子。你把自己定位定准了，你就会改变。马云很厉害，他从大学的时候给自己定位，既然我长得如此不起眼，我的精神必须要起眼，要变成中国任何一个行业的引领者。我跟马云同时开的外语培训班，第一期班13个人，三年以后变成了三千个学生。马云第一期班

20个人，三年之后还是20个人。但是马云比我厉害在什么地方，阿里巴巴的十八罗汉，有接近十个人就来自他这个班里的学生。用人能力和挖掘人的潜力的能力，在这一方面马云比谁都厉害。

一、逻辑技巧

在演讲中逻辑有着极其重要的作用和多方面的功能。掌握必备的逻辑技巧，可以帮助演讲者准确地表达思想感情，有效地驳倒错误论点，清楚地说明事理，做到无懈可击。

（1）准确使用概念。概念是思维形式最基本的单位，是组成判断和推理的基石。演讲要表达观点、抒发感情，就必然要使用一系列的概念。使用概念必须准确，这是基本的逻辑要求。只有概念确切、明晰，听众才能听得清楚、理解得确切。相反，如果演讲者对自己所用的概念的含义和适用范围都不清楚，那就不可能准确地表达自己的思想，就会出现概念不明确和含混不清等逻辑错误。

（2）恰当运用判断。判断是概念的发展，是概念的有机联系，同时也是组成推理的基本要素。只有判断形式运用得恰当，才能进行合乎逻辑的推理。演讲时随时都会遇到需要作出判断的情况，随时都要应用判断。演讲者只有对客观事物作出恰如其分的断定，才能把真实可靠的信息准确无误地传达给听众。

（3）正确使用推理。演讲时演讲者不能总是堆砌概念，也不能总是简单地判断事物是什么、不是什么，而需要把有某种关系的判断联结起来去反映事物之间的各种复杂关系；需要根据某些已知的判断合乎逻辑地推陈出新。可见，演讲离不开推理，而推理要正确地表达思想感情，就必须合乎逻辑，做到：前提真实，形式正确，并符合逻辑学的规律和规则。

（4）遵守基本逻辑规律。同一律、矛盾律、排中律和充足理由律是逻辑学的四条基本规律，它们是人们进行思维和运用思维形式时必须遵守的最基本的准则。演讲作为一种高级智力活动也毫不例外。只有遵守了它们的要求，演讲时才能保证思维和表达的确定性、无矛盾性和明确性，从根本上做到概念明确、判断恰当、推理正确、论证有据。

二、口语表达技巧

演讲是一门高度综合性语言艺术，所以需要演讲者掌握多种语言表达技巧，并进行综合运用。演讲的口语表达技巧主要包括发声技巧、节奏的掌握以及修辞的运用技巧三种。

1. 发声技巧

演讲者在进行演讲时，留给听众最深印象的就是演讲者的声音。声音在演讲时具有强大的感染力。掌握和提高发声技巧可从以下几方面着手。

（1）在演讲中要用标准流利的普通话，做到吐字清晰、发音准确。演讲者可以通过模仿广播、电视播音员的吐字发音等途径进行普通话练习。克服南腔北调的方言，以免在演讲中因为发音错误引起听众的误会。

（2）要在改进和提高音质方面多下苦功。尽量达到圆润、清亮、优美、字正腔圆，听后让人感到是一种美的享受。要做到这一点，就要多下功夫练习发声技巧。要学会用“腹式呼吸法”进行发声练习，这样可以连续发出更多的音节，且发声的高低长短也易于控制。同时要训练“三腔共鸣音”，即发声时充分注意“口腔”“鼻腔”“喉腔”三腔的共鸣作用。简单地说就是，当表达轻松、柔美的感情时，发音部位应靠前，口腔开张度要小，喉部的发音宜轻，丹田气的控制要缓；当表达庄重、严肃的感情时，发音部位应靠后，口腔张开度要大，丹田送气要足。

（3）要准确控制和把握音量大小。音量的控制和把握在演讲时也起着至关重要的作用。在演讲时，音量的大小的变化要自然、流畅、恰当、适度，切不能无目的地、随心所欲地忽大忽小。

（4）要克服发声中的几种毛病：第一就是喊叫，这是初学演讲者最常见的毛病；第二是朗诵腔，演讲与朗诵不同，声音要自然、朴实；第三是声音过于低弱；第四是音量忽高忽低。

2. 节奏的掌握

20世纪的口才大师、英国前首相丘吉尔认为：口头表达艺术主要有四大要素，而其中占第一位的就是口语的节奏。节奏就是演讲时交替出现的声音抑扬顿挫、轻重缓急的有规律变化。口语的节奏像音乐的节奏一样，可以把语言变得悦耳动听。另外，节奏还具有强烈的表情作用，听众可以随着演讲者的思想感情一起波澜起伏，增强演讲的感染力。

演讲的节奏包括演讲速度的快与慢、行与止，声调的抑与扬、顿与挫，情感的浓与淡、急与缓，表情动作的静与动、间与歇，结构的疏与密、起与伏等。演讲中的节奏把握便是将上述内容运用得恰到好处，根据演讲的内容进行必要的精心安排与设计。著名演讲家邵守义先生说过这样一段话："其结构平庸、松散甚至混乱，其声音平淡、呆板甚至沙哑，其情感淡漠、单调甚至麻木，其语言平常、无味甚至枯燥，其速度没有快慢变化，没有紧张徐缓之分，没有急促轻松之别，这种缺乏节奏感的演讲，是不能引起听众的兴趣，不能够给他们以教益和启示的。"

演讲节奏多种多样，概括起来可分为六种基本类型：轻快型、持重型、低抑型、高扬型、舒缓型、紧促型。演讲时运用的节奏类型不应该是单一的，而应随着演讲内容情节的变化而变化，随着演讲情绪的转换而转换。否则，就会由于节奏的一贯平缓低抑而使会场气氛沉闷、压抑。

3. 修辞的运用技巧

每一位演讲者都要努力成为一名语言大师，加强自身的语言训练，这首先就要学会运用修辞。修辞是美化语言的方法，是将语言规范化与艺术化的有机统一。修辞运用得好，能够增强语言表达效果。演讲中常用的修辞有比喻、排比、设问、反问等。

比喻是在演讲中运用最多的修辞方法。运用比喻时要注意贴切恰当，切忌庸俗作比。比喻要用具体、简单、浅显来比喻抽象、复杂与深奥。

排比也是演讲中常见的修辞方法，运用排比能够增强语言的气势，如浪涛奔涌，排山倒海，势不可当。比如有这样一段演讲词批判当前的金钱至上观点："有钱能够买到名贵药材，却买不到身体健康；有钱能买到书籍报纸，却买不到知识与智慧；有钱能够买到酒肉朋友，却买不到患难知己；有钱能够买到同床共枕，却买不到真挚爱情。"这一段排比既有哲理又有新意，且气势恢宏，曾赢得一次又一次热烈的掌声。

设问是无疑而问，自问自答，用这种疑问的形式来加强表达效果。反问也是无疑而问，明知故问，但只问不答，目的是把要表达的确定意思包含在问句之中。反问与设问都能起到启发、提示、强调和抒情的作用。需要注意的是，设问与反问都要有针对性，自问自答时要有逻辑性，切忌答非所问。

三、姿态表达技巧

姿态指的是人们在演讲过程中的身体态势，所以姿态表达也就是态势语言的表达。它主要包括站姿、手势、面部表情和眼神等。

1. 站姿

演讲时，站姿的基本要求是抬头、挺胸、直腰、收腹，双手自然下垂于身体两侧。双脚的姿式有三种：一是“一字”形，即两脚掌自然平行分开，相距与肩同宽；二是“稍息式”，即两脚之中任何一脚略向前跨步，两脚之间呈 75 度角，两脚跟相距 10～15 厘米，全身力量多半在后脚，前脚只是辅助，承重较轻。两脚可以轮换移动，交替休息；三是“前进式”，即一脚在前，一脚在后，两脚之间呈 45 度角，两脚跟相距 15 厘米左右，全身力量集中在前脚上，后脚跟略微提起。

演讲时，演讲者不要弯腰驼背耸肩，不要身倚桌子，不要脚尖点地抖动膝盖，双手也不要撑在桌子上或插在口袋里，否则会使演讲者显得懒散松垮、萎靡不振、意志消沉，有损演讲者的形象，令听众反感。一般情况下，站立的姿势适当，演讲者会觉得全身轻快灵活，呼吸顺畅，发声吐字流利自然，同时还能呈现出一种美的造型来。

2. 手势

手势是演讲者演讲时用双手做出来的与有声语言相配合、相协调的种种动作。手势的主要作用在于补充有声语言之不足，辅助有声语言传情达意。手势主要是由手指、手掌、拳头和手臂的动作变化组成。自然而安祥的手势，可以帮助演讲者平静地陈述和说明；急剧而有力的手势，可以帮助演讲者升华情绪；柔和、平缓的手势，可以帮助演讲者抒发内心炽热的情感。手势的运用要注意以下几点。

（1）简洁明了。手势作为一种辅助手段，不宜过多、过繁，当用则用，不当用则坚决不用。手势过多偏于烦琐，就会喧宾夺主，分散听众的注意力，使听众产生逆反心理。

（2）自然雅观。演讲者的手势贵在自然，美在雅观。生硬、呆板、矫揉造作的手势使人觉得别扭、不真实、缺乏诚意。

（3）准确恰当。不同的手势表现着不同的思想感情，所以演讲时的手势应与演讲的内容协调一致。否则，不仅形不达意，而且还会惹得听众轻蔑讥笑。

（4）因人制宜。手势的运用必须与演讲者的身份、职业、年龄等个体因素相切合。有些手势虽很优美，很具表现力，但如与演讲者的身份不相称，就会给听众一种不伦不类、过于夸张的感觉。

（5）不断变换。演讲者如果重复地做某一手势，就会显得单调乏味，毫无艺术性，容易招致听众的厌烦。所以，演讲者要根据内容的需要不断变换手势，以期生动活泼、富有朝气和魅力。

3. 面部表情

人的面目表情可以传递人的内心思想。在公共关系演讲中合理地将语言的表达与表情有机结合，可以真实表达演讲者的内在情感。常用的面部表情有喜悦、愤怒、悲哀、怨恨、沉着、振奋等类型。演讲时运用面部表情应遵循以下原则。

（1）要自然真诚。演讲者的面部表情要发自内心，保持自我本色，而不能装腔作势，故作姿态。情不由衷、做作牵强的面部表情会使听众感到滑稽或虚假，降低对演讲者的信任度，不能真正感染公众。

（2）要随着演讲内容和演讲者的情绪发展而变化。演讲时，演讲者表情单一是得不到听众的青睐的。唯有根据演讲内容和演讲者情绪的变化，喜则眉飞色舞，怒则切齿圆睛，哀则蹙额锁眉，乐则笑逐颜开，才能牵动听众的情绪。

4. 眼神

眼神即眼睛的神态。眼睛不仅会观察，而且还会“说话”，即眼神能表达思想感情，甚至用语言难以表达的极其微妙的思想感情。演讲者必须十分重视和善于运用眼睛来“说话”，以辅助有声语言表情达意，维系听众的注意，使听众透过这心灵的窗户窥见演讲者的内心世界，沟通感情。演讲时运用眼神的方法主要有前视法、环视法、虚拟法和点视法。运用眼神应注意以下问题。

（1）目光要尽量落在听众身上。演讲时演讲者应看着听众说话，使每一个听众都感觉“他是在对我进行演讲”。仰视天花板、俯视地板、左顾右盼、东张西望，不仅不利于吸引听众，而且也显得不庄重、不礼貌。

（2）环视和点视要结合起来运用。演讲者不停地环视，从左扫到右，从右扫到左，再从前扫到后，从后扫到后，容易显得眼神飘忽不定，令人难以琢磨。目光总是凝聚在一点上，会使被看的听众尴尬难堪，而其他听众则会有冷落之感。所以演讲者的目光应走走停停、停停走走，在环视的基础上有针对性地对一些听众进行点视，效果达到后又继续环视，二者有机结合。

（3）眼神要根据演讲内容、演讲者情绪的变化有目的地加以转换。不同的眼神惟妙惟肖地传递着不同的信息，交流着不同的情感。所以，演讲时眼神一定要有所变化，并注意和有声语言、其他态势语言密切配合，才能充分发挥眼睛的“说话”功能。

四、控场技巧

演讲者在演讲的过程中，由于各种原因引起的一些出乎意料的情况总是难免的，出现了对自己不利的情况，演讲者应该处变不惊，迅速找准原因，采取相应的措施。这就要求演讲者具有一定的应变能力，掌握一些基本的“控场”技巧。

（1）处理怯场的技巧。有的演讲者登上讲台心里就害怕，不知所措；也有的演讲者一开始能沉着冷静，但讲着讲着就会紧张、害怕，这就是怯场现象。怯场会严重影响演讲效果，必须及时克服。克服怯场现象除可进行自我心理调节，树立坚定的自信意识外，还可以进行自我生理调节，即深呼吸若干次。据实验表明，深呼吸有助于减轻心理压力，消除紧张心理。

（2）静场技巧。由于多方面的原因，有时演讲一开始会场会闹哄哄的，有时演讲过程中有的听众也会私下讲话，这不仅会影响演讲者的情绪，而且还会严重影响演讲者的声音传播。出现这种情况，演讲者可以运用无声静场的方法，即站在讲台上，面对听众，不言不语，用目光巡视会场，把每一位听众都看到，或对说话的听众进行点视，这样能使会场很快静下来。

（3）处理失误的技巧。俗话说：“智者千虑，必有一失。”再高明的演讲者在演讲时也难免会有失误，如出现忘词、讲错、讲漏等情况。如果是忘词，演讲者要强使自己集中思想，争取在极短的3秒左右回忆起应讲的内容。万一一时想不起，千万不要僵持着不说话，应即兴连缀下去，或果断地“另起一行”，即把下面的内容提上来讲。如果遗忘的内容比较重要，而且后来又想起来了，还可以采取结尾补充的做法，简要陈述几句。如果是讲错，演讲者既不能置若罔闻，我行我素，一味讲下去，也没有必要声明讲错了。最好的办法是按照正确的讲法再讲一遍，借以纠正错误，挽回影响。

（4）处理听众对立情绪的技巧。由于某些原因，特别是当听众对演讲者或其所代表的组织有误会或成见时，听众对演讲者的观点会持怀疑、抵触甚至对立的情绪。这时演讲者千万别和听众“顶牛”，也不要强迫听众接受自己的观点，而应创造一种和谐、宽松的气氛，对听众进行循循善诱的疏导，慢慢地扭转这些听众的戒备心理，进而说服他们。

（5）对答技巧。在演讲过程中，听众当场往往会采用递条子或口头质疑的形式向演讲者提问，有时甚至是恶意的诘责。听众中途提问虽会打断演讲，但并不是坏事。有时还可以借传纸条或回答口头质疑的时机，进一步激发听众的情绪，把演讲气氛推向高潮，而且这里还有一个尊不尊重听众的问题。所以，演讲者必须重视听众的提问。对于听众的提问，演讲者应根据演讲的主旨、气氛、环境、时间和与演讲内容相关的程度以及自身的能力等因素来决定答还是不答以及什么时候答。回答听众提出来的问题时，千万不要不懂装懂，以免使自己陷入尴尬的境地。对于那些易于解答的问题，经过简短思考后，应迅速、果断地作答；对于那些实在不懂的问题，可以向听众道歉，并表示乐意与对方一起探讨；对于听众提出的那些比较深奥或者离演讲主旨很远的问题可以暂时搁置起来，待演讲完毕后视情况再作处置；对于那些别有用心的人提出的有意刁难或挑衅性的问题，一般情况下应不予理睬或义正辞严，以保证演讲有条不紊地进行。

想一想

公共关系演讲的技巧还有哪些？

本章小结

公共关系演讲是指公共关系人员为了提高社会组织的知名度和美誉度，塑造良好的组织形象，争取内外部公众的支持，在特定的时间和环境条件下，运用语言艺术，向社会公众发表声明、宣传主张、抒发情感，以赢得和争取公众支持的一种社会实践活动。

公共关系演讲作为一个系统，有着复杂的内在构成。一般来说，它由演讲者、听众、环境三个相互制约、相互配合的基本要素构成。

公共关系演讲是人类文明的结晶，是人类社会特有的一种行为方式。公共关系演讲在公共关系活动中具有十分重要的作用。公共关系演讲是塑造社会组织良好形象的一种重要方式。

公共关系演讲要做好了解听众、树立演讲信心、准备演讲稿三方面的准备工作。

公共关系演讲是一门综合性的艺术，不仅要求演讲者胆大，而且还要艺高。演讲的技巧很多，贯穿于演讲活动的整个过程，其中演讲的逻辑技巧、口语表达技巧、姿态表达技巧和场面控制技巧是演讲者必备的基本技巧。

思考题

1. 简述公共关系演讲的特征及作用。
2. 简述公共关系演讲者的基本素质。
3. 公共关系演讲的常见技巧有哪些?
4. 试就如何塑造单位良好形象写一篇演讲稿。

拓展阅读

1. 肢体语言塑造你自己: http://v.163.com/movie/2013/4/O/D/M93FG764L_M93FH90 OD.html
2. 伟大的领袖如何激励行动: http://open.163.com/movie/2011/7/0/A/M78065A8E_M7806OF0A.html
3. 脆弱的力量: http://v.163.com/movie/2012/1/D/U/M8H4A8FC9_M8H4AN7DU.html
4. 解密大脑的奇迹: http://open.163.com/movie/2012/1/C/C/M8H4A8FC9_M8H4AMVCC.html

第八章　公共关系危机管理

学习目标：

了解组织行为不当引起的危机原因、类型；了解突发事件引起的危机原因、类型；了解失实报导引起的危机原因、类型；掌握处理公共关系危机的基本策略。

案例 8.1

从“饿了么”的负面曝光　看危机公关

在2016年央视“3・15”晚会上，“饿了么”被曝光：“饿了么”外卖平台引导商家虚构地址、上传虚假实体照片，甚至默认无照经营的黑作坊入驻。平台上的餐厅存在无证经营，卫生不达标的情况。据工作人员调查发现，“饿了么”开店流程仅需三步：提交商店信息——通过资质审核——上线开店。而在具体开店过程中，“饿了么”市场人员在没有核实相关信息（仅询问电话号码）的情况下就帮助新餐厅申请上线营业。瞬间，微博和微信朋友圈炸开了锅。

与此同时，在微信朋友圈里，开始疯传一幅截图，显示一个名为“饿了么？大先生”的个人微信号发送了一张蓝底图片，上写“对不起，今天忘记给×视续费了”，言语中满含讥讽央视收取保护费之意。与此同时，公关业界也在热烈讨论百度百科在此次行动中的迅速反应，在央视曝光之后极短时间内，“饿了么”的词条就被加入了曝光内容。根据百度百科相关流程，注册用户均可提交词条修改，但需要通过百度审核。“饿了么”公关团队一直没有回应，直到22点27分，“饿了么”的官方微信才发表了一条名为“‘饿了么’致亲爱的消费者”的声明回应，不到半个小时，阅读即达到10万+，该声明回应内容如下。

致亲爱的消费者：

“饿了么”高度重视今晚央视“3・15”晚会报道的问题。我们紧急成立了专项组，下线了所有涉事违规餐厅，并连夜部署，核查全国范围内的餐厅资质。

“饿了么”致力于推进中国餐饮业的数字化进程，网络外卖订餐属于新生业态，我们诚恳接受媒体及社会各界的引导和监督，为消费者提供安全放心的用户体验。

不容置疑，“饿了么”在一定程度上获得海量用户和极大关注，但企业自身存在的问题也被放大。这当然是企业不希望看到的事情，但是客观来讲，这些问题被曝光，相当于央视在给这些高速发展的企业进行了一次深度体检。让企业保持清醒，更好地解决这些企业自身的问题，只有做好公司的“品控”，才能打造成“百年老店”。虽然问题被公开揭发，但是，如果处理得好，建立制度把自身漏洞修补好，将来不再惧怕“3・15”，才不失为上策。

根据武汉大学深圳研究院危机管理研究所危机公关专家游昌乔先生所倡导的危机公关处理原则，在企业面临危机时必须把握好以下几个原则。

（1）承担责任的原则。即无论谁是谁非，都不推卸责任，站在受害者的立场表示同情和安慰，并通过新闻媒介向公众致歉，解决深层次的心理、情感关系问题，从而赢得公众的理解和信任。

（2）真诚沟通的原则。把自己所做所想，积极坦诚地与公众沟通，对此事件制定统一的说辞。

（3）速度第一的原则。危机发生后，首先控制事态，使其不扩大、不升级、不蔓延，是处理危机的关键，迅速与上游供应商、核心媒体、核心经销商、顾客领袖沟通到位。

（4）系统运行原则。在逃避一种危险时，不要忽视另一种危险，在进行危机管理时必须系统运作，不可顾此失彼。

（5）权威证实的原则。极力争取政府权威主管部门，独立的专家机构、权威媒体及消费者代表的支持，不去徒劳的解释或者自吹自擂。利用趋势原则，根据势态的变化，适时调整策略。

启发思考：

1. 怎样评价“饿了么”对负面曝光的应对？

2. 如何理解公共关系危机处理的基本原则？

任何社会组织的日常活动中都会遇到公共关系危机事件，公共关系危机的出现会给组织带来严重的危害，如果对这些危害组织的事件处理恰当，不仅能够为组织增加知名度，而且能够美化组织的形象。预防和处理这些危机事件是公共关系工作的一项重要任务。

第一节　危机的含义、特征与类型

2008 年 5 月 12 日 14 时 28 分，四川汶川发生 8.0 级地震。地震发生后，中国政府迅速成立抗震救灾指挥部并由温家宝总理亲自担任总指挥，19 时 10 分许温家宝到达成都后就乘车前往震中地区现场办公并深入救灾现场。与 2003 年的 SARS 危机处理相比，中国政府的危机管理的应急机制运转越来越灵活、越来越有效，危机管理的制度建设和经验积累已经有了较大提升。危机管理是公关实务方法和技巧的全面应用。由于做好这方面的工作具有相当大的难度，因而它不仅要求公关从业人员能敏锐地发现问题，具有较强的洞察力，而且要求公关从业人员能随机应变，具有较强的创新意识以及处理问题的灵活性与技巧性。

一、危机的含义

在现代汉语中，危机一词有两种意思。上海辞书出版社 1979 年版《辞海》的解释是：危机指潜伏的祸根，指生死成败的紧要关头。一是指潜伏的祸根，如危机四伏。二是指严重困难或生死成败的紧要关头，如经济危机。就社会组织而言，危机则是指由于组织自身或公众的某种行为而导致组织环境恶化的那些突然发生的、危及生命财产的重大事件。比如飞机失事、火车脱轨、地震、台风、水灾、爆炸等恶性事故，还包括罢工、骚乱、舆论危机等。这些危机不仅给组织造成人财物的损失，而且会严重损坏组织形象，使组织陷入困境。

二、危机的特征

危机有很多特征，主要表现在以下几个方面。

（1）突发性。危机事件一般是在组织毫无准备的情况下突然发生的。这些事件容易给组织带来混乱和惊慌，使人措手不及，如果对事件没有任何准备就可能造成更大的损失。

（2）难以预测性。组织所面临的危机往往是在正常生产情况下难以预料的，它在某种程度上具有不可预测性，会给组织带来各种意想不到的困难。特别是那些组织外部的原因造成的危机，如自然灾害、国家政策的改变、科技新发明带来的冲击等，它们往往是组织始料不及并难以抗拒的。

（3）严重的危害性。无论是伤人损物的危机还是形象危机，对组织和社会都会造成相当的损害。对组织来说，它不仅会破坏目前的正常生产秩序，使组织陷入混乱，而且还会对组织未来的发展、经营带来深远的影响，特别是发生了有人身伤亡的事故之后。从社会角度看，组织危机会给社会公众带来恐慌，有时还会给社会造成直接的物质损失，如产品不合格或是机毁人亡的事故，抑或污染公害，给人造成终生残疾或对生态环境造成不可逆转的破坏。

（4）舆论的关注性。现代社会，大众传播十分发达，组织危机常常会成为舆论关注的焦点、热点，成为媒介捕捉的最佳新闻素材和报道线索。有时候它会牵动社会各界，乃至在世界上引起轰动。所以说危机对组织带来的影响是非常深刻和广泛的。

在现实生活中，危机往往是由两种甚至三种甚至四五种因素共同引发，所以不能机械地、简单化地寻找原因，而应整体分析，综合对症治疗。

三、危机的类型

常见的危机事件有重大工伤事故；意外性的火灾、偷盗、抢劫；消费者因权益受到损害的抱怨、投诉甚至起诉；舆论的负面报道；员工情绪强烈对立；因组织自身行为损害社会利益而受到的舆论攻击（如环境污染），以及被故意陷害、中伤等。具体可分为以下几种类型。

（1）组织自身行为损害社会利益而引起的危机。如：1984 年美国联合碳化合物公司的印度博帕尔毒气泄漏事件，1986 年的苏联切尔诺贝利反应堆泄漏事件，及近年中国一些地方化工厂、造纸厂违规排污，造成周边区域水污染等事件。随着人民生活质量的提升，对卫生、环保、绿色的要求日趋强烈，一旦社会组织在追求自身利益过程中不注意公众和社会利益的保护，那也就是站在社会的对面上，肯定要受到社会舆论的谴责和惩罚，而解决的唯一途径也只有社会组织充分重视社会利益，并积极承担自身应尽的社会责任，事先采取积极有效的手段，减少组织在发展过程中对社会利益的损害。一旦事发，亦应迅速采取积极有效手段，并在事后着重考虑如何设法补偿社会的损失、挽回组织的声誉，维持与社会公众的良好关系。正所谓解铃还须系铃人，一味地隐瞒事实真相，甚至置社会利益于不顾，结果只会是自取灭亡。

（2）意外灾难性事件而引起的危机。如 1976 年中国唐山大地震，1990 年厦航飞机在白云机场发生的撞机事故，杭州著名购物中心天工艺苑火灾事故等。一般来讲，这类事故属于天灾人祸，组织主体的直接责任不大，关键在于处理是否及时、得当。因此，此类事故的处理要求如下：一是尽快做好抢救和善后工作，以最大限度地减少事故带来的人身安全与财产设备损失，使受伤害的公众及社会有关方面感到满意，并对组织这种主动、认真、负责的行为表示理解与认同；二是及时做好舆论报道工作，将事实真相告诉给公众，消除谣言造成的危害，确保危机的处理有一个公正、有利的舆论环境。著名危机管理专家诺曼·奥古斯丁曾说道：“我自己对危机的最基本经验，可以用六个字概括‘说真话，立刻说’。”

> **想一想**
>
> 日常生活中危机还有哪些类型？

（3）舆论的负面报道引起的危机。传媒的舆论导向作用是非常显著的，在某种程度上讲，传媒宣传还起到树立某种社会评价标准的作用，往往直接影响着民众对某种社会现象的评价态度与关注程度。在美国，人们将舆论视为司法、立法、行政三权之外的“第四权力”。因此对任何一种舆论负面报道，都必须引起足够的重视。

第二节 公共关系危机的含义、特点及类型

公共关系危机对于任何组织来说都是一场严峻的考验。组织在进行公共关系危机事件处理之前，必须先了解公共关系危机的含义、特点和类型，准确把握公共关系危机产生的原因，才能采取有针对性的措施，有效地处理危机事件。

一、公共关系危机的含义

公共关系危机是公共关系学的一个较新的术语。一方面专指灾难或危机中的公共关系。换句话说，公共关系危机是公共关系在危机中的开发和应用，是处理危机过程中的公共关系。

另一方面是指当组织（包括企业、政府等）内部的各种危险因素累积到一定程度，并伴随着外部环境的变化而突然爆发，绝大部分情况是整个组织运作流程发生逻辑错误，甚至是整个组织系统出现问题，它直接威胁到组织的基本目标或优先目标，需要组织在信息不充分、人财物资源缺乏的情况下做出正确决策和积极、快速地进行处理的事件。

二、公共关系危机的特点

引起公共关系危机的原因有多种，但是所有的公共关系危机都具有较为明显的共同特点。

第一，偶发性。公共关系危机事件是一种突发性事件。它大多是在人们毫无察觉或准备的情况下偶然发生的。它让人们既感到意外、吃惊，又感到恐惧、害怕，并给组织带来一定程度的混乱。如市场上十分抢手的“霞飞”系列产品，一夜之间就突然不那么畅销了。造成这种突发性的原因主要有两方面：一是由于组织内部的原因，如人们的危机意识淡漠、工作上的疏忽、违反操作规程、危机处理不力等；二是由于组织外部的因素，如各种自然灾害、新闻媒体的负面报道、国家政策的突然变化等，而这些外部因素对于企业来说往往是不可控制的因素。

第二，未知性。未知性又称为潜伏性，指公共关系危机包含许多未知因素，具有不可预测的特点。它往往是潜伏着的。一般来说航空公司会遇到空难事故，但我们不知什么时候会发生空难事故。一家企业可以想象会受到舆论的批评、顾客的指责，但却很难预料什么时候受到批评和指责，事情是否会越闹越大，会不会由此使企业陷入更加不利的境地。

第三，关注性。危机事件常常成为社会舆论关注的焦点和热点。它往往是新闻传播媒介最佳的新闻素材与报道线索。正如国外危机管理专家所指出的，每一起意外事件不尽相同，相关机构应变的态度也颇见差异。但有一件事是无疑的：当悲剧发生的时候，群众和媒体的注意力一定集中在出事的公司。有时，危机事件不仅会引起国内各界公众的关注，而且还会引起世界各国的关切和注意。如 1984 年 12 月美国联合碳化物公司印度分公司发生的博帕尔毒气泄漏事故，1986 年前苏联的切尔诺贝利核电站的核泄漏等事故，在非常短的时间内成为

国内外大小媒体广泛报道的焦点。

第四，普遍性。危机的发生带有普遍性。大到一个国家，小到一个企业，都可能遭遇到灾难和不幸事件。世界上许多跨国公司，诸如雀巢、可口可乐、三星等，在其发展的过程中都遇到过性质不同、表现形式各异的危机。1985 年，美国莱克西肯传播公司对美国主要企业领导人的一项调查表明，89%的领导人认为“企业发生危机如同死亡和税收一样，是不可避免的”。

第五，复杂性。公共关系危机有比较显著的复杂性。一旦发生危机，无论是处理危机、控制危机，还是协调与危机有关的方方面面，都非常复杂。往往涉及比平时更多的人，投入更大量的钱财和物资。通常，一个企业发生灾难事故，又造成人员伤亡的话，其涉及的单位、部门从十多个到几十个不等。

第六，危害性。危机事件不同于一般的矛盾或小问题，它涉及面广，影响巨大，危害严重，会给企业或组织造成多方面的损失和伤害，甚至遭到灭顶之灾。危机事件一旦发生，如果组织未能有效地处理危机，轻者可能会破坏组织正常的经营秩序，重者可能导致组织的破产或倒闭。如 2005 年 6 月雀巢中国公司生产的雀巢成长奶粉多批次碘含量超标事件，而雀巢公司在这一危机处理中处理不力，导致 90%以上的中国消费者不愿再购买雀巢公司的产品，雀巢奶粉的销售量急剧下降，甚至有消费者起诉雀巢公司，雀巢公司在中国消费者心目中的形象受到了极大的损害。再如，南京冠生园是一个有着 70 多年历史的老品牌企业，曾经有过一段辉煌的历史，曾经是消费者心目中的名牌。但是当 2001 年南京冠生园的“陈馅新饼”事件（用陈馅翻炒后再制成月饼出售）被中央电视台焦点访谈栏目曝光之后，不仅南京冠生园陷入窘境，还拖累数十家“冠生园”企业乃至影响到全国当年月饼的销售量。最后，这家知名企业无奈以“经营不善，管理混乱，资不抵债”为由，向南京市中级人民法院申请宣告破产。这就是一个典型的危机处理不当的个案。危机事件一旦发生，还会造成一系列的甚至比较严重的危害。比如，空难、海难事故引起的危机，往往在危害企业的同时，还危害当事人及其亲属的心理和精神健康。

第七，双重性。危机具有破坏性和建设性的双重特性。危机既可以给企业带来损失，又可以给企业带来启示和机遇。优秀的企业越是在危机的时刻，就越能显示出它的综合实力和整体素质，面临危机事件，它们会沉着应对，从危机中发现自身弊端，找出自身应该改进的地方，严格管理，并主动地、有意识地以该事件为契机因势利导，不但可以恢复企业的信誉，而且可以借机扩大企业的知名度和美誉度，危机就可能成为企业发展的转机，最终渡过难关，赢得胜利。例如，1985 年，张瑞敏刚到海尔（时称青岛电冰箱总厂）。一天，一位朋友要买一台冰箱，结果挑了很多台都有毛病，最后勉强拉走一台。朋友走后，张瑞敏派人把库房里的 400 多台冰箱全部检查了一遍，发现共有 76 台存在各种各样的缺陷。张瑞敏把职工们叫到车间，问大家怎么办？多数人提出，也不影响使用，便宜点儿处理给职工算了。当时一台冰箱的价格是 800 多元，相当于一名职工两年的收入。张瑞敏说：“我要是允许把这 76 台冰箱卖了，就等于允许你们明天再生产 760 台这样的冰箱。”他宣布，这些冰箱要全部砸掉，谁干的谁来砸，并抡起大锤亲手砸了第一锤！很多职工砸冰箱时流下了眼泪。然后，张瑞敏告诉大家：有缺陷的产品就是废品。三年之后，海尔人捧回了我国冰箱行业的第一个国家质量大奖。这应该说是企业危机带给海尔集团的机会，也是海尔人对危机的正确处理帮助海尔赢得了胜利。

三、公共关系危机的主要类型

准确认识和判断公共关系危机的类型，是成功地进行公共关系危机处理的一个必不可少的重要前提。“横看成岭侧成峰”，从不同的角度划分，公共关系危机存在不同的类型。

1. 一般性危机和重大危机

从存在的状态看，公共关系危机可划分为一般性危机和重大危机。

（1）一般性危机。一般性危机主要是指常见的公共关系纠纷。对一个企业来说，常见的公共关系纠纷主要有内部关系纠纷、消费者关系纠纷、同业关系纠纷、政府关系纠纷、社区关系纠纷等。从某种意义上说，公共关系纠纷还算不上真正的危机，它只是公共关系危机的一种信号、暗示和征兆。只要及时处理，做好工作，公共关系纠纷就不会向公共关系危机发展，以至于造成危机局面。虽然并非所有的公共关系纠纷都会转变为重大危机，但它带来的危害是不可忽视的。公共关系纠纷对企业的危害，轻则降低企业的声誉，影响产品销售，造成形象损失；重则可能危及企业的生存和发展。对于公众来说，企业内部纠纷不利于团结，会挫伤企业成员的积极性，降低管理人员的威信，很可能导致企业的效益下降，使内部公众既蒙受物质又蒙受精神方面的损失。企业与外部的纠纷，可能会损害相关公众的物质利益和身心健康。对于社会来说，一起公关纠纷往往会牵涉社会各界，有时会引起地方以至全国或世界的关注，造成广泛影响，不利于一个国家或地区良好形象的塑造。

> **想一想**
>
> 你身边发生过什么公共关系危机，类型又是什么呢？

（2）重大危机。重大危机主要是指企业的重大工伤事故、重大生产失误、火灾造成的严重损失、突发性的商业危机、大的劳资纠纷等。它是公共关系从业人员面临的必须及时处理的真正危机。如产品或企业的信誉危机、股票交易中的突发性大规模收购等，公关人员必须马上应付处理，最好在平时就有所准备。

2. 内部公关危机和外部公关危机

从危机同企业的关系程度以及归咎的对象看，公共关系危机可分为内部公关危机和外部公关危机。

（1）内部公关危机。发生在企业内部的公共关系危机称为内部公关危机。内部公关危机发生在企业之内。或者，这种危机的发生主要是由该企业的成员直接造成的，危机的责任主要由该企业内部的成员承担。内部公共关系危机具有下述特点：第一，波及的范围不太广，主要影响本企业的利益；第二，责任的归咎对象是本企业的部分人，因而相对来说容易处理；第三，内部公关危机的主体主要以本企业的领导和职工为重点。

（2）外部公关危机。外部公关危机是与内部公关危机相对而言的。它是指发生在企业外部，影响多数公众利益的一种公关危机。本企业只是受害者之一。外部公关危机具有如下特点：第一，危机波及的范围相对较广，受害者大多数是具体的社会公众；第二，责任不在发生危机的某一具体的企业等社会组织及其成员身上；第三，不可控因素较多，较难处理，需要有关危机的各方面密切配合，共同行动。

3. 有形公关危机和无形公关危机

从危机给企业带来损失的表现形态看，公共关系危机有两种，即有形公关危机和无形公关危机。

（1）有形公关危机。这种危机给企业带来直接明显的损失，凭借肉眼即可观测到这些损失。如房屋倒塌、爆炸、商品流转中的交通事故等造成的人员伤亡或财产损失。1989 年 6 月，成都市最大百货商场——成都人民商场被烧毁，造成上亿元损失。成都人民商场遇到的危机就属于有形危机。有形危机的特点主要有以下几个：第一，危机的产生与造成的损失大多数是同步的；第二，危机造成的损失明显，易于评估；第三，危机造成的损失难以挽回，只能采用其他措施补救；第四，有形危机的发生常常伴随无形危机的出现。

（2）无形公关危机。给企业带来的损失表现得不明显的危机，称为无形公关危机。给任何一个企业的形象带来损害的危机，皆属于无形公关危机。如果不采取紧急有效的措施阻止，已受损害的企业的形象将使企业蒙受更大的损失。无形公关危机具有下述特征：第一，危机始发阶段，损失不明显，很容易被忽视；第二，危机发生后，若任其发展，损失将会越来越大；第三，这种危机造成的损失是慢性的，可采取相应的措施补救；第四，处理好这类危机要与新闻媒介多打交道，因而必须注意方式方法。

4. 人为危机和非人为危机

依危机产生的主客观原因分，公共关系危机可分为人为危机和非人为危机。

（1）人为公共关系危机。由人的某种行为引起的危机称为人为公共关系危机。对一个企业来说，生产工艺设计欠科学、配方有问题、原材料质量不好、有关工作人员缺岗或不尽职、工厂的安全保卫工作不力、财产管理不善、有人故意地搞破坏等造成的危机，就属于此类。人为公关危机会造成人员伤亡或财产的重大损失。人为的公关危机具有两大特点，即可预见性和可控性。也就是说，如果平时采取相应有效的措施，有些危机是可以避免或减轻损失的，在一定程度上也是可以控制的。

（2）非人为公共关系危机。非人为公关危机主要是指不是由人的行为直接造成的某种危机。对一个企业来说，引发非人为公关危机的事件常常有地震、洪涝、灾害、风灾、雹灾等自然灾难。非人为公关危机具有如下特点：第一，大部分无法预见；第二，具有不可控性，如企业无法控制地震；第三，造成的损失通常是有形的；第四，这种危机容易得到社会各界和内部公众的同情、理解与支持。

5. 显在危机和内隐危机

根据危机的外显形态，公共关系危机可分为显在危机和内隐危机。

显在危机是指已发生的危机或危机趋势非常明朗，爆发只是个时间问题。内隐危机指潜伏性危机。与显在危机相比，内隐危机具有更大的危险性。20 世纪 80 年代末，中国核桃由于质量差、交货不及时，英国商人把原发往欧洲市场的中国核桃转卖给埃及，改从美国进口。这意味着西欧这一传统的中国核桃市场将被美国挤掉。以此事例分析：英国拒绝中国核桃进入欧洲市场转手处理给埃及，这只是显在危机的表现。而改用美国核桃长期供应原中国传统客户，则是内隐危机，是“核桃事件”的主体性危机。

除上述公共关系危机的类型外，还可以依据公共关系危机的性质，将它分为灾变性危机、商誉危机、经营危机、信贷危机、素质危机、形象危机、环境危机和政策危机等。

学会识别公共关系危机的类型，掌握不同的公共关系危机的特征，将有助于公关从业人员进一步认识和理解公共关系危机管理的意义，把握好公共关系危机处理的基本原则。

案例 8.2

卓达公司对危机事件的处理

卓达公司是河北省石家庄地区知名房地产企业。2015年11月，因涉嫌非法集资，被无界新闻网曝光。这对卓达公司来说，是一场巨大的危机。如果处理不好，可能会有一系列严重的后果。抛开非法集资不说，单从危机处理来说，卓达应该尽可能减少危机持续的时间，将危机缩小在一个很短的时间段内。危机持续的时间越长，社会影响越大，越不容易控制，对卓达的伤害就越大。也就是说，要尽快结束这个危机，不要再延续下去了；但卓达并没有这么做，而是采取非常激烈的对抗方式。对抗主要体现在三个方面：

（1）组织100多名穿着邋遢的建筑工地工人围攻无界新闻的北京办公室，持续了12小时，网上也出现了大量“占领”的视频；

（2）对无界网站的主编发出多次恐吓信息；

（3）对外宣称起诉无界网站。

合作而非对抗是危机公关的重要原则之一。处理危机需要将情绪平息下来，看清形势，冷静分析。媒体曝光本身就是一个危机，如果不冷静，又是一个新危机，事态不仅不能得到控制，还会升级。攻占媒体的对抗方式，多家媒体给予了关注并进行了报道，各种关于卓达的负面评论也大幅增长，看客围观的情绪被充分地调动起来，事态进一步升级。后来卓达公司发布了总裁杨卓舒的一段视频，名为“对广大客户的一句心里话”。问很多朋友看完这段视频是什么感受，大部分人的回答是：本来没觉得卓达有问题，看完后，认为卓达肯定有问题。这段视频，主要存在以下三个问题：

（1）危急关头，老板不适合站出来对外发言，因为老板说错了话，就没有回旋的余地了；

（2）杨卓舒不具备危机公关的能力，他的表达非常强势，情绪化比较重，随意扣帽子；

（3）不当用词众多，负面的心理暗示多，给听众一种感觉：卓达的资金确实出现了问题。

启发思考：

1. 你认为卓达公司对此事件的处理合理么？如果不合理，指出不合理之处。
2. 如果你是该公司的危机公关负责人，你会如何处理？
3. 试总结危机管理的程序、技巧以及原则。

第三节　公共关系危机管理程序及处理技巧

公共关系危机管理有广义和狭义之分。广义的公共关系危机管理是指公共关系从业人员在危机意识或危机观念的指导下，依据危机管理计划，对可能发生或已经发生的公共关系危机事件进行预测、监督、控制、协调处理的全过程。狭义的公共关系危机管理通常与危机处理的概念一致，指对已经发生的公共关系危机事件的处理过程。

一、公共关系危机管理的意义

组织面对随时都可能出现的或已经产生的公共关系危机，绝不能视而不见或袖手旁观，必须采取有效的紧急措施给予认真处理和解决。对一个组织来说，处理公共关系危机具有十分重要的意义。

1. 在公众心目中重塑良好形象

公共关系危机的实质就是形象危机和声誉危机。对于任何一个组织来说，无论由何种因素或事件引发的公共关系危机，都会不同程度地影响其在公众心目中的良好形象。通过公共关系实务处理这种形象危机，能使组织已受到的形象损失不再继续下去，能控制事态的进一步发展，使形象损失降低限度。并且，还可以塑造比危机前更佳的形象，19 世纪二三十年代美国的洛克菲勒财团，因受揭丑运动的影响，被称为“强盗大王”，名声很坏。工人罢工，使财团陷入危机。洛克菲勒接受公关大师艾维·李的建议后，科罗拉多大罢工才得以平息。最后，公众渐渐地改变了对洛克菲勒财团原有的看法。他重新赢得了声誉，成为闻名于世的石油大王。

2. 降低或挽回经济损失

给组织带来直接或间接的经济损失是公共关系危机的后果之一。及时并认真地处理公共关系危机，可以尽可能降低或挽回经济损失。1982 年，美国麦克唐纳快餐公司为了不失去已赢得的消费者市场，在得知该公司搭配在“幸福快餐”上的微型塑料玩具没能通过美国民用安全委员会的检查后，马上下令撤回所有待售的 1000 万只这样的玩具。如果不这样，就会失去公众对它的好感和信任；已占有的市场就会被另两家快餐公司占领，从而造成更大的经济损失。

3. 协调与公众的关系

组织的良好形象得益于和有关公众关系的协调与和谐。当面临公共关系危机时，组织与公众的关系就处于不协调的状态。在这种情况下，有关公众就会成为消极的行为公众，产生对组织不利的行为。对公共关系危机进行审慎的处理，目的在于尽力协调组织与公众的关系，形成组织发展的良好环境。总部设在瑞士的雀巢公司，由于产品质量存在问题，加之在销售婴儿食品的过程中没有认真分析和研究不同国家和地区的文化差异、卫生条件等，使婴儿仪器在使用中被部分公众“污损”，以至于形成了以美国为主要力量的联合抵制雀巢产品的国际运动。始于 20 世纪 70 年代的这场抵制运动持续了七年之久。该公司因抵制而受到的直接损失达 4000 万美元。危机之后，雀巢公司更加重视公共关系，重视协调与各方公众的关系。正在努力重塑良好形象的雀巢公司，与公众的关系逐渐变得融洽起来。认识公共关系危机处理的意义，还在于能够消除侥幸心理，使组织决策层不仅识危，而且防危、治危。

二、公共关系危机管理的程序

危机的管理和预防是日益被人们重视的新课题，是组织主动出击战胜危机的有效手段。

1. 公共关系危机发生前：危机的预防

公共关系危机预防是指对组织潜在的隐患进行监测、预控的危机管理活动，并能对组织管理者提出警告，以利于组织及时脱离危机，减少组织的损失。造成公共关系危机的许多因素早已潜藏在组织的日常管理之中，如果平时加强对危机的重视，就有可能在危机来临时及时控制局面，将组织的损失降到最低。

（1）危机预测分析。危机管理是对危机的产生、发展、变化实施的有效控制，为此，事先要对可能发生的危机做出预测、分析。预测包括：可能发生哪些危机，危机可能具备的性质及规模，它对各方面可能带来的影响。公关人员需要根据组织具体情况，按轻重缓急对危机进行分类，如：A 类是很可能发生的危机，如产品质量、媒介关系、环境变化等；B 类是有一定可能但又不是很可能发生的危机，如被盗窃、合作伙伴违约等；C 类是很少发生但又不是不可能发生的危机，如产品被投毒、水管爆裂等。

（2）制订应急计划。在危机发生之前做好准备——制订完善的计划，以便出现危机即刻做出反应，这是减少危害的有效措施。计划应包括对付各类不同危机的不同方法，安排好危机中、危机后在各个工作环节中负责处理各种问题的适当人选，同时让这些人员事先了解面对不同危机时他们的责任和应该采取的措施。这项工作也涉及其他部门，所以往往是公关部难以独立完成的。

（3）成立危机管理委员会。大中型组织应设这样的委员会，这是顺利处理危机的组织保证。危机管理委员会的人员应包括组织领导、人事经理、工程管理人员、保安人员、公关经理、后勤部门领导等。如果组织有分支机构，每个分支机构、子公司、分厂都应向委员会派一名代表，以便发生问题时能迅速在各地协调行动；特别是当分支机构也都生产同样的产品，采用同样的质量标准、同样的购销渠道，具有同一组织形象时更有必要。此外，还可以根据危机内容和可能的发展趋势，确定是否聘请外部专家介入对危机的处理，有些危机只有靠专业的、经验丰富的公关专家，才能帮助组织控制灾难。

（4）印制危机管理手册。将危机预测、危机情况和相应的措施以通俗易懂的语言编印成小册子，可以配一些示意图，然后将这些小册子发给全体员工。还可以通过多种形式，如录像、卡通片、幻灯片等向员工全面介绍应付危机的方法，让全体员工对出现危机的可能性及应付办法有足够的了解。目前，仍有很多组织不注意这方面的工作，员工长时期不了解本组织可能出现的危机，也不了解一旦出现危机应该采取什么样的措施来自救和保护，这是非常危险的。

（5）建立处理危机关系网。根据预测的组织可能发生的危机，与处理危机的有关单位联系，建立合作网络，以便危机到来时能很好合作。这些单位有医院、消防队、公安部门、邻近的驻军、相关的科研单位、同行业兄弟单位、保险公司、银行等。在平时就要通过互相沟通使它们了解组织的基本情况，以及在危机中组织会向他们寻求哪些帮助等。

（6）搞好内部培训。处理危机是公关工作中的一项重要内容，但由于危机并非经常发生，所以大多数工作人员，对处理危机都缺乏经验。可组织短训班专门对公关人员进行培训，内容包括：模拟危机，让受训学员作出迅速的反应，以锻炼他们面对危机，处理问题的能力；向他们提供各种处理危机的案例，让他们从各类事变中汲取经验和教训，帮助他们在心理上做好处理各种危机的准备。危机的发生是很难预测的，因而危机管理应常备不懈，各种方案、计划、培训都不能一劳永逸，应常备常新，万万不可心存侥幸。

2. 公共关系危机发生时：危机的处理

社会组织面临的社会环境和公众不同，因而可能遭遇的公共关系危机也就千差万别。虽然都统称为危机，但各种类型的危机事件在规模、性质、表现形式、涉及的公众等方面是不同的。但是，这些不同的危机事件，在处理程序上仍有共同之处。公共关系危机处理的基本程序主要包括以下几个。

（1）成立危机事故处理组织。成立危机事故处理组织机构是第一件大事。这是有效处理危机事件的组织保证。这一组织机构有的被称为危机管理小组，有的被称为危机事故处理委员会。该机构的组成人员应包括企业负责人、公关部门负责人和经过培训的危机处理人，以及指定的新闻发言人和值班人员。

（2）深入现场，了解事实。企业或社会组织的最高领导应亲临危机事故现场，指挥抢救工作，并委派专业人员调查事故，确实弄清危机事件发生的时间、地点、原因、人员伤亡、财产损失等情况，并根据情况做出系列决定。

（3）控制损失。危机发生后，应尽快采取一切措施来降低损失。对于“损失”的衡量，既要看有形的，又要看无形的。可以说，失去市场丢掉发展的机会是最大的损失。强生公司决定回收价值近1亿美元的“泰诺”止痛胶囊，就是为了减少损失，力争在价值12亿美元的止痛药品市场上不被竞争对手挤走。

（4）分析情况，确定对策。当掌握危机事故第一手资料，清楚了解公众和舆论的反应后，企业或社会组织应该在高层人员的直接参与下，深入研究和确定应采取的对策、措施。这是危机处理的一大关键。确定的对策既要考虑危机本身的处理，又要考虑好如何处理危机涉及的各方面的关系，更要考虑如何抓住蕴涵的机遇，恢复声誉，重返市场。

（5）召开新闻发布会，发布正式信息。在了解事实，确定初步对策的情况下，务必以最快的速度来召开新闻发布会或记者招待会。一方面，向新闻界介绍危机的有关情况，公布公司正在采取的措施；另一方面，恳请新闻媒介密切合作，防止不利的消息和舆论。为此，要指定新闻发言人代表公司“以我为主”公布信息，使信息传递口径统一。根据以往经验，新闻发布会要召开多次。

（6）组织力量，有效行动。这是危机处理的中心环节之一。公众、媒介和舆论不仅要看企业在新闻发布会上的宣言，更要看企业的行动。事实胜于雄辩。危机往往涉及面很广，仅靠公关从业人员的力量是远远不够的，因而需要企业领导亲临第一线，亲自组织和协调。强生公司对“泰诺”危机的成功处理，特别是几次重要的新闻发布会，董事长伯克都亲自参加，并诚恳地回答记者的提问。这一步又可分为若干步，主要的决定均在这一步骤完成。因此，落实措施情况要详细记载并及时向公众和媒介宣布。务必协调好各方面的关系。

3. 公共关系危机发生后：善后工作

危机管理善后工作是危机公关不可或缺的重要组成部分。在习惯称谓中，危机管理善后工作的概念非常流行。从严格的意义讲，危机管理工作只有“善”没有“后”。企业或组织一旦开展危机处理工作，进入正常的运行轨道，一切工作都应围绕“善”来进行。善始善终，做得出色。如果出现“后”的情况，组织也许已经置于危机之中。

狭义的危机善后工作是指危机的后期工作，尤其指危机局势得到基本控制开始阶段的工作。不同的危机，发展过程不同，性质、状态、危机局面的控制态势等存在差异，所以，危机的后期工作从何时开始，均没有统一的度量标准。危机过去之后，留下的是利益的减少、设施的损坏、损害赔偿的支付、人才的损耗、组织声誉和良好形象的恶化等损失。为了消除危机的消极影响，通常以下列工作为重点。

第一，恢复声誉和形象。比如制作道歉信。为表明组织的态度，以组织或领导名义写道歉信，送交受害各方。道歉信的内容应包括重建的现状、危机发生原因的调查报告、防止危机再发生的具体对策和落实情况等。

第二，继续关注、关心、安慰受害人及其亲属。在这一过程中，进一步表明组织或组织重建的决心和信心，并期望对方的支持、帮助。

第三，重新开始宣传广告。危机期间要停止播出广告。当进入危机善后工作阶段，需要重新刊登广告。目的在于将重拾雄风的决心和期待援助的愿望确实无误地传达给有关公众。

第四，在不同场合继续强化、教育员工，建立“预防就是一切的危机管理意识。

第五，开展重建市场的工作。有时，危机会破坏市场组织、销售渠道等，重建和恢复市场的工作就显得非常必要。

第六，适当开展一些公益或社区活动，支持地方经济和社会建设，树立新的良好的形象，建立更高的声誉，补偿诸如环境损失等，以强化企业或组织在公众心目中的社会责任，造福一方，获得持久的支持和认可，以协调各方面的关系。

课堂讨论

如果你是百度 CEO，你会如何处理这个危机事件？

2016 年 4 月 12 日，21 岁的西安电子科技大学计算机系学生魏则西，因身患晚期滑膜肉瘤去世。在弥留之际，他写下“百度，当时根本不知道有多么邪恶”的话语。这一消息在“五一”小长假期间迅速发酵，由此引发了公众对癌症免疫疗法、搜索引擎百度和三甲医院科室外包的广泛关注和热议。

新闻来源：http://sanwen8.cn/p/16fPPH5.html。

三、公关危机处理的基本原则

公共关系危机处理强调的是一种行动过程、一种结果。假如没有问题，没有公共关系危机，也就不会有公共关系危机处理。公共关系危机处理应遵循如下一些基本原则。

（1）及时性原则。处理公共关系危机的目的在于，尽最大的努力控制事态的恶化和蔓延，把因危机事件造成的损失减少到最低限度，在最短的时间内重塑或挽回企业原有的良好形象和声誉。为此，危机一旦发生，不仅公共关系危机管理小组的成员，而且企业的所有成员都应立即投入紧张的处理工作。赢得时间就等于赢得了形象。有专家说过：“高效率和日夜工作是做到快速反应不可缺少的条件。”

（2）冷静性原则。公共关系危机发生后，处理人员应冷静、沉稳和镇静，不要因头绪繁多、关系复杂的事件使自己变得急躁、烦闷、信口开河等。只有在遇到危机时冷静、沉稳和镇静，同时拥有积极的心理，才能在处理危机事件的过程中应付自如，左右逢源。

（3）公正性原则。处理与受到危机事件影响或危害的公众之间的关系一定要公正。在处理危机事件的过程中，要排除主观、情感的因素，公平而正确、坦诚地对待受损害的公众。

（4）灵活性原则。由于公共关系危机事件随着情况的发展会不断地发生变化，可能原订的预防措施或抢救方案考虑不太周全，因此，为使企业的形象和声誉不再继续受到损害，处理工作必须视具体情况灵活地运作。要随客观环境的变化而有针对性地提出有效的措施和方法。

（5）公众性原则。灵活性不是随意性，它要以公众原则为前提。既要考虑企业自身，又要考虑公众的利益。在公共关系实务中，往往容易考虑企业自身的利益，忽视公众的利益。为此，我们强调公众性原则，把公众的利益放在首位。

（6）人道主义原则。在多数情况下，危机会造成生命财产的损失。因此，危机处理中首先要考虑人道主义的原则。在1998年长江流域和松花江流域的特大洪灾中，中国政府把抢救和安置灾民放在第一位，就是人道主义原则的高度体现。欧美舆论界尤其重视造成危及人的生命安全的事故或事件，甚至加以渲染。1984年，美国联合碳化物公司设在印度博帕尔化工厂发生严重毒气泄漏事故，当地居民2000多人死亡，几万人中毒，全世界的媒体连篇报道。在舆论和压力之下，该公司不得不把救护中毒人员放在优先地位，从美国运来大批药物和医护人员，并答应给予赔偿，才稍微缓和了公众的谴责。

（7）维护声誉原则。国外危机管理专家指出，公共关系在危机管理中的作用是保护组织的声誉。这是危机管理的出发点和归宿。在危机管理的全过程中，公共关系从业人员都要努力减少对企业信誉带来的损失，争取公众谅解和信任。上述的七项原则的最终目的也是为了维护企业的信誉。1998年，中国香港一家奶制品公司主动刊登启事，告诉自己的消费者，不要喝某天生产的产品。因为公司发现部分产品的质量不稳定，可能会给消费者带来不便。这种作法，就在于防范危机的发生，维护企业的声誉，表现了对大众负责。

总而言之，公共关系危机管理的总原则是真实传播，挽回影响，减轻损失，趋利避害，维护声誉。

课堂讨论

尼康公司对危机的处理违背了哪些原则

尼康D600率先在美国和英国上市后，就深陷“黑斑门”事件。2013年2月22日，尼康发表公告，承认一些用户所指出的使用尼康D600数码单反相机拍摄时，照片上会出现多个颗粒状影像。当时尼康给出的解决办法是让用户按照用户手册(第301～305页)关于“清洁影像感应器”进行清洁，或用气吹手动清洁，或者到尼康售后服务中心进行清洁。央视2014年“3·15”晚会报道称，全国多位消费者发现新买的尼康D600拍摄照片后出现黑点。用户就此到尼康维修点进行过四五次清洗，也无法解决问题。随后尼康通过更换快门等方式，也无法解决这款宣称防尘、防潮相机的问题。按照“三包”的规定，相机因质量问题返修两次之后，可以退换产品。不过尼康的售后辩称清灰不算修理，但尼康官方规定清灰属于修理范围。在随后发布的公告中，尼康再次要求用户对D600进行清理更换。2014年2月26日，尼康再度发表公告，表示将免费替所有出现进灰问题的全幅单反D600用户进行检查、清洁，并进行快门等相关零部件的更换。据悉，尼康在处理D600“黑斑门”事件时内外有别，据外媒报道，欧洲部分用户把机身内部进灰的D600相机送到服务站除尘后收到了全新的D610相机;而在法国，进灰D600换全新D610的代价也仅需要支付很小一笔费用;但是在中国，遭受D600进灰困扰的用户显然没能受到如此待遇，尼康在拖延一年之后给出的解决办法仅是免费清洁而已。

四、常见的公共关系危机处理技巧

组织面临的公共关系危机多种多样，但常见的主要有三种，即组织自身行为不当引起的危机、突发事件引起的危机、失实报道引起的危机。正确处理这些危机，应掌握一些技巧。

1. 组织行为不当引起的危机处理技巧

组织行为不当导致形象恶化，公众反感。唯一正确的做法是调整组织的自身行为，重新塑造组织的良好形象。任何掩盖、粉饰，只会加剧危机。

组织行为不当造成不良影响时，正确的做法是认真检查过错，弥补公众损失，重新树立形象。具体说来，应采取以下步骤来挽回影响：第一，真诚接受公众批评，及时向公众及新闻界披露真相和公开致歉；第二，组织专门人员立即采取善后措施，尽量减少公众损失，主动提出合理的赔偿方案；第三，借此向全体组织成员进行教育，避免今后再度出现差错。

2. 突发事件引起的危机处理技巧

组织自身行为并无不当，由于外界的突发事件产生，损害了公众利益，引起公众对组织不满，这也是组织公共关系处于危机的表现之一。这类情况出现时，组织首先要树立公众利益至上的观点，然后应坚持不懈地为公众提供最佳服务，稳定公众的情绪。

一般情况下，把握突发事件的处理时间是十分关键的问题。如果面临突发事件处理不当，失去最佳时机，即使事后再做努力，也往往于事无补，难以挽回影响。但突发事件来得突然，处理突发事件不可能事前有周密安排，也不可能从容不迫，按部就班地进行。而是应该当机立断，灵活处理，才能化险为夷，取得良好的效果。

要把握好处理突发事件的时机，平时应抓好几个工作环节，多作训练。一般说来，应做好如下几项工作：第一，事先对突发事件作出相应的分析、预测，分门别类制订出应急计划，在原则上做好充分的思想准备；第二，突发事件一旦发生，立即由事前指定的专人向公众及时传递有关信息，以免情况不明造成混乱和紧张气氛蔓延；第三，同新闻界迅速取得联系，争取新闻界的支持、合作，避免出现较大影响的不利舆论；第四，抽调人员处理突发事件引起的矛盾，缓解局面，避免公众受更大损害。

3. 失实报道引起的危机处理技巧

组织行为并无不当，也无突发事件产生，但由于新闻媒介的失实报导，也会引起公众对组织的误会和反感。从公共关系角度来说，这也是组织面临的一种危机，需要及时挽回影响。对于失实报导给组织造成的危机，公关人员的正确态度首先是冷静，决不能一怒之下，鲁莽处事，否则会使矛盾激化，造成对组织更加不良的影响。只有冷静处理，才能不失态、不失策，处理得当。

> **想一想**
>
> 试列举失实报道引起的公共关系危机案例，并评析相关机构的处理方式。

由于新闻报道的失实或部分失实，给组织带来不利舆论影响的事是经常会有的。尽管组织本身并无失误，但这种“飞来横祸”也会使组织陷于危机之中。因为新闻报道的影响面广泛，对公众的舆论导向作用极大。对新闻报道中赞扬的事物，公众易于接受；对新闻报道中批评的事物，公众也容易产生排斥心理。新闻报道失实或部分失实通常都是无意的，有的是出于对组织行为的不理解或片面理解；有的是带有某种主观感情倾向，看问题不客观；有的是因为对组织抱有过高的期望，结果不如人意而产生怨恨牢骚，制造出不切合实际的舆论。总之，造成报道失实的原因是多种多样的，处理起来也应有所不同。但总的原则是：澄清事实真相，避免伤了和气。即使对方有意毁坏本组织声誉以抬高自己身价，组织也应尽力避免剑拔弩张、奋起反击的做法。正确的做法是打开与公众双向沟通的渠道，争取各类公众的理解和同情，使对方的恶意攻击失效。当然，如对方触犯了法律，也可以对簿公堂来纠正不利于己的舆论倾向。即使如此，在公众面前仍应心平气和，坚持说理，不给人以失态、失礼的感觉。

一般来说，面临失实报道造成的危机，组织可以采取以下步骤作为对策：第一，先清醒地分析失实报道给本组织带来损害程度的深浅、组织所处环境的动向；第二，立即着手调查研究，弄清舆论失实的起因，然后分别确定公关工作的方向；第三，采取各种条件许可的措施，增强本组织的透明度，让真实情况为广大公众所知；第四，争取新闻媒介公众的理解、同情和支持，主动、及时地介绍事实真相，必要时召开记者招待会，扭转不利的舆论状态；第五，对严重失实报道并造成恶劣后果的，应注意争取政府公众的理解和支持，必要时动用法律手段来保护组织与公众的利益。但同时仍应注意公关职能范围内的协调，遵循沟通、理解的原则，制订切实可行的传播规则，致力于双向沟通。

本章小结

任何社会组织都会遇到公共关系危机事件，如果这些危机事件处理恰当，不仅能够为组织提高知名度，而且能够美化组织的形象。预防和处理这些危机事件是公共关系工作的一项重要任务。

公共关系危机是公共关系学的一个较新的术语，专指灾难或危机中的公共关系。公共关系危机管理是指公共关系从业人员在危机意识或危机观念的指导下，依据危机管理计划，对可能发生或已经发生的公共关系危机事件进行预测、监督、控制、协调处理的全过程。组织面临的公共关系危机多种多样，但常见的主要有三种，即组织自身行为不当引起的危机、突发事件引起的危机、失实报道引起的危机。

危机的管理和预防是日益被人们重视的新课题，是组织主动出击战胜危机的有效手段。公共关系危机发生前，应做好危机的预防；公共关系危机发生时，应及时处理危机；公共关系危机发生后，要做好善后工作。

思考题

1. 简述公共关系危机的含义和特征。
2. 简述公共关系危机管理的含义及作用。
3. 简述公共关系危机管理的程序。
4. 简述常见公共关系危机处理的技巧。

拓展阅读

1. 2014 年上半年十大危机公关案例：

http://www.chinapr.com.cn/templates/T_Second/index.aspx?nodeid=3&page=ContentPage&contentid=7962

2. 2015 年十大危机公关经典案例回顾：

http://doc.mbalib.com/view/fc15ec2e61093e64ce402c4d44c82dcf.html

3. 中国十大企业危机公关案例：

http://www.weide.cc/html/detail_41.html

4. 企业危机公关经典案例分析：

http://www.pkueecs.org/index.php/news/index/id/601

5. 成功危机公关案例分析：

http://www.xzbu.com/3/view-7058531.htm

6. 2014 热门危机公关事件“七宗罪”大盘点：

http://www.meihua.info/a/52718

7. 复旦大学复印门事件：

http://www.banyuetan.org/chcontent/jy/xy/xyht/201565/137801.shtml

8. 青岛天价虾事件：

http://yuqing.people.com.cn/n/2015/1019/c210114-27714346.html

9. 西安幼儿园喂食儿童处方药病毒灵事件：

http://www.028brother.com/342.html

第九章　公共关系谈判

学习目标：

了解公共关系谈判的特点、基本原则及重要职能；掌握公共关系谈判准备的内容；了解公共关系谈判的程序；掌握公共关系谈判的基本策略。

案例 9.1

中日汽车索赔讨价还价谈判

1985年9月，中国就日方提供的5800辆三菱载重汽车存在严重质量问题，向日方三菱汽车公司提出索赔。日方在无可辩驳的事实面前，同意赔偿，提出赔偿金额为30亿日元。中方在指出日方报价失实后，提出中方要求赔偿的金额为70亿日元，此言一出，惊得日方谈判代表目瞪口呆。两方要求差额巨大，在中方晓以利害关系的前提下，日方不愿失去中国广阔的市场，同意将赔偿金额提高到40亿日元。中方又提出最低赔偿额为60亿日元，谈判又出现了新的转机。经过双方多次的抬价压价，最终以日方赔偿中方50亿日元，并承担另外几项责任而了结了此案。

启发思考：

中方成功地运用了递减价格让步策略。在实际的讨价还价中，递减的数额如何确定？最后的底线如何确定？

沟通和协调是公共关系的重要职能，而公共关系谈判则是沟通和协调的一种基本手段。社会组织在其运行过程中，不可避免地会与各类公众发生利益等方面的矛盾，尤其是在市场经济条件下，社会组织更需要通过与各方交往与合作，来有效实现自身的各种目标。因此，谈判也就成为公共关系实践工作的一项重要内容。公共关系谈判是一门艺术，成功的公共谈判离不开双方的配合与信任。谈判在人们的日常生活中发挥着不可或缺的作用。如何进行一场有效谈判，值得我们深入思考和研究。

第一节　公共关系谈判概述

公共关系工作离不开人的交往与谈判。尤其在现代社会，随着经济的日益发展，人们的交往活动越来越频繁，组织与组织、组织与公众、组织与个人、个人与个人为了解决双方或多方的矛盾，协调彼此的利益，必须使用谈判这种特殊的交往方式。谈判已经是人们生活中不可缺少的交往活动，正在日益向人们显示它的重要作用。

一、公共关系谈判的含义

谈判是指人们为了改善相互关系而交换意见，为求取得一致而相互磋商的一种社会行为。谈判虽古已有之，但由于谈判活动往往是和政治、军事、外交等活动缠在一起的，人们很少把谈判抽出来作为一个共性问题进行单独研究，因而对谈判的研究一直没有专门化。直到20世纪60年代，对谈判的系统研究才在西方逐渐发展起来，并出版了许多专门著述，我国对这方面的专门研究起步较晚。

公共关系谈判则是指社会组织为了塑造良好形象，协调和改善组织与公众的关系，争取合作、支持与谅解而进行的双方正式的会晤与磋商，也是为实现公共关系目标而被经常运用的一种主要的人际传播与交流沟通手段。理解公关谈判的含义应从以下几个方面进行把握。

（1）谈判的出发点和落脚点均体现为组织与其公众间的利益，而不是以个人之间的利益关系而出现。

（2）谈判的内容可以是经济、政治、军事、思想文化等方面的。

（3）谈判的目的在于协调和改善组织与公众关系，清除和避免组织与公众的误会和纠纷，促使参与谈判的各方共同受益，塑造和维护组织的良好形象。

问与答

问：公关谈判的出发点和落脚点是什么？

答：谈判的出发点和落脚点均体现为组织与其公众间的利益，而不是以个人之间的利益关系而出现。

二、公共关系谈判的特点

公共关系谈判的主要特点表现在直接性、自愿性、多样性和利益性方面。

（1）直接性。公共关系谈判一般是以谈话方式进行的口头洽谈、协商。谈判的每一方都能面对面地观察对方的态度、举止、谈吐及特点，随时调整自己的态度与意见。

（2）自愿性。要求参加公共关系谈判的每一方都是在自愿的前提下达成谈判意向的，这样的谈判才会有诚意，才会有成功的可能。

（3）多样性。公共关系谈判的种类是多种多样的，如单边谈判和多边谈判、交易性谈判和非交易性谈判、建设性谈判和矫正性谈判、经济性谈判和非经济性谈判等。客观上要求公共关系谈判使用的策略要灵活多样，针对不同的情况和条件采用不同的谈判策略，以取得圆满的谈判效果。

（4）利益性。公共关系谈判可能进行的条件是，各方都存在着尚未满足的欲望与需求。因此，需要与需要的满足是谈判的共同基础。成功的谈判是使双方利益都能获得相对满足，应是“双赢”的结果。

三、公共关系谈判的基本原则

公共关系谈判应遵循一定的原则，这些基本原则主要包括以下几个。

（1）平等互利原则。坚持平等互利原则，就是要在公共关系谈判中做到使谈判的双方主体在地位上具有平等性。无论组织大小、实力强弱，也不管谈判者的地位高低、身份贵贱、人数多寡，都应一律平等。对于谈判中出现的不同观点和意见，只能以协商的办法妥善解决，以适当的让步寻求一致，不能把自己的意志强加于对方。

（2）开诚布公原则。在公共关系谈判中，公共关系人员只有采取诚挚、坦率的态度，开诚布公地进行谈判，才能达成双方的协调与合作，创造一个良好的谈判环境。同时，当谈判发生冲突时，只有以诚相待，才能以心换心，化干戈为玉帛，达到“精诚所至，金石为开”的效果。因此，谈判最忌弄虚作假、口蜜腹剑。当然，坦诚并不意味排斥谈判的艺术和策略。相反，在公共关系谈判中不仅要坚持诚实、坦率、开诚布公，还要注意把握谈话的时机，讲究谈判的方式，力求委婉而又客观地提出公正合理的要求。

（3）沉着冷静原则。在公共关系谈判中，由于涉及范围广泛，谈判内容复杂，应对局面变化多端，一件事或一句话处理不当，都有可能造成谈判失败。因此，谈判者要始终保持冷静的头脑，在谈判前做好充分准备，知己知彼，“遇乱不惊，遇乱不慌”，促使双方相互沟通。

（4）求同存异原则。公共关系谈判本身就是协调沟通的过程，谈判双方存在利益上的矛盾是必然的。面对这样的情况，要做到谈判的顺利进行，必须在相互理解、相互合作的基础上，相互让步，以达到利益的一致性。

（5）信誉至上原则。公共关系的一切活动都是为了树立社会组织的良好形象，所以讲信誉是谈判的基本准则。在谈判中，应以维护本组织的形象为出发点，不能为了眼前利益而损害组织的形象。做到“言必信，行必果”，协议一经达成，就要遵守诺言，实践诺言。

（6）遵规守法原则。遵规守法原则要求公共关系谈判的内容及所签订的契约，必须严格遵守国家的有关法律、法规、政策，这也是发展市场经济、维持正常的社会经济秩序的必然要求。

案例 9.2

中国某公司与法国某公司谈判技术转让费

法方讲：其产品的技术经过5年的研制才完成，今天要转让给中方，中方应付费。

中方讲：有道理，但该费用应如何计算呢？

法方讲：我方每年需投入科研费200万美元，5年为1000万美元，考虑仅转让使用权，我方计提成费，以20%的提成率计，即200万美元，仅收贵方五分之一的投资费，该数不贵，对贵方是优惠的。

中方听后，表示研究后再谈。中方内部进行了讨论，达成以下共识：分头去搜集该公司的产品目录，调查该公司近几年来新产品的推出速度如何，如推出的新产品多，说明他们每年的科研投入不仅为一个产品，可能是多个产品。搜集该公司近几年的年报，调查其资产负债状况和损益状况，若利润率高，说明有资金投入科研开发；若利润率低，说明大量资金投入科研就不可能，除非借钱搞开发。若负债率不高，说明没有借钱，负债高才有可能借钱。此外，请海外机构的代表查询该公司每年缴纳企业所得税的情况，纳税多，说明利润高；纳税少，说明利润偏低。

各路人员查了这几方面的信息，分析发现：

（1）该公司每年有5种新产品推上市场。

（2）该公司资产负债率很低，举债不高。

（3）该公司利润率不高，每年的利润不足以支持开发费用。

结论是法方每年的投入量是虚的，若投入量为真，该企业必须逃税漏税才有钱。

在后续的谈判中中方就上述的资料和推断，请法方表态，法方还坚持其数据为真实数据。中方问对方，怎么解释低负债？怎么解释低利润？法方无法解释低负债、低利润和高投资的关系，又不能在中方面前承认有逃税，只好放弃原报价，考虑降低报价的问题。

启发思考：

1. 中方如何搜集谈判信息？

2. 中方如何加工谈判信息？

3. 中方如何利用谈判信息？

第二节　公共关系谈判的准备

凡事预则立，要想使公共关系谈判顺利而有效地进行，就必须做好谈判前的准备工作。

一、谈判准备的内容

在谈判准备阶段，各方均应认真研究己方与对方的各种实际情况，确定合理的谈判目标和弹性系数，预设种种方案，做好心理准备等。谈判双方针对谈判而进行的各种有步骤、有目的的系统性和整体性的准备工作，主要包括以下基本内容。

（1）知己知彼。在正式谈判开始之前 ，全面搜集和掌握各种有关信息，包括己方的信息以及对方的信息和资料。分析考察己方谈判者，多方面了解谈判对手的具体情况，信息收集得越全面、越详细，对己方就越有利。同时，还应对己方和对方的优势、不足和需要等进行客观的比较分析，做到“知己知彼，百战不殆”。

（2）谈判预测。对谈判过程中出现的种种问题进行预测，充分考虑种种可能情况，逐一分析，制定相应的对策。必要时，可以进行谈判模拟，设想谈判时的场景和问题，并事先构思出种种答案。由于谈判要以竞赛与合作为基础，双方（有时多方）平等互利地进行，因此不可能是单方面获胜，而只能是向预设的目标接近。这样， 在谈判前进行预测时，还应制定出参加谈判的基本原则和目标弹性系数。

（3）拟订谈判计划。谈判计划是谈判者在谈判之前事先对谈判的具体内容和步骤所作的安排和打算，主要包括预定谈判期限、明确谈判内容、确定谈判议程等。预定谈判期限：谈判的期限可以与对方协商后作出决定，也有单方面提出的，这就需要征得对方同意。谈判的期限一般包括这些内容：谈判在何时、何地进行，为期多长；倘若是系列谈判，分几次进行，每次时间大约是多少等，列出谈判的进程表来。明确谈判内容，谈判的内容一般包括：谈判中己方的目标，己方的利益是什么；现状与目标之间有什么差距；实现目标的障碍是什么；出现僵局怎么办；谈判的沟通方式等。哪些事项应纳入谈判讨论范畴，已列入谈判讨论范畴的事项如何编排先后顺序等。确定谈判议程：谈判议程就是谈判的主要议题。包括谈判的原则框架、具体议题的先后顺序与时间安排。谈判之初，一般应首先将谈判议程确定下来。

（4）确定谈判目标。谈判的目标通常划分为两个层次：上限目标，指谈判一方希望达到的理想目标，也就是单方面能获得最大利益的目标；下限目标，指谈判一方最低必须达到的目标，通常对双方都有利。

（5）谈判的组织联络工作。谈判前，要与对方取得联系，双方协商，确立谈判的内容、时间、地点、人选和方式等。这些联络工作虽不是实质性的谈判，但对谈判过程来说是不可缺少的准备工作。谈判的联络工作，主要应注意以下两个问题：选择对己方有利的时间。设法选择己方人员体力充沛、精力旺盛的时间，尽量避开己方人员“生物钟”的低潮阶段。因为身体不适时，连续紧张工作没有得到充分休息的情况下，会影响到谈判的效果。选择对己方有利的地点。尽量选择自己熟悉的地点，还要善于利用己方对谈判程序的安排、谈判场所的布置等因素去影响对方的心理。

> 想一想
>
> 假如你是某公关谈判主要负责人，你会为谈判做好哪些准备工作？

二、谈判准备的形式

谈判进入正式的筹备阶段后，谈判的主方为了使谈判顺利进行，需要做许多具体的、细致的准备工作。主要包括以下几方面。

（1）谈判场所的准备。可供选择的谈判场所有三种类型：己方地点、对方地点和中间地点。谈判场所最好选择在安静、舒适、整洁、无干扰的场所。会场内外进行适当的装饰，如小旗、横幅、标语、灯光等。良好的环境对谈判气氛有着直接的影响。

（2）座位安排。谈判桌一般有长方形会议桌和圆桌两种。采用长方形会议桌，一般是宾主相对而坐，主宾顺序一般以正门为准，主人应对着门的一侧，客方面向正门，主谈人居中间，翻译在主谈人右边或后排，记录居末端，其他人按地位重要程度依次排列。也可以正门为准，主方居正门的左边，客方居正门的右边，座次排列相同。国际谈判大多采用圆桌，座次无高低之分，任何一方都是同等的。

（3）各种文书的准备。谈判中有许多文字资料需要印发。如谈判通知、各种证件、文本、谈判记录、新闻稿等。在谈判中要做好记录，甚至录音、录像等。

（4）其他准备工作。谈判的准备工作还包括保卫、保密工作及交通准备、财政准备、日常安排等。有时，还要准备好签字仪式、合影留念等。这些工作事无巨细，组织者应准备充分，力求使谈判成功有效地举行。

（5）举行模拟谈判。模拟谈判是在谈判前对谈判过程的预演，目的在于检验谈判计划的完善与否，掌握的信息、资料是否真实、可靠。举行模拟谈判有两方面的好处：一方面可以发现谈判计划中的薄弱环节，以便进一步完善；另一方面可使谈判者得到一些临场经验。

> 想一想
>
> 为什么国际谈判大多采用圆桌而不是方桌？

三、遴选谈判人员

谈判的成功与否还取决于认真遴选谈判代表人员。谈判各方对立场、观点的陈述，互相协商，最后达成协议，这整个过程都是由谈判人员去进行的。因此，参加谈判的人员的知识结构、个人特质、谈判地位组合等对谈判本身有着极大的影响。

1. 谈判人员的基本素质和能力要求

谈判人员必须具备以下基本素质和能力。

谈判人员必须具备良好的政策水平，也就是必须善于熟练地运用组织内部的有关方针和政策，熟悉本单位的基本情况等；完整的知识结构，包括公关学、社交礼仪学、市场学、心理学、管理学、法律基础等方面的知识；具备一定的人际协调与沟通能力；良好的语言文字能力，也就是口头语言和书面语言的表达能力，特别是口头表达能力在谈判中尤为重要。

2. 谈判人员的特殊素质和能力要求

谈判人员除了要具备上述基本的素质和能力外，还应具备一些特殊的素质和能力。下面介绍这些特殊素质和能力。

（1）良好的心理素质。谈判是一场复杂的心理战，许多重大的谈判，不是一轮、两轮就能完成的，有时会拖延很长时间，甚至会出现拉锯式的僵局。如中国加入世界贸易组织的谈判，历经 13 年，用朱镕基总理的话来说，谈判代表团的成员“黑头发都谈成了白头发”。谈判的过程中，各种困难和障碍都可能遇到。因此，谈判人员要有开朗的性格、豁达的风度和健康稳定的心理素质，特别是要有坚韧的耐心，耐心往往是心理上战胜谈判对手的一种战术与策略。

（2）良好的应变能力。在谈判的过程中，随时都可能出现一些意料不到的情况，因此，要求谈判人员善于随机应变。无论遇到什么情况，谈判人员都必须反应灵敏，必须把原则性和灵活性有机结合起来。

（3）良好的公关意识。谈判人员代表的是一定的组织机构，因此，任何言行都不能损害本组织的形象。

（4）谈判人员的仪态要求。谈判人员的仪表举止都要合乎礼仪规范的要求。谈判人员的仪态举止具有双重作用。一方面，优美大方的仪态可以给对方以好感，吸引对方的注意并能增加依赖感；另一方面，谈判人员可以通过对方的仪态举止去捕捉对己方有利的信息，如对方不安紧张时，都会有细微的表情和动作，只要善于“察言观色”，就一定能抓住对方的“蛛丝马迹”，并为己方所用。

3. 谈判人员培训

谈判人员确立后，最好对他们进行有针对性的培训。对谈判人员的专门培训主要包括信息培训、知识培训和礼仪培训。

（1）信息培训。主要介绍各种信息，如己方的立场、谈判目标、谈判原则、谈判纪律等。同时，还要介绍谈判对手的情况、谈判的日程安排等。

（2）知识培训。根据具体需要，培训一些谈判学、公关学、市场营销学、心理学等方面的知识。

（3）礼仪培训。主要培训礼仪、礼节方面的知识和要求。如果是涉外谈判，还要介绍异国的宗教信仰、风俗习惯、礼仪礼节以及在谈判中的习惯等。

（4）谈判模拟。事先对整个谈判过程进行模拟，以便“查漏补缺”。

案例9.3

犯人与警卫

在西方某国监狱的单间牢房里，犯人通过门上那个瞭望小孔，看到走廊上警卫正在那儿吞云吐雾。凭着他那敏锐的嗅觉，犯人立即断定那是他最爱抽的万宝路牌香烟。他想吸烟想疯了，于是用右手指轻轻地敲了一下门。警卫慢悠悠地踱过来，鄙夷地粗声哼道："干嘛？"犯人答道："请给我抽一支烟吧，就是你抽的那种，万宝路牌的。"警卫没有理会犯人的请求，转身要走。犯人又用右手指关节敲门，这一次他是命令式的。"你想干什么？"警卫从嘴里喷出一口浓烟，没好气地转过头来喊。犯人答道："劳驾你给我一支香烟，我只等30秒钟，如果得不到，我就在水泥墙上撞脑袋，直到流血昏倒为止。当监狱的官员把我拉起来苏醒后，我就说是你干的。当然，他们绝不会相信我。但请你想一想，你得出席听证会，在听证会前，你得填写一式三份的报告，你要卷入一大堆审讯事务。你想一想吧，所有这一切就是为了不给我一支不名几文的万宝路香烟？只要一支，保证以后再不打搅你了。"结果不言而喻，警卫自然会从了望小孔里塞给他一支香烟。

启发思考：

当处于谈判不利地位时，你能够想出哪些方法扭转不利？

第三节　公共关系谈判的程序

公共关系谈判是一个复杂的过程，这是就谈判的进行而言的。在谈判时，一般要经历由各方陈述己方的立场，然后相互协商，最后达成能为各方共同接受的协议。于是谈判的进行过程就可划分为陈述、协商、协议三个阶段。

一、陈述阶段

陈述是谈判各方进入谈判过程的初级阶段。在陈述阶段，谈判各方的态度都比较谨慎。因为在这个阶段，如果误之毫厘，下阶段就可能失之千里。在陈述阶段要处理好竞争与合作的关系。过分强调竞争，容易使谈判陷入僵局，而过分强调合作就难以达到理想的目标。谈判的陈述阶段是谈判的序曲，其基本任务有以下几个。

1. 导入

这个阶段是通过介绍和被介绍，使参与谈判的双方相互认识、留下第一印象的过程。开局阶段虽然费时不多，但对谈判成功与否影响很大。在开局阶段能够营造一个互谅、互让、积极、融洽的谈判气氛，对整个谈判过程至关重要。在这一阶段必须注意做到：开局时间不要持续过长；寒暄要恰到好处；注意服装仪表，动作自然大方；避免过于嘴杂和冷场的局面。

2. 概说

各方代表简要介绍自己的基本想法、意图、目的。在此阶段应注意做到：开始发言时，要言简意赅，注意感情色彩，言辞和态度尽量不要引起对方的焦虑和愤怒；讲完自己的意见后，要倾听对方的发言，理解其讲话的内容；概说时间要短，争取得到对方的首肯。

3. 明示

在这一阶段，谈判各方都应把分歧摆出来，然后以坦诚的态度，心平气和地进行讨论，以求妥善解决。在明示阶段，双方的权利是对等的，己方有所要求，也要允许对方有所要求，在满足己方需求的同时也满足对方的需求，是最终达成协议的基础。为此要做到：对己所求，需求合理，不要过分苛刻；对对方所求，不要过分谴责；彼此互相所求，要尽力使对方满意。

课堂讨论

有哪些有利于谈判成功的导入话题？

二、磋商阶段

由于谈判各方利益的不一致，双方的观点、目标必然会有冲突和分歧，这就需要磋商，以便达成双方都可接受的协议。磋商是谈判的实质性阶段，双方在这一阶段既有冲突，又有合作。因此，磋商阶段实际上是谈判者为获取自身的最大利益而努力的过程。这个过程可分为以下两个阶段。

1. 交锋

交锋是谈判过程最激烈的阶段。在这一阶段，谈判各方为了实现自己的最大利益而处于冲突、对立的状态。在该阶段，双方对彼此的要求和意图都有了清楚的了解，各方都列举大量的事实和论据，证实己方观点的正确，希望对方理解并接受己方的观点，同时也都据理力争地对对方的观点进行反驳，迫使对方放弃自己的利益和原则。在这种情况下，谈判人员要做到以下几点。

（1）坚定自己的立场。谈判人员要坚定自己的立场，朝着自己所求的方向勇往直前。为此，要做好思想上、心理上的充分准备，提高应变能力，随时准备回答对方的质询。既要尽可能地保证自己的利益，也要显示双方妥协的可能范围。

（2）正确分析双方的分歧和差异。既要用事实说明自己的观点，找出各方面的分歧和差异所在，又要运用谈判技巧和合理的妥协来缓和气氛，使谈判心平气和地讨论下去，最终消除分歧差距，以求一致，达成协议。

如在“入世”谈判中，中国坚持以发展中国家的身份加入 WTO 和坚持权利义务平等，不拿国家的根本利益做交易，不做有辱民族尊严的交易。龙永图曾经在私下场合对记者说过，既然是谈判，就肯定要让步，要有妥协，并非一味强硬下去，关键在于坚持自己的大原则，守住自己的底线。

2. 妥协

妥协也就是让步。谈判各方经过激烈交锋后，如果都坚持一步不让，谈判就会陷入僵局或者以破裂告终。因此，应寻求双方均可接受的解决问题的途径，各方都应做出适度的让步，从而实现互惠互利的结果，这样才能达到谈判的目的。在妥协阶段，谈判人员要注意以下几点。

（1）坚持原则性与灵活性的统一。既要坚持原则立场，又不要伤害对方的感情和影响今后的合作；既要精于计算、权衡利弊得失，以求更大利益，又不要锱铢必较、胡搅蛮缠地大做文字游戏。各方应在基本要求的基础上，寻找出共同点，寻求各方所能接受的折中方案，使争议得到合理的解决。

（2）保持清醒头脑，把握妥协尺度。

（3）要明确圆满成功的公关谈判是要使各方的利益得到一定程度的满足，每一方都是谈判的胜利者。

案例 9.4

朱镕基总理的谈判让步

在中国加入世界贸易组织的谈判中，1999年11月15日中美双方的谈判在最后七个问题上陷入了僵局。美方代表强硬地坚持中方必须接受这七个问题，而中方代表龙永图也坦率地说，签订协议的前提是那七个问题免谈，谈判形势空前地紧张和严峻。就在这时，朱镕基总理亲自出马参与谈判，使几近破裂的谈判最终达成协议。龙永图副部长对此有生动的回忆。他回忆说："1999年11月15日，当中美'入世'谈判几乎再次面临破裂之时，朱镕基总理亲自出面，把最棘手的7个问题找了出来要亲自与美方进行谈判。当时，石部长担心朱镕基总理出面谈，一旦谈不好就没有回旋余地，不赞成朱镕基总理出面。朱镕基总理最终说服了我们。最后，我方决定，由朱镕基总理、钱其琛副总理、吴仪国务委员、石广生部长和龙永图共五位代表，与美方三位代表谈判。"

"谈判刚开始，朱镕基总理就对7个问题的第一个问题作了让步。当时，我有些担心，悄悄地给朱镕基总理写条子。朱镕基总理没有看条子，又把第二个问题拿出来，又作了让步。我又担心了，又给朱镕基总理写了条子。朱镕基总理回过头来对我说：'不要再写条子了！'然后朱镕基总理对美方谈判代表说：'涉及的7个问题，我已经对两个问题作了让步，这是我们最大的让步。'美国代表对朱镕基总理亲自出面参与感到愕然，他们经过商量，终于同意与中方达成入世谈判协议。"

1999年11月15日，中美双方就中国加入世界贸易组织的谈判达成了一致，中国谈判代表与美国贸易谈判首席代表巴尔舍夫斯基签署协议并交换文本。中国与美国谈判成功，为中国入世扫除了重大壁垒。2001年11月10日，世界贸易组织第四届部长级会议在卡塔尔首都多哈以全体协商一致的方式，审议并通过了中国加入世界贸易组织的决定。

案例分析：

美方谈判代表意想不到朱镕基总理等中方高层领导会突然出现在谈判桌前，再者还想不到朱镕基总理会果断地连续作出两次让步，这些都造成了出其不意的效果。同时，中方高层领导的出现给美方形成中方在做背水一战的印象，这些都有利于挽救几近破裂的谈判。

三、协议阶段

谈判的结局不外乎三种：双方取得一致意见后签署协议；因种种原因，未能达成协议而暂时中止协议；因一方要求过高，使谈判无法继续而终止谈判。谈判的协议阶段是谈判的结束阶段。一旦双方拍板签字，正式形成协议，就成为谈判成功的标志，它标志着谈判各方的"双赢"。在这一阶段，谈判人员要做到：拍板定案时，要将协议的主要条款陈述一遍，以防有误；谈判协议书文字表达要准确，内容要全面，不能产生歧义和遗漏；谈判者应熟悉谈判协议的条文，严格履行协议；握手言和，再创亲切、和谐、协调的情感气氛。

谈判协议主要有两种形式：口头协议和书面协议。口头协议是谈判双方达成的口头要约。但这种协议往往没有书面记录，执行时容易引起纠纷。因此，应在谈判达成一致意见后，立即签署书面协议，这既可以防止对方后悔，又可以减少执行中的某些纠纷。签署书面协议可举行专门的签字仪式。书面谈判协议的起草应由双方指定专人或委托一方起草，但起草前双方已对有关重大事项和具体问题形成一致意见，并对协议的审核、批准权限做出了相应的规定。

谈判协议一般包括两部分：第一部分是对协商和谈判的过程简单地概括和总结。第二部分是协议的正方部分，分三部分。一是各方的名称、主体资格、所属地。二是谈判的标的名称、标的数量、质量；执行地点、方式；付款方式；检验标准；保险种类；违约责任及违约金；解决争议的方法、责任承担等各个方面的详细事项。三是包括协议的生效时间、有效条件、履行期限等，从而保证协议能够得以履行。

第四节　公共关系谈判的策略

公共关系谈判的目的是协调组织与其他社会组织、政府部门和公众之间的关系，而不是压倒对方，以一方胜利而另一方失败而告终。谈判的最终目的是双方皆赢，因此，为了在谈判中达到自己的目的，必须善于使用各种谈判策略。

一、进攻策略

谈判进攻主要是为了让自己的观点被对方所接受。为此，谈判人员必须善于发问和寻找对方的弱点，以便证明己方观点的正确性和可靠性。为了组织有效的进攻，谈判人员应注意以下几点。

1. 善于发问

在谈判中运用“发问”是为了摸清对方底细、获取有关信息了解对方弱点和心理状况，以表达自己态度的一种手段。发问也是一门艺术，在谈判中发问必须考虑以下因素。

（1）合理地选择问题。并非所有问题都有利于谈判的进行，所提问题必须能够引起对方的注意，获取所需信息或供给对方某种信息，能够引起对方思考和做出某种结论。为此，可以先由广泛的问题入手再移向专门性的问题，从中注意到当对方回答广泛性问题时所提供的有关专门性问题的信息。

（2）选择发问时机。对初次见面的谈判对手，在刚开始谈判时，应先取得同意再进行发问。要选择对方最适宜答复问题的时候发问。所提问题应有适当的间隔，不能“连珠炮式”地发问。

（3）提问方式的选择。提问时要注意问题的表达，一要准确恰当，二要清楚明白。还要事先拟定发问的腹稿，以提高发问效能。所有问题都必须围绕中心议题，避免重复，前后问题在内容上直接相关，具有逻辑联系。提出敏感性问题时，应该说明一下发问的理由，以示对对方的尊重。不能使用威胁性、讽刺性、盘问式的（或审问式的）发问。发问的语速要适中。

（4）观察对方反应。发问之后要善于察言观色，从对方答问及有关表情变化中捕捉对方的心理，以便构思新的发问和进攻策略。

2. 谈判外的游说

在谈判过程之外要对对方的谈判人员或非谈判人员但可能影响进程的人员，进行某些说服工作和传播工作，以便更好地介绍己方观点。例如，利用私人关系、产品展示、公众评价等。这种游说活动对推动谈判进程有着特殊的作用，也是一种巧妙的进攻方式。在进行谈判外的游说时，要特别注意以下几点。

（1）游说的合法性。也就是说不得进行贿赂、威胁等违法手段。

（2）游说的公正性。游说主要是进一步进行信息传播，用正当的行为和恰当的形式把不宜公开议论的信息传递给有关人员。

（3）加强谈判人员间的相互理解。在谈判中，彼此各代表己方利益，大多属于正式场合。但在谈判外互相交流更有利于发展人际关系，从而形成融洽的谈判气氛。因此，谈判外的游说更容易促成对方让步。

3. 利用心理战术

谈判人员既要善于利用心理控制技巧去战胜对手，又要研究对方在谈判中的心理活动，以便从中获得各种有利的进攻机会。首先，不能流露出急于求成的心理，要从容不迫，非常自如，循序渐进，有条不紊地进行讨论。其次，当谈判出现曲折时，不失信心，要想尽一切办法，组织新的进攻方案。再次，不要把时间和精力耗费在无意义的分歧中，不要进行毫无帮助的争论。最后，谈判过程中，不要坚决坚持或反对什么，应攻心为上，从理由和事实上说明应该如何。

总而言之，谈判人员必须在谈判过程中善于发问、积极游说、灵活地利用心理战术等，以组织起有效的进攻气势，从而达到自己的目的。

案例 9.5

史蒂夫的销售报价策略

史蒂夫是爱姆垂旅店董事会成员，但是旅店的地理位置实在不理想，董事会曾委派一个小组委员会，调查了将爱姆垂旅店从萨默维尔迁到一个安静的、半居住性的社区的可能性。但从财务上看，搬迁是不可行的，因而搬迁的想法就被打消了。几个月以后，一位名叫威尔逊的先生先找到爱姆垂旅店的经理——彼得斯夫人，威尔逊表示他的公司愿意买下爱姆垂旅店。

董事会委派史蒂夫去办理这项有希望的交易。史蒂夫根据对威尔逊的商业往来所做的一些调查，认为他是一位有信誉的合法商人。史蒂夫意识到，威尔逊想买爱姆垂旅店，可能是想在这里建造公寓。威尔逊希望马上讨论价格问题，而蒂夫则需要两个星期来做这些谈判准备工作。

1. 史蒂夫初步确定旅馆的开盘价格

在接下来的12天里，史蒂夫做了几件事：首先，他想要确定爱姆垂旅店的保留价格或能够轻易成交的价格。史蒂夫得知，位于梅德福和位于奥尔斯顿的两个地点是可以用一个合适的价格买到的。他得知：梅德福德那块房地产可以175 000美元的价格买下来，奥尔斯顿的那块可以235 000美元的价格买下来。

史蒂夫断定，爱姆垂旅店搬迁到梅德福至少需要220 000美元，而搬迁到奥尔斯顿则至少需要275 000美元。奥尔斯顿的那个地点（需275 000美元）比梅德福的那个地点（220 000美元）好得多，而后者又比现在爱姆垂的这个好。所以史蒂夫决定，他的保留价格是220 000美元。史蒂夫下一步又调查得知，如果在市场上公开销售，爱姆垂旅店可能大约仅值125 000美元。

史蒂夫和他的朋友了解到售价的高低很大程度上要取决于这些开发商的意图。史蒂夫断定，威尔逊的保留价格是275 000～475 000美元。

2. 史蒂夫对报价策略的选择

史蒂夫应采取什么样的开局策略？谁应当首先报价呢？如果威尔逊坚持让史蒂夫首先报价，史蒂夫应该怎么办？如果威尔逊开价×千美元，史蒂夫应该怎样还价？有没有任何明显的圈套应该避免？

史蒂夫决定试着让威尔逊首先报价，如果不成功，或一开始就被迫首先报价，他就使用大概的价格750 000美元。史蒂夫曾想过一开始就报出400 000美元的价格，并在一段时间里坚持不变。但是经商量后他们认为只有40%的成功概率，这个价格会低于威尔逊的保留价。如果威尔逊首先报价，史蒂夫将不让他有时间仔细考虑他的报价，而将迅速作出反应，立即给出一个还价，比如说750 000美元，让对方在心理上觉得他的报价太低了。

史蒂夫的朋友告诉他，一旦两个报价都拿到了桌面上，那么自然可以预料到，最终的合同价格就在这两个报价之间。假如威尔逊的报价是200 000美元，史蒂夫的还价是400 000美元，则最终价格一般为300 000美元。作为先开价者，史蒂夫认为最后能买到350 000美元就很不错了，而且他当然记得自己的保留价格只是220 000美元。

3. 第一轮的较量

当第一轮谈判结束后，史蒂夫认为他简直经历了一场灾难，而且接下来，他甚至不敢断定会有第二轮谈判。谈判一开始，双方说了几句幽默的笑话和几句客套话。接着威尔逊就说：“请告诉我，你们能够接受的最低条件是什么。好让我看看是否能再做点什么。”史蒂夫已料到了这样的开场白，没有直接回答，他问道：“为什么不告诉我们，你愿意出的最高价格，好让我来看看是否能再削减点价格。”威尔逊被逗笑了，并报出了他的开盘价格125 000美元，而且首先讲了在萨默维尔那个地区许多房地产买卖的实例，作为支撑他的证据。史蒂夫立即回答说，爱姆垂旅店完全可以卖得比这个价格高，再说他们一点儿也不想搬迁。只有当他们能够搬到更安静的地方去时，他们才能考虑搬迁。但是在环境安静的地方，房地产价格是很高的。史蒂夫最后提出，只有售价600 000美元，才可能抵消这次麻烦的搬迁。史蒂夫之所以选择这个价格，是因为他心里盘算着150 000美元和600 000美元的中间值，高于所期盼的350 000美元。威尔逊反驳道，这个价格根本不可能被接受。双方让了一点儿步，最后决定休会。

4. 相互让步直到协议的达成

在以后的两天中，双方各作了一些让步。威尔逊逐渐地将报价提高到了290 000美元，最后停在确定的报价300 000美元。史蒂夫则从475 000美元降到425 000美元，又降到400 000美元。然后当威尔逊强硬地停在300 000美元时，他又“费力地”降到了350 000美元。史蒂夫最后停止了谈判，并告诉威尔逊，他将必须与董事会的主要成员取得联系，看看是否可以突破350 000美元的界限。

第二天，史蒂夫给威尔逊打了一个电话，向他解释说，旅店对是否接受300 000美元的报价有不同意见。“您的公司能不能再多出一点儿？如果咱们的买卖做成了，您的公司能否免费为爱姆垂旅店新买的房子做30 000美元或40 000美元的维修工作？要是这样的话，我可以接受300 000美元的报价。”威尔逊回答说，他非常高兴董事会能明智地接受他300 000美元的慷慨报价，但是不会提供装修工作。

“那么好吧，”史蒂夫回答道，“如果您的公司能为爱姆垂旅店提供一笔免税的赞助，比如说40 000

美元的援款，专供帮助急需的旅店之用，这也确实是一种帮助。”

“噢，这倒是个主意！40个格兰德是太多了（grand，美俚语，一千美元），但我可以问问我们的律师，是否捐赠20个格兰德。”

“25个怎样？”

“好吧，就25个。”

结果，根据法律，威尔逊的公司要直接付给爱姆垂旅店325 000美元。这样威尔逊既保全了面子又巧妙地突破了他自己的最终报价。而爱姆垂旅店则通过曲折的道路充分满足了自己的需要。

【案例分析】：在此案例中，史蒂夫成功地运用了销售报价策略的技能点，不仅成功地实现了旅店的搬迁，而且还获得了更多额外的收益。销售谈判人员从该案例中可以学到以下基本技能点的运用方法。

1. 确定报价依据和定价策略

史蒂夫首先通过对搬迁地的调查确定报价的大致范围和保留价格，他惯于报价依据的选择是非常恰当的。作为卖方，史蒂夫采取了根据商品交易条件的上下限确定报价内容的幅度定价法。接着他通过调查分析威尔逊的公司购买旅店的意图来估算对方保留价格的合理范围，做到了知己知彼。

2. 确立报价策略

在确定报价方式上，案例中谈判双方采取的是口头报价方式。但在谁先报价上，即在具体的报价策略的选择上史蒂夫可谓是费尽心机，并作了种种有关谁先报价的猜测和应对之策。在第一回合的谈判中，首先报价的开局被史蒂夫猜到了，并立即做出有利于己方的应对从而迫使对方报价。由此可见史蒂夫成功地运用了迫使对方报价的被动报价策略。但是首次回合的谈判并没有在他心中留下乐观的印象。

在随后的谈判中，史蒂夫谈判利益的获取很大程度上是建立在销售报价策略成功应用的基础之上的。

从本案例中可以明显看出报价准备工作的重要性。在实际谈判中，当买方准备以某种比较高的价格买进对方的某种商品时，如果卖方报价比较低，那么买方就会欣然接受，或乘机迅速以卖方所报的价格为起点，争取进一步压价，使卖方处于被动地位。比如，如果买方先报了价，并以某种比较高的价格准备买进对方的某种商品时，卖方听到的报价比自己预设的卖价偏高，则会欣然接受，或趁机以买方所报价格为起点，争取进一步抬价或提出其他附带要求，其结果会使买方陷于不利境地。报价的提出及实现不是孤立的和一厢情愿的问题，是综合了多方面因素和双方条件的结果，因此所有的谈判者在报价问题上必须采取认真、审慎的态度，做好各项准备工作。这些准备工作概括起来就是全面、准确地掌握报价的依据。

启发思考：

1. 请问在此案例中，史蒂夫是怎样确定旅店的报价依据的？他的报价依据是什么？你认为他所选择的报价依据合理吗？

2. 史蒂夫的朋友有关最终确立的价格是在两个报价中间的说法你认为合理吗？为什么？

3. 在最终协议价格的确定中，史蒂夫是怎样做到既保全了威尔逊的面子，同时又最大化地争取自己谈判利益的？你认为在销售报价谈判中维护对方的面子问题对于争取己方的谈判利益有什么作用？

二、防御策略

谈判场尤如战场，只攻不守是十分危险的。因此，谈判人员不仅要学会如何组织进攻，还要善于制定有效的防御策略。

1. 学会应答

善于应答对方的发问，是有效的防御手段之一。应答时应注意以下问题。

在没有清楚地了解对方提问的真正动机和含义的时候，不要随意或含糊应答。遇到棘手的问题，可采取迂回战术，避免正面应答。回答发问时，应把握自己的体态语，尽量不让对方探察自己情绪、心理上的变化。回答提问时，语言要准确、明白，切不可前后矛盾，逻辑混乱。

2. 防止对方的陷阱

在谈判中，对方经常会设下种种陷阱，要善于去识破，看清对方的种种假动作。常见的谈判陷阱有：数据不准确或含义不清；利用惯例否认让步的可能；假出价但不成交；故意简化数据；故意提出不易实现的要求或威胁手段，迫使对方接受；一而再、再而三地要求对方作细小让步，蚕食对方的利益；等等。一旦碰到这些陷阱，应立即予以揭露并采取相对的应付措施。

3. 善于应变

在谈判过程中，谈判人员的反应要快。当对方有弱点时，要善于出击；局面对自己不利时，要迅速调整策略。应变不是随意改变自己的原则和立场，应注意扬长避短，发挥自己的优势，根据谈判的进展情况，制订出合理的应付计划。

4. 关于利用谈判间隔

利用谈判间隔可以整理、分析已掌握的信息进一步修订和完善谈判方案。当出现对自己不利的局面时，可以利用谈判间隔，调整策略，化不利为有利。当出现对自己有利的局面时，可以利用间隔时间制定进攻的策略，争取达成协议的签订。

课堂讨论

在谈判过程中你遇到过的陷阱有哪些？

补充阅读

林肯的冷静、清醒和幽默

保持冷静、清醒的头脑，以谨慎平和的态度回答对方的反对意见，是十分必要的。如果你带着愤怒的口吻回答对方的问题，对方会认为你反对他的意见，对他有看法。这样，要想说服他也就更困难了，甚至还会造成对方更强烈的反对。所以，态度平和、友好，措辞得当是十分必要的。有时，运用幽默再加上冷静、清醒的头脑会有更好的效果。美国前总统林肯在1843年与卡特莱特共同竞选伊利诺州议员。两个人因此成了冤家。一次，他们碰巧一同到当地教堂做礼拜，卡特莱特是一名牧师，他一上台，就利用布道的机会转弯抹角地攻击林肯，最后他说："女士们，先生们，凡愿意去天堂的人，请你们站起来。"全场都站了起来，只有林肯仍坐着。牧师以为奚落林肯的机会来了，他大声地问："林肯先生，那么你打算去哪呢？"林肯不慌不忙地说："卡特莱特先生，我打算去国会。"全场的人都笑了，牧师反被窘住了。

三、让步策略

当谈判陷入僵局时，一方先采取让步的形式，使对方暂时获得某种利益或需要上的满足，从而获取己方想得到的利益。让步不是消极逃跑和认输，而是以退为进。最好的方法是有策略地让步，并且让对方也做出让步。为了有效地让步，谈判人员必须做到以下几点。

1. 讲究让步的时机

当自认为处于上风时，谈判一开始就应该提出要求，之后再略作退让，以便得到较多的好处。当自认为处于下风时，谈判一开始时可以提出适当的要求，然后坚持谈要求，不轻易退让。在谈判过程中，一旦发现谈判达到了自己的目标，就应该立即设法使谈判议题转入到达成书面协议方面，使谈判尽快结束，不能漫无边际地向对方无休止地让步。

2. 善于引诱对方让步

要先设法让对方作出让步，当然必要时也可以己方首先让步以争取主动权。为了让对方让步，可以采取以下方法。

（1）主动暗示。对方对某一问题处于犹豫不决时可以直接给予暗示，做些诱导性工作；或使对方早些让步。如“这是最后一次机会”“我已经定好了今天晚上的车票”等。

（2）提供选择。提供一定的选择方案，并阐明各种方案的利弊，以促使对方做出选择。

（3）最后通牒。一方在谈判中处于优势地位，可采用较强的手段迫使对方让步。

（4）主权转移。先让对方主动提出让步的具体意见，然后再就对方的让步意见做出评论和判断，看是否需要让对方进一步让步。

3. 让步的主动策略

如果己方必须让步，还要讲究让步的技巧问题，不能一步退到底。

（1）让步必须是对等的。用己方让步的许诺，谋求对方也同样作出让步。

（2）应争取主动，在较小问题上先让步，以换取对方的大回报。

（3）让步不要太快，要适度，并设法保持全局优势。

（4）让步不能没有原则，不能让对方轻易取胜。谈判高手一般能控制自己的让步分寸，使用的让步方式也令人难以揣测。

案例 9.6

买主步步为营的蚕食策略

“您这种机器要价750元一台，我们刚才看到同样的机器标价为680元。您对此有什么话说吗？”

“如果您诚心想买的话，680元可以成交。”

“如果我是批量购买，总共买35台，难道您也一视同仁吗？”

“不会的，我们每台给予60元的折扣。”

“我们现在资金较紧张，是不是可以先购20台，3个月以后再购15台？”

卖主犹豫了一会儿，因为只购买20台，折扣是不会这么高的。但他想到最近几个星期不甚理想的销售状况，还是答应了。

“那么，您的意思是以620元的价格卖给我们20台机器。”买主总结性地说。

卖主点了点头。

"干嘛要620元呢？凑个整儿，600元一台，计算起来都省事。干脆利落，我们马上成交。"卖主想反驳，但"成交"二字对他颇具吸引力，几个星期完不成销售定额的任务可不好受，他还是答应了。

案例分析：

买主步步为营的蚕食策略生效了，他把价格从750元一直压到600元，压低了20%。

谈判桌上没有单方面的退让，在你作出各种让步时，你必然也要求对方作出种种让步，后者，才是你的目的。称职的谈判者善于适时适量地让步，也善于向对方施加压力，迫使对方让步。

启发思考：如何才能更好地促使对方向你让步？

四、打破僵局策略

有时谈判会陷入僵局，这就需要谈判人员掌握打破僵局的策略。这些策略包括以下几个。

（1）低潮回避策略。当谈判陷入僵局，经过协商而毫无进展，双方的情绪均处于低潮时，可以采用避开该议题的办法，换一个新的议题与对方谈判，以等待高潮的到来。由于议题与利益间的关联性，当其他议题取得成功时，再回来谈陷入僵局的议题，便会比以前容易得多。

（2）总结休会策略。当谈判呈现僵局而一时无法用其他双方都能接受的方法打破全局时，可以采用冷处理的办法。即总结已取得的成果，然后决定休会，使双方冷静下来认真考虑对方的要求，同时，双方可进一步对市场形势进行研究，以证实自己原观点的正确性。当双方再按预定的时间、地点坐在一起时，会对原来的观点提出修正的看法。这时僵局就会较容易打破。

（3）多案选择策略。当对方坚持条件而使谈判陷入僵局时，己方可以由过去是否接受对方的条件改为让对方选择自己的条件来打破僵局，即提出多种谈判条件的组合，让对方从中选择所能接受的条件。当对方认为其中的某一条件可以接受时，已形成的僵局就自行消失。该方法实施的基础是对方对其他项目也有较高要求，因而，当其他条件优越时，便会放弃原来的要求。

（4）妥协退让策略。当谈判由于各抒己见、互不相让而陷入僵局时，可以采用妥协退让的策略打破僵局。即首先在某些条件上作出让步，然后要求对方让步。当然，自己先让步的条件是那些非原则性问题或对自己不很重要的问题。由于妥协是谈判具有诚意的表示，因而，在自己作出妥协后，对方也必然要作出让步，否则，可把造成僵局的责任加在对方头上。这样谈判就会继续下去。

（5）利益协调策略。当双方在同一问题上发生尖锐对立，并且各自理由充足，均既无法说服对方，又不能接受对方的条件，从而使谈判陷入僵局时，可采用利益协调策略，即让双方从各自的目前利益和长远利益的结合上看问题，使双方都认识到，如果都只追求目前利益，可能都失去长远利益，这对双方都是不利的。只有双方都作出让步，以协调双方的关系，才能保证双方利益得到实现。利益协调策略可以使双方采取合作的态度共同打破僵局。

（6）以硬碰硬策略。当对方通过制造僵局，给己方施加压力时，妥协退让已无法满足对方的欲望，应采用以硬碰硬的策略向对方反击，让对方自动放弃过高的要求。具体做法有两种：一是揭露对方制造僵局的用心，让对方自动放弃所要求的条件；二是离开谈判桌，以显示自己的强硬立场。

（7）场外调停策略。当谈判双方话不投机，出现横眉冷对的场面时，僵局已无法在场内打破，只能到场外寻找打破僵局的办法。场外调停的具体办法是在场外与对方进行非正式谈判，多方面寻求解决问题的途径。例如，请对方人员参加己方组织的参观游览、运动、娱乐、宴会、舞会等。在这些活动中，双方可进行不拘形式的畅谈，对某些僵持的问题可进一步交换意见。在轻松的气氛中谈一些观点对立的话题，双方都会从良好的愿望出发来考虑，因而容易取得成功。

案例 9.7

双方都是胜利者

1986年，广东玻璃厂与美国欧文斯公司进行关于引进技术设备的谈判。在这场谈判中，在“全部引进”还是“部分引进”问题上，双方各执一端，相持不下。我方为节约外汇坚持部分引进，而美方代表坚持一揽子交易，致使谈判几乎陷入僵局。我方代表为缓和气氛，笑了笑，换了一个轻松的话题，说：“你们欧文斯的技术、设备和工程师都是一流的。你们投进设备、搞技术合作，帮我们厂搞好，只能用最好的东西。因为这样，我们就能成为全国第一。这不但对我们有利，而且对你们更有利。”欧文斯的首席代表是位高级工程师，他听了这话自然高兴，接着我方代表把话头一转说：“我们厂的外汇确实有限，不能买太多东西，所以国内能生产的就不准备进口。现在，你们也知道，法国、比利时和日本都在和我国北方的厂家搞合作，如果你们就此失掉中国的市场，人家也会笑话你欧文斯公司无能。”这席话，处处提醒对方注意本身的真正需要：市场与自尊。这样一来，濒临破裂的谈判，就此“柳暗花明又一村”了。我方省下了一大笔外汇，而欧文斯公司也由于帮助该厂成为全国同行业产值最高、耗能最低的企业而名声大噪。这是一场极成功的谈判，双方都是胜利者，双方的需要都得到了满足。在这次成功的谈判中，我方代表机智地采用了低潮回避和利益协调策略，打破了谈判的僵局，取得了谈判的成功。

案例分析：

在这里，广东玻璃厂的首席谈判代表在面对美国方面的拒绝时，没有直接地选择对抗拒绝，而是采用了迂回绕道的技巧，从而化解了谈判中产生的矛盾，取得了谈判的成功。这次对美国方面的拒绝是在美国方面占有优势的情况下果断地拒绝，但是在谈判中拒绝不能武断，需要讲究一定的语言艺术，让对方觉得这样拒绝很难不接受，从而才能赢得谈判的主动权。拒绝还可以通过赞赏的方式来提出。赞赏式拒绝法的实质就是从对手的意见中找出双方均不反对的某些非实质性内容，然后加以赞赏，突出双方的共同点，摆出理解对手的姿态，最后对不同的观点加以坦率地拒绝。这是因为一个人在提出自己的意见后，一旦受到某种程度的肯定和重视，人的心理会形成一种兴奋优势，这种兴奋优势给人带来情感上的亲善体验和理智上的满足体验。这种体验一旦发生，就会促进谈判的顺利进行。一般来说，拒绝不能使用带教训、嘲弄或挖苦的语气，尽量不用带批判性的词汇，更不要勃然大怒。另外，拒绝在有的时候需要果断，这样更能显示出自己的坚定，但是在运用的时候要把握好时机和尺度。

本章小结

公共关系谈判是一个社会组织和社会公众之间建立利益关系的重要方式。谈判是一项具有很强艺术性的工作，它牵涉的内容和能力都极为广泛，需要公关人员通过实践，积累经验，才能真正做好有关谈判的工作。

要想使公共关系谈判顺利而有效地进行，就必须做好谈判前的准备工作。在谈判准备阶段，各方均应认真研究己方与对方的各种实际情况，确定合理的谈判目标和弹性系数，预设种种方案，做好心理准备等。参加谈判的人员的知识结构、个人特质、谈判地位组合等对谈判本身有着极大的影响。谈判的成功与否还取决于认真遴选谈判代表人员。

公共关系谈判是一个复杂的过程，可划分为陈述、协商、协议三个阶段。

谈判的最终目的是双方皆赢，因此，为了在谈判中达到自己的目的，必须善于使用各种谈判策略。

思考题

1. 简述公共关系谈判的含义及遵循的基本原则。
2. 简述公共关系谈判人员的基本素质。
3. 简述公共关系谈判的基本程序。
4. 公共关系谈判的基本策略有哪些？

拓展资料

1. 如何应用公共关系谈判技巧成功地进行谈判:

http://v.ku6.com/show/3MU3TPY0JxiqgJGZjh9Cpg...html

2. 何茂春——企业家的公关谋略:

http://my.tv.sohu.com/us/63334651/28461329.shtml?fromvsogou=1

3. 公关谈判案例：http://wenku.baidu.com/view/02cb7451eefdc8d377ee3257.html

4. 成功的经典公关案例：http://www.xuexila.com/success/chenggonganli/401110.html

第十章　公共关系广告

学习目标：

了解公共关系广告的基本含义、功能及原则；掌握公共关系广告设计和策划的一般常识；掌握公关关系广告的运用技巧。

案例 10.1

安德玛：后起之秀的弯道超车

作为美国增长最快的公司之一，安德玛(Under Armour)于1996年由美式足球运动员凯文·普郎克(Kevin Plank)在美国创立。在过去几年间，安德玛不仅开创了紧身功能性运动服的市场，而且已经把这种功能性运动服概念不断拓展到更多领域，生产出针对不同运动项目和天气、具备不同功能的产品——如雪地服、赛马服、减肥服、汗服、长袖和短袖紧身衣、击剑防护手套，甚至是运动胸罩和拳击短裤。防晒服安德玛在世界各地有超过6500个商店销售，销售额年均激增78.3%，在2005年达到3.106亿美元。2015财年，安德玛收入总计39.633亿美元，比2014财年的30.844亿美元上涨28.5%。营业利润增15.4%至4.084亿美元，净利润增11.8%至2.08亿美元。

安德玛公司的巨大成功，有一个重要的原因就是得益于代言人的选择以及对其广告宣传的巨大成功。

如今，作为安德玛形象代言人的库里，在NBA最棒的球队——金州勇士队，已经成为了两届常规赛MVP，现在的他也是NBA联盟新的招牌人物。据摩根士丹利公司分析，库里为安德玛所带来的价值高达140亿美元。

安德玛在签下库里作为其形象代言人的同时，砸下了重金对库里进行包装和宣传。

2013年，库里与耐克的球鞋合同到期，安德玛随即便将其纳入麾下，并为库里打造了“库里一代”专属球鞋。2015年9月，库里携带“UA库里二代战靴”现身北京，开启了自己为期3天的中国行。从北京到重庆，再到上海，库里所到之处，现场均异常火爆。众多粉丝从各个地方赶来，只为一睹“萌神”库里真容，库里此次中国行不仅增强了与粉丝之间的黏性，更助力安德玛在中国的落地，为其日后全面打开中国市场奠定了基础。无疑，安德玛的选择是正确的。随着库里带领勇士夺得了NBA2014/2015赛季的总冠军，并荣膺本赛季MVP后，安德玛的球鞋销量提升了754%，并一举超越阿迪达斯位居北美球鞋市场第二名，仅次于耐克。当时用每年400万美元签下的库里现在已经给安德玛带来了140亿美元甚至更多的收益。

资料来源：http://lanxiongsports.com。

启发思考：

1. 安德玛公司为什么会将眼光放到一个在签约时还名不见经传的年轻球员身上？

2. 如果现在委托你为安德玛新品宣传，你会怎样为库里设计宣传广告？

3. 从安德玛公司的巨大成功中，你能得到哪些启示？

4. 与安德玛公司类似的案例还有哪些？

公共关系广告的目的是谋求社会公众对组织的赞许和支持，消除误解，争取内部和外部公众的好感和信任，以创造最佳的发展环境。对于一个企业或组织来讲，公共关系广告具有战略意义。因此，公共关系人员必须掌握公关广告的一般知识和运用技巧。

第一节　公共关系广告概述

制造新闻是扩大组织知名度，提高组织美誉度，塑造组织良好形象的有效方法。然而对一个组织来说，这样的机会并不是很多，新闻媒体也不会把关注的目光长期锁定在一个或少数几个组织上。组织形象的宣传必须持续不断地进行，因此，公共关系广告就成了组织的必然选择。

一、公共关系广告的含义

“广告”一词源于拉丁语，从汉语字面意思看，广告就是“广而告之”，即向广大公众告知某件事，有广泛劝告之意。广告是一种宣传方式，是指广告客户有计划地利用各种媒体传递各类信息，从而对商品、服务或观念进行的非个体的传播活动。广告有广义和狭义之分。广义的广告泛指一切广告，包括商业广告和非商业广告。狭义的广告专指商业广告。商业广告是为了推销商品和劳务以获取经济利益的商业性广告。非商业广告则是为达到某种目的的非营利性广告。

广告作为商品经济的产物，在商品经济高度发展的今天，它作为一种传播方式，用于将商品或服务信息介绍给消费公众，以引起他们的注意，诱导并激发其购买欲望。在现代社会里，广告正逐渐渗透到人们生活的各个领域，显示出其强大的传递信息、促进消费、美化环境、教育公众的功能。

公共关系广告是广告的一种特殊形式，是以广告的形式开展公共关系工作的一种方法。公共关系广告是一种以增进公众对组织的了解，提高组织的知名度和美誉度，使组织活动得到公众信任与合作为目的的广告。对公共关系广告的理解应包括以下几点。

（1）现代意义上的公共关系广告产生于近代。随着市场经济的发展和公众消费水平的提高，人们已经不满足于广告所提供的单纯的产品信息，而希望了解生产该产品的社会组织以及更多更好、更详尽的信息。正是在这种社会期待下，一种全新的广告形式——公共关系广告应运而生。由于它较好地满足了社会及公众的要求，而且给社会组织的发展带来了巨大的效益，因而充分显示了存在的价值和强大的生命力。

（2）公共关系广告的目的是争取公众的好感与支持。公共关系广告宣传的主题是社会组织的信誉、公众服务、经济效益、员工关系、特别活动以及人事安排等，以组织的政策、产品、服务、观念，组织所提供的就业机会、福利政策、赞助活动为主要内容。公共关系广告的目的、任务集中到一点就是防止和纠正公众对社会组织的误解，争取外部公众以及新闻界的好感与支持，以利于组织不断改善环境，提高经营管理水平。

（3）公共关系广告目标的确立必须与社会组织的公共关系战略一致。组织通过公共关系广告的制作与宣传，使公众全面地了解组织，产生对组织的信任与好感，提高组织的地位和声誉，实现公共关系目标和组织发展的战略目标。总之，现代社会的任何一个组织，要确立产品在市场上的优势，必须重视公共关系广告的宣传，在公众中树立组织的良好形象。

二、公共关系广告与商业广告的区别

日常生活中见得最多的是商业广告，这是一种宣传某种具体商品或服务以促进销售的广告。尽管公关广告和商业广告都是广告，但它们实际上是有区别的。公共关系广告与商业广告的区别在于以下几点。

1. 广告目的不同

商品广告是直接宣传产品名称或性能，其目的就是诱发消费者的购买动机，促进产品或服务的销售。例如："华力牌电蚊香，默默无闻地奉献""威力洗衣机，献给母亲的爱"。

公关广告则不直接宣传产品，而是传播产品之外的各种与组织形象相关的信息。例如杭州旅游公关广告："中国杭州——平静似湖，柔滑似丝"。

对于这两者的区别，人们形象地说：商业广告是要公众买我，公关广告是要公众爱我。

2. 宣传模式不同

同样是通过传递信息去影响公众，两者还是有不同之处。商品广告是让公众先认识产品，然后再认识企业组织，而公关广告则是让公众先认识组织再认识产品。这两者的模式是：

公共关系广告为公众——组织——产品。例如，中国台湾哥林电器的公益广告："不要把问题留给下一代！现在做，来得及。"

商品广告为公众——产品——组织。例如，日本松下电器公司的电池广告："生命的电池。"

3. 感情色彩不同

商业广告注重引导人们的购买行为，商业色彩较浓；公关广告则重视与公众进行情感交流，引发公众好感，所以商业色彩较少，而融入了更多的对人性、社会的关怀。例如恒源祥公司那个备受争议的广告（恒源祥、羊羊羊）就纯粹是一种广而告之的商业行为。但深圳制药厂在中央电视台的公关广告呈现给观众的是他们与灾民同舟共济的真情：在黑白天地间，一边是一只可怜的被洪水困在山坡上的小狗，一边是孩子们设法营救小狗的真挚感人、令人心动的画面。小狗得救后，推出广告语：滔滔里，风雨同舟。

4. 广告主体不同

商业广告的主体是工商企业，而公关广告的主体则可以是政府部门、非营利组织等各种类型的组织。例如，国外某交通安全广告："阁下驾驶汽车，每小时时速不超过 30 公里，可以欣赏本市的美丽景色；超过 60 公里，请到法院做客；超过 80 公里，请光顾本市设备最新的医院；上了 100 公里，祝您安息吧！"

5. 报道方式不同

商业广告往往要集中归类，占用媒介的广告节目时间，使公众了解广告节目内容；公关广告通常以专题节目、赞助大型活动等形式出现，不给人以广告感觉。

问与答

商品广告和公共关系广告在宣传目的上有什么不同?

商品广告是直接宣传产品名称或性能，其目的就是诱发消费者的购买动机，促进产品或服务的销售。公关广告则不直接宣传产品，而是传播产品之外的各种与组织形象相关的信息。

三、公共关系广告的类型

公共关系广告自诞生以后发展很快，其内容也很广泛。按照不同的标准，可以将其划分为不同的类型。如根据广告的不同，可以划分为营利性组织的公关广告、非营利性组织的公关广告和互利性组织的公关广告等；根据宣传目的不同，可以将公关广告划分为扩大知名度广告、谋求理解广告、增强信誉广告和确立观念广告等；根据传播区域范围的不同，可以将公关广告分为国际性广告、全国性广告和地区性广告等；根据内容的不同，可以将公关广告划分为介绍广告、顺应广告、辩驳广告、致歉广告、庆典广告等。下面介绍几种主要的公共关系广告类型。

1. 实力广告

实力广告是传播组织自身各种信息的广告。经济组织的广告主要是实力广告。实力广告的目的是要树立组织的形象，提高组织的知名度、美誉度和信任感，它包括以下一些内容。

想一想

你能举出几个实力广告的例子?

（1）介绍组织的自然状况。实力广告首先要将组织的自然状况介绍给公众，尤其是新开张的企业，更应尽快、尽量多地把自己介绍给公众，让大家认识自己。将组织自然状况介绍给公众的目的是要给公众一个外在的印象，以唤起人们了解自己的兴趣。

（2）宣传组织的经营方针。实力广告向公众介绍组织的经营方针，让公众了解自己的经营目标、经营方向、经营政策和经营方式，寻求公众的理解、支持和合作。

（3）解释组织面临的问题，消除公众的误解。组织在生产经营中总会遇到一些问题，这时就要通过实力广告进行解释。一方面，组织公关部门要将存在问题的原因调查清楚；另一方面，要通过广告将为解决组织存在的问题而进行的各项活动告知于世，让公众消除误解，理解企业，以保护企业的声誉。

例如，某公司为宣传其新型保险柜的卓越功能，登出一则这样的广告：“10 万美元寻找主人！本公司展厅保险柜里存放有 10 万美元，在不弄响警报器的前提下，各路豪杰可用任何手段拿出享用!”广告一出，轰动全城。前往一试身手的人形形色色：有工人、学生、工程师、警察和侦探，甚至还有不露声色的小偷，但没有人能够得手。各大报纸连续几天都为此事作免费报道，影响极大。这家公司的保险柜的声誉随之大增。

2. 致意广告

致意广告是指组织在一些特殊的时候向公众致意，表达某种情感的广告，其目的在于与公众沟通感情，形成感情联络。致意广告有以下几种具体类型。

（1）致贺广告。在节日之际向公众贺喜，如春节将至，组织在报刊或电视上发表广告向读者、观众拜年贺喜。

（2）鸣谢广告。当组织取得了某项重大成就时，刊登广告主动向所有支持者、赞助者表示谢意。这种广告在鸣谢别人的同时，也传播了自己的成就。

（3）致歉广告。组织在工作中出现了某些差错时，刊登广告主动向受害者致歉。这种广告就是致歉广告。如“本企业生产的某产品在许多城市发生脱销，使很多顾客未能如愿，我们深表歉意。”这样的广告看起来是致歉，实际上却宣扬了企业的成就。

3. 响应广告

> **想一想**
>
> 所有的公益广告都属于响应广告吗？

组织为响应社会或有关领导部门的号召，支持公益事业的发展，以求社会各界公众的理解与支持而刊播的广告称为响应广告。这种广告往往以某种社会公益事业为依托，积极响应与赞助，并通过广告的形式把自己良好的愿望与为实现其愿望而做出的努力公布于众。这样的组织一定会受到社会各界的好评。

4. 倡议广告

以组织的名义率先发起某种社会活动，或提倡某种有意义的新观念而发出的广告称为倡议广告。倡议广告一般要有明确的主题和目标，以表明组织或企业对社会活动的关心。倡议广告要具有创新意义，使企业在公众心目中留下“引导时代变迁，推动社会进步”的强烈印象。

5. 解释广告

当公众对组织产生了误解，或组织生产经营中发生了有损公众利益的事件时，刊登广告向公众澄清事实，消除误解或表达歉意。

6. 征集广告

通过征集方式吸引公众的注意，增强其对组织的兴趣。如征集组织名称、标徽、答案、意见、稿件等。杭州第二制药厂曾通过《浙江日报》刊登广告征集厂名，收集了十几万封厂名建议信，然后从中挑选 10 个厂名，再请大家投票，通过改名大大地提高了该厂的知名度。

7. 公益广告

以公益性、慈善性、服务性主题为内容做广告。公益广告并没有介绍组织，只是在广告旁边用很小的字注明：某某企业赞助，但却可以赢得公众的好感。

> **问与答**
>
> 致意广告总共有哪几种类型？
>
> 致意广告共分三种类型，分别是致贺广告、鸣谢广告及致歉广告。

第二节　公共关系广告的功能和原则

公共关系广告与商业广告具有明显的不同，因此，公共关系广告有其独特的作用，而且，公共关系广告也要遵循一定的原则。

一、公共关系广告的功能

公共关系广告对组织形象有着重要作用，这些作用主要体现在以下几个方面。

1. 传播信息，促进销售功能

信息是现代社会组织赖以存在的基础。在激烈竞争的市场经济面前，任何社会组织要想使其产品打开销路，必须通过各种渠道，掌握市场信息。掌握了信息，并能在主客体的互动中做到信息互享，就能取得市场的主动权，从而促进产销。

公共关系广告能把信息提供给消费者，使消费者了解组织及其产品，而且在传播信息过程中还能开拓组织经营的视野。改进销售的方式，增设售前、售后服务的项目，都有利于沟通产销渠道，促进生产的发展。

公共关系广告通过广告宣传，使消费者了解社会组织或产品的性质，运用市场策略、心理策略、媒介策略，使消费者相信广告宣传的产品正是自己所需要购买的，把握消费者变动趋势和转化契机，引导消费者产生购买欲望，从而把市场消费引向健康发展的轨道，促进销售。

2. 塑造形象，强化竞争功能

组织有了良好形象，才能在竞争中取胜，而公共关系广告宣传的直接结果是组织形象的树立，这种相对稳定的因素可以使社会组织在日趋激烈的竞争中立于不败之地。社会组织要得到公众的仰慕和依赖，要使产品在同类产品中脱颖而出，除了优良的质量作为基础之外，一个适宜的、打动人心而又便于记忆的公共关系广告至关重要。要想赢得公众的心，社会组织必须有良好的形象，具有较强的竞争力。公共关系广告可以提高社会组织的知名度和美誉度，不仅有利于组织及其产品在公众市场上赢得好名声，而且有助于该组织与同类产品争夺销售市场。

> **课堂讨论**
>
> 日常生活中，公共关系广告塑造形象这一功能主要有何体现？

如2003年“神州五号”载人航天飞船，这在我国的航天发展史上是开天辟地的大事，是中国期盼已久的事情，国内外的媒体都在竞相关注着“神五”。2003年10月16日早上7点，“神州五号”一落地，门户网站第一时间出现了蒙牛的广告，9点左右蒙牛在中央电视台的广告成功启动。中午12点所有电视广告、路牌广告也都相继在北京、广州、上海等城市实现了“成功对接”，全国30多个城市的候车厅被蒙牛的广告占据。蒙牛的所有户外广告做了四个版本：女性版、男性版、儿童版、老人版，同时，印有“中国航天员专用牛奶”标志的蒙牛牛奶相继出现在全国的各大卖场。“蒙牛牛奶，强壮中国人”“举起你的右手，为中国喝彩”和“蒙牛牛奶，航天员专用牛奶”的口号，仿佛一夜之间传遍大街小巷；杨利伟和蒙牛都吸引了所有媒体的注意，可以说蒙牛这一次赚足了社会公众的眼球。从2004年1月起，蒙牛液体奶销量连续30个月居全国奶类销量之冠。

3. 消除公众对组织的偏见和误解

在现实生活中，在市场经济的发展和竞争中，有些事情是不会一帆风顺的。错误的、不切实际的传言或产品被假冒，都会给组织和消费者带来一些损失。公众可能为此对组织产生偏见，产生不信任。组织可以召集新闻媒介和消费者座谈会，澄清事实真相，消除误会，恢复组织的名誉，这样可以使公众与组织之间更加信任和理解，同时也有利于组织的发展。

如美国有一家消费品公司，在企业形象受到损害时，就依靠公共关系广告活动克服困难，走出低谷。首先，他们向公众实事求是地披露事件真相；其次，通过广告展示公司重新设计的药品；最后，用记者招待会的形式向全国公布公司的公共关系活动过程。这一系列广告活动改变了公众对公司的不良印象，扭转了公司的不利局面。

4. 引导舆论宣传教育功能

公共关系广告不仅可传播经济信息，帮助人们了解市场营销的情况，而且能给社会带来大量的科技、文化、教育、艺术、卫生、体育等方面的新知识、新技术、新成果、新动态。同时，公共关系广告传播的文化信息广泛涉及人们的思想、意识、政治、信念、道德和纪律等内容。公众通过广告宣传，耳濡目染，就会产生潜移默化的影响，从而改变或扬弃，最终建立某种信息，产生相应的行为。因此，公共关系广告宣传，一定要倡导为社会所尊崇的价值取向、道德观念、文明行为，既要为社会主义物质文明建设服务，又要为社会主义精神文明建设服务。

> **想一想**
>
> 你能举出几个公共关系广告引导舆论的例子？

二、公共关系广告的原则

公共关系广告还应遵循一定的原则，这些原则包括以下几个。

1. 实事求是原则

决定公共关系广告成败的因素很多，但首要的和基本的因素在于实事求是地介绍组织的真实形象。公共关系广告只有名副其实，根据本组织产品、服务的知名度、美誉度的实际情况，客观而真实地向公众进行介绍，使公众获得可靠的、有价值的真实信息，才能使公众对组织及其产品产生依赖感，取得良好宣传效果。相反，公共关系广告所反映的内容一旦失去了真实性，就会失去公众的信赖，失去应有的宣传效果。

公共关系广告的实事求是原则要求在制作和宣传中不能哗众取宠。明明品位不高，名声不佳，却宣传为“闻名全国”“誉满全球”。不能夸大其辞，名不副实，任意拔高商品的等级，以“国优、部优、省优”招徕顾客。另外，也不能鱼龙混杂，以次充好，绝不允许利用公共关系广告欺骗顾客。

公共关系广告必须力求真实，杜绝欺骗夸大，这是公共关系广告的一条主要原则。

2. 科学性原则

公共关系广告要取得预期的效果，除了遵循实事求是的原则外，还要注意内容的科学性。设计公共关系广告要建立在科学基础上，争取用较少的投入取得较大的效果。公共关系广告只有正确地反映客观存在，提示事物的内在联系，符合事物的本来面目，才能真正起到公共关系广告指导消费的作用。公共关系广告的科学性原则，要求在设计公共关系广告时，开展充分的调查研究，抓住公众最关心的、迫切需要解决的问题，作为公共关系广告的主题。

此外，还要求有良好的售前、售后服务。上海大众汽车有限公司曾以“培训，对大众维护人员永无止境”为标题，表示为用户提供最高质量的服务，让用户放心、满意，而这种满意也正是上海桑塔纳的最高愿望。相反，有的公共关系广告在介绍使用方法时，缺乏科学性，起到相反的作用。如有一则牙膏广告，几个表演者刷牙时是横着刷，而正确的方法是竖着刷，即顺着牙缝上下刷。如果采用这些广告演员的刷法，即使最好的牙膏也是枉然。

3. 艺术性原则

公共关系广告是一门艺术，因此，必须遵循艺术性原则。下面是公共关系广告的艺术性原则的基本要求。

（1）在语言上要短小精悍、生动活泼、富有幽默感。例如，在我国见得最多的交通标语是“宁停三分，不抢一秒”“为了您的家庭幸福，请注意交通安全”。这些精彩的公益广告语亲切、质朴，富有人情味，能对交通安全起到很好的警示作用。

（2）在画面上要用鲜明、强烈的色彩和光线，增加信息刺激的强度、对比度，能够使公众较快地进入兴奋状态，有效地接受广告信息。

（3）在声响上，要利用动听悦耳的音乐与亲切自然的广告宣传词吸引公众，增强公共关系广告的艺术魅力。

（4）还要求选择健康文明的题材作为广告的内容，凭真实可靠的内容和独具特色的表现技巧来打动顾客，而不是靠虚假、吹嘘，或靠庸俗、低级的情趣来吸引公众。要对广告内容作新奇有趣的构思，使之饶有兴趣，独树一帜，亲切感人，生动活泼。不断地变换新的形式，让公众的心理始终处在兴奋状态，对公共关系广告所介绍的内容产生热情和好感。

（5）对公共关系广告的制作和宣传要运用精练、含蓄、修饰、夸张、幽默等艺术手段，精心设计、塑造艺术形象，使公共关系广告充满艺术魅力和生命活力，触发公众潜在的消费需要，诱惑公众产生购买愿望和购买行为。

> **问与答**
>
> 公共关系广告所要遵循的原则有哪些？
>
> 所要遵循的原则有：实事求是原则、科学性原则和艺术性原则。

第三节　公共关系广告的策划与设计

与其他公共关系工作一样，公共关系广告同样需要周密的策划和规范的设计，只有这样才能达到更佳的宣传效果。

案例 10.2

“恐惧斗室”广告：文化歧视引发公共危机

2004年11月，由NBA巨星勒布朗·詹姆斯主演的最新耐克篮球鞋广告片《恐惧斗室》在国内上映，让耐克公司意想不到的是，这部广告片损伤了中国人敏感的民族自尊心。在广告中，无论是石狮、穿长袍的中国老者还是飞天女子、龙，都是中国传统文化的一种象征。这些凝聚着中华民族传统文化精神并体现国家民族尊严和民族利益的形象，在广告中，全部被击败。《恐惧斗室》从潜意识上对国人的思想意识、情感以及价值体系进行了冲击，詹姆斯击败所有中国元素的一幕幕镜头容易让国人产生联想，最终对耐克品牌以及这则广告产生意识上的反感。

2004年11月26日前后,各媒体竞相关注这则中国元素屡败屡战的广告。很多观众认为，“争斗”中“中国人”毫无还手之力，飞天形象和美元放在一起，龙作为中华民族的图腾被妖魔化，让人觉得耐克公司玷污了中国文化，甚至是侮辱了中国人。新加坡当地的华裔更是联名向政府请愿，要求对耐克的这则广告进行“严打”。11月30日，耐克公司发表声明称，《恐惧斗室》广告宣扬了一种积极的人生态度。耐克希望借助此广告鼓励年轻人不断地面对来自各方面的恐惧，只有坚持并战胜恐惧，战胜自我，才会不断成长。整个广告运用的各种元素都是一种比喻形式，用来形容詹姆斯的各种恐惧。并强调耐克公司非常注重中国市场，无意伤害任何中国消费者的情感。同时耐克公司表示，他们不会因此撤掉这则广告，他们将努力跟消费者沟通，希望大家能理解广告的原始创意。12月3日，国家广电总局发出《关于立即停止播放“恐惧斗室”广告片的通知》，经审看，该广告违反了《广播电视广告播放管理暂行办法》第六条“广播电视广告应当维护国家尊严和利益，尊重祖国传统文化”和第七条“不得含有亵渎民族风俗习惯的内容”的规定。因此请速通知所辖各级播出机构立即停播此广告。 12月6日，耐克公司媒体事务负责人在接受记者采访时表示，耐克公司一贯遵守中国法律，因此尊重国家广电总局的“禁播”规定。不过，广告中运用的各种元素只是一种比喻形式，喻指各种恐惧。耐克公司在中国有非常好的公众形象，没有必要得罪中国消费者，因此不存在有意或者无意贬低或亵渎中国之意。并且他认为，停播“恐惧斗室”广告不会对耐克公司在中国的发展造成负面影响，也不会对其造成损失。12月7日，耐克（中国）公司有关负责人向采访的记者称，目前该公司还没有接到上级发来的向“中国消费者道歉”的通知。

12月8日，在禁播令发出5天之后，耐克公司可能意识到问题的严重性，一纸书面道歉姗姗来到。耐克公司对《恐惧斗室》广告在部分消费者心中引起的顾虑深表歉意，更无意表达对中国文化的任何不尊重，但其声称“在其他国家不停止该广告的播放”“此广告事件不会对耐克的销量产生任何影响”又一次伤害了国人的心灵，道歉明显缺乏诚意。虽然在第一时间发表了声明，但都是始终强调“没有侮辱的意思” “不会就此撤掉广告”，哪有丝毫尊重消费者感情？耐克公司虽然最终在压力下表示了歉意，却是委托的一个专业公关公司发表的不痛不痒的声明，但耐克公司总裁作为公司的形象代言人，却始终未见身影。这能够体现出耐克公司所宣称的“非常重视中国消费者”吗？

启发思考：

1. 你认为耐克公司的这则广告设计有缺陷吗？如果有，详细谈谈你的看法。
2. 企业在设计广告时应该注意哪些问题？
3. 广告危机出现后，你认为耐克公司的危机公关过程中有何漏洞？

一、公共关系广告策划

公共关系广告策划是指为实现社会组织的长远目标所需要采用的广告行为过程和广告媒介的使用方案，亦即对公共关系广告的总体部署和策划的运筹规划。进行公共关系广告策划，整个过程通常需要由以下八下基本环节组成。

1. 目标调查

目标调查是进行公共关系广告策划的基础。只有对社会组织和公众了解透彻，充分掌握有关信息和数据，了解当前的市场布局和占领态势，明确竞争对手及潜在的竞争对手，分析他们的经济实力、产品质量、声誉好坏，以及以往和目前的广告宣传状况，才能制定本组织的发展战略。目标调查应包括如下几方面。

（1）竞争对手的信息收集。如：竞争者数目的多少，稳定的顾客是谁，主要竞争者公众市场的大小；竞争者与公众联系的渠道、方式和手段以及广告诉求方式；主要竞争者形象塑造活动及其优劣情况，有哪些独到之处；等等。

> 想一想
>
> 进行目标调查应注意哪些问题？

（2）公众情况的了解。包括：公众作为复合型的群体，其兴趣和关注的热点是什么；哪些公众属于“刚”型公众，对组织发展起重大作用；特定时代公众的审美意向、价值取向；公众集群性行为的特点等。

（3）广告经营单位的信息收集。包括：媒介的功能和功用；可以利用的媒介或形式有几个种类；其经营制作水平如何；办事效率如何；等等。

（4）环境分析。包括：社会总体发展进程及地区不平衡概况；社会经济活动和利益关系；社会的稳定性如何；政策的连续性和合理性如何；等等。

2. 发现问题

在对信息有一个全面而概括的认识和了解之后，可以着手针对外在客观情况寻找自己的不足，扬长避短。通过分析，确立新的目标时应该考虑：公共关系现状、知名度高低、美誉度高低、公众的行为支持度高低、组织实力强弱、组织潜能大小等。一个社会组织除了应有一定的社会比较之外，还应该进行历史比较，即组织发展过程中的起伏状态。此外，与组织的规模相比较，公共关系广告目标是否定得过高或过低等。通过全面的分析，可以找出问题的症结所在，以便进一步完善。

3. 确定方案

在找出不足或有待于进一步完善的问题以后，应着手制定对策和方案。主要有：提出解决问题的办法。如哪些方面有待改进，哪些方面有待提高，并在此基础上提出解决问题的办法。明确彼此的责任。要明确有关人员的不同责任，以便协调行动。要规定解决问题的时间，以便提高工作效率。

4. 确定具体操作办法

应考虑以下情况：目标是否具有可分解性，以便公共关系广告目标“阶段性”地实现；规定公共关系广告目标中各要素的主次、缓急以及相互发生矛盾时的取舍原则；指明可能限制实现这些指标的约束条件。

5. 优选方案

所谓优选方案，就是选择恰当有效的广告宣传突破口，包括确定广告规模、制定广告预算等。在调查、分析、权衡等先期工作的基础上，为了使公共关系广告收到较好的经济效益和社会效益，接下来要做的工作就是：衡量本组织的经济实力、社会的知名度以及公众的评价，自我估计一下可能得到的效益和组织为此所付出的代价，然后确定本组织的哪些特征对公众有利，能够吸引公众的兴趣。公共关系人员应该利用宣传素材谋划公共关系广告目标。

6. 创意构思

根据广告主题而创意构思，这是决定公共关系广告成败的关键。构思既能表现广告主题，又富有艺术色彩和浓郁的人情味的实施方案，在公共关系广告战略中占有极其重要的地位。成功的公共关系广告在于它能用新颖的表现手法，巧妙地传递组织和成员的信息，有效地诱发公众对组织的了解和爱戴，缩小彼此间的距离，引导公众的消费心理和消费行为。公共关系广告一定要突出“新奇”二字，尽量做到“人无我有，人有我新，人新我奇，人奇我神”。

想一想

“新奇”和“猎奇”有何区别？

7. 媒体选择

媒体选择将直接影响广告方案艺术性和感染力的发挥。广告媒体种类繁多，不同的媒体具有不同的特征。媒体选择的原则是以最小的成本取得尽可能大的广告效果。媒体选择要注意以下几点。

（1）要根据广告目标来定。假如广告的目标是儿童市场，媒体的选择就必须与儿童市场有关。

（2）要考虑广告媒体的组合运用，组织可以只选用某一种特定的广告媒体，也可以综合运用报纸、杂志、广播、电视或其他各种媒体。媒体组合运用可以发挥不同媒介的长处，取得更理想的综合性的广告效果。

（3）要考虑广告媒体的费用。尽量选用经济、实用、效果好的媒体，以取得较好的投资效果。

8. 效果评估

对广告效果的评估是广告策划战略的最后环节，它主要是全面验收广告策划的科学性、艺术性和功效性。广告效果评估的内容包括广告目标是否准确，广告经费支出是否合理，广告目的是否达到等，从而总结经验，为下一次广告活动提供依据。广告效果评估可在广告前进行，也可在广告后进行，既有阶段性的事前、事中、事后检验，又有贯穿于决策实施过程中的连续性的控制。

上述八个方面的广告策划的内容，并不能包括广告策划的全部，只是择其主要方面提及而已。在具体运用中，还应根据组织的要求，突出其中的某些部分，或减少某些部分，以实际的需要为准。

二、公共关系广告的设计

公共关系广告的设计包括两类：一类是公共关系广告文案的设计，另一类是公共关系广告图画的设计。

1. 公共关系广告文案的设计

公共关系文案是应用文范畴的一种特殊文体，它由广告标语、标题、正文和附文组成，是广告的核心。

（1）公共关系广告文案的分类。广告文案可分为以下五类。

① 布告体文案。这是一种最常见的文案，如招聘启事、布告、海报、通知、业务声明等。这种文案运用范围广，用语可长可短，具有较强的灵活性。在设计上要求语言表达恰当，语意畅达，方案结构眉目清晰，事由、项目、条件交代清楚，结尾部分应署发布广告的社会组织的名称。

② 新闻体文案。新闻体文案具有内容新颖、传闻广泛、影响人数众多等特点。公共关系广告文案设计时应用新闻体，以激起公众的兴趣，但要防止陈词滥调或夸大其辞。

③ 对话体文案。这种体裁以问答形式宣传组织的意图，针对性强，富有亲切感，较有说服力。对话常采用一男一女，有问有答，借以宣传广告的主题。

④ 证书式文案。公共关系广告设计时，利用组织所获得的富有代表性和权威性的获奖证书、优质鉴定等定性材料来宣传组织，这种文案往往比自我渲染更有说服力。如一些组织采用“物价计量信得过单位”称号来宣传，就会使公众产生更大的信任感。

⑤ 对联体文案。这种体裁言辞优雅，可读性强，用这种文体做广告，不仅起到了宣传作用，而且装饰了门面，言辞之间无不抒发着广告制作者的情怀。

（2）公共关系广告标题的设计。标题就是公共关系广告的题目，是公共关系广告文案内容的高度浓缩和概括。一则广告，标题的好坏，直接关系着广告的成功与否。公共关系广告的标题可以根据表现形式的不同划分为不同的类别。

① 直接诉求式标题。这类标题是直接向公众陈述社会组织的行为以及给观众带来的益处，不需要读正文就能明白其中的主旨。有些标题简洁质朴，一目了然，颇富有宣传渗透力。

② 间接诉求式标题。它的目的在于引导公众由标题将注意力转向广告的正文。

③ 新闻式标题。这类标题的广告往往采取带有新闻意味的标题来吸引公众，但又不同于单纯的新闻。

④ 比较式标题。这类标题旨在借比较方式达到烘云托月、显示其独特之处的目的。比较式标题的设计应以本社会组织的产品质量和形象为基础，公平地介绍组织，让公众做出决断。

⑤ 问题式标题。这类标题借公众的好奇心理和欲知下文的心理需求，以提出问题的形式做广告的标题，去引起公众的思考。

> **想一想**
>
> 如果让你设计一个广告标题，你认为最能吸引人的标题应包含哪几种要素？

公共关系广告标题的设计必须注意以下几点：突出特点，别具一格。内容标题真实，设计创意独特，用语精练。相互配合，协调一致。广告的标题设计与广告的其他因素，如内容、插图、正文、色彩等相配合，达到协调一致。简洁明快，一目了然。文字生动，尽量用短句，简洁易懂，避免过于抽象，晦涩难懂。造型别致，具有视觉美感。广告标题文字的排列要讲究艺术，造型多样化，具有形式美。

2. 公共关系广告图画的设计

公共关系广告图画能使视觉形象化，以刺激消费者的心理需求，给公众以真实的生活感和美的感染力。这种广告方式已成为一种重要的设计趋势。

（1）公共关系广告图画的含义。公共关系广告图画是指将广告宣传内容用线条或色彩写意性地描绘在平面上而构成的形象。它是通过图画的形状、色彩和整体画面，形象地表现设计者的思想、感情和概念，沟通广告设计者与公众的联系。这是一种语言和文字无法表达的独特表现手法。

（2）公共关系广告图画的表现手法。由于广告设计人员的素质有别，加上风格、流派各异，所设计的广告形式也不尽相同。一般来说其表现手法有以下几种。

① 寓意法。这种方法是运用巧妙的构思，通过侧面来介绍产品，宣传组织所具有的特点。运用此法时要注意寓意的准确性和深度，不可过于含蓄。否则，往往会使公众不知所云，其寓意也就失去了意义。

② 对比法。对比法是通过不同产品、不同组织的比较，使公众自然做出判断，以此来吸引公众。

③ 夸张法。设计中通过变形处理和风趣的广告语言，渲染气氛，增添广告的宣传效果。但必须是合理的夸张，应恰到好处，过度夸张只能适得其反。

④ 写实法。它将社会组织形象直接显示在广告画面上，给人以真实感觉，增强可信度，这种宣传效果有独到之处。

⑤ 幽默法。广告图画运用富有趣味、滑稽的东西，以及纯趣味的行为，把公众引向轻松愉快的境地，使公众对广告的意图心领神会。

⑥ 比喻法。这种手法是在设计过程中，将两个不同本质的事物相比拟，相互衬托的表现手法。

除以上六种方法外，广告图画设计表现手法还有很多种，如悬念法、以情寄物法、构图法等。总之，广告图画设计艺术是无穷无尽的，其表现手法也是丰富多彩的。

问与答

问：公共关系广告标题的设计有哪几种类别？

答：主要有直接诉求式标题、间接诉求式标题、新闻式标题、比较式标题、问题式标题。

本章小结

公共关系广告是广告的一种特殊形式，是以广告的形式开展公共关系工作的一种方法。公共关系广告是一种以增进公众对组织的了解，提高组织的知名度和美誉度，使组织活动得到公众信任与合作为目的的广告。它主要可以分为实力广告、致意广告、响应广告、倡议广告、解释广告、征集广告、公益广告等。

公共关系广告主要有传播信息，促进销售功能；塑造形象，强化竞争功能；消除公众对组织的偏见和误解；引导舆论宣传教育功能三大功能。公共关系广告应坚持实事求是原则、科学性原则和艺术性原则。公共关系广告的策划的步骤是：目标调查；发现问题；确定方案；确定具体操作办法；优选方案；创意构思；媒体选择；效果评估。

公共关系广告的设计主要包括两大部分。第一部分是公共关系广告文案的设计和公共关系广告标题的设计。其中，广告文案的设计主要有布告体文案、新闻体文案、对话体文案、证书式文案、对联体文案；公共关系广告标题的设计主要包含直接诉求式标题、间接诉求式标题、新闻式标题、比较式标题、问题式标题。第二部分是公共关系广告图画的设计，其表现手法有以下几种：寓意法、对比法、夸张法、写实法、幽默法、比喻法。

思考题

1. 简述公共关系广告与商业广告的区别。
2. 常见的公共关系广告有哪些类型？
3. 简述公共关系广告的功能。
4. 简述公共关系广告策划的主要环节。

拓展资料

1. 哈药集团：11 亿广告将砸出 80 亿销售：

http://www.tech-food.com/news/detail/n0000580.htm

2. 药品营销经典案例之一——东盛集团“白加黑”：

http://health.sohu.com/20051019/n240563489.shtml

3. 脑白金将广告庸俗到底？——脑白金广告案例分析：

http://blog.sina.com.cn/s/blog_4c19a2060100083q.html

4. 十大经典广告营销案例之农夫山泉：

http://www.360doc.com/content/12/0508/14/128324_209487431.shtml

5. 十大经典广告营销案例之三株：

http://www.360doc.com/content/12/0508/14/128324_209488756.shtml

6. 十大经典广告营销案例之高露洁：

http://www.360doc.com/content/12/0508/14/128324_209490504.shtml

第十一章　公共关系推销

学习目标：

掌握公共关系推销的概念、策略、原则；通过学习公共关系推销人员素质，切实提高自身素质；掌握公共关系推销的技巧；能运用公共关系推销的相关知识，提升自己公共关系推销的能力。

案例 11.1

凯旋先驱公关公司整合营销传播案例

凯旋先驱公关公司受美国向日葵协会的委托，为提高中国台湾公众对美国葵花油有益健康的认识，增加产品的试用消费量，于1998年12月—1999年9月策划和实施了一项推广美国葵花油的整合传播活动。

中国台湾人喜欢在家做饭，又极其关注健康，蔬菜油在烹调过程中就成为一种不可或缺的原料，而在选择食用油时，人们最重要的标准是：有益健康；油烟少；价格便宜。在活动开展之前，葵花油在中国台湾市场的知名度一般，使用率仅为30％。中国台湾公众认为葵花油是一种较少或无油烟、较少或不含胆固醇的健康蔬菜油。但在使用方面，葵花油仍次于豆油，虽然豆油被认为是一种品质较低的油品，但它更经济实惠，市场占有率较高。

凯旋先驱公关公司根据有关的市场信息和台湾的市场行情，进行了一系列的项目调查和策划，确定了公关目标是增强美国葵花油的形象，即是人们的首选食用油且价格合理。其他需要传递的重要信息还有：葵花油油烟少或无油烟，可以保持厨房的清洁，它是中国台湾地区消费者的最健康的选择。另外还要强调的是，使用葵花油来烧菜是一种快乐的体验。本项目旨在中国台湾全岛范围内的以下受众中提高葵花油有益健康的知名度：30～49岁关注健康的消费者；关注健康的家庭主妇；消费品、健康、食品类专业媒体和综合类大众媒体；食用油方面的专业人士和营养学方面的意见专家。基于中国台湾地区消费者购物谨慎这一事实，充分利用对美国葵花油优点的科学研究发现，并结合市场调查所揭示的公众对葵花油的认识，来引起媒体的兴趣，这是教育台湾地区公众的最有效途径之一。

接下来凯旋先驱公关公司展开了一系列公关活动，首先和台北医科大学营养学系教授合作为美国向日葵协会编纂了一篇科学评论文章。并通过电视烹调节目主持人和食品评论家这样的专业人士宣传产品，其做法是在台湾地区三大城市台北、台中、高雄三个商店举办“美国葵花油周”，在每个城市，由一位名厨师用葵花油烹饪特别的菜肴，旁边有一位主持人作现场讲解。现场总共发放了1500份美国向日葵协会的宣传小册子和700本食谱。

为了进一步扩大台湾地区公众对产品品牌的认知度，凯旋先驱公司组织了一个媒体午餐会，以将美国向日葵协会正式介绍给台湾地区媒体和一般大众。为进一步建立与媒体的良好关系，午餐会上向媒体发放了特别设计的葵花油礼品包，其中包括新闻稿、一本由《美食天下》杂志设计的有创意的葵花油食谱和一瓶试用油。10 000本食谱随同《美食天下》月刊发放给订户，另外3000本在其他公关活动的现场发放。产品试用的机会使得台湾地区的消费者可以直接领略美国葵花油的超级品质及其特有的性能，如显著减少油烟。在增进与台湾地区各地食用油进口商的关系和收集当地市场信息的努力方面，凯旋先驱公司陪同美国向日葵协会的官员拜访了全岛的食用油供应商和进口商。其他一些树立品牌形象的行为包括：赞助电视烹饪节目，在主要的消费品报纸和烹饪杂志上安排中文广告，他们还在《Yummy》杂志上以插页广告的形式刊登了用葵花油特别设计的四种食谱，一些主要报刊上还刊发了专门的评论文章，凯旋先驱公司还与发行量达110万份的《中国时报》合作，举办了一个用葵花油做食用油的食谱创作大赛。比赛规则、截止日期、换领美国葵花油食谱的印花由凯旋先驱公司和赞助商统一企业、标准食品企业共同制定，并开通了一条免费热线。裁判为两位名厨和一位营养学家，20位获奖者的名单公布在一个半页报纸的彩色广告中并被逐个通知领奖。

启发思考：

1. 凯旋先驱公关公司为实现公关目标举办了哪些公关活动？
2. 本项目的目标公众有哪些？
3. 本项目选择了哪些传播媒介？
4. 本项目的活动模式属于哪种公共关系活动模式？

日益纷繁复杂的国际竞争环境，给社会组织带来危机的发生频率、因素和种类也日益增多。在现代国际竞争中推销扮演着非常重要的角色，能否利用公共关系推销化解企业面临的危机，成为许多组织管理者不得不思考的问题。

第一节　公共关系推销概述

美国市场学家和企业家将公共关系引入推销工作，促使推销观念发生了新的转变，产生了公共关系推销观念。公共关系推销主张推销的重点是组织形象及产品形象，变以推销实物为核心的“硬推销”为以推销组织形象为核心的“软推销”，把产品推销过程看作主动争取组织与公众的心理沟通和感情沟通的过程，促使用户从购买组织产品转变为更热爱你的组织。

一、公共关系推销的含义

推销是社会组织在一定的经营环境中，针对其销售对象或服务对象所采取的一系列促销手段及促销活动的过程。公共关系推销是推销中的一种重要方式，它吸取了其他各种方式的优点，通过各种手段与社会公众建立、维持和发展融洽和谐的互利关系，为社会组织塑造和树立良好的形象，从而达到推销的目的。公共关系活动本身的直接目的不是推销商品，而是通过各种专题性公共关系活动，促使公众进一步了解企业，从而达到促销的目的。

公共关系推销是市场营销观念的最高层次。随着市场营销实践的发展，人们的观念也经历了由最早的以生产为中心到后来的以客户为中心的变化，到 20 世纪 70 年代，最终形成了公共关系营销观念。这种观念认为，组织的市场营销不仅要考虑组织利益、顾客利益，还要考虑到其他社会公众的利益。组织在制定和实施其市场营销策略时，只有全面顾及社会公益，才能在社会公众中树立良好的组织形象，从而成为组织极为宝贵的营销资源。

公共关系营销观念的出现及应用，标志着现代社会组织经营方式已从封闭型转向开放型，也标志着企业市场营销不仅要以消费者为中心，而且要以整个社会为导向，与整个社会环境保持协调平衡，以求得组织的发展。公共关系营销要求通过公共关系手段，利用组织形象资源的优势，为组织市场营销活动提供适宜的社会环境，从而为社会组织的整体营销战略开辟道路。

知识扩充

市场营销是在创造、沟通、传播和交换产品过程中，为顾客、客户、合作伙伴以及整个社会带来价值的一系列活动、过程和体系。

二、公共关系推销的要素

推销是由多种要素相互组成的活动过程，包括推销主体、推销客体、推销媒介、推销环境等。公共关系推销也离不开这些基本要素。

涉及推销主体的公共关系因素包括：企业的经营管理水平、公共关系意识、企业的服务精神、企业在社会上的知名度和美誉度以及推销人员的公共素质、公关能力。

涉及推销客体的公共关系因素包括：商品质量、性能、款式、价格、包装、商标以及服务方式，还包括顾客的性格、习惯、爱好、价值观念、经济条件以及对企业经营状况的信任程度等。

涉及推销媒介的公共关系因素包括营销策略的制定、媒介方式的选择、现代传媒技术的水平、推销工具的选择运用等。

涉及推销环境的公共关系因素包括完善的市场机制、良好的经济秩序、健全的法律制度、公平的竞争条件、发达的信息传播和交通运输条件等。

推销活动必须全面考虑公共关系各方面的因素，社会组织要有意识地为推销创造主客观条件，从而实现公共关系推销的目的。

问与答

问：在进行公共关系推销时，有哪些媒介方式可供选择？
答：广播、电视、报纸、互联网等。

三、公共关系推销的分类

依据不同的标准，公共关系推销可以分为不同的类型。

1. 依据运作方式分

依据运作方式，公共关系推销可分为直接推销和间接推销。

（1）直接推销。直接推销也称人员推销，是指推销员面对面地与顾客交流，通过口头语言直接向顾客介绍商品和服务，以达到推销的目的。具体有：上门推销。即组织推销员到用户、顾客的单位、家庭推销。现场推销。即业务人员利用固定营业场所（柜台、货架、样品间）向光临现场的顾客、用户推销。会议推销。即推销人员利用订货会、选货会、交易会、洽谈会等商务会议中客商、顾客、用户、消费者集中的机会进行推销，这也是一种人员的直接推销。

（2）间接推销。间接推销也称非人员推销，它是通过各种广告媒介（包括电视、广播、信函等宣传方式）来实现推销目的。这种推销强调的是非面对面的、远距离的一种信息传递。具体有：广告推销。这是指有偿（付费）利用各大传播媒介，如电视、网络、广播、报纸、邮件等来向消费者宣传企业产品和服务的过程。这类推销的最大特点就是范围广，但效果不如人员推销直接，尤其是在今天这个信息爆炸的社会里，广告信息很可能被其他信息冲淡，以至不能在消费者心中留下深刻印象。新闻报道。这是推销的一种变形形式。这是由于企业生产的产品或提供的服务质量好，在广大客户中形成了良好的口碑，导致新闻媒体主动自发的报道行为。它具有客观性、权威性、影响面大的特点，有利于企业知名度和美誉度的提高、组织形象的巩固等。技术服务。通过良好的服务措施，让消费者对企业产生信任感，从而赢得消费者对企业的支持，促成重复交易的出现。

2. 依据实行的方法与频率分

依据实行的方法与频率，公共关系推销可分为常规推销和非常规推销。

常规推销是指人员推销、广告推销等经常运用的推销方式。非常规推销是指不经常采用的，只在特定时间和空间等条件下实行的推销方式。常见的形式有展销、展览、赠送礼品、有奖销售、表演示范、咨询培训等。

> 想一想
>
> 公共关系推销类型各有什么利弊？

四、公共关系推销的策略及原则

进行公共关系推销应掌握一定的策略，同时也应遵循一定的原则。

1. 公共关系推销的策略

公共关系推销的策略主要包括以下几种。

（1）拉式策略。主要是大力宣传商品的用途、性能、质量、服务方式、价格优惠等，吸引消费者注意，刺激消费者的购买欲望，使他们主动购买商品。拉式策略可采用橱窗宣传、商场展销、商品广告等方式。生活资料的销售采用此种策略更合适。

（2）推式策略。即通过多种销售渠道，派出推销人员将商品或服务宣传介绍给公众或上门推销给顾客。推式策略可采用订货会、流动售货、订单推销、登门推销等，适合于生产资料的推销。

（3）推拉结合策略。即把拉式策略和推式策略结合起来，综合运用。如在商场举办展销的同时，派出推销人员上门推销；在刊登商品广告吸引顾客的同时，大量邮寄订单，争取更多顾客。

采取公共关系推销策略要综合考虑各方面的因素，选择合适、恰当的推销策略，以求得最好的效益。

2. 公共关系推销的原则

无论采用何种策略，在推销过程中都要遵循一定的公共关系推销原则。

（1）以诚相待。推销是争取顾客信任和好感，谋取合作的活动。真诚和信用是争取支持和合作的重要基础。弄虚作假、以欺骗手段谋利、急功近利是搞不好推销工作的。

（2）互惠互利。推销只有首先满足顾客利益才能获得企业利益，不能损害顾客利益以追求企业利益，与自己的公众共同发展是公共关系主体应提倡的原则。

（3）共同参与。推销工作虽然有专职推销员，但离不开企业各级领导者和各部门管理者的支持和合作，更要有全体员工的参与和支持。

（4）坚持长久。企业与顾客的良好关系不是一朝一夕可以建立起来的，需要长期不懈地努力。为了维护企业长远利益，争取更多的长久客户，要舍得付出眼前的代价，而绝不能不顾后果做一锤子买卖。

（5）遵纪守法。推销活动必须在法律和政策允许的范围内进行，坚持抵制和杜绝违法乱纪行为，按政策办事，依法办事。

第二节　公共关系推销人员素质

在现代商品经济中，推销人员对企业发展、搞活流通、促进社会进步有着重要作用。因此，无论是纯商业推销还是公共关系推销，都要求推销人员具备良好的素质。

一、良好的公共关系意识和能力

公共关系人员是组织、实施公共关系活动的主体，随着时代的发展，公共关系工作对公关人员的公关意识和能力的要求越来越高。其公关意识和能力的高低将直接影响到公共关系工作的成败。公关推销人员需要具备以下的公共关系意识和能力。

1. 推销人员的公共关系意识

现代社会商品推销越来越重视企业的知名度和美誉度，推销人员不单单是业务员，还肩负着树立企业良好形象、争取社会公众支持、促进企业完善发展的重要公共关系职责。因此推销人员应具备公共关系意识。

公众意识。要把公众的意愿作为决定行动的重要准则，尊重公众的意见和要求。服务意识。重视推销工作中的服务态度，在推销中积极向顾客介绍产品知识，设身处地地为客户着想，协助客户解决困难。社会意识。推销人员应把追求企业经济利益和社会效益的统一作为自己的价值观，重视企业作为社会意愿所应承担的社会责任，绝不为谋取个人或企业的狭隘利益向社会公众推销伪劣商品，绝不做违法乱纪、扰乱社会经济秩序、败坏社会风气的事情。

推销人员只有具备了公共关系意识，才能通过推销商品和服务，满足客户的物质和精神需要，从而促进社会的进步和发展。

2. 推销人员的公共关系工作能力

推销人员的工作是一项具有相对独立性和较高创造性的工作，只有具备一定公共关系活动能力的人员才能胜任。推销人员除具备熟练的业务工作能力之外，还应具备以下公共关系工作能力。

案例 11.2

谈判的“趣味相投”谋略

有一个专门推销建筑材料的推销员，一次听说一位建筑商需要一大批建筑材料，便前去谈生意，可很快被告知有人已捷足先登了。他仍不死心，便三番五次请求与建筑商见面。那位建筑商经不住纠缠，终于答应与他见一次面，但时间只有5分钟。这位推销员在会见前就决定使用“趣味相投”的谋略，尽管此时尚不知建筑商有哪些兴趣和爱好。当他一走进办公室，立即被挂在墙上的一幅巨大的油画所吸引。他想建筑商一定喜欢绘画艺术，便试探着与他谈起了当地的一次画展。果然一拍即合，建筑商兴致勃勃地与他谈论起来，竟谈了一小时之久。临分手时，允诺他承办的下一个工程的所有建筑材料都由对方供应，并将那位推销员亲自送出门外。

启发思考：

1. 你认为这位推销员的成功之处在哪里？

2. 你认为一名优秀的公共关系推销人员应具备哪些素质？

（1）分析判断能力。市场情况往往是复杂多变的，推销人员应能透过现象看清本质，不被假象所迷惑，全面辩证地分析客观事物。

（2）应变能力。推销人员要能够根据情况的变化灵活地调整工作策略和方法。

（3）语言表达能力。推销人员要具备提问、应答、辩论、说服、演讲等方面的技能，要求语言准确、精练、有感染力、有幽默感。

（4）社交能力。推销人员应具备与各种类型的人交际的能力，熟悉不同人的性格特征、心理需要，能通过熟练的社交技巧广结朋友，熟悉不同民族、不同地区的风俗习惯和社交礼仪，能入乡随俗、灵活自如。

（5）忍耐能力。推销工作往往会陷入僵局，有可能遇到急躁的或不合作的顾客，如何能在困难的局面中坚持不懈地努力，对客户有极大耐心，是公共关系推销工作成功的重要条件。

（6）开拓创新能力。推销工作并没有千篇一律的工作程序和方法，需要推销人员不断开拓新领域，创造新方法，将科学的严谨性和艺术的创造性有机地结合在一起。

二、广博的知识结构

推销不是一项仅靠腿勤嘴快就能做好的工作，而应该具备广泛的知识。具体来说，推销人员应该具备以下几方面的知识。

（1）企业公共关系知识。推销人员要熟悉企业的历史、发展方向以及在社会公众中的形象；要熟悉企业的销售政策、产品种类及服务项目、定价策略、交货方式、供货条件等与销售有关的知识。

（2）产品知识。推销人员要了解产品的性能、用途、特点、价格、维修方法、管理程序、寿命周期等有关方面的知识。

（3）客户及市场知识。推销人员要了解客户的经济条件、生产特点、交通运输情况以及客户的心理、风俗习惯、消费兴趣等。同时，要了解现实客户及潜在客户的情况、同类产品市场占有量、社会购买力变动趋势、市场价格趋势以及国家的方针政策和管理规定等。

（4）相关知识。推销人员要掌握法律方面的知识。如经济合同法、商业法、经济诉讼法、商标法、专利法等知识。还要具备财会方面的知识，如银行结算、成本分析等知识。此外还要了解经济学、广告学、商品学等有关学科的知识。

（5）公共关系技巧知识。推销人员要掌握公共关系技巧。如新闻传播技巧、市场调查技巧、人际交往技巧、社交语言技巧、公关应用文写作技巧等，以便在推销活动中得心应手。

三、良好的个人修养与心理素质

推销人员的个人修养决定着推销工作的成败，健全的心理素质也直接影响到推销工作的效果。因此，推销人员要具备良好的公共关系道德修养和良好的心理素质。具体来讲，推销人员应具备的公共关系道德品质有：热爱和忠于自己的企业。不能为了私利而做出有损于企业利益和声誉的事情。关心客户。要对客户一视同仁，平等相待，热情服务。以诚待客。在传递信息时要保证信息的真实性和准确性，不得有意或无意地传播虚假信息，不能为了个人利益或其他原因向客户透漏企业不宜公开的信息。遵纪守法。严格遵守国家法律和政策，要抵制庸俗关系学的侵蚀，不搞行贿拉拢、扰乱社会经济秩序及一切违反法律和社会道德的活动。加强组织观念。在工作中遇到问题应及时请示汇报，尊重企业和职能部门领导，不能利用单独在外工作的便利条件，对重要问题擅自做出不负责任的决定。为人正直。待人诚恳正直，办事公道，作风正派，文明礼貌，要尊重各地公众的风俗习惯和宗教信仰。

四、合理的能力结构

在推销过程中，推销人员应该具备合理的能力结构。主要有下列三个方面：

（1）信息分析处理能力。推销工作实质上是一种信息工作，因此，推销人员应具备较强的是非判断能力，能在复杂甚至是虚假的现象中，选出于己有用的信息。从而从大量信息中抓住有代表性的信息，洞察其来龙去脉，预测其发展方向，以便做出正确的判断。

（2）较强的组织领导能力。推销工作绝不单是对顾客的单项工作，它还包括对内部、对外界、对社会的各方面的全方位的工作。大规模的推销活动，绝不是一个人就能完成的，必须靠一个集体来共同完成，这就需要有较强的组织能力，才能使工作顺利完成。

（3）较强的应变能力。推销人员要和各种人物打交道，工作对象复杂，各有其特点，因此要求推销人员必须具备较强的应变能力，对不同对象采取不同的推销方式，特别是在突发事件前保持冷静，随机应变。

五、熟悉日常的公共关系礼仪

推销人员要经常参加各种交际活动，要与各种各样的人打交道，其言谈举止直接关系到本人及所属企业的形象和声誉。因此，推销人员应熟悉日常的礼仪礼节，应运用自如。主要应注意以下四方面的内容。

（1）服饰。推销人员的服饰要遵守与时代、环境、对象相一致的原则，不盲目赶时髦，追求流行样式，尽量做到整洁大方，朴素无华，不要戴过多的饰物，服饰要与自己的年龄、性格、肤色相适宜。

（2）举止。推销人员的举止要落落大方、端庄稳重、表情自然诚恳、和蔼可亲。站立和就座的姿势要端正，走路要昂首、平视，不可四处张望，不可慌慌张张或懒散懈怠。

（3）谈吐。谈话要和气亲切，表达得体，适当运用目光和手势表达思想。谈话内容不要涉及令对方反感的问题，善于有礼貌地和异性顾客交谈。

（4）礼节。推销人员要诚恳热情、谦虚礼貌、平等友好、入乡随俗。要懂得一般社交礼节，如握手、介绍、交谈、赴宴、接待、拜访等礼节；要特别注意对女士礼貌，要掌握国外传统的社交礼仪习惯，做到不卑不亢，彬彬有礼。

扩展阅读

握手是国际交往中最常见的礼节，就是这小小的握手却在中美和中苏关系发展的关键时刻尖锐地象征了两国关系。

1972 年 2 月，美国总统尼克松访华，这是一次“破冰之旅”。周恩来总理当时给我们确定的接待方针是“不冷不热，不卑不亢，待之以礼，不强加于人”。尼克松乘坐的专机于 2 月 21 日中午抵达北京，周恩来总理等到机场迎接。尼克松下机时，为了突出他和他的夫人，使照片拍出好的效果，不让基辛格、罗杰斯等人同他一起下机，等他跟周恩来握手之后，其他人才下舷梯。而周恩来又是怎样做的呢？在尼克松步出机舱，走下舷梯近一半时，周恩来鼓起掌来，尼克松也报之以掌声。请注意，周恩来不是等尼克松一出舱就鼓掌，也不是根本不鼓掌，而是等尼克松下梯一半时才鼓掌，足见周恩来总理对礼仪细节的重视。尼克松对周恩来说：“我非常高兴来到中华人民共和国的首都——北京。”“这是中美两国领导人越过一个大洋，越过相互敌对 20 多年的握手，这表明中美关系从此揭开了新的一页。”而周恩来则对这次历史性的握手作了寓意深长的形容：“你的手伸过世界上最辽阔的海洋——我们 25 年没有交往了啊！”

机场欢迎仪式，按惯例是悬挂两国国旗，奏两国国歌和检阅仪仗队等。尼克松既是国家元首，又是政府首脑，我方的接待完全符合礼仪。但同当时我们接待其他国家贵宾的仪式相比还是有所区别的，最明显的一点就是没有群众欢迎场面。所以西方媒体在报道中对我们接待工作的评价是“合于礼而不热”。

在欢迎宴会上，由于周恩来的精心安排，中国乐队演奏了美国民歌和尼克松家乡的歌曲《美丽的亚美利加》《牧场上的家》，让尼克松夫妇感到非常亲切。周恩来一般和其他国家的领导人碰杯时，总是让自己酒杯上沿去碰对方杯子的中间部分，以示对来访客人的尊重。但这次在向尼克松敬酒时，却特意将他的酒杯杯沿和尼克松的酒杯杯沿持平后再碰杯。这种细节安排既不失礼也不过分，显示了我们对美国人不卑不亢的态度。

资料来源：http://wenwen.sogou.com/z/q320944764.htm。

第三节　公共关系推销技巧

案例 11.3

二手车推销员

史密斯先生在美国亚特兰大经营一家汽车修理厂，同时还是一位十分有名的二手车推销员，在亚特兰大奥运会期间，他总是亲自驾车去拜访想临时买部廉价二手车开一开的顾客。他总是这样说："这部车我已经全面维修好了，您试试性能如何？如果还有不满意的地方，我会为您修好。"然后请顾客开几公里，再问道："怎么样？有什么地方不对劲吗？""我觉得方向盘有些松动。""您真高明。我也注意到这个问题，还有没有其他意见？""引擎很不错，离合器没有问题。""真了不起，看来你的确是行家。"这时，顾客便会问他："史密斯先生，这部车子卖多少钱？"他总是微笑着回答："您已经试过了，一定清楚它值多少钱。"若这时生意还没有谈妥，他会怂恿顾客继续一边开车一边商量。此种做法，几乎使他的笔笔生意都顺利成交。

启发思考：

史密斯先生的成功体现了公共关系推销者需要具备什么样的素质和技巧？

推销工作不仅仅是体力劳动，更主要的是脑力劳动，是要做消费者的工作。因此，要做一个出色的推销员，除了热情、干劲外，还需要掌握必要的技巧。

一、推销方法的选择

推销是一项复杂的工作，客观上要求企业推销人员针对不同的情况分别灵活运用不同的推销方法，从而达到推销的目的。常见的推销方法有以下几种。

（1）引导推销法。这种方法是针对不同顾客的不同需要与心理，采用不同的方式介绍本组织的产品的品种、性能和用途，以激发顾客购买使用本组织产品的愿望。如上海某衬衫厂，他们在接待外商时，先摸清情况做好准备并根据外商所处地区和习惯，把生产出的各式衬衫作专门陈列，同时根据不同对象在内容介绍上突出重点。如对方是技术人员，就多介绍工艺技术上的情况；如对方是业务经营人员，则以介绍产品为主，投其所好，开辟了产品销路。

（2）访问推销法。此方法又分为几种：由领导人员亲自面向上层代表人物的叫作"顶层作战法"；由专职推销人员深入消费者家庭、单位进行"扎根串联"的方法，叫"低层作战法"；而采用较多的是在一定范围内由近到远、挨家挨户地开展推销活动的方法，叫"地毯式访问推销法"。20 世纪 70 年代，日本经济萧条，电梯推销量急剧下降。日本一家电梯生产公司面对困境，从生产线上抽调人员与专职推销员一起组成小分队，逐一走访需安装电梯的 300 家商店、1100 家建筑公司和 2500 家设计事务所，上门推销，结果招揽了不少生意，安全渡过难关。所以此方法是企业普遍采用且卓有成效的一种推销方法。

（3）传递推销方法。传递推销方法即产品不由推销员直接出面推销，而是通过专门推销商将产品推销给顾客。一个人只要有朋友推荐，并向传销公司交出一定资金，就可以成为传销商。传销商一般凭借公司发给的商品宣传资料和价目表，自由地到散布在各处的批发中心选购商品，然后利用业余时间到自己的亲朋同事处现身说法，从推销的商品中赚取差价，并按所卖商品的总额提取一定红利；同时还可保荐亲友加入传销行列得到奖励。由于此方法充分利用人们依赖亲友的心理，再加上传销人员的现身说法，吸引了不少顾客。

二、推销人员约见、接近和交谈的技巧

推销过程中，推销人员如何约见顾客，接近顾客，与顾客进行交谈，对推销是否成功影响较大，因此应掌握这方面的技巧。

1. 与客户约见的技巧

推销人员事先主动征得客户的同意而达到会见的目的，称为约见。约见时，要向客户提出正当的约见理由，赢得客户信任和支持。约见首先要确定具体的访问对象，明确访问事由，选择访问的时间、地点，在此基础上选择最佳的约见方法。常见的方法有以下几种。

（1）电话约见。电话方便、经济、传播速度快，但不易表达复杂的信息，不利于感情的接近。

（2）书信约见。通过书面语言约请顾客会见，便于准确斟酌词句，便于日后保存查询。书面语言要文句生动、准确，表达恳切，格式规范。

（3）他人推荐。通过顾客的知己或好友推荐和介绍达到约见目的，可排除顾客心理上的疑虑，增强对顾客的影响力。

（4）慕名求见。在顾客事先不知道的情况下，推销人员根据得到的信息，不预先约定而突然登门求见。登门约见可能会遇到顾客的怠慢和冷遇，但应排除顾客的消极态度，创造良好的洽谈气氛。

2. 接近顾客的技巧

推销人员应设法引起顾客的注意和兴趣，以便接近顾客，实现推销的目的。常见的方法主要有以下几个。

（1）送礼接近法。赠送小礼品达到接近顾客的目的。赠送的礼品要尽量与推销商品有关，不要送价值高的礼品，不能变相贿赂顾客。

（2）表演接近法。推销人员通过表演，使用所推销的商品来吸引顾客的注意，使其产生兴趣，达到接近的目的。

（3）问题接近法。推销人员直接向顾客提出问题，引起顾客的注意。所提问题要联系顾客所关心的利益，同时将顾客引导到所推销的商品上。

（4）利益接近法。推销人员着重把商品给顾客带来的利益告诉顾客，引起顾客兴趣，迅速达到接近的目的。

（5）介绍接近法。通过自我介绍、他人介绍或产品介绍达到接近的目的。

（6）好奇接近法。通过新奇的表演、活动或故事，利用顾客好奇心理接近顾客。

（7）赞美接近法。利用人们追求美的心理达到接近的目的。赞美要符合顾客心理，要实事求是，不能引起对方反感。

（8）求教接近法。推销员有意向顾客请教某些不懂的问题，打开话题引导到推销内容上来。接近的方法必须灵活掌握，不断创新，根据不同的推销媒介和推销对象设计相应的接近方法。不论采用何种方法，都有共同的基本原理，即摸透顾客心理，以某种方式打动他，引起注意和兴趣，从而达到接近目的。

3. 与顾客交谈的技巧

推销人员要了解顾客，宣传自己的商品，必须和顾客交谈。常见的艺术和技巧方法有以下几种。

> **想一想**
>
> 推销人员应具备哪些交谈技巧？

（1）口语技巧。推销员在说话时应做到语调适度，语速适中，语意简明，重点突出，语言亲切，措词得当，要创造谈话的愉悦气氛，要随机应变，随时注意调整说话策略。

（2）避免争论。在交谈时要采取与顾客利益一致的立场，避免同顾客发生争执，更不要当面反驳顾客。

（3）示范推销。在交谈过程中可以运用数字、图形、表格、产品样品、实体模型等示范工具吸引顾客注意，增加顾客兴趣，帮助顾客加深对产品的了解。

（4）顾客参与。推销交谈应是一个信息双向沟通的过程，推销员应引导顾客多提问、多发言，并提供机会让顾客亲自动手操作试用所推销的商品，这样既能掌握顾客更多的信息，又可以使顾客对所推销的商品产生深刻印象。

推销员在交谈过程中始终要保持自信、热情、诚恳、耐心，不仅会说，还要会听、会问、会看、会思索；既要掌握交谈的主动权，又要善于引导顾客积极参与交谈，充分激发顾客的兴趣和积极性。要提高交谈的效率，使每次交谈收到实际效果，但又不能急于求成，使顾客产生防御心理。

三、推销过程中的异议转化技巧

推销过程中，不可避免地会遇到顾客针对推销人员的宣传而提出反面意见的情况，这就是异议。这些异议的产生虽然表面上属于顾客对产品、生产厂家或推销员的不信任、不满意，但是也可能由于顾客对推销的产品产生了兴趣，而对产品还不太了解，需要推销人员提供更多的资料和服务。因此，应掌握一些异议转化技巧，以便改变顾客的意见，实现推销的目的。

1. 价格异议转化技巧

价格异议转化技巧指针对顾客围绕商品或服务的价格提出的异议而采取的公共关系说服转化技巧。顾客产生价格异议的原因可能由于顾客经济状况不佳，支付能力不足，或基于同类产品或代用品价格的比较，也可能产生于对所推销商品的误解，还有可能以价格作为借口争取谈判的主动。为防止顾客产生价格异议，推销员应先发制人，掌握主动。先讲清推销商品的价值以及它给顾客带来的利益，还要把握好商谈价格的时机，避免过早讨论价格而陷入僵局。如果顾客已提出价格异议，就应采取各种转化技巧说服顾客。

面对顾客异议，推销员要充分相信商品价格的合理性，在价格问题上采取较为强硬的态度。一般不要轻易在价格上让步，尽量运用各种技巧，转化顾客价格异议。要多讲商品在设计、质量、功能、服务等方面的优点，或者将自己商品的长处与同类商品的短处相比较，使顾客感到价格合理。要强调商品的使用价值及给顾客带来的益处，减轻顾客的价格顾虑。可采用反问的方式，促使顾客自省。如顾客真有根据，要求顾客提出证据，再做转化工作；如确属推销品价格过高，也必须征得推销企业主管部门同意后再作调价，一般情况下，决不能轻易自作主张降价。

2. 货源异议转化技巧

货源异议转化技巧是指针对顾客对推销的商品及所代表的企业提出的不赞同意见或疑虑

而运用公共关系说服技巧。货源异议产生的原因主要有以下几个：产品交货不及时，产品规格、质量与合同内容不符，销售服务不周到，企业声誉不好等。从公共关系原则上看，改变顾客异议的根本出路是90%靠自己做得对，10%靠宣传。如果企业已经改正过去的缺点，有了良好的进步，但顾客可能仍不理解，这就需要推销员耐心地做工作，缓和顾客的不满情绪。转变顾客的不良印象的具体办法有：要检讨企业过去的缺点，实事求是地向顾客讲清企业的进步及采取的各项新措施，以真诚的态度求得顾客的理解、同情和支持。邀请顾客赴企业考察，得出新的印象。请顾客试用其产品，提出质量保证和赔偿担保等。如顾客声称已有其他货源，不要轻易放弃推销，要勇于与其他货源进行竞争，将自己的优势向顾客讲清，使顾客有比较和选择的机会，或者有更充足的货源供应，并使顾客享受到多种货源的竞争给他们带来的价格优惠或其他经济利益，用正当公平的竞争手段转变顾客对货源的追求目标。即使当时不能成交，也可以争取到本产品的潜在顾客。由于货源异议的产生涉及多方面因素，因此搞好企业总体公共关系是顾客货源异议转化的重要保证。

3. 时间异议转化技巧

时间异议转化技巧指针对顾客拖延购买推销商品而运用的公共关系说服转化技巧。顾客提出时间异议的原因有可能真有困难，也有可能对购买存有顾虑，以拖延为借口。推销员不可忽视时间异议，拖延购买时间越久，越可能发生意外的变化。应该运用说服技巧转化顾客时间异议。

推销员应讲清市场形势及货币时间价值，尤其在通货膨胀之际，要讲清早购买的利与晚购买的弊。

推销员要善于利用机会，激励顾客早下决心。如确实货源不多，失去这次机会将再难买到这样合适的产品；如确实价格优惠，拖延购买将享受不到这样的优惠条件等。

从顾客利益出发，向顾客提醒拖延时间可能受到的意外损失。如物价上涨、市场供求变化等情况，使顾客权衡利弊，尽早作出购买决定。

有时顾客提出时间异议的真正目的是其他考虑，如对产品质量存有疑虑，对货源单位不信任，对所推销商品的使用价值不感兴趣，对推销员的言行态度有反感等，这就需要推销员善于提出问题，设法使顾客讲出真实思想，然后对症下药，改变顾客的偏见或印象，而不能急于在时间上与顾客过多争论。

如果顾客已有意购买商品，确实有实际困难，如需要集体讨论决定或主管领导不在家、资金周转有困难等，就应体谅对方，给予较宽松的时间选择，而不能不顾对方有困难急于求成。

4. 异议转化处理的基本原则

异议转化过程中应该遵循一定的原则，主要有以下几个。

（1）善于听取顾客意见。推销人员应注意倾听顾客的意见，一方面可以观察和分析顾客心理，另一方面表示对顾客的尊重。

（2）避免与顾客争辩。推销人员遇到顾客异议，切忌与顾客争辩，要设法化争议为共识。

（3）尊重顾客。如果推销员伤害了顾客的自尊心，即使推销商品再好，也不会达成交易。说服顾客的关键是维护顾客利益。

（4）不必回答顾客所有的异议。当顾客异议很多时，不必一一回答，可以选择几个关键问题回答，避免陷入众多问题之中失去推销主导方向。

（5）选择多种方案。对待顾客异议不一定就问题谈问题，这样容易陷入僵局，应采取灵活策略达到目的。比如顾客提出价格异议，不一定针对价格与顾客讨论，可以提出供货时间的优惠，在价格不动的条件下达到推销目的；如顾客提出时间异议，推销员可以提供市场此类商品供求信息以及企业存货不多的情况，从侧面影响顾客决策。

总之，顾客提出异议是其正当的权利，是推销活动难以避免的。尊重顾客，帮助顾客解除疑虑，取得共识，顺利做出购买决定，是处理异议重要的公共关系原则。

本章小结

公共关系推销是推销中的一种重要方式，它吸取了其他各种方式的优点，通过各种手段与社会公众建立、维持和发展融洽和谐的互利关系，为社会组织塑造和树立良好的形象，从而达到推销的目的。

推销是由多种要素相互组成的活动过程，包括推销主体、推销客体、推销媒介、推销环境等要素。

公共关系推销的策略有拉式策略、推式策略、推拉结合策略；公共关系推销的原则包括以诚相待、互惠互利、共同参与、坚持长久、遵纪守法等原则。

公共关系推销人员应具备的素质有：良好的公共关系意识和能力、广博的知识结构、良好的个人修养与心理素质、过硬的实施能力、熟悉日常的公共关系礼仪、充分利用公共关系工具。

公共关系推销的技巧包括：推销方法的选择，推销人员约见、接近和交谈的技巧，推销过程中的异议转化技巧。

思考题

1. 简述公共关系推销的含义及要素。
2. 简述公共关系推销的策略及原则。
3. 优秀的公共关系推销人员应具备什么样的素质？
4. 公共关系推销应掌握哪些技巧？

拓展资料

1. 5个成功的公共关系案例: http://www.xuexila.com/success/chenggonganli/397914.html
2. 酒店销售案例分析：http://papers.9first.com/document/detail/b002534f-790c-47df-8eec-19e27eea32c2
3. 推销高手的经典成功案例：http://www.docin.com/p-113926725.html
4. 经典的公关案例分析：http://blog.sina.com.cn/s/blog_65d571aa0101qf4x.html

第十二章　公共关系文书

学习目标：

了解公共关系文书的特点、种类；了解公共关系文书处理的程序；掌握公共关系文书处理的方法；了解公共关系秘书的日常工作。

案例 12.1

柳斌杰会长在2015年中国公共关系发展大会上的致辞（节选）

今天，在丝绸之路的起点——古都西安，欢迎各位来宾和我们一起，出席由中国公共关系协会举办的“2015中国公共关系发展大会”。在此，我首先代表中国公共关系协会，对出席大会的各位领导、各位来宾和全国各地的朋友们表示热烈的欢迎！对长期以来一直关心、支持中国公共关系事业发展和协会工作的社会各界人士以及为本次会议付出辛勤劳动的专家学者和全体工作人员表示衷心的感谢！

西安是中华文明的重要发祥地，也是古丝绸之路的起点。回溯历史，丝绸之路开启了亚欧经济一体化的历史先河，书写了一段利益互惠、人文交融、民族团结、友好往来的传奇。千百年来，丝路文化圈所支撑的“和平合作、开放包容、互学互鉴、互利共赢”的丝路精神已深深融入中华民族的灵魂与血液中，成为中国参与全球政治、经济、文化交流的重要精神支柱。新的历史时期，习近平主席准确把握国际秩序深刻调整、全球经济一体化不断深入、全球科学技术大融合的大趋势，高屋建瓴地提出共建“丝绸之路经济带”和“21世纪海上丝绸之路”的重大倡议，得到国际社会高度关注和有关国家积极响应。“一带一路”的战略构想，不仅为中国发展开辟了新空间，也为古丝绸之路沿途国家提供了和平发展新机遇。“2015中国公共关系发展大会”选择在西安召开，并确定“丝绸之路　文明对话”为大会的主题，其意义是重大而深远的！

世界文化交流、交融、交锋日益频繁，新媒体的崛起让世界文化的多元性与差异性更加丰富，不同文化之间的融合与冲突也日趋深入，世界文化版图正在重构。这对我们来说既是机遇也是挑战。我们必须要以自信、开放的态度去面对、去主导。我认为过去的五十年是战争，现在的五十年是经济，未来的五十年是文化，价值观将决定国家命运。“一带一路”沿途国家、人民的多元化利益和文化需要更多的沟通协调的渠道，才能达到更多的共识。正如党的十八大提出的政党之间的关系、民族之间的关系、国家之间的关系、阶层之间的关系、人民之间的关系、行业组织之间的关系，都需要应用公共关系科学力量来调节、沟通、协调。建设和谐社会需要发展公共关系，建设新型国际关系也需要公共关系。发展公共关系行业领域的工作，在新形势下重点就是贯彻落实“一带一路”战略，自觉坚持“文化先行公关先导”的理念，既要继承与发扬优秀而独特的中华文化精髓，又要以包容、开放的心态吸纳“一带一路”乃至世界文化的精华，把多元文化融入世界文化的发展洪流，借助新媒体力量面向世界传播、弘扬优秀中华文化，宣传当代中国。当然，对“一带一路”沿途多样文化的吸收借鉴应保持清醒的认识，以批判的态度和扬弃的精神兼收并蓄，使中华民族优秀文化在服务“一带一路”及维护世界文化多元化、多样化方面做出新的贡献。

同志们！公共关系的发展和民族复兴大业的发展是紧密相连的。做好公共关系事业，推动全面小康社会的实现是我们义不容辞的责任。为了这一共同目标，我们今天齐聚西安、共商大计。我们将在专家学者的精彩演讲中吸取智慧、激发力量，开创“一带一路”公关工作的新局面。在“一带一路”建设中，西安地位独特；在建设“一带一路”进程中，公共关系使命重大！让我们团结一致，共同努力，通过“丝路文明对话”，探讨文化交流、文明共享，传承弘扬“丝路精神”，促进文化交流与合作，促进文明互鉴与共享，促进丝绸之路经济带沿途各国、各地区人民对“一带一路”这一伟大战略构想的更加理解、积极参与和有力支持，实现文化融合、民心相通，进而带动世界其他国家和地区的人民共同参与到“一带一路”的建设中，为中华民族伟大复兴、为世界人民的和平发展而努力奋斗！

资料来源：http://blog.sina.com.cn/s/blog_ba9afd7d0102w5zr.html

启发思考：

1. 致辞在社会生活中有什么作用？
2. 公共关系文书在社会生活有哪些类型？
3. 怎样认识公共关系文秘工作？

随着社会生活的发展，人们的交往日益频繁，交际的方式也日益多样。根据一定的工作与生活需要，在不同的场合，针对不同的交往对象，运用适当的公共关系文书处理各种关系，就成为社会生活的重要内容与必然要求。

第一节 公共关系文书概述

公共关系文书是人们在工作、生活中，进行文明的社会交往，密切人际关系的重要工具，是用来沟通信息、表达意愿、增进感情的实用性文体。公共关系文书是社会组织在运行过程中，为了达到一定目标使本组织各项政策活动符合广大人民群众的需要，在公众中有利于树立良好的形象，以求得公众对组织的信任与认可而使用的应用文。

一、公共关系文书的含义及特征

公共关系文书是指社会组织在公共关系活动中使用和形成的具有一定格式的文字材料。公共关系文书是社会组织同公众交往的工具。公共关系文书的特征主要表现在以下几点。

（1）实用性。公共关系文书是为了某种交往的需要而作的，有着明确的写作目的，其内容也大多与某件事、某项活动或个人生活际遇有关，且会产生交往联络的实际效果。工作中的对外联系、对内协调，生活中的迎送宾客、贺喜庆寿、恭请光临、致谢慰问等，都需要用公共关系文书来传情达意，以实现一定的意愿。公共关系文书则具有这种广泛的实际应用价值。

（2）规范性。公共关系文书大体有较稳定的体式，这种体式的规范性虽不像公务文书那样严格，也不像公务文书那样通过正式发文作出规定，但它在长期的社交活动中，约定俗成，已形成了各种社交文书自己特定的体式。如何称呼，如何开头，如何结尾等，都大体有定规。学习公共关系文书写作就必须熟悉有关的体式。

（3）礼仪性。公共关系文书是社交活动的产物。社交活动是一种“礼尚往来”的交流，活动者之间具有“双边”关系，这就决定了公共关系文书具有礼仪性的特点。这就要求在书写公共关系文书时，在称谓、措辞、语气等各方面都有鲜明的表现，在不同场合、对不同对象，讲究措辞得当，讲究行文得体。

公共关系文书是公关人员本职工作中应用的文书，因此与其他的一般文书不同，公共文书的作用在于通过文字媒介，树立社会组织的良好形象。公共文书的对象是目标公众。

问与答

问：公共关系文书具有什么特征？

答：具有实用性、规范性、礼仪性。

二、公共关系文书的作用

公共关系文书在公关活动中占有非常重要的地位。它的主要作用表现在以下几方面。

（1）传递信息。在社交活动中，通过公共关系文书把活动信息向有关人士、有关方面传递。这种传递或以寄发信电的方式，或通过传播媒介公开传播的方式，让人们得知有关活动的内容与要求，使信息接受者及时做出相应的信息反馈。如开业志喜、恭请赴会、悼亡吊祭、祝贺生日等，发个柬帖或在报上登个广告，都有一定的告知性，使有关人士获知信息并作出反应。

（2）交流感情。人际交往需要感情的联系沟通，公共关系文书就是交流感情的文字方式。喜悦的、哀痛的、欢庆的、感谢的，各种各样的感情需要倾吐表达，于是人们通过公共关系文书架起沟通感情的桥梁。生日收到一封贺信，节日收到一张贺卡，病榻前收到一封慰问信，都会使人得到慰藉，加深相互间的情谊。

（3）协调关系。公共关系文书可以使人际关系、工作关系更加融洽协调，有助于消除隔膜与误解。工作中的送往迎来、致贺邀聘，生活中的慰问祝福、表扬致谢，都可以增进相互理解，有时一纸文书甚至会消除前嫌，收到“相逢一笑泯恩仇”的效果。人们在工作和生活中需要被人尊重，也要尊重别人，公共关系文书这种协调关系的作用正是在相互尊重的基础上得以充分发挥。

（4）促进文明。公共关系文书注重礼仪，是精神文明的体现。公共关系文书大量运用礼貌词语，使人们懂得“得礼为是，失礼为非”的道理，这有助于提高人们交往中的文明程度，也可促进人们自觉提高文化修养与精神素质，从而形成全社会以礼相交的良好风气。在交往中，使用“久仰”“恭候”“谨致谢意”“莅临指导”“恭请海涵”一类词语，能显示出交往者的谦逊文雅、诚挚亲切、宽容大度。公共关系文书的使用既可以体现礼仪文明，又可促进人们精神境界的提高。

三、公共关系文书的一般写作要求

公共关系文书与人们的工作、生活的联系最广泛、最密切。掌握各种公共关系文书的写作要求，通过书面交往妥善处理与协调复杂的工作交往、人际交往的关系，是机关、企事业单位、社会团体或个人工作和生活中的一项重要内容。公共关系文书的写作应注意以下几点。

（1）内容要单一具体。公共关系文书的内容都是单项性的，活动的项目、时间、地点，交往的对象，作者的意愿都必须具体述说清楚，切不可繁杂模糊，使人不得要领或造成信息误传。

（2）态度要诚恳，感情要真挚。人际交往重在真诚。公共关系文书表情达意贵在真诚，使人感到以心相交，可信可托。讲礼貌而非应付，善辞令而不做作。切忌言不由衷，虚浮矫情。

（3）格式要规范。各种公共关系文书的结构布局都有一定的基本体式。开头称谓、结尾礼貌用语、落款，不仅要表达准确得当，还要“各就各位”，全文布局形式要恰当，行款要合度。有些文种（如请柬、聘书等）还要求布局美观大方。

（4）语言要简明得体。公共关系文书一般篇幅不长，文字要力求简洁明确。它要交流感情，但又不用细腻的抒情方式；它要陈述交往事项，但又避免精细的叙述；它更不可用抽象的议论性语言来长篇说理，它只要求把有关交往事项与作者意愿精简地表述清楚。同时，在语气上要注意分寸，视不同对象、不同场合而运用适当语言。祝颂而不谀媚吹捧，谦逊而不卑猥自贱。讲究措辞得体合度，是公共关系文书语言表达的特点和要求。

> **想一想**
>
> 公共关系文书在现实生活中的作用？

第二节　常见的公共关系应用文

公共关系应用文的种类很多，主要有：礼仪类，包括庆贺类，用于道喜祝贺，如祝辞、祝酒辞、贺信等；迎送类，用于迎送答谢，如欢迎辞、欢送辞、答谢辞等；祭吊类，用于悼念缅怀，如悼词、讣告、唁电、祭文等。邀聘类，用于邀约聘请，如请柬、聘书、邀请信等；慰谢类，用于慰问致谢，如慰问信、感谢信、表扬信等；题赠类，用于留念书赠，如题词、寄语、留言等；告知类，用于告知公众，如启事、海报等。

一、庆贺类

若交往对象遇有吉庆之事，可用庆贺文表示道喜祝贺。大至国际间的国事庆贺，小至个人的喜庆祝贺，或者单位、团体遇有值得祝贺之事（如祝贺某学会成立十周年、祝贺某刊物创刊五周年、祝贺某校校庆等），就常用庆贺文来表示美好的祝愿。

1. 祝辞

祝辞亦称“祝词”“致词”，它常用于重大节日、重要会议、宴请招待等群体性场合，常表示良好的祝愿。其祝贺对象一般具有广泛性，也有一些是向个人祝贺的。如“新年祝辞”“在××会议上的祝辞”“×××八十诞辰祝寿辞”等。

案例 12.2

航空公司2015年新年贺词

各位员工、同志们、朋友们：

中国梦，飞行梦，通飞情。告别激情奋进的2014年，我们迎来了充满希望的2015年。在这辞旧迎新之际，我们谨代表通飞公司，向通飞公司的国内外客户，向奋战在各条战线上的干部职工及其家属、离退休老同志们，向关心支持通飞改革发展的社会各届人士，致以衷心的感谢和新年的祝福！

2014年，我们全面推进公司发展战略的实施，使公司驶上了发展的快车道。我们紧紧围绕“改革管理年”主线，以党的十八届三中全会精神为指引，牢记“传播航空文化，实现飞行梦想”的崇高使命，加快通用航空产品的研发，加强通航运营产业布局，加大市场营销的力度，创新商业模式，构建集成网络，塑造品牌价值。党建、思想政治工作和文化建设深入推进，党的群众路线教育实践活动扎实开展，企业党组织的凝聚力、战斗力和创造力不断增强，天下英才源源不断向通飞汇聚，华美亮相第十届珠海航展，全面展现了企业两年来发展的新成就。

2014年，公司经济效益指标显著提升，全年实现营业收入同比增长13.8%，利润较去年增长3.7亿元，公司整体逆市扭亏为盈，经济增加值EVA同比提升3.8亿元。全年共交付各型飞机372架，航展签约各型飞机147架；大型灭火/水上救援水陆两栖飞机AG600进入工程制造阶段，首个大部件机身中段成功下架；单发轻型涡桨公务机领世AG300首飞成功；“愿景”SF50三机相继首飞成功，形成了全球首个私人单发喷气飞机机队；与德事隆航空合作成立的华北、华南两家公司快速发展；珠海中航飞行学校完成CCAR-141部审定，进入全面运营，与中国民航飞行学院全面战略合作全面启动。与中石化合作成立中航通用油料有限公司，拓展通用航空油料保障业务。非航空产业取得了新的发展业绩，中航三鑫成功实现扭亏。资本化运作成效显著，爱飞客建设基金公司发起成立，公司产融结合发展有了新平台，新一轮国际化并购启动。通飞公司全球化、全谱系、全产业链、全价值链发展模式不断完善，成效日益显现。

回首过去，成绩令人鼓舞；展望未来，使命催人奋进。2015年，是“十二五”规划的收官之年，也是“十三五”规划的布局之年。我们要以党的十八届三中、四中全会为指引，认真贯彻中央经济工作会议、全国低空空域管理改革工作会议和集团公司峰会工作布署，深入学习贯彻习近平总书记系列重要讲话精神，深化公司发展战略的全面推进，加强公司党建与思想政治工作，做好顶层设计的同时强化战略管控，创新体制机制，转变发展方式，紧抓国家实施“长江经济带”“一带一路”“京津冀协同发展”三大战略机遇，扎实推进市场化改革步伐，加快型号研制速度，提升资源整合能力，完善法人治理结构，提升依法治企能力，提高企业运营效率和效益，大力发展航空文化创意产业，谋求在全国通航产业中的更大布局。

我们要通过不懈奋斗，让更多通航产品超越客户期待，让飞行服务走进千家万户，让基本公共飞行服务惠及到边远山村，让员工与企业共同成长。我们将万众一心，激情力行，向着既定的发展目标奋勇攀登，全力打造国内通航领军企业，全力谋划跨越式发展的通飞“新常态”，为早日成为“国内领先、世界一流”的通用航空解决方案提供商而努力奋斗!为实现中华民族伟大复兴的“中国梦”和“飞行梦”做出更大的贡献!

最后，衷心祝愿大家新年快乐、身体健康、阖家幸福、万事如意!

启发思考：

新年贺词的意义是什么？

祝辞作为一种生活中常用的社交礼仪性演讲词，内容多牵涉传统文化、传统风俗、礼节等因素，原则上要注意文雅、得体。祝辞的写作要点是：一要体现洋溢的热情，把祝贺之情淋漓尽致地表达出来；二要力求简短明了，在那些情绪欢快、气氛热烈的场合氛围之中，长篇大论显得十分不合时宜。

祝辞的结构由标题、正文与署名、祝贺日期几部分组成。

（1）标题。用“祝辞”“贺辞”“祝酒辞”标明，也可标明祝贺对象或活动名称，公开发表时还可标明祝贺者姓名。如“在国庆执行会上的祝辞”“致齐鲁晚报读者的新年祝辞”等。

（2）正文。一般由抬头（称谓）、开头、主体、尾语几部分组成。称谓可以是中性的，如“同志们、朋友们”，也可以加上表示亲密或敬意的修饰语，如“亲爱的×××”“尊敬的×××”。开头直接写明祝贺之意，常用“致以节日的祝贺”“表示热烈的祝贺”等语句。主体部分一般表明祝贺因由、祝贺内容、祝贺意义等方面。尾语写希望或祈福求吉之类习惯性祝愿语，如“祝各位在新的一年取得新的成就”“祝节日快乐”“祝万事如意”等。

（3）署名与日期。落款上要署上祝贺者的姓名与日期。

2. 祝酒辞

在中国文化的发展过程中，酒成了人们交往中的一种媒介，祝酒也就成了一种极好的祝愿形式。无论是朋友惜别时的眷恋，还是招待客人时的热诚欢迎，各种情谊都可包容在祝酒辞中。随着社会的发展，人民生活的改善，每逢佳节喜庆，亲朋相会，往往以酒助兴。同时，祝酒也已发展成一种招待外宾的礼仪。外宾初到，设宴洗尘，而每次宴会伊始，主人都要致祝酒辞。除了正式宴会上的祝酒辞较长外，小型酒会、私人宴请，祝酒辞一般都比较简短。写作祝酒辞，要注意以下问题：措辞要得当，祝酒辞要针对不同场合，分别措辞。措辞要得体，不要失去分寸，尤其是在正式宴会上，更要注意。措辞得当，可使酒会增添热烈气氛，又可使人们得到良好的教益和启发。态度要真诚，要表现出自己的真情实感。感情要热烈，要善于用美好的辞句烘托出热烈的气氛。

3. 贺信

贺信是社会组织向其他组织与公众表示祝贺的一种专用书信，它是由古代的“贺表”演变来的。现代贺信种类繁多，重要会议、重大工程、重大任务、重大成就，以及节日祝贺、人物寿辰，都可以用贺信的形式进行祝贺。贺信已成为表彰、赞扬、庆贺对方在某方面做出贡献的形式之一，常见的有上级单位对下级单位的贺信、同级单位之间的贺信、下级单位对上级单位及给著名科学家、艺术家、领导人寿辰的贺信等。

案例 12.3

顺德区公共关系协会贺信

匈牙利广东商会:

欣悉贵会将于2016年9月12日举行“匈牙利广东商会”成立庆典，何振兴先生荣任首届会长，（中国广东）佛山市顺德区公共关系协会谨向贵会的成立表示热烈的祝贺，向贵会全体同仁致以诚挚的问候！ 望贵会在今后的工作中，积极秉承创会宗旨，广泛联系和团结广大粤籍同胞、华商，维护其合法权益；加强与欧洲其他华侨、华人社团的交流合作，引导粤籍华商遵守所在国的法律法规，促进侨界和谐；鼓励华商融入当地社会，提高自身的社会地位。

相信贵会的成立，将为广大粤籍华商谋求福祉、支持家乡建设、维护祖国和平统一、推动中欧经贸文化交流和友好往来做出积极的贡献！祝愿贵会会务兴旺！

预祝庆典圆满成功！

（中国广东）佛山市顺德区公共关系协会

2016年9月10日

想一想：贺词与贺信的区别是什么？

贺信写作要求感情真挚，语句要热烈诚挚，评价要恰如其分，语言要简明通畅，要给人以激励和力量，使受贺者收到贺信后受到鼓舞和鞭策。

贺信与祝辞一样，都具有祝贺性，是逢喜庆之时交流感情、密切关系的重要文字形式。但它们也有不同：祝辞更多地适用于集聚场合，祝贺对象也更加广泛；贺信则既用于群体之间的交往或个人对群体的祝贺，亦有很多用于个人对个人的祝贺。贺信必须形成局面文字，祝辞则不一定。有些祝辞事先拟就，临场宣读；有些祝辞则是即席发挥，不一定先有文字稿，例如一些机关、单位的领导人在某些聚会上的即兴祝辞就是如此，而贺信则都以书信形式发出或直接送达。

近些年流行用贺卡、明信片表示祝贺之情，是贺信的新形式。它们一般简短，甚至无正文，仅由祝贺对象、祝福语、祝贺者和日期构成，分行书写。还有的在贺卡、明信片上题诗或寄语，针对祝贺对象的某些特点以致庆祝。

贺信与祝辞都必须言辞恳切、感情充沛，使人感到温暖亲切、激励振奋，同时文字应该明快简练。

二、迎送类

迎送是表示欢迎、欢送或答谢。迎送辞的内容是表达希望相互合作、彼此加强交往，共同发展。它们都用于具有宾主关系的交往场合，且大多是在一定的交往仪式上（如宾至、宾归的迎送会、招待宴）当众演说的辞稿。宾至时用欢迎辞，宾归时用欢送辞，客人对主人的盛情接待表示感谢，用答谢辞。

1. 欢迎辞、欢送辞

欢迎辞、欢送辞的基本结构包括标题与正文两部分。

（1）标题。写“欢迎辞”“欢送辞”。正式发表的，标题亦可由致辞人姓名、迎送会名称加上“讲话”三部分组成。如《×××在欢迎×××的招待会上的讲话》。不论何种标题，致辞人在讲话时都是不念的。

（2）正文。由开头、主体、结语组成。开头写称谓，以泛称全体参加迎送会者为常见，如“同志们、朋友们”“女士们、先生们”。也可以尊称被迎送者与泛称与会者相结合，如“尊敬的×××先生，朋友们、同志们”。若迎送外国贵宾，在迎送者姓名后还可加上“阁下”“殿下”“夫人”等尊称。称谓不可以在“各位”后面再加“们”字，如“各位先生、女士们”，是不合语法的。主体部分是致辞的中心内容，表述对友好交往的珍惜重视之意。结语表示感谢或祝愿，如“再一次表示热烈欢迎”“向×××再一次表示诚挚的感谢”“祝×××身体健康、旅途愉快”之类。结语的祝愿或谢语一般以宾客为致达对象，亦有连及全体与会者的，如“让我们为共同事业的发展，干杯！”“谢谢大家”“祝诸位生活愉快”等。在演说结束后，致辞者一般不念落款署名，只在公开发表时，在题下或落款处署上致辞者名称与日期。

写欢迎辞、欢送辞要注意以下几点：态度热情友好。要对对方为我方的事业发展或为双方友谊的增进所做的努力与贡献表示赞赏，做出评价，并向他表示诚挚友好的祝愿。文章中要表现出热情友好的气度。语言文雅大方。视不同对象选用适当的词句传情达意，要求既尊重对方，又不失亲切之感。内容精要，篇幅简短。迎送辞的目的是要表示希望交往的态度，说些表示欢迎、欢送或感谢的话，一般不涉及一些具体的业务性、技术性枝节，要简明扼要，不能写得太长。因迎送场合的不同，在写法上稍有不同。如：在机场、车站、码头等来宾即将离别的场合，欢送辞要简短明快；在正式欢送仪式上，欢送辞可相对较长，内容也可以多些；在告别宴会上，欢送辞篇幅可长一些，并增加祝酒的内容。要注意了解、熟悉来宾来访期间的活动情况，因为迎送辞中往往有提示来宾访问所取得的成果、进展（如交换意见、增进了解、签署联合公报、发表联合声明、达成意向或协议）等，只有熟悉掌握，才能准确地予以表述。

2. 答谢辞

答谢辞是宾客对主人或主人对宾客表示感谢之情的文体。

答谢辞有两类：一类是在交往活动开始时，在主人致欢迎辞后，对主人的热情欢迎表示答谢；另一类是在交往活动结束后，客人对主人的盛情接待与安排表示礼谢，具有辞别性。这一类的表达形式有：客人临行前在一定的仪式上（如告别会、告别宴）发表的讲话；客人在离开主人后的归途中发的致谢电。

答谢辞的内容包括：对所受到的礼遇、对主人在很多方面的合作表示感谢，对交往活动结果表示满意与赞赏。答谢辞有其不同于欢迎辞、欢送辞的特色，那就是表示一种辞行惜别之情，可以具有更浓的抒情个性。

在写法上，答谢辞与欢迎辞、欢送辞一样，都讲究礼仪，尊重对方的风俗习惯，行文简洁明快。同时还要特别注意以下方面：态度要真挚、诚恳，不可客套、应付。在某些场合（如外交谈判），既要表示友好，又要巧妙地表明自己的原则立场，提高演讲的效果。演讲者要做到仪态大方、动作自然，并与演讲内容相协调。在演讲过程中，保持沉着冷静、充满自信的态度，对听众也会产生较强的感染力。

答谢辞的结构与欢迎辞、欢送辞大体相同。下面是一篇简短的答谢辞。

朋友们，先生们、女士们：

我们就要离开你们美丽的国土和诚挚而多情的人民。在短短的一个月中，我们获得了许多宝贵的东西，其中最重要的是友情。我们将带着你们的喜悦和胜利、欢乐和友情，回到我们的家乡去。在临行之前，纵有千言万语，也难表达我们心中的不尽之意，而只能将它化为两个字：谢谢！

米勒

这篇答谢辞几乎不写什么实际活动内容，而是以情为重，话虽不多，但友好之情、感谢之意溢于言表。

三、邀聘类

为了更好地开展工作或进行某些公关活动，邀请或聘请有关人员参与，即用邀聘文书。写邀聘文一是出于礼仪需要，表示对被邀聘者的尊重与敬意；二是出于工作活动的实际需要，表示正式郑重，因为使用邀聘文比口头邀聘更具有确定性。邀聘文的主要类型有以下几种。

1. 聘书

聘书又称聘任书、聘请书，是用来聘请某人担任某一职务或承担某项工作而制作的一种专门书信文书。大体有两类：一是用来聘请担任某种职务的，如任职聘书；二是用来聘请参加某项活动的，如聘请某人担任某次演讲比赛评委。一般说来，前者聘用时间较长，后者则是短期的或临时的聘请。受聘者一般具有某种专长，或在某方面具有一定声望，或能胜作某种专业工作。

聘书的结构一般由以下几部分组成。

（1）标题。在上方正中写“聘书”或“聘请书”，标题字体要大而醒目，有时为了表示郑重而单用一页。写法有两种：一种是“聘书”“聘请书”；一种是在“聘书”“聘请书”的上面或者右边用小一点的字写上聘请单位的名称。聘书使用量较大的单位，还需在标题的右下方或右上方注明聘书编号。标题一般要用花边修饰点缀一下，以示庆贺。聘请书的用纸，最好用彩色的或者红色的。

（2）正文。正文第一行顶格书写受聘者的姓名和称谓，如“×××先生”“×××同志”“×××教授”等。称谓可同书信体写法，开头顶格写，亦可以不单独写一行，而在正文开头写明，如“兹聘任×××先生……”。正文要交代聘请的原由、任务、要求、权限、职务、任期等，有的还写明酬金。这些方面视工作活动内容而有所取舍，不一定每项都要具备。但要被聘者去做什么这一项是基本内容，必须写明。

（3）敬语。用敬语表示感谢或祝愿。表示敬意的结束语，如“此聘”“此致、敬礼”等。有的任职聘书，可写“特授予此证”。

（4）落款。在正文右下方署聘请单位名称、发聘书日期，并加盖公章。

聘书写作应该内容明确、单一、符合格式，语言精要，款式大方美观。聘书的写作要注意三点：一是写作之前，聘请者应与被聘者充分协商，达成协议；二是内容要力求具体、详细，表达要力求简洁、严密。对于聘请谁、为什么而聘、聘去干什么工作等，必须交代清楚；三是以单位名义发的聘书，一定要加盖公章，以示郑重。

聘书亦可制成柬帖式，在封面写“聘书”字样。

聘书
兹聘请×××同志任×××大学讲师职务，任期三年（自 2016 年 9 月 1 日—2019 年 9 月 1 日）。 ××××大学（公章） 校长×××（校长印章） ××年×月×日

2. 请柬

请柬又称请帖、邀请书，是单位或个人为邀请有关单位或个人参加某项活动而制作的一种专门书信。请柬多用于比较隆重的场合，如庆典、筵宴等活动邀请宾客，使用请柬比一般的书信更具庄重的特点。随着现代社会交际活动的日益频繁化，请柬的类型越来越多，常见的有公务性活动请柬、文娱性活动请柬、宴会请柬、庆吊请柬等。

请柬主要有以下构成要素。

（1）封面。写明“请柬”（请帖）字样，字体可以写得大些，“请柬”前亦可加上活动的名称。封面要讲究艺术性，可加图案装饰，字体可用美术体或手写体，有条件者还可以烫金印制，还可饰以花纹图案，力求整洁、美观、庄重。

（2）称谓。顶格书写被邀请者的单位或个人名称。个人的姓名之后要有职务、职称或“先生”“女士”“小姐”等称谓。邀请夫妇双方参加的，其姓名要并排写。也有的把称谓写在正文之后，用“此致×××先生”字样。

（3）正文。在称谓下面另起一行，交代活动的内容、时间、地点等。如有其他要求，亦应在此写出，以便被邀请者准备。正文的最后多以“邀请参加”“敬候光临”“请届时光临”等语作结。

（4）落款。在正文右下方署明邀请单位或个人的名称，并注明发出请柬的日期。

> 请柬
>
> ×××女士：
>
> ××公司定于××年×月×日在××大厦举办2017年新产品展览会，敬请光临指导。
>
> ×××公司（章）
>
> ××年×月×日

请柬的写作要注意两点：一是要认真对待，不可疏忽。虽然请柬的文字短小，但要写得严谨、准确、规范并非易事，特别是对时间、地点、人名等项，务必仔细核对，以免出错。二是语言既要明白、确切，不使对方产生歧义，又要优美、典雅，使被邀请者感到愉悦、温馨，做到达、雅兼备。请柬常使用于较庄重的场合，不宜滥发；写作时注意措辞典雅得体，内容表达准确清楚，格式规范。

3. **邀请书**

较之请柬，邀请书在一般性活动场合也可使用，邀请对象也更广泛。邀请书也不必制成柬帖形式，一般用打印文字以信函形式发出。邀请书的内容构成、结构格式与请柬大致相同。

> 邀请书
>
> ×××先生：
>
> ××学会于2017年×月×日在××市××宾馆举行第三届学术年会，届时恭请光临指导。
>
> 顺致
>
> 敬礼
>
> ××学会（章）
>
> 2017年×月×日

四、慰谢类

凡是用来慰问、感谢、表扬的都属于慰谢这一类文章。它们一般都以书信体形式来表现，也有的用电文形式来传递。

1. 慰问信

慰问信是社会组织向公众及有关组织表示慰问的信件。慰问信可传达社会组织的希望与关怀，充满着组织对公众尊重、关心的浓厚友谊，能给被慰问者以信心、力量和勇气。慰问信可以直接寄给个人，也可在报刊上刊登或在电视、广播中播出。

慰问信使用范围很广，从内容看，主要有三类：节日慰问。遇传统节日向有关人员表示问候、祝愿。灾难慰问。向在自然灾害中受到重大损失地区的干部和群众表示安慰与激励，向个人遇到不幸（如患病或家属亡故等）表示同情与安抚。业绩慰问。向为国家或集体付出辛劳、做出贡献、获得成就的单位与个人表示慰劳与祝贺。

慰问信有的由个人写给个人，有的在单位、团体之间互相致慰问，也有的是上级对下级及其所属人员的慰问。下级机关团体对上级机关团体、个人对上级机关团体，一般不用。慰问信的内容和结构格式大体如下：

（1）标题。写“慰问信”或“×××致×××的慰问信”，如《中共中央、国务院致灾区人民的慰问电》《山东省人民政府致云南前线三军的慰问信》等。此类机关名称、慰问对象、信件名称三者齐全的标题，一般用于集体慰问，涉及事项也较重大，个人之间的慰问一般不用此全称标题。

（2）称谓。标题下空一行，写被慰问的单位或个人的名称。如××地区广大干部、群众、人民解放军指战员同志们、×××同志等。如果是多个对象，要一一写进去。对象前面可以加“敬爱的”等字样。

（3）正文。包括开头、主体、结尾几部分。开头，说明致信缘由与有关背景，并表示慰问之意。如对受灾地区的慰问信可以写：“值此新春佳节来临之际，你们仍坚守岗位，忘我劳动，特向你们致以节日的亲切问候！”主体部分全面而具体地叙述对方的英雄事迹和对方所遭受的困难。如概述有关事实，或对被慰问者的事迹、贡献、思想品德等进行简要述说与赞扬。然后对他们战胜困难的气概与精神表示赞赏，或表示向他们学习。这部分尤须注意针对不同的对象，有的放矢，有感而发，要写得殷切而实在，切忌说些概念化的套话。

（4）结尾。结尾表示决心或祝愿，或再次表示深切慰问之情，或鼓舞受慰问者奋然前行。如“相信你们定能尽快恢复生产，重建家园，夺取抗震救灾斗争的更大胜利！”“祝愿你们生活更加美好！”“再一次向你们致以亲切的慰问与衷心的感谢！”等。

（5）署名、日期。署名、日期在右下方，分两行写。如果写慰问信的单位或个人不止一个，要都写进去。

2. 感谢信

感谢信是向关怀、支持、帮助过自己的单位或个人表示感谢的专用书信。使用感谢信，不仅可以通过书面形式表达感激之情，而且可以使被感谢者受到鼓舞和鞭策。所以，感谢信一般也具有表扬的意义。单位与单位之间、单位与个人之间、个人与个人之间，只要一方得到对方的支持帮助，都可用感谢信向对方致谢。

感谢信的内容与格式大致如下：

（1）标题。第一行正中要写上“感谢信”三个字，或“致×××的感谢信”。

（2）抬头。顶格写被谢者名称，如“××厂领导”“×××同志”等。

（3）正文。主要包括以下几项内容：说明感谢原因，即简述被谢者的有关事迹表示感谢之情，一般在第一段即有“表示衷心的感谢”“致以深深的谢意”之类的谢语，然后赞颂与评价对方的思想品质、精神风貌，显示对方行为的积极的社会意义，表达要向对方学习的态度或决心。

（4）结尾。结尾写上“此致敬礼”等祝词，并要写上单位名称或个人姓名、写信日期。

感谢信的写作要注意以下几点：内容要具体，应表现出对方的高尚品质和崇高思想。祝贺事实要抓住重点，善于概括，要充分提示出事实的社会意义。其次，感谢要真挚、热烈，作为礼仪的表达方式，既要充分地表达社会组织或个人对对方的谢意，又要注意用词掌握分寸，否则会有谄谀之嫌。

感谢信的张贴与发放要及时。对于公众给予组织或个人的帮助应铭刻在心，表示感谢，切不可拖延时间。感谢信可张贴在公众或社会组织经常出入的场所，也可以邮寄到被感谢人的单位。

3．表扬信

表扬信的作者不一定都是当事人，看到他人做了好事，也可写信给做好事者所在单位或报社、电台进行表扬。

表扬信的内容和结构格式与感谢信大致相同。许多表扬信都含表示感谢的意思，尤其是受惠当事人写的大都如此。第三者写的表扬信，虽不一定直接表达谢忱，但赞扬被表扬者，亦间接地含有感谢他为人民做了好事的用意。

表扬信的写作应该做到事实具体清楚，通过事实能够表现出人的精神品质，作者的感情倾向要鲜明，同时还要注意赞扬程度要恰如其分。

投书报社的表扬信可以不写标题，也可以写个一般文章的题目，如《平凡中见高尚》之类。张贴的表扬信则必须写上“表扬”或“表扬信”作题目。

五、题赠类

社交活动中，常用简洁精辟的语句作为留言寄语书赠对方，表示对祝贺对象的称颂、祝愿，或留作纪念，或互相勉励，都是题赠一类的文辞。

题赠类文辞应用十分广泛。开张开业，题字祝贺其事业有成；创办报刊，为之题书有关报的方针原则；友人分别，相互寄语勉励；事业有成，为之祝颂褒奖；等等，各种场合都可以题词赠文，因此这类文体具有很强的实用性。

题赠文种类很多，下面介绍主要的两种。

1．题词

题词就其内容特点来看，主要有以下几类。

（1）对英雄人物的。褒扬英雄，宣传典型，这类题词通常为领袖或名人所题。题词内容多为赞颂英雄模范的行为，号召人们向他们学习。

（2）缅怀先贤的。多是表现对历史名人、民族英雄的怀念和敬佩。如山东济南李清照纪念堂的题词：大明湖畔，趵突泉边，故居在垂杨深处，漱玉集中，金石录里，文采有后主遗风。题词既点明了纪念堂的位置，又指出了李清照诗文的风格，表达了对这位著名女词人的景仰。

（3）颂扬尊者的。这类题词内容应注意切合受贺者的经历、业务、特长。如毛泽东为徐特立七十寿诞题词：坚强的老战士。

（4）相互鼓励或奖掖后辈的。往往勉励对方或互相勉励劝谕。这类题赠大多提示工作性质、工作原则和目标，发扬某种崇高精神和某种优良作风，或面向未来，表达愿望，揭示人生哲理。有催人奋发、不懈追求的作用。如孙中山先生为湘雅医科大学第五届毕业生的题词：学成致用。

（5）祈祝事业的。某个组织成立，某项事业开始或进行，某个刊物、学会创立多少周年，为了扩大影响，使事业进一步顺利发展，往往请名人或某方面的专家题词。这类题词通常表示作者良好的祝愿和对未来的希望与期待。

（6）抒怀言志的。这类题词主要是抒发胸怀，表达志向。如著名的抗日英雄谢晋元多次书写的一幅联语：养天地正气，法古今完人。

2. 寄语

寄语一般用于友人之间的交往，表达对友人的关切、怀念、祝愿与希望。它大多表现为临别赠言或别后寄赠。同事调动、同学毕业、别后思念、两地互勉，常通过寄语来表达友情。

寄语结构简单，由寄语对象、寄语内容、寄语者三部分组成。寄语的写作要言必由衷，真切深挚，行文精粹。

个人寄语具有双方往来性。收到他人寄语，应在适当时候回复，以示对他人的礼貌与尊重。

六、告知类

告知类主要包括启事和公关海报。

1. 启事

启事是一种类似于广告的应用文体，其传播方式同广告一样具有公告性，可张贴在公共场所，也可登在报刊杂志上，或者通过电台、电视台播出。启事在形式上不同于广告之处在于其不需要创意；不同于海报之处在于其不需要新颖有趣。启事的表述主要是陈述性和直接性，只要求内容周到完整，语言具体明确，简明扼要。

启事的撰写，虽然因内容和作用不同，在写法上有所区别，但还是有一个大体格式。启事一般由标题、正文、结语、落款几部分组成。启事的标题要明确，通常要以醒目的标题反映启事的主要目的与内容，如迁移启事、开业启事等；正文部分要写清楚启事的目的、意义和要求，做到内容周到完整而又简单明了；结语要准确地交代联系地址和电话号码、邮政编码；落款分两行署明启事者的姓名、单位名称和启事的日期。

启事的应用范围很广，下面介绍常见的几种：

（1）招领启事。拾物招领，可以写招领启事，以便让失主前来认领。为防止有人冒领，写这种启事时，只写捡到物品的名称，拾到的时间、地点，让失主去认领，不要写具体数量和名称。这些内容需要丢失者在认领时自己说明，经过核对属实后才准其取走，以免出错。

（2）招聘启事。招聘单位和事由，可在标题中交代，以引起读者注意，如“××饭店招聘厨师”。为了让应招人员了解有关的具体情况，在启事正文中须重点交代下列几项内容：招聘的性质及待遇；招聘的人数及应招人员须具备的条件，如年龄、性别、户口所在地、技术特长、文化程度；应招人员须交验的证件和应办理的手续；招聘的起止时间及办理的地点。

（3）征文、征稿启事。征文、征稿启事的标题，可以写“征文启事”或“征稿启事”，也可以写报刊或专辑名称以及征文的体裁。征文启事的正文包括：举办单位及征文的意图；对征文的要求，如作者的条件等，征文的体裁、题材、字数等。结尾的署名和日期，写在正文的右下方。

2. 公关海报

海报虽然作为公关广告的一种，但与正式的公关广告还是有区别的。公关广告主要是宣传企业产品与企业形象，往往由专业广告厂家制作，所需费用较大。海报则多用于文娱宣传等活动，一般由承办单位自己制作，费用较低。

公关海报的种类很多，常见的有电影海报、戏剧海报、文化活动海报、报告会海报、科技活动海报、体育比赛活动海报等。

海报的基本内容通常包括以下三部分。

（1）标题。标题的写法也有三种形式：一是在正文上方书写“海报”二字，字体大且醒目，以吸引人们注意。二是直接书写活动内容，如“舞会”“学术讲座”“球讯”等，使人一看就知道是什么内容。三是在活动内容前加上举办单位名称，也有的在正标题前加几句概括目的、意义，说明活动宗旨、精彩程度的话作眉题，以渲染气氛，调动读者的参与热情。

（2）正文。海报正文的撰写一般采用分项列举式的写法，逐项列出活动的时间、地点、内容、参加方式、注意事项等。结尾可以加用一些鼓动性、号召性词语，加强海报的宣传效果。还有的海报可以根据内容需要配以艺术字画，以鲜明的色彩与新颖的画面吸引读者的兴趣。

（3）署名和日期。在右下方署上发海报的单位和个人名称及发海报的时间。如已把这一部分内容写入标题与正文，则可以省略不写。

想一想

公共关系公文还有哪些形式？

第三节 公共关系文书处理

公共关系文书是社会组织同公众交往的工具。及时而恰当地对公共关系文书进行处理，则能有效地加强社会组织与公众的沟通，从而有利于组织的发展。

通常公共关系文书的处理是指公共关系文书撰拟和办理，其程序可参考国务院办公厅1987年2月发布的《国家行政机关公文处理办法》进行处理。根据公共关系文书的运转和流程，可以分为收文处理和发文处理。

一、公共关系文书的收文处理

收文是收进外部公众的公文和材料。收文处理一般包括收文、拟办、批办、承办、催办、办复等程序。一般包括以下六个步骤。

（1）收文。收文就是收进文书，它包括卷收、启封和登记。卷收是指先对照投递单或送文登记簿逐一核实文书的份数，清点无误后再在投送单或送文登记簿上签字的过程。启封就是将签收的文书拆封。拆封后检查封内文书是否齐全、有无差错，然后再填写收文登记簿，对收文的时间、文书份数和名称、内容等进行登记。收文应当天收进，当天登记。

（2）拟办。拟办是指秘书人员对收文阅读后提出办理的初步意见。公关秘书人员收文后，要立即阅读，然后根据来文的性质、内容和要求，结合本社会组织内部的有关情况、职能部门的职权范围等提出初步意见，并提供有关的材料供领导参考。如送何部门承办，提出承办的要求和时间、文件阅读的范围等。

（3）批办。批办是社会组织负责人就文件如何办理所做的批示意见。批办是下一步程序承办的依据。所以批办意见要明确具体要求，如由何部门办理、何人办理、达到什么程度、对来文答复的原则意见、承办的时限等都要明确具体。

（4）承办。承办是社会组织的有关部门和人员根据批办的意见对来文进行办理。要明确承办单位、承办人、专人负责，在办理中发生新的问题要及时请示、汇报。

（5）催办。催办是按办理的时限和要求，对承办单位和承办人进行督促和检查。通过督办能加速公文的运转，防止公文积压，办事拖拉，有利于提高组织的办事效率。催办可采取多种方式，如当面催询，使用电话催询等。为了使催办的情况有据可查，可使用公文催办登记簿或登记卡等。将承办的文件按特急、急件、平件分别登记，填好拟办批办意见、处理意见、办理时间等栏目，及时催办。

（6）办复。办复是指需要办理的公文办理完毕后，将处理结果向来文单位及批办负责人所做的答复。这样能使批办过的负责人对公文是否及时办妥有所了解，心中有数。答复的形式也是多样的，根据需要可采取口头答复、函复、电话答复、复印领导批示等。

> **想一想**
>
> 在现实生活中公共关系文书处理还需注意什么问题？

二、公共关系文书的发文处理

发文是指社会组织向外发出的文书材料，包括本组织制发和翻印的材料、收文承办后的复文、复印转发的公文和材料等。发文处理就是指公文从公文交拟到发出的整个运行过程。发文处理一般包括交拟、拟议、拟稿、审核、签发、缮校、用印、封发等程序。

（1）交拟。交拟是组织负责人向秘书人员交代制文意图和撰拟任务的过程。这是发文处理程序的开始。秘书人员在接受交拟任务时一定要了解清楚领导的意图，尽力把制文的目的、根据、观点、措施等把握准，这样才能撰拟出符合组织领导要求的公文。

（2）拟议。拟议是秘书人员在接受拟稿任务后动笔之前的构思过程，包括拟定公文提纲，调查研究收集资料，了解各方面信息、情况等。

（3）拟稿。拟稿就是起草公文，一个组织内在素质能通过公文体现出来，公文质量的好坏高低直接影响到组织的声誉。在制作时要求内容符合党的政策和国家的法律，主旨明确，中心突出，语言表达准确，用词恰当，使用的数字确凿无误，格式符合要求。

（4）审核。审核就是对公文草稿进行审查。审查也称“把关”，这是关系到公文质量好坏的关键环节。如符不符合公文的格式，文字表达是否准确，用词是否恰当，观点和材料是否统一等都要认真审核。审核一般由秘书部门负责人或指定专人负责，审核后提出明确的意见和要求。

（5）签发。社会组织有关领导人对已审核的文稿进行最后的审定并签署意见。公文一经签发就形成定稿，产生效力，签署领导人对自己签发的公文负完全责任。有关部门或承办人对文稿有疑义或意见，可向签发人申述意见，但不得修改。

（6）缮校。缮校是对文稿的缮印和校对。在缮校过程中，不管是誊抄、打印，还是铅印，都要及时和保证质量。在缮校过程中即使发现原稿有文字或标点的错漏，也只能向有关同志提出，由签发人改之，不能自己随意改动。

（7）用印。用印即在制成的公文上加盖组织的印章。印章是组织的凭证和标志，公文只有盖了章才有效力。在公文上盖章，应以领导人签发时的签字为依据，领导人未签字的公文，在未办理签字手续前，不得用印。

（8）封发。封发是对制好的公文进行签证、封装和发出。准备发出的公文，要对签发文稿有无附件、是否用印等认真检查校对，确凿无误后再登记分发。

三、公共关系公文处理的要求

公文处理的目的是使公文通过运转发挥效力，及时与公众沟通，使社会组织在公众中树立良好的形象。公文处理及时与否、质量好坏直接关系到公文效力发挥，这就要求在公文处理中做到准确无误、保证质量、及时运转、安全、保密。

准确无误、保证质量是对公文办理的首要要求。这就要求做到：在承办和拟稿时一定符合国家的法律和党的政策，忠于制文意图，坚持实事求是的精神，措词用语要正确。在处理过程中要遵循公文处理的程序，每一环节都要认真处理，保证不出差错。

及时运转就是随时注意公文的时间性，对公文保证及时迅速地处理，不积压、不拖延，不误时、误事。这就要在办文过程中分清轻重缓急，急文先办，使公文及时或提前完成它的运转使命。

安全、保密。安全是指要处理的公文完整无损、不丢失、不损坏。保密是要严格遵守保密的规定，不泄密、不失密。

问与答

问：简述公共关系公文的处理要求。

答：准确无误，保证质量是对公文办理的首要要求，在承办和拟稿的同时要确保符合国家法律和党的政策；及时运转，注意公文的时间性，不积压、不拖延，不误时、误事：安全保密，保护公文的完整无损。

本章小结

公共关系文书是社会组织为了达到一定目的使政策和活动更满足广大群众的需要，在公众心中建立良好的形象，以便求得公众对本组织好感的应用文。学习写好公关应用文是公关人员必须具备的基本技能，而且公共关系文书也是公共关系活动过程中不可缺少的一部分。

公共关系应用文的种类很多，主要有：礼仪类，包括庆贺类，用于道喜祝贺，如祝辞、祝酒辞、贺信等；迎送类，用于迎送答谢，如欢迎辞、欢送辞、答谢辞等；祭吊类，用于悼念缅怀，如悼词、讣告、唁电、祭文等；邀聘类，用于邀约聘请，如请柬、聘书、邀请信等；慰谢类，用于慰问致谢，如慰问信、感谢信、表扬信等；题赠类，用于留念书赠，如题词、寄语、留言等；告知类，用于告知公众，如启事、海报等。

通常公共关系文书的处理是指公共关系文书撰拟和办理，根据公共关系文书的运转和流程，可以分为收文处理和发文处理。收文处理一般包括收文、拟办、批办、承办、催办、办复等程序。发文处理就是指公文从公文交拟到发出的整个运行过程。发文处理一般包括交拟、拟议、拟稿、审核、签发、缮校、用印、封发等程序。

思考题

1. 简述公共关系文书的含义和特点。
2. 简述公共关系文书的作用。
3. 简述常见公共关系应用文的类型。
4. 简述公共关系文书处理的流程。

拓展资料

1. 公文处理案例精选：http://www.360doc.com/content/14/1215/05/8448336_432991843.shtml

2. 文件泄密案例：http://blog.sina.com.cn/s/blog_4cdbf8040101crjt.html

3. 政府公共关系案例：http://www.fanwen99.cn/article/%E6%94%BF%E5%BA%9C%E5%85%AC%E5%85%B1%E5%85%B3%E7%B3%BB%E6%A1%88%E4%BE%8B.htm

第十三章　公共关系礼仪

学习目标：

了解公共关系礼仪的特点；了解公共关系日常礼仪的内容；了解公共关系涉外礼仪的内容；掌握公共关系交际的技巧。

案例 13.1

称呼

一天，有位斯里兰卡客人来到南京的一家宾馆准备住宿。前厅服务人员为了确认客人的身份，在办理相关手续及核对证件时花费了较多的时间。看到客人等得有些不耐烦了，前厅服务人员便用中文跟陪同客人的女士作解释，希望能够通过她使对方谅解。谈话中他习惯地用了“老外”这个词来称呼客人。谁料这位女士听到这个称呼，立刻沉下脸来，表示了极大的不满，原来这位女士不是别人，而是客人的妻子，她认为服务人员的称呼太不礼貌了。见此情形，有关人员及这位服务人员随即进行了赔礼道歉，但客人的心情已经大受影响，并且始终不能释怀，甚至连带着对这家宾馆产生了不良的印象。

启发思考：

1. 前厅服务人员该如何称呼这位外国人较为得体？
2. 结合案例谈一下称呼礼仪的重要性。
3. 在现实生活中需要注意什么礼仪问题？

公共关系礼仪是传统礼仪在公共关系事务中的运用和发展，它代表着人际礼仪的发展趋向。公关礼仪是公共关系从业人员精神风貌、素质水平的集中体现。懂礼节的人进入社交场合，比不懂礼节的人显然要顺利得多，而且会受到大家的欢迎，得到更多的尊重，因此公关礼仪对于公共关系工作人员来说是一种“通行证”。

第一节　公共关系礼仪概述

随着人类文明的进步，人际交往中逐渐形成了一系列具有社会文化内涵及时代特征的行为规范和准则。这些行为规范和准则约定俗成，被人们视为在公共关系交往中理应共同遵守的，即所谓公共关系礼仪。

案例 13.2

王丽看望病人

王丽是大学毕业不久、刚进入某公司工作的新人。她年轻、率真，对工作充满了热情和幻想。作为女秘书，她对上司张经理充满了敬意，对工作兢兢业业。不久前，张经理在体检中被发现得了癌症。公司和家属都想瞒住张经理，不让他知道实情。一天下班后，王丽买了鲜花、水果去医院探望张经理。推开病房门，王丽一脸惊讶地对上司说："张经理，您得了这么重的病，怎么能不躺下好好休息？"张经理一脸疑惑："是吗？你能告诉我，我得了什么病吗？"这时，王丽才意识到自己说漏了嘴。她只能支支吾吾地说："其实没什么大病，你很快就会出院的。"王丽走后，本来情绪很好的张经理马上像变了个人似的。一个人躺在床上，两眼直瞪瞪地看着天花板。家属问他究竟发生了什么，他也不理不睬。

想一想：

王丽做错了什么？

一、公共关系礼仪的含义

礼仪是指人们在公众场合应遵守的行为规范，是人们在交际中约定俗成的礼节和仪式。而公共关系礼仪则是指公关人员为树立或维系组织主体的良好形象，在与公众交往过程中，所应遵循的合乎社会规范和道德规范要求的各种礼仪规范与准则。

礼仪是人们在社会交往过程中形成并得到共同认可的各种行为规范，它是人们以一定的程序、方式来表现的律己、敬人的完整行为。对个人来讲，礼仪是一个人思想文化素质、道德素养和交际能力的外在表现；对社会来讲，礼仪是精神文明建设的重要组成部分，是一个社会文明程度、道德风尚和生活习惯的反映。因此，礼仪是人类精神文明的产物。礼仪体现了人类社会不断摆脱愚昧、野蛮和落后，逐步走向文明的程度，也是一个国家、一个民族进步和兴旺的标志。

根据公共关系礼仪的上述含义，可以归纳出公共关系礼仪的两个基本要素。

（1）公共关系礼仪的主体。公共关系礼仪的主体是指在公关礼仪活动中主动实施影响的一方，一般指社会组织。社会组织是一种复杂的、高级的社会群体，是现代社会人们生活的基本形式和基本载体，是公关礼仪活动的一般主体。但在现实的公关礼仪活动中，往往由组织内部的公关人员代表组织完成树立和维护组织的良好形象、建构组织与公众和谐关系的任务，因此他们是公关礼仪活动的现实主体。他们的言行举止、素质水准等直接影响组织在社会公众心目中的形象，影响组织与公众间和谐关系的形成和发展。

（2）公共关系礼仪的客体。公共关系礼仪的客体是指在公关礼仪活动中接受影响的个人和群众，他们是公关礼仪主体的活动对象，一般指社会公众。作为公关礼仪的施行对象，社会公众一方面接受公关礼仪主体的礼仪行为，另一方面他们也在公关礼仪的施行过程中通过反馈不断创新和改进公关礼仪。公关礼仪正是在社会组织与公众的良性互动中不断发展，更趋实用，日臻完善。

二、公共关系礼仪的特征

礼仪是人们在漫长的社会实践中逐步形成、演变和发展的。在漫长的发展过程中，形成了继承性、差异性、共通性、时代发展性等特征。

1. 传统性和继承性

礼仪是人们对于既往人类在长期共同生活中约定俗成的一整套社会观念和做法的传承。任何国家和民族的礼仪都是对古代礼仪的继承和发展，具有自己鲜明的民族特色，离开了对本国、本民族既往礼仪成果的传承和扬弃，就不可能形成当代礼仪。礼仪一旦形成便具有一定的稳定性，作为一种社会生活准则在社会发展中世代相传，是社会进步、人类文明的重要标志。例如，我国至今流传的尊师重教、孝敬父母、尊老爱幼、礼尚往来等反映民族美德的礼仪，都是从我国古代继承和发扬下来的，并且还将世世代代相传，发扬光大。

2. 民族性和差异性

“十里不同风，百里不同俗”。在人类共同的历史发展中，由于种种原因，造成了不同社会、不同民族、不同地区发展的不平衡性，使不同国家、民族的生活习惯、礼仪规范差异很大，甚至截然相反。即使是同一民族，各个地区由于地理环境、社会发展程度等的不同，也会形成不同的礼仪规范。例如，在中国，点头表示同意，摇头表示不同意；而在保加利亚，摇头表示同意，点头表示不同意。如果忽视了这种差异，就会弄不懂别人的意思，达不到交往的目的，甚至会损害双方的感情。事实上，正是由于礼仪带有差异性，才使礼仪变得异常丰富多彩。

3. 普遍性和共通性

在人类社会历史上，礼仪始终如影随形地渗透其间。没有哪个民族、哪个国家的哪个时期，在其社会生活中没有礼仪规范。尽管礼仪的具体形式和表现内容不尽相同，但普遍存在利益这种行为准则。礼仪的内容已经渗透到生活的方方面面，从政治、经济、文化等领域，到人们的日常生活方面，礼仪活动都普遍存在。例如，大到一个国家的庆典，小到一个公司的开张庆典，均要讲究礼仪规范，遵守一定礼仪行为准则。

礼仪是人们在社会交往过程中形成并得到共同认可的行为规范。尽管不同国家、不同民族的礼仪规范具有鲜明的民族特色，且具有很大的差异性，但是，许多礼仪却是世界通用的。例如，见面时需要问候、打招呼、用一些礼貌用语。虽然不同国家、不同民族问候的礼仪方式不同，但就礼仪本身的内涵和作用来说，却具有共通性。正是由于礼仪具有共通性，才行成了国际交往礼仪。

4. 时代发展性

礼仪是随着社会的发展产生的，并随着社会的发展而发展。可以说，每一种礼仪都有其产生、形成、演变、发展的过程。某一阶段被公认的礼仪规范随着历史的发展，有的被肯定，有的被否定，有的被充实，有的被抛弃。同时，一些适应时代发展需要的新内容又补充进来，不断推陈出新，形成时代特有的礼仪规范。随着对外交流范围的扩大，各国家、各民族、各地区之间的交往日益密切，各自的礼仪也随之相互影响、相互渗透、相互取长补短，使各国、各民族的礼仪在历史传统的基础上不断被赋予新的内容。随着时代的进步，世界各国都在重视礼仪改革，总的趋势是使礼仪活动更加简洁、文明、实用。

三、公共关系礼仪的基本原则

在公共关系工作中重视加强礼仪的运用，能够使人们自觉地遵守礼仪与交往的原则，注重仪表修饰，规范言行举止，从而有效地维护组织的形象。开展公共关系礼仪工作，应该遵循以下原则。

1. 诚信

诚信就是讲求信用、信誉，待人真诚、诚恳，要求人们在交往中开诚布公、言行一致、言而有信，不矫揉造作、阿谀奉承、虚情假意，不圆滑世故、“八面玲珑”、信口开河。从公关角度来说，诚信原则要求公关人员在交往伊始就要真心诚意，对交往的对方以诚相待，不能弄虚作假，更不能轻视或嘲笑对方。在公关活动中，对于他人所提出的要求应尽量给予满足，力不从心时应直言相告；与别人交换看法时，要真诚地指出对方认识上的问题，诚恳地谈出自己的看法。总之，诚乃立身之本，信乃待人之道。公关人员应牢固树立诚信的观念，并以此指导自己的行为，真正体现出公关礼仪的层次和水平，使公关礼仪含有更多更好的文明素质和伦理因素，为促进人类的精神文明做出更大的贡献。

2. 谦恭

孔子说，“礼者，敬人也”，“己所不欲，勿施于人”。敬人于先，而后才能获得别人的尊敬。谦恭是礼仪的情感基础，是人际沟通的桥梁和润滑剂。因此在社会交往中，要示人以敬，敬人之心常存，不要狂妄自大、蛮横傲慢，要注意维护他人人格的独立和尊严。

3. 宽容

宽即宽厚、宽宏、宽松，容是对人的包容和容忍。宽容是待人的一般原则，也是公关礼仪所必须遵循的基本原则。在社会交往中，宽容就是要胸怀博大、宽宏大度；讲求同存异，不强求一律、求全责备、斤斤计较。具体表现为对别人的意识、信念、信仰、行为、习惯等能够给予谅解，不予计较；对别人的过失和错误不多加追究；对不同的思想和观点，不采取压制等极端手段，主张以说服和教育的方法进行疏导。

4. 平等

现代公关礼仪是建立在平等基础之上的，并以平等作为自己的基本原则。平等涉及许多方面，有经济平等、政治平等和道德平等诸多含义，而公关礼仪所涉及的平等内涵主要表现为道德和人格的平等。平等待人要求在社会交往中，对交往对象要一视同仁，不要因地位高低、高贵贫贱的差别而有厚此薄彼之举。既不曲意谄媚、攀龙附凤，也不故显高傲、盛气凌人，做到不卑不亢，礼贤下士，亲切自然。

5. 适度

礼仪并非越多越好，所谓“礼多人不怪”的观点是不对的。在实际工作中，一定要注意适度原则，视情况而定，适可而止。做事情应当该行则行，该止则止，有板有眼，把握好分寸。同样的礼仪，有的公关人员运用起来令人赏心悦目，充满美感；有的公关人员运用起来却让人感到走了味，变了样，给人反感甚至厌恶，其原因往往就和人们是否坚持了适度的原

> 想一想
>
> 在现实生活中礼仪有什么重要作用？

则有关。如俄罗斯著名作家契诃夫在其短篇小说《小公务员之死》中所述：小公务员切尔维亚科夫在看戏时，不小心打了一个喷嚏，他觉得这个喷嚏给坐在自己前面的一位将军带来了不快，于是开始道歉。他在戏剧的演出过程中道了歉，在幕间休息时再次道歉，事后又专程赶到将军的办公室请求将军宽恕。可是，切尔维亚科夫仍然感到自己还是没能以适当的方式向将军致以歉意，还没有得到将军的真正宽恕，又多次前往将军的办公室道歉。终于，这位将军被切尔维亚科夫无休止的道歉惹得勃然大怒，他把这个小公务员从办公室里轰了出去。切尔维亚科夫吓得惶惶不可终日，回到家中，郁郁寡欢。不久，这个可怜的小公务员便在愧疚和抱憾中死去。

四、公共关系礼仪的作用

公共关系工作的目的在于树立组织在公众心目中的良好形象。而公关礼仪在这一工作中具有举足轻重的地位和作用。

公共关系礼仪是公共关系实务的一项重要内容。公共关系学从它诞生之日起，就开宗明义地宣称，以优化内外环境、塑造和维护组织的良好形象为己任。实现这一目标取决于两个方面：其一是该组织向社会提供的产品与服务质量的水平，这是塑造企业形象的物质的基础；其二是该组织作为社会群体中的一员，与其他社会成员或公众发生关系时所表现出来的协调程度。上述两个方面的实现，都离不开员工特别是公共关系工作人员的礼仪素质和服务质量，掌握一定的公共关系礼仪知识，是公共关系工作人员素质提高的基础。

公共关系礼仪是组织与公众联系的桥梁。公共关系礼仪是社会组织取得公众信任和理解的重要手段。公共关系的重要作用之一是沟通协调，公共关系礼仪是其中必不可少的重要手段。正如语言美、服饰美、体姿美等能够成为人际交往的友谊纽带一样，礼仪周全，同样能够为组织与公众之间架起友谊的桥梁，有利于协调关系，消除某些误解；有利于深入交谈和沟通。

公共关系礼仪是公共关系实务的灵魂。公共关系实务的操作水平，在一定意义上就是对礼仪的领悟、把握和运用的程度。在公关交际中，公关人员周全的礼仪，不仅能够反映出他本人的品质素养，给人以“悦目”的美感，更重要的是能够体现出组织的整体形象，使公众通过公关人员的素质推而广之，确认组织的美好形象，乐于同组织交往。

第二节　日常交往礼仪

日常交往中的礼节礼仪体现着公共关系人员的修养和工作态度，如果把握得体，能够促进人们的友好往来和情感；如果把握不当，则会给人际交往带来不应有的损失，因此公共关系人员必须了解日常交往礼仪，提高自身及社会组织的整体形象。

案例 13.3

张先生用餐

某公司的业务员张先生晚饭时走进一家西餐厅就餐，服务员很快把饭菜端上来了。张先生拿起刀叉，使劲切割牛排，刀盘摩擦发出阵阵刺耳的响声。他将牛排切成一块块后，接着用叉子叉起一大块塞进嘴里，狼吞虎咽，并将鸡骨、鱼刺吐于洁白的台布上。中途，张先生随意将刀叉并排往餐盘上一放，将餐巾摞在桌上，起身去了趟洗手间。回来后却发现饭菜已经被端走，餐桌也已收拾干净，服务员站在门口等着他结账。张先生非常生气，随后与服务员争吵起来。

想一想：

张先生的争吵是否有依据？

一、见面礼仪

日常见面礼仪，主要指的是称呼、招呼、握手和介绍等方面的礼节。

1. 称呼

合理地称呼对方，既是对他人的尊重，又反映了公关人员的礼仪修养。一个热情、友好而得体的称呼，常常能使对方顿生亲切、温馨之感。一般情况下，对已婚女子或年纪稍大的妇女称“夫人”，对未婚女子称“小姐”，对不了解其婚姻状况的女子称“小姐”或“女士”，对男子称“先生”。这些称呼面前，可以冠以姓名或职务，如“张先生”“孙小姐”“王女士”“护士小姐”等。

在某种场合下，为了工作的方便，以职务称呼也无不可，如“许书记”“赵厂长”“吴处长”“刘主任”“钱科长”等，但不提倡。对长辈、老师，或初次见面和相交不深者，称呼时要用“您”而不用“你”，以示谦虚与敬重。一般不要直呼别人的名字，但长辈对晚辈、老师对学生、夫妻之间直呼姓名会显得更亲切些。

注意不要随便称呼别人外号（或绰号），尤其不可称呼别人弱点或生理缺陷的外号，但外号若能显示别人的优点，适当称呼反而会显得活泼、友好而充满敬意。如称某位能歌善舞的小姐为“百灵鸟”，她听了一定会很高兴。

2. 招呼

打招呼又称见面致意，是指与人见面时表示问候，沟通感情的一种方式。见面时最简单的问候语是“你好”，或根据早晚时间说“早上好”“晚上好”。若比较熟的，按平时称谓招呼一下也可以，如“老李”“小张”。有时用点头代替问候也不失为一种友好表示。若是久别重逢的可说“久违了”。我国传统的招呼语“干什么去”等，运用恰当可表示出对对方的关心，但如果不分时间、地点、场合使用，则会令人啼笑皆非。

若碰到一个可能忘记你的人，不要当面抱怨：“难道不认识我了？”更不能讽刺：“贵人多忘事呀！”应主动提示对方：上个月曾在某某地方或某某场合见过面，同时作自我介绍。如果自己忘了对方姓名，最好在必要的寒暄之后，找第三者打听一下，免得以后再见面尴尬；万不得已时，也可抱歉地说“实在对不起，没记住您的姓名”。

见面致意的顺序一般是，男士首先向女士致意，年轻人先问候年长者，学生先问候老师。

但相互致意时，可不拘泥于这个规范。

见面打招呼时，表情要尽量和蔼可亲，彼此交换目光，无论在什么场合，微笑点头示意即可。不要相距 20 米以外就与对方打招呼，不要大大咧咧，毫无礼貌地大声叫喊。即便是不认识的人向你打招呼，也应有礼貌地还礼，不能视若无睹，让对方感到尴尬。

3. 握手

握手是当今世界上最通行的相见礼节，也是人们日常交往中最常使用的一种会面礼，是人际交往礼节的一部分，集欢迎、友好、祝贺、感谢、尊重、致歉、慰问、保重、惜别等多种复杂的感情于一身。

握手也有个先后次序。晚辈、职位低者、男士，应先向长辈、职位高者、女士问候，待后者伸出手后，前者才能伸手相握。如果男为长者，女为晚辈，仍由长者先伸手。

握手要注意握姿。握手时掌心向下握住对方的手，显示着一个人有支配欲，表示高人一筹；反之，掌心向上与人握手，则显得谦卑与恭敬；如果伸出双手去捧接，就更是谦恭倍至了。最普通、最稳妥的握手姿势，是两人的手掌都处于垂直状态，显得双方平等自然。握手时要自然大方，不能懒洋洋，有气无力地伸出手去，握手时不必同时弯腰。握手时要用右手，不可用左手，身体可微微向前倾斜，双目要注视对方，面带笑容，切不可漫不经心，或东张西望。

握手要掌握力度，一般情况下，握一下即可，不能太用力，也不能漫不经心地用手指尖去点一点。如果是久别重逢的老朋友，握手力度可大些，时间也可长一些，并可上下摇晃几下，以表示出其关系密切及真诚和热烈。

不可戴着手套与别人握手，这是非常不礼貌的。如果对方手里还拿着东西，腾不出手来，不可主动上前握手，这样会使对方手足无措，十分被动。

握手礼虽然简单，但其中的各个环节，都能反映出握手者对对方的不同礼遇和态度，表现出个人的礼仪修养，不可掉以轻心。

4. 介绍

介绍是社交场合相互了解的起点，是结识朋友的重要形式。介绍的最突出的作用在于它能缩短人们之间的距离。此外，还有帮助扩大社交圈子以及及时消除不必要的误会等作用。在社交场合中，介绍有各种各样的方式。

（1）介绍他人。在正式场合，首先应介绍地位较高的人和女士，以表示尊重。当面介绍时，首先把年轻者、男子、未婚的女子、资历较浅的一方，介绍给年长者、女子、已婚女子以及资历较深者；之后，再向另一方介绍。在介绍过程中，先提某人是对他（她）的一种敬意，介绍时可视当时具体情形加以灵活运用。介绍内容要实事求是，掌握分寸，以免被介绍者尴尬不安。在介绍时，最好是姓名并提，还可附加简短的说明，如职称、职务、学校、爱好和特长等，为双方提供交谈的机会。介绍别人相识后，不能马上走开，特别是被介绍者是陌生的男女或不善交际者，要引导双方交谈。

（2）自我介绍。在社交场合，如果你想结识某人，一个简便而有效的方法就是自我介绍。在一般情况下，你面带微笑，先问候对方一声“您好”，以提醒对方注意，然后报出自己的姓名和身份，并简单地表明结识对方的愿望或缘由。自我介绍切忌不顾对方反应，一下子说好多话。因过于急切地与一个陌生人拉近距离，会使对方产生戒备心理，或感到莫名其妙，甚至反感。自我介绍时也不能自我吹嘘或自我炫耀，态度要谦虚，语言要得体。

（3）他人介绍。在社交场合想结识某人，还可以通过他人介绍。作介绍的人一般是主人或你熟识的朋友。当别人为你作介绍时，要主动以礼貌的语言向对方问候或微笑点头致意。介绍完毕后，通常应先握一握手并说声“您好”“幸会”“久仰”之类的客套话，后面还可以重复一下对方的姓名或别的称呼。

想一想

名片在自我介绍中有什么作用？应用时应注意什么？

（4）随意介绍。如果是非正式场合，对年龄相仿的年轻人，可随便介绍，不必考虑介绍顺序。最简单的方式，莫过于直接报出被介绍者各自的姓名。采用这种方法，可以使被介绍人感到亲切和自然。

二、接待礼仪

接待是我们的日常工作之一。接待工作中彬彬有礼的举止，规范恰当的礼仪，不仅能表现自我朝气蓬勃的精神风貌，而且能表现出所在组织严明的纪律和进取的精神。接待的态度如何，往往会对单位的形象产生重要的影响。

1. 接待的准备

接待的准备包括环境准备、人员准备和物质准备。

（1）环境准备。环境准备是接待工作中一项非常重要的工作。环境准备的基本要求是整洁、干净、个性化和人性化。具体应做到：空气的温湿度适宜、污染度轻、透明度高。接待处和参观场所空间广阔，比较安静，防噪措施到位，如接待处应铺设地毯，会议室应安装隔音墙等。接待环境中的标语和宣传画的制作应十分考究，应突出组织文化和管理理念，另外应注意以人为本，如海尔集团接待区的标语是：“海尔精神——精忠报国，追求卓越；海尔作风——迅速反映，马上行动；海尔宗旨——用户永远是对的；海尔目标——真诚到永远。”环境准备中还应注意营造出浓厚的接待氛围。比如，重要地方地毯的铺设、道路两旁花卉的点缀、接待处或欢送处迎送牌的摆放以及接待方向指示牌的悬挂等。

（2）接待的人员准备。应事先按照接待计划确定好负责接待的工作人员，应对他们提前进行必要的礼仪及工作程序的培训。工作人员应身着职业装，保持仪容的规范、整洁，佩戴有关工作牌，热情礼貌地参与接待工作。

（3）接待的物质准备。接待的物质准备主要包括接待宣传手册的制作，以及接待处座椅、资料、电话、计算机、茶水及饮料、常用药品、宣传音像器材等的配备。

2. 迎接礼仪

对于迎接远道而来的客人与临时来访的客人有不同的要求。

（1）迎接远道而来客人之礼仪。对于前来访问、洽谈业务、参加会议的外国或外地客人，应事先了解其到达的车次、航班，安排与客人身份、职务相当的人员前去迎接。对于重要的客人，一定要安排领导亲自前往迎接。若出于某种原因，相应身份的主人不能前往，前去迎接的客人应向客人做出礼貌的解释。主人到车站、机场去迎接客人，应提前到达，恭候客人的到来。接到客人后，应首先握手致意并相互问候，然后作自我介绍，随即可适当询问客人的旅程情况，以示关心。安排客人换乘相应交通工具前往目的地。主人应提前根据客人的需要准备好住宿，帮助客人办好一切手续并安排工作人员领进房间，同时向客人介绍住处的服务、设施，将活动的计划、日程安排交给客人，适当寒暄，适时离开。

（2）接待临时来访客人之礼仪。接待人员应保持站立姿态，微笑致意并欠身问候来访的客人。询问和核实来访客人的身份和预约情况。认真倾听来访客人的叙述。明确自己的授权范围，若客人来访事项在此范围内，应当场答复，迅速办理；若不在此范围内，可以采取让他人继续接待或另约时间安排接待等其他解决方式。正在接待来访客人时，若有电话打来或有新的来访客人到来，应尽量让助理或他人接待，以避免中断正在进行的接待。对来访客人的无理要求或错误意见，应有礼貌地拒绝、委婉地解释或提交有关部门处理。可以用善意的借口或体态语对结束接待工作进行提示。

3. 公关活动接待礼仪

为增进外界对组织的了解，更好地推销组织形象，各部门经常精心策划包括展览会、展销会、开放参观等公关活动。这类活动更需遵循一定的礼仪礼节。

首先，应做好充分的准备，包括从参观活动的主题、主要内容、参观路线、时间安排、宣传资料、意见簿、征询卡、安全保护到纪念品的赠送等，都要考虑周到、缜密安排。另外，接待工作也必须根据参观者的性质、层次、数量、需求等特点进行分析预测，然后做出接待规格和接待人员的安排。而在具体的接待过程中，接待人员必须注意以下的礼貌礼节。

第一，精神饱满，仪容整洁，笑脸迎人，和蔼可亲，使客人透过接待人员的表现感觉到这个企业的员工训练有素，整个企业正处在兴旺发达之中。第二，热情引领，主动介绍，解答问题耐心准确，使参观者真正认识和熟悉参观的内容，留下深刻的印象。第三，虚心听取参观者的意见和建议，若属重要的内容要随时记录下来，并表示对提意见者的衷心感谢。第四，对参观队伍中的老弱病残者要倍加关怀照顾，适当给予特殊服务，包括交通、饮食、休息、医疗等方面。第五，配合参观活动准备充分的宣传品和公关礼品送给每位参观者，若参观者提出购买某些感兴趣的产品，应尽量予以满足并给予优惠。

4. 电话接待礼仪

在现代社会里，随着科学技术的发展和商品经济的发达，电话成为交往的重要形式。做好电话接待工作不仅可以提高工作效率，而且与改善组织的形象有密切联系。

电话接待的对象虽是不见面的公众，但接电话的人态度如何、是否热情有礼、是否有涵养、文化水平是否高等，依然会给对方留下清晰的印象，所以不能小视。

接电话时需要注意的礼节：第一，电话铃响起后，应马上去接。一般不要让铃声响过五遍才接，否则对方会觉得你办事拖拉，对工作不负责任。第二，接电话时要想到打电话的人就站在你身边，应该显得精神愉快，笑容可掬、彬彬有礼，开口就是“您好！这里是××，您找谁？”给对方一个良好印象。第三，接通电话后，应根据对方的要求负责找到要找的人听电话。不能因为对方不是找自己而丢开不管；也不应该在询问对方的姓名后再回答对方要找的人在不在；因为这种做法很容易引起对方的误会，似乎“在”与“不在”取决于打电话的人是谁，这是很不礼貌的表现。第四，接电话时，如果对方要找的人正在开会或办其他急事而不能分身来听电话，则应向对方表示歉意，说明事实，请对方改个时间再打来，而不能简单地回答：“他没空！”第五，会话完了，应有礼貌地说声：“再见！”并轻轻地挂上电话。如果挂电话时用力太大，会使对方产生疑虑而留下不良印象。

三、交谈礼节

在公关活动中，交谈是实现彼此沟通、传递信息的重要方式和手段，但是，交谈要谈得“情投意合”，却不是件轻而易举的事。要想使交谈圆满成功，还得讲究交谈的艺术。

交谈开始前适当的寒暄还是必要的。交谈者如果是熟人、老友，可以先谈谈别后的情况。如果是初次见面，则不妨各自作下简单介绍，待气氛融洽后，再“言归正传”。在交谈中，态度要真诚。开诚相见、坦率谈论的态度，能使人感到亲切自然，意见也容易被人接受。如果虚情假意、言不由衷，搞“外交辞令”，就会出现“话不投机半句多”的尴尬局面。所以，交谈双方要特别注意，不要装腔作势，夸夸其谈，言不由衷；不要胡乱恭维、赞美别人；也不要自吹自擂，让人反感。

交谈时神态要专注，表情要自然，语气要亲切，表达要得体，交谈时双方都应正视对方，认真倾听，切忌东张西望、似听非听，或者翻阅书报，甚至自顾自处理一些与交谈无关的事务。在交谈中，不要随意打哈欠、伸懒腰，做出一副疲惫不堪的样子，或者不时看看钟表，显得心不在焉；也不要轻易打断对方的发言和随意插入别人的个别谈话之中。

在公众社交场合，最好选择大家共同关心便于介入发表意见的话题，不要只谈个别人知道的事而冷落了其他人。公众场合谈话不要涉及令人不愉快或荒诞、庸俗的内容，不涉及他人隐私和提及对方的生理缺陷。对女士，不问年龄、婚否、衣饰价值；对男士，不问财产、履历、收入等；也不要随便议论他人的宗教信仰和政治信仰。

四、赴宴礼节

宴会通常是指由单位或个人出面组织的，为了到达一定目的，以用餐为具体形式的正式的集体聚会。在社会上，它既是一种常规性的社交活动，也是人们与他人联谊的一种主要形式。在人们进餐的过程中进行交际沟通，要求人们出席宴会遵循必要的礼仪规范。

赴宴应注意仪表整洁，穿戴大方得体，这既是对主人也是对其他赴宴者的一种尊重。

赴宴要遵守时间，既不要太早，也不要迟到“闯席”。最好事先探询一下，或是根据请柬注明的时刻，稍为提前一点赴宴。

当你走进主人家或步入宴会厅时，首先要跟主人打招呼、握手，让他知道你已经来了，同时，对其他客人，不管相识与否，都要笑脸相对，点头示意或握手寒暄。对长者要主动起立，让座问安；对女宾应举止庄重，彬彬有礼；对小孩则应问名询岁，多加爱抚。这一切都要做得自然真切、落落大方，使赴宴者对你有“互不见外，情同一家”之感。

入席时，主人自会向客人招呼，作客的不必急于就座，同时，就座之际应向其他客人表示礼让。在上菜之前，主客之间常会有一些简短的交谈。作为客人应认真答对，切不可一入座就只等进食，或玩弄、敲打碗筷，或左顾右盼。

第一道菜上来，当主人向客人敬酒时，作客的应起立回敬。喝过酒后，坐下才能夹菜。动筷前，也要尽量等待主人的招呼，不可争先恐后，更不要站立起来夹菜。如果自己不善饮酒，可选择一些淡酒或饮料之类，不可一味推辞。相反，酒量较好的人，当主人向自己斟酒时，却要适当谦谢，不要坦然接受，来者不拒。

进餐前，可代主人向邻座传递杯碟等。食具在每次用过后应照原来的位置放好，不要老拿在手里，有伤雅观。进食中吐出来的骨头、渣滓，如主人给每人备好盘子，应吐在盘里，不要吐到桌上。席间吃菜喝酒要互相谦让，尤其对老人小孩，更要主动照料。嚼食喝汤尽量不发出响声，汤菜太热不要用嘴吹，待稍凉后再吃。碰杯时应目视对方致意，并说祝愿的话，身份低或年轻者与身份高及年长者碰杯时，应稍躬身颔首，杯沿比对方杯沿略低，表示尊敬。

散席时，应向主人和其他参与接待的人员道谢，握手告辞，对其他宾客要互祝安好，说声再见。

五、舞会礼仪

举办舞会是一种常见的公关娱乐形式，不仅可以增进举办者与被邀请者的交往和友谊，还可以强化本单位的亲和力。因此，公关人员不仅需要经常组织舞会，同时也常常是舞会的参加者，这就需要公关人员掌握与运用有关舞会的各种礼仪，只有这样才能使公关活动顺利开展。

舞会是颇受人们欢迎的一种社交活动，参加舞会时，仪表要整洁大方，不要穿短裤、拖鞋跳舞。参加舞会前，最好不吃葱、蒜等带有强烈刺激味的食物，也不宜喝酒。当患病身体不适或者感到疲倦时，不要勉强参加舞会，否则，因此而引起咳嗽、打喷嚏、打哈欠，这对舞伴都是不礼貌的。

邀舞时要举止文雅、彬彬有礼。参加舞会的男女都可以主动邀请别人共舞，通常则是由男方主动去邀请女方共舞。邀舞时，男方可到女方面前点头示意并伸出右手请舞或轻声微笑说：“想请您跳个舞，可以吗？”一般情况下不要拒绝邀请者的要求，如确实太累或别的原因不想跳，可委婉、简要地解释一下，并向对方表示歉意。无论男女，一旦接受邀请，就应该同对方跳至本曲终了，不要半途单方退场。

跳舞时，要保持良好的风度和正确的舞姿。身体要始终保持平、正、直、稳，无论是进退，还是向前后左右方向移动，都要掌握好重心。身体不要贴得太紧，手不要握得太紧。不要四处张望，心不在焉，也不要总是低头看脚。脸部朝向正前方，保持微笑，神态自若。一曲终了时，男方应将女伴送回原位，然后道谢、告别，也可一同小坐片刻。

中间休息时，不要乱扔果皮纸屑，不宜高声谈笑、随意喧哗。舞会进行时，不宜随意穿越舞池，更不可同别人争抢舞伴，要始终做到礼貌谦和，有礼有节。

除上述的礼仪、礼节外，在日常交往中还有诸如男女之间交往、打电话、庆贺、吊丧等方面的礼仪、礼节，同样也是不可忽视的。

第三节　涉外交际礼仪

随着我国对外开放的扩大，我国与世界各国的联系越来越密切，交往越来越频繁，了解和熟悉涉外礼仪知识也就变得越来越迫切。涉外礼仪是指人们在对外交往中，用以维护自身和本国的形象，向交往对象表示尊重和友好的各种惯用形式，以及举行各种活动和庆典仪式的规范。我们要掌握每个国家的礼节习惯，以便处理好与各民族、各国的关系。

外事往来礼仪是指涉外人员在外事交往过程中应该遵守的相互表示尊重和友好的行为准则和规范。外事往来礼仪是在长期的国际交往中逐渐形成的，广泛运用于国际交往的各种场合，受到各国的普遍重视。在公共关系交往过程中，涉外礼仪具有相当重要的作用。作为涉外交流的标准的、规范的做法，涉外礼仪是每一位公关人员都必须认真学习和自觉恪守的。

一、涉外交际的原则

在涉外交往中，为了维护自身和本国的形象，进一步促进世界各国之间的文化和经济交流，应遵循以下几个原则。

1. 相互尊重原则

在对外交往中，首要的一点就是要相互尊重。不论对方国家、民族的大小，企业实力强弱，或者宗教、法律、风俗习惯等是否与我们相同，都不能歧视对方，要做到在人格上平等相待。尤其要注意的是，尊重对方的隐私。一般而言，收入、年龄、婚姻、家庭住址、个人经历、政治信仰等方面均属于个人隐私。在涉外交往中，尽量避免与对方谈及此类问题。相互尊重的另一个重要方面就是自尊。只有自尊才能获得对方对你个人、组织甚至国家的尊重，才能谈得上真诚合作、平等合作。

2. 求同存异原则

世界各国的礼仪与习俗都存在一定程度的差异性，重要的是要了解这种差异，要遵守求同存异原则。在涉外交往中，对于中外习俗及礼仪的差异性，首先应当予以承认，其次是要了解、要尊重。所谓求同存异是指在涉外交往中为了减少麻烦，避免误会而采取的最为可行的做法，既对交往对象所在国的礼仪与习俗有所了解并予以尊重，又要对于国际上所通行的礼仪惯例认真地加以遵守。

3. 维护形象原则

在国际交往中，人们普遍对交往对象的个人形象倍加关注，并且都十分重视遵照规范的、得体的方式塑造、维护自己的个人形象。在涉外交往中，每个人都必须时时刻刻注意维护自身形象，特别是要注意自己在正式场合留给初次见面的外国友人的第一印象。

4. 入乡随俗原则

入乡随俗是涉外礼仪的基本原则之一。它的含义主要是：在涉外交往中，要真正做到尊重交往对象，首先就必须尊重对方所独有的风俗习惯。世界上的各个国家、各个地区、各个民族，在其历史发展的具体进程中，形成各自的宗教、语言、文化、习俗，并且存在不同程度的差异。在涉外交往中注意尊重外国友人所特有的习俗，容易增进双方的理解和沟通，有助于更好地、恰如其分地表达友善之意。

5. 不卑不亢原则

这是涉外交往的一项基本原则。在涉外交往中，人们对待外国友人要热情大方、亲切自然。但要注意，热情大方并不是崇洋媚外，而是要不卑不亢。每一个人在参与国际交往时，都必须意识到自己代表着自己的国家，代表着自己的民族，代表着自己的单位。因此，其言行应当从容得体、堂堂正正，既不应畏惧自卑，要以自尊、自重、自爱和自信为基础，表现得坦诚乐观、豁达开朗、从容不迫、落落大方；也不应高傲自大、盛气凌人、孤芳自赏。

二、涉外交往礼节

在涉外交往中，必须重视交往对象的特殊性，努力掌握一些最基本的涉外礼仪。

1. 迎送

在公共关系接待活动中，经常碰到迎来送往的礼节。在国际交往中，对外国来访的客人，通常是根据其身份和访问的性质以及两国关系等因素，安排相应的迎送活动。

（1）确定迎送规格。确定迎送规格，主要依据来访者的身份和访问的目的，适当考虑两国关系，同时要注意国际惯例，综合平衡。主要迎送人通常都要同来宾的身份相当。如有特殊情况不能对等，要灵活变通，由职位相当的人士或副职出面，但要向对方作出解释，以免失礼。

（2）准确掌握抵离时间。必须准确掌握来宾乘坐的飞机（火车、船舶）抵离时间，及早通知全体迎送人员及有关单位。迎接人员应在来宾乘坐的飞机抵达之前到达机场，送行人员则应在客人登机之前抵达。

（3）介绍。客人与迎接人员见面时，互相介绍。通常先将前来欢迎的人员介绍给来宾。可由礼宾工作人员或其他接待人员介绍；也可由欢迎人员中身份最高者介绍；在有的情况下，也可以作自我介绍，或者由熟悉来宾的人员作介绍。

（4）陪车。主人陪同客人乘车，应请客人坐在主人的右侧。如果三排座的轿车，译员坐在主人前面的加座上；如果两排座，译员坐在司机旁边。上车时，客人最好从右侧门上车，主人从左侧门上车，避免从客人座前穿过。若客人先上车，坐到了主人的位置上，则不必请客人挪动位置。

2. 会见与会谈

（1）会见。国际上一般称接见或拜会。身份高的人士会见身份低的，或者主人会见客人，一般称为接见或召见。身份低的人会见身份高的，或是客人会见主人，一般称为拜见或拜会。我国则不作区分，都称会见。接见和拜会后的回访，称回拜。会见就其内容来说，有礼节性的、政治性的或事务性的，或兼而有之。会见通常安排在会客室或办公室，我国习惯在会客室会见。会见时，客人坐在主人的右边，译员、记录员安排在主人和主宾的后面，其他客人按礼宾顺序在主宾一侧就座，主方陪见人员在主人一侧就座，座位不够可在后排加座。

（2）会谈。会谈是指双方或多方就某些重大的政治、经济、文化、军事问题以及其他共同关心的问题交换意见。与会见相比，会谈内容较为正式，政治性或专业性较强。双边会谈通常用长方形桌子，但也有用椭圆桌或圆形桌的，宾主相对而坐。以正门为准，主人占背门一侧，客人面向正门，主谈人居中。以主方为标准，译员可安排在主谈人右侧，也可安排坐在背后，其他人则按礼宾顺序左右排列。记录员安排在后面，如果参加会谈人数少，也可安排在会谈桌就座。如果会谈长桌一端向正门，则以入门的方向为准，右面为客方，左面为主方。多边会谈的席位安排可摆成圆形或方形。小范围的会谈，也可不用长桌，只用沙发，双方座位按会见座位安排。

3. 宴请

宴请是国际交往中最常见的交际活动形式之一。国际上通用的形式有宴会、冷餐会、酒会、茶会等。

（1）宴会。宴会分国宴、正式宴会、便宴、工作餐等。国宴是国家元首或政府首脑为国家的庆典，或为外国元首、政府首脑来访而举行的正式宴会，因而规格最高。正式宴会次之。主人、客人均按身份排位而坐，席间致词、祝酒等。在国宴、正式宴会上，有时还配有乐队，奏国歌和席间乐；便宴则不排座位，不作正式讲话，规格不高、较随便；工作餐是商务活动在餐桌上的继续，它不同于正式的宴会，只着重于以餐会友，一般规模较小，不超过 10 人。通常被安排在工作日的午间。在以上各种宴会形式中，以正式宴会最为常用。正式宴会一般均排座位，也可只排部分客人的席位，其他人只排桌次或自由入座。排席位时，要把出席宴会的主客双方的名单，分别按礼宾次序于事前排定。有时候，排席位还需要考虑两国的关系，如政见分歧大的，要尽量避免排在一起；适当照顾身份相当，还要考虑让语言相同、专业相同的主客排在一起。按照习惯，排桌次以离主桌位置远近而确定高低，右高左低。桌数多的，要摆上桌次牌。同桌排定席位，则以离主人座位的远近而定高低。还要按各人本身的职务安排，以便谈话。如果夫人一起出席，则主宾应坐在男主人右上方，其夫人应坐在女主人右上方。其他各桌，第一主人的位置可以与主桌主人的位置同向，也可以面对主桌。遇到特殊情况，如主宾的身份高于主人，可以把主宾放在主人的位置上，主人则坐在主宾位置，第二主人坐在主宾的左侧。也可以按习惯安排。如主宾夫人不能出席可以请身份相同的妇女为第二主宾，也可以把主宾夫妇安排在主人两侧。

（2）冷餐会。冷餐会的特点是不排座位，菜肴以冷菜为主，也可上热菜，食品是中西结合。一般是招待人数较多时举行。规格有高有低，按主客的身份和招待的菜肴而定。冷餐会一般在较大的场合举行，设餐台、酒台，由客人自取餐具，自取食品。有的不设桌椅站立而食，有的设桌椅自由入座就餐，酒一般由服务员端送，也可自取。

（3）酒会。酒会亦称鸡尾酒会，是具有欧美传统的集会交往仪式。以各种饮料为主招待客人，并备有少量小吃，由服务员端送，也有将食品放在小桌或茶几上，一般用牙签进食。酒会便于客人自由自在活动和广泛接触交谈，举行时间较灵活，中午、下午或晚上均可，时间较短。客人到退场的时间也无严格要求。目前，这种形式已广泛运用。

（4）茶会。茶会是一种更为简便的招待形式。它对茶叶、茶具的选择有所讲究，或具有地方特色。会上一般备有茶、点心和数样风味小吃、水果等。举行时间有上午也有下午，不排座次。

4. 观看演出与舞会

外国客人来访，各国都习惯安排观看演出或举行舞会，这也是对外活动的重要形式。

（1）文艺晚会与体育表演。对外活动中， 常常安排文艺晚会、电影招待会、体育表演、杂技竞技等。安排观看演出，首先要选定节目。节目选定既要从活动的目的与可能出发，又要适当考虑客人的兴趣。主要安排客人看具有本国民族风格的节目。对节目的内容先要有所了解，以免因政治内容或宗教信仰、风俗习惯等问题引起不愉快。如是歌舞节目，尽量安排些来宾所属国家的节目，以体现对来宾的尊重和友好。节目选好之后，应向客人发出邀请，并安排好客人的座位，组织好入席与退席以及献花等活动。

（2）舞会。举办舞会，被柬请的男女客人人数要大致相等。最好安排乐队伴奏。通常要在餐厅备好咖啡、红茶、热狗、三明治、点心等，以备客人随时到餐厅食用。参加舞会，服装要整齐。舞会中，纽扣要扣好，如主人未表示请宽衣，男宾不能随意脱下外衣。第一场舞，主人夫妇、主宾夫妇共舞。第二场，男主人与主宾夫人、女主人与男主宾共舞。舞会上，男主人应陪无舞伴的女宾跳舞，或为她们介绍舞伴，并要照顾其他的客人。避免男子全场只同一个女子共舞，不得男子同男子、女子同女子共舞。

三、涉外交际中的禁忌

涉外交际中的禁忌主要有数字禁忌、询问禁忌、馈赠禁忌和行为禁忌等。

1. 数字禁忌

数字 13 的禁忌在西方广为流行，特别是在信仰天主教的国家，人们忌讳 13 和“星期五”这些数字，所以，在接待类似这些国家和地区的外宾时，要避免把他们安排在带有 13 字号的街道、楼层、房号等，同时，也不要选择 13 日和星期五举行活动。

在日本和韩国，人们特别忌讳 4，4 被认为不吉祥的数字。他们出门旅行时，若车票、机票、船票上出现 4 字，心里就会深感不快。在吃东西时，也不会点 4 盘菜，吃 4 碗饭，喝 4 杯酒，更不想在带 4 数字的地方居住。

2. 询问禁忌

在西方社交中，人们在交往中是禁忌别人问及有关个人隐私或其他不愿让人知道的事情的。一般来说，涉外交往中有“七不问”，即：不问对方的年龄，特别是对女性更是如此；不问对方是否已结婚，因为对西方人来说，婚姻问题纯属个人隐私，别人是不能过问的，否则是不礼貌的；不问对方的收入情况，因为它与个人的能力地位有关，即涉及个人的面子问题；不问对方的地址，西方人一般不喜欢别人到家里来做客；不问对方的人生经历，因为西方人视个人经历为底牌，不肯轻易让别人摸去；不问对方干什么工作，因为它也与个人的能力地位有关；不问对方的信仰如何。

问与答

问：涉外交往中有哪些禁忌？

答：数字禁忌、询问禁忌、颜色禁忌、馈赠禁忌、行为禁忌等。

中国人在遇到熟人时往往会问“您上哪里去？”“您吃过饭了没有？”“您今天有何贵干？”等。这本来是很普通的礼节性问候，是无特别的意思的，但对于一些外国人来说，他们会认为说这些话的人是别有用意的，甚至会认为这是干涉别人的自由，是不礼貌的。

3. 馈赠禁忌

在社会交往中，出于礼貌和表示友好，相互赠送礼物是人之常情。然而，赠送礼物也是很有学问的，如处理不当，效果适得其反，所以不得不注意。

如果法国人宴请你，赴宴时千万不能送菊花。因为在法国，菊花是用于葬礼的。另外，在法国不能随便向法国女士赠送香水，否则会被认为有不轨企图。

在德国，玫瑰花是专为情人准备的，不能随便送给客人。同时，德国人很注重形式，追求完善完美，所以，送礼给德国人，不但要适当，而且包装方面要力求完善、完美。

在俄罗斯，人们认为黄色的蔷薇花意味着绝交和不吉利，所以若是给这些地方的人送花，绝不能送黄色的蔷薇花。

在拉丁美洲，不能赠送与刀剑有关的礼品。因为在拉美人眼中，赠送刀剑就意味着要割断彼此的联系。

在中南美一些国家，不能将手帕送给对方，因为它意味着“让人流眼泪”；也不能在喜庆之时赠送紫色的鲜花，因为它预示着不吉祥。

非洲人则认为仙鹤是凶鸟，因此向非洲人赠送礼品时不能带有仙鹤的图案。

在日本，人们认为狐狸是贪婪的象征，獾则代表狡诈，所以给日本人送礼时不要送装饰着狐和獾的礼品。另外，若是给日本朋友送鲜花，也不要送菊花，因为菊花被认为是日本皇室专用的，一般平民百姓不宜接受菊花。即使是能送菊花，也只能送有15个花瓣的，因为只有皇室的帽徽上才有16个花瓣的菊花。

4. 行为禁忌

法国人在见面时喜欢吻礼，即相互吻口唇，但不准在男女之间行吻礼（夫妻、情人等除外）。如果男子对女性尊长或贵妇人、小姐等表示礼貌，可吻其手指或手背。与东南亚国家的外宾相处，交谈时不要跷着二郎腿摇来摇去，这是非常不礼貌的表现。在印度、印度尼西亚、马里以及阿拉伯国家等，是不能用左手与他人接触的，也不能用左手传接东西，必须用右手。在佛教国家和地区，不能随便去摸小孩的头顶。

在使用筷子进食的东方国家，用餐时使用筷子要注意，不能用一双筷子来回传递，也不能把筷子插在饭碗中间。如在日本人家里作客，使用筷子时更要特别注意，因为日本人使用筷子有许多禁忌。一忌跨筷：用筷子架在碗碟上面；二忌迷筷：手持筷子在餐桌子上游寻，拿不定主意吃哪种菜；三忌移筷：动了一个菜后不吃，又接着夹另一个菜；四忌插筷：用筷子插着夹菜吃；五忌淘筷：用筷子从菜当中扒弄着吃；六忌舔筷：用舌头舔筷子；七忌剔筷：把筷子当牙签剔牙；等等。

5. 其他禁忌

在西方，社交场合要特别注意尊重老人和妇女。无论是进出商店、上下楼梯、乘坐电梯或车辆，都要礼让老人和妇女，并主动予以照顾，如违反这种规矩，将受到人们的谴责。

参加各种活动，应严格遵守时间，不得失约。失约是一种不尊重对方的表现。

在进入外宾办公室或住所时，要先按门铃或轻轻敲门，经允许后方可入内。未经主人同意，不得在对方的住所内随意走动。同时，如要到别人那里作客，应预先约定，不要作不速之客。

在和外国人打交道时，当他们赞扬或夸奖你时，你应该大方地接受并致谢，千万别故作谦虚地拒绝，不然会使对方难堪，是不礼貌的。

若和英国人谈判，要注意“四忌”：一不能称他们是“英国人”，而应称“大不列颠人”；二不能谈论英国皇家的事情，更不能把它作为笑料；三不能谈及个人私事；四不要系条纹领带。

和英国人做生意，忌用象或人物肖像作商标图案；和法国人做生意，忌用桃花作图标图案；和意大利人做生意，忌用菊花作商标图案；和澳大利亚人做生意，忌用袋鼠和树熊作商标图案。

以上的种种禁忌，虽然纯属风俗习惯的问题，并不是什么是非问题，但本着“外事无小事”“公益无小事”的原则，在涉外交往时，还是要时时注意，处处留心，尽量把各方面的工作办好。如有不懂的地方，要虚心请教别人，千万不可自以为是，靠想当然地处理一些问题。否则，轻者闹出笑话，重者还会影响彼此的关系。所以，禁忌问题，不得不慎重。

本章小结

礼仪是人们在社会交往过程中形成并得到共同认可的各种行为规范，它是人们以一定的程序、方式来表现的律己、敬人的完整行为。礼仪是人们在漫长的社会实践中逐步形成、演变和发展的。在漫长的发展过程中，形成了传统性和继承性、民族性和差异性、普遍性和共通性、时代发展性等特征。

礼仪是人类社会文明发展的产物，是人们进行社会交际活动的共同准则。礼仪具有提高自身修养、沟通人际关系、塑造良好形象、建设精神文明的作用。同时，礼仪也必须遵守一定的原则：诚信原则、谦恭原则、宽容原则、适度原则。

日常交往的礼仪主要有见面礼仪、接待礼仪以及其他场合的礼仪、礼节。见面礼仪主要包括致意、握手、拥抱、介绍等。接待礼仪主要包括办公室接待礼仪、公关活动接待礼仪、电话接待礼仪等。

涉外礼仪是指人们在对外交往中，用以维护自身和本国的形象，向交往对象表示尊重和友好的各种惯用形式，以及举行各种活动和庆典仪式的规范。在涉外交往中，应主要遵循以下原则：相互尊重原则、求同存异原则、维护形象原则、入乡随俗原则、不卑不亢原则。同时还要注意涉外交往中的一些基本的礼仪礼节和一些国家、民族的禁忌。

思考题

1. 简述公共关系礼仪的含义和特征。
2. 简述公共关系礼仪的作用。
3. 日常公共关系礼仪应注意哪些方面？
4. 涉外交际有哪些禁忌？

拓展资料

1. 公关礼仪案例分析：http://www.wendangku.net/doc/7be429e733d4b14e852468a7.html
2. 公关礼仪案例分析：http://blog.renren.com/share/243117820/2499503066
3. 服务礼仪案例：http://doc.mbalib.com/view/70cea36b58407a075df602cd007d4760.html
4. 商务礼仪培训视频：http://www.le.com/ptv/vplay/21726604.html
5. 商务礼仪实例分析：http://doc.mbalib.com/view/59c7bebbc958ff1f1dcadcbb0a26855c.html

第十四章　公共关系专题活动

学习目标：

了解公共关系专题活动的基本内容，掌握公共关系专题活动的策划流程与基本要求，能运用公共关系专题活动相关知识学会组织策划各类专题活动。

案例 14.1

世界互联网大会•乌镇峰会成功举办

世界互联网大会（WorldInternet Conference）由中国国家互联网信息办公室和浙江省人民政府联合主办，乌镇被确定为永久会址，每年举办一次。会议主要邀请国家和地区政要、国际组织的负责人、互联网企业领军人物、互联网名人、专家学者，涉及网络空间各个领域，体现多方参与。

第二届世界互联网大会于2015年12月16日至18日在浙江省嘉兴市桐乡市乌镇举办，以“互联互通、共享共治，共建网络空间命运共同体”作为大会主题，在全球范围内邀请2000位来自政府、国际组织、企业、科技社群和民间团体的互联网领军人物，围绕全球互联网治理、网络安全、互联网与可持续发展、互联网知识产权保护、技术创新等诸多议题进行探讨交流，展示了中国积极走向全球、参与世界互联网治理架构的姿态。

此次大会的举办，包括开幕式、闭幕式、分论坛、晚宴及新闻发布会等近30场活动，探讨包括网络文化传播、互联网创新发展、数字经济合作、互联网技术标准、互联网治理等22个议题，展示中外互联网发展前沿技术和最新成果，是中国举办的规模最大、层次最高的互联网大会，是互联网治理中国主张和中国态度的大阐释，是一次国际交往、全球合作的大盛会，是世界互联网互联互通、共享共治的大平台，也是一次浙江形象、中国魅力的大展示。

本届互联网大会知名度高、热点丰富、传播范围广，得到境内外媒体的高度关注与多角度主题报道，14个国家和地区的百余家媒体的700多名记者报名参加，包括美联社、法新社、俄罗斯塔斯社、日本读卖新闻、日本NHK电视台等20多家境外媒体记者，港澳台及人民日报、新华社等中央和部分省市媒体记者。

启发思考：

1. 我国为什么要举办世界互联网大会？
2. 世界互联网大会是什么性质的公共关系活动？
3. 如果你是总策划，需要按照什么程序组织这样一届大会？
4. 与世界互联网大会类似的活动还有哪些？

在公共关系工作中，专题活动是综合运用公共关系理论和公共关系操作技术的专项公共关系实践，是社会组织与广大公众进行沟通、塑造自身良好形象的有效途径。社会组织在谋求生存和发展的过程中，为了使公众了解本组织的情况，与公众在交流中建立起信任关系，提高声誉，会有目的地开展各种专题活动。这种活动对于增强公众对组织的直观印象、奠定沟通基础具有重要作用。

第一节　公共关系专题活动概述

社会组织要实现预定的公共关系目标，经常要举办多种多样的专题活动，以配合整体公共关系策略的实施。有计划、有步骤地策划公共关系专题活动，是公共关系人员必须具备的一项基本素质。

一、公共关系专题活动的含义

公共关系专题活动是组织为了与公众进行某方面的交流而围绕预先确定的某个主题开展的一种群体活动。专题活动又称为特别活动、特别项目活动，在国外常常被称为公共关系特殊事件。公共关系专题活动属于公共关系技术范畴，是公共关系日常业务的内容之一，在公共关系工作中占有重要地位。

公共关系专题活动作为组织与公众进行交流的一种手段，其目的是通过公开的专项社会活动，为组织创造和谐的社会环境，使广大公众在活动中潜移默化地接受组织的有关信息，以提高组织的知名度和美誉度。

公共关系专题活动作为一种专项活动，具有鲜明的主题确定性。无论规模大小，也无论采取何种形式，都必须围绕预先确定的主题来进行。在每次活动中，社会组织只能就某个方面与公众进行重点沟通，从而实现特定的公共关系目标。

总之，公共关系专题活动是组织开展的一种有目的、有特定主题和特定公众参加的传播交流活动。

虽然公共关系的每一个专题活动只能从一个侧面展现组织在某一方面的面貌，但若干种、若干次专题活动积累起来，就可以形成强烈的宣传效果，从而在公众的心目中建立起组织的整体形象。

问与答

问：怎样理解公共关系专题活动？

答：公共关系专题活动是组织开展的一种有目的、有特定主题和特定公众参加的传播交流活动。

二、公共关系专题活动的特点

公共关系专题活动不同于一般活动，它具有以下特点。

（1）时机性。在开展公共关系的过程中，各种项目的执行都要选择适当的时机，尤其是举办专题活动，特别强调时间和机会的选择，如果时间选择得当，主题鲜明又名正言顺，就会大大提高专题活动效果；反之，如果时间选择不合时宜，牵强附会，就会使人产生为活动而活动的感觉，影响活动效果。因此，专题活动一般都安排在逢年过节、开张喜庆的日子，就是这个道理。

（2）灵活性。专题活动不同于其他传播手段，形式丰富多彩，千变万化，在组织方法上具有较大的灵活性。许多新颖而奇特的活动方式总是伴随着社会环境的发展变化应运而生，专题活动的这种灵活多变性，不仅使公共关系活动变得更加丰富多彩，而且也为公共关系人员拓展视野、探索创新提供了充分的余地。

（3）社会性。专题活动虽然常常是在特定的公众中进行的，但它又具有很强的社会性，必须引起和取得社会的同情和支持。任何专题活动的主题必须符合最广大的公众利益。同时需要借助于名人效应，即尽可能地邀请有社会影响力的名人参与，以扩大影响面。

（4）传播性。公共关系专题活动作为传播手段，是一种群体传播活动。任何一项专题活动，其传播主体都是组织，公众是传播的客体，但这种形式的传播对象既不同于人数较少的小团体，也有别于人数多而分散的公众，而是人数较多较集中的公众群体。例如，2001 年 7 月 13 日，中国成功申办奥运会。中国申奥代表团在国际奥委会第 112 次全会上的一系列公关活动，成功地向世人展示了中国的实力，树立了中国的伟大形象，赢得了国际奥委会的赞扬，取得了奥运会的申办成功。

（5）协调性。公共关系专题活动是有组织、有计划、有步骤的协调行动。这种协调性表现在专题活动过程的各个方面和各个环节。一是目的与内容的协调，通过适当的内容来表达特定的活动目的。二是内容与形式协调，采取适当的形式表现内容。三是实施操作过程的协调，这是更明显的特点。尤其是大型专题活动在实施管理过程中，管理事项纷繁复杂，各个实施项目如果不能综合协调，就会影响专题活动的效果，影响公共关系目的的实现，甚至造成一些相反的结果。

成功的专题活动对于沟通信息、联络感情、营销促销、扩大影响、提高组织的知名度和美誉度等都能收到全面的效果。这一点是其他公关活动难以同时做到的。

问与答

问：公共关系专题活动的社会性指的是什么？

答：公共关系专题活动的社会性，是指专题活动必须引起和取得社会的同情和支持，主题必须符合最广大的公众利益，同时需要借助于名人效应以扩大影响面。

三、公共关系专题活动策划的程序

公共关系专题活动的策划程序是一个循序渐进的过程。公共关系专题活动的策划，一般可以分为确定项目、调研分析、策划和论证决策四个阶段。

1. 确定项目

确定项目是指正式确立进行某个公共关系专题项目的意思。只有项目确定，才能展开策划工作。确定项目是由策划的主体或由公关专题活动的主办机构执行的。公共关系专题活动是多种多样的，需求也是多种多样的，确定哪一种活动作为当前实施的项目，其标准是要看此项目是否符合组织机构总体形象建设的需要和是否是近期工作急需解决的问题。公共关系专题活动项目实行是否具有基本的可行性，主要是看项目个案实施的基础条件是否完备。基础条件具备，则项目可以立项。例如，一个企业举行开业庆典活动，基础条件就是要这个企业能够开业生产，才能举行开业庆典。如果这个企业还没有建设好，未能投入生产使用，那就是基础条件不具备，就不能进行开业庆典活动。

2. 调研分析

调研分析阶段是进行项目策划前的调查和研究分析阶段的工作，这一阶段的工作十分重要，必须做好充分的调查研究，才能为策划提供科学的依据。需要强调的是专题活动的调查必须有活动现场的实地调查。在调查的基础上对策划项目进行充分研究分析，主要包括以下几方面。

（1）确定专题活动目标。公共关系人员要根据策划主体的目的要求定出恰当的目标。目标有两种类型：一种是预告性的目标，是预告专题活动实施之后，将会产生一种什么样的效果；另一种是促进性的目标，这一类目标简明扼要，易于衡量。

（2）确定目标公众。确定目标公众又称确立公共关系对象。这是策划人员研究确定公关专题活动将要针对的目标公众，通俗地说是这一活动项目要将信息传达给谁。有的项目可能是针对普通的公众。例如，某公司举办的老年人保健用品展销活动，这样的项目就应把目标公众确立在老年人的范围内。只有这样，才能把有限的传播经费运用在目标公众身上，实现有效的传播。

（3）确立活动主题。主题是公共关系活动展示的中心思想。任何一项公共专题活动，都应有一个明确的中心思想，只有确立鲜明的主题，才能最大限度地提高传播的有效性。一个既定目标的公关专题活动，可以提炼出不同的主题。例如，一个以提升企业文化为目标的专题活动，其主题可以是以“重型企业形象”为主题，也可以是以“争创企业英雄”为主题，还可以“树立新理念”为主题等。总之，主题的提炼需要有现实意义，需要反复推敲方能确立。

3. 策划阶段

策划阶段是策划的主体工作阶段。这一阶段的工作包括拟定内容和活动形式、排列程序、安排时间、拟定场地布置方案、制定经费开支预算及落实工作的计划等。同时还要制定一整套与目标公众的沟通策略、信息传播策略和媒介策略。总之，策划工作阶段需要制订出一个完整的策划方案。

4. 论证决策阶段

论证决策阶段是策划方案拟成文案后，对方案进行预测性评估及做出审定的工作过程。这一过程既要听取专家的意见，又要听取参与活动公众的意见，从各个不同的角度论证策划方案实施的可行性，并做出反馈调整，最后经由决策人审定确定。

问与答

问：公共关系专题活动调研分析阶段包括哪几个方面？

答：公共关系专题活动策划程序在调研分析阶段包括：确定专题活动目标；确定目标公众；确立活动主题。

四、公共关系专题活动的基本要求

举办公共关系专题活动主要有以下几点要求。

（1）明确活动目的。任何专题活动都要有特定的目的，在活动过程中还要努力去实现目的。比如通过开展纪念活动，使人们不忘历史事件、历史人物对今人的影响，从而达到激励、教育人们的目的；通过发布信息、解惑释疑，来消除误会；通过专项服务，联络感情、提高信誉等。

（2）确定活动的主题。任何一项专题活动都必须确定一个明确的主题。主题一般要根据人们共同关心的问题来确定，如理论问题、社会问题等，也可以以纪念某一重大节日、历史人物等为主题。

（3）认真策划。如确定活动的时间、地点、形式及规模，确定主持人、报告人、参加人员，安排与专题活动相联系的一些辅助活动等。要组织一支精干的筹备队伍，分工明确，密切合作，安排好活动的各项事宜。

（4）确保成功。专题活动的评价是客观的，成功与否、效果如何，一目了然，而且影响是直接的，因此，必须慎之又慎，只能成功，不能失败，稍有疏忽将造成难以弥补的损失。

问与答

问：公共关系专题策划工作应该做好哪些方面的工作？

答：确定活动的时间、地点、形式与规模，确定主持人、报告人、参加人员，安排与专题活动相联系的一些辅助活动等。

第二节 常见的公共关系专题活动

公共关系专题活动的种类很多，形式也多种多样。常见的公共关系专题活动主要有开幕典礼活动、展览活动、新闻发布会、赞助活动。

一、开幕典礼活动

开幕典礼活动是一个组织、一个企业、一个团体诞生或盛大活动、重要会议开始时的仪式。主要包括新单位、新组织成立后的开业典礼、重要工程的落成典礼以及各种展览活动、交易活动，如经济建设成就展览会、商业性的展览会、文化艺术展览会及经贸洽谈、物资交流会等的开幕式。开幕典礼是公共关系专题活动中一项较为特殊的活动。

1. 开幕典礼的特点

开幕典礼活动具有鲜明的特点，主要体现在以下三个方面：它是一个组织、一个企业或一个团体诞生的标志，是开展某项重大活动或召开某种重要会议的开始，因此它往往具有特别的意义。例如，同文学作品的“开篇”、戏剧中的“开场”、电影中的“序幕”一样起着先导的作用。开幕典礼或开幕式是一个新组织公共关系的开始。伴随着组织与公众的第一次会面，公共关系也随之形成。对于一个组织来讲，从此也就拉开了公关活动的序幕。从公共关系角度讲，这种专题活动形式比较正规，声势大，规格高，隆重热烈，容易产生轰动效应。

开幕典礼具有重要的作用。它是社会组织展现自身、赢得公众的一种有效的活动形式，对于联系公众、扩大组织影响、提高组织的知名度和美誉度都具有十分重要的作用。一个组织、一个企业、一个团体产生后，总希望在社会上占有一定的地位，对社会做出一定的贡献，在社会上产生一定的影响，总之要在与社会的交往中取得社会的信任和重视。要实现这一目的，当然不能靠举办一次活动就能办到，而需要组织的不断努力，在与社会的长期交往中逐步实现。但是无论怎样的交往关系总有一个开头，而且这个开头往往具有决定成败的关键意义。开幕典礼就是一个组织、一个企业或一个团体向社会的第一次亮相。通过这样一种形式，既为组织展现自身形象创造了一个良好的氛围，又为公众了解自身提供了计划。成功的开幕典礼必须能够给公众留下深刻而又美好的第一印象，从而沟通组织与公众之间的联系，初步确立起信任关系，为此后的交往打下一个良好的基础。

> **想一想**
>
> 开幕典礼与一般典礼的不同之处是什么？

2. 开幕典礼的组织

开幕典礼是一项复杂的公共关系活动，公共关系部门必须精心组织、安排周密。具体的安排和筹备工作主要包括以下两个方面。

（1）开幕典礼的筹备事宜。开幕典礼的筹备事宜具体有：拟定典礼程序。典礼程序一般包括宣布典礼开始，介绍来宾，致贺辞，致答辞，剪彩等。拟定出席典礼的宾客名单。宾客要具有广泛的代表性。为了扩大影响，要尽量邀请一些知名人士或新闻记者参加。邀请出席的请柬要尽可能早地发出，以便被邀请者安排时间按时赴会。拟订致辞人员名单，并为本单位负责人拟写答辞、贺辞。确定剪彩人员。参加剪彩的除本单位负责人外，还应在宾客中邀请地位较高且有一定声望的知名人士同时剪彩。落实各项接待事宜。要把典礼仪式的各项服务工作落实到人，明确任务，提出具体要求，保证人员到位和不出差错。

（2）典礼进行中及结束后的活动安排。典礼进行中及结束后的活动安排主要有：典礼仪式进行中，为了活跃气氛，有必要安排一些助兴节目，如鞭炮礼花、锣鼓、文艺演出、舞狮耍龙、游艺活动等。为了让上级、同行和社会公众了解自己，以及宣传产品和商品，最好同时组织参加典礼的宾客对本企业的生产设备以及产品或商品陈列进行参观。两项内容并举，可以起到互相印证的作用，进一步加深公众对组织的直观印象。典礼活动结束后，要注意及时收集与会者的反映，以检测效果、总结经验。

3. 举行开幕典礼活动应注意的问题

（1）准备充分。此类活动形式正规，一般都具有较大规模，举办前要事无巨细，设想周全。只有准备充分，才能有备无患，应付自如。

（2）举止热情。举办开幕典礼要十分注意礼仪礼节，对来宾接待要热情周到，谈话热情大方，举止文明。

（3）头脑冷静。此类活动一般气氛热烈，情绪高涨，有时会出现一些意想不到的事情。组织者要始终保持冷静的头脑，善于观察苗头，对可能导致不测的因素，要及时排解，巧妙地进行处理，切不可意气用事或惊慌失措。只有头脑冷静，才能遇事不慌。

（4）指挥有序。大型的展览或开业典礼活动，人员众多，场面热闹，组织不好，容易出现混乱的场面。因此，组织者要周密安排，明确分工。组织者要建立起联络系统，使指挥人员与工作人员联系畅通，保证活动有条不紊地进行。

（5）制造气氛。开幕典礼活动是一种宣传手段，要收到良好的宣传效果，必须努力创造一种和谐而热闹的气氛，使参加者在情绪上受到感染，不知不觉地予以接纳，这就需要组织者具有敏锐的观察力和高超的鼓动技能，善于根据公众情绪变化，把握时机，予以鼓励，从而不断地把气氛推向高潮，提高宣传效果。

> **问与答**
>
> 问：开幕典礼的筹备包括几个部分？
>
> 答：典礼开始之前的具体事宜、典礼进行中以及结束后的活动安排。

二、展览活动

展览活动是商业组织常用的公共关系专题活动，也是非经济组织可以利用的公共关系专题活动。大型的展览活动一般称为展览会，也称博览会。它是通过实物、文字、图表和图像等多种传播媒介展览成果、推广产品、宣传企业形象和建立良好的企业信誉的大型公关活动。展览会是为一个组织、一种新产品塑造形象的最佳公关手段之一。

1. 展览活动的特点

展览活动的特点主要体现为以下几点。

（1）展览活动采取讲解、图片、图像、交谈、文字资料等多种方式，集多种宣传媒介于一体，相互印证，强化了传播效果。

（2）实物或模型实物的展示以及现场示范，生动直观，容易使公众留下深刻印象。

（3）展览者与参观者面对面地交谈，不仅可以实现双方的直接沟通，而且可以当场收到来自公众的反馈信息，从而可以及时对自己的活动进行调整。

（4）展览活动影响面大，可以借机“制造新闻”，引起新闻媒介的注意和报道，提高宣传效应。

此外，宣传活动还能够增进公众对展出地点的多方面了解。如果是国际性的展览会，则可以增进公众对展出国家或地区的多方面了解，其意义往往大大超过展览活动本身。

2. 展览活动的种类

从不同的角度划分，展览活动有不同的类型。展览活动的类型可以从展览的性质、内容、规模、形式和时间等角度来划分。

（1）商业性展览和非商业性展览。从性质上看，展览可分为商业性展览和非商业性展览。商业性展览具有促销的意义，是为了开拓商品市场、促进商品的销售而举办的，展品多为实物。这种展览活动又称展销会，其特点是边展边销。此种展览活动对密切商家与客户的关系、提高产品质量、促进商品的适销对路起着积极的作用。非商业性展览是指以宣传为目的的展览。这种展览以传播信息、争取公关理解为动机，旨在树立形象，不是促销，参观者只能观看展品，不能购买展品。

（2）综合性展览和专题性展览。从内容上看，展览可分为综合性展览和专题性展览。综合性展览就是要全面介绍一个地区或一个企业的情况，要求内容全面，有一定的整体性和概括性，使参观者看完后对展览内容有一个全面的了解，如国外展览会。专题性展览是围绕一个主题或产品举行的展览，要求内容集中，有深度，即能从纵的方面表现展览内容，如汽车、服装、家具展览会等。

（3）大型展览和小型展览。从规模上看，展览可分为大型展览和小型展览。大型展览可以容纳较多展品和较多参展单位，有专门的组织机构，如大型博览会。名城街也是一种大型展览。所谓名城街是具有历史文物价值的历史城街。这些名城街既是旅游点，也是开放的城街展览。如天津的“食品街”，西安的“唐城”等。小型展览会的展品较单一，一般是一个组织单独举办的，包括一些厂企为展示自己生产发展和产品的更新换代而设立的陈列室，以及某些单位设立的宣传橱窗、商店设立的展览橱窗等。

（4）固定形式的展览、巡回形式的展览和一次性展览。从时间和形式上看，展览可分为固定形式的展览、巡回形式的展览和一次性展览三种。固定形式的展览是指展品不便搬运，在确定的时间和固定地点举办的展览。如故宫博物院、军事博物馆等。巡回形式的展览没有确定的时间和地点，在一定范围内，借助于交通工具流动进行展览。如各种形式的画展、书展等。一次性展览是指展览结束即可拆除，这种展览多为生活用品。

知识点滴

世博会是世界博览会的简称，分为两种形式：一种是综合性世博会，另一种是专业性世博会。世博会是一项由主办国政府组织或政府委托有关部门举办的有较大影响和悠久历史的国际性博览活动。参展者向世界各国展示当代的文化、科技和产业上正面影响各种生活范畴的成果。

3. 展览活动的基本要求

展览活动是一种面向社会的传播活动。一次成功的展览活动不仅可以使企业由此打开产品销路，使本来不景气的厂家起死回生，而且常常会使组织赢得公众，由此树立良好的形象。而这正是公共关系专题活动的意义所在。因此，展览活动中需要细致全面的公共关系工作。其基本要求如下。

（1）明确展览会的主题。每种类型的展览都应有明确的主题，只有主题明确，才能提纲挈领，对所有展品进行有机的组合排列，以充分展示展品的风采；反之，如果主题不明，眉毛胡子一把抓，就难以把所有的实物、资料、说明材料等有机结合起来，混杂无章，势必影响展览效果。

（2）搞好展览设计。任何一项展览活动都是一项系统工程，必须有一个整体设计，包括场地设计、标语口号、展览徽志设计、辅助设备和相关服务部门的设置以及人员确定、信息发布、与新闻界联络、对工作人员进行培训等都应一一设计，周密安排。

（3）搞好经费预算。经费预算是举办展览活动的一项重要工作，因为举办任何一种类型的展览会都需要花费一定的人力、物力、财力，尤其是财力，要算出一笔账，既要把展览办好，又要减少浪费。这就需要公关人员认真地做好经费预算。哪个方面该开支多少要列出具体的分配计划。现在有些单位为了节省开支，几家联合办展。这种联展就更需要进行细致的经费预算，必须计划周密、开支合理、账目清楚。

（4）搞好展览的效果测定。为了检验一项展览活动是否达到目的，以便总结经验教训，为下次办展览提供借鉴，应当对其效果进行测定。测定方法有：设立观众留言簿；召开座谈会听取反映；现场举办有关展览内容的知识竞赛，检验对展品的留意程度；现场采访和问卷调查；等等。

问与答

问：展览会的种类有哪些？

答：①商业性展览和非商业性展览；②综合性展览和专题性展览；③大型展览和小型展览；④固定形式的展览、巡回形式的展览和一次性展览。

三、新闻发布会

新闻发布会也称记者招待会，是组织或个人为了向社会宣布某一信息而把各新闻机构的记者召集起来，经过现场问答，经由记者把消息传递出去的一种特殊会议形式。新闻发布会一般是政府、企业团体向其外部公众传播一个具有一定社会影响、有新闻价值的信息或某个组织或个人为了澄清某一事件真相而向社会作某些有关情况的介绍。这是组织与新闻界一种较为正式的联系形式，也是与新闻媒介保持良好关系的一个重要途径。对公关人员来讲，新闻发布会是宣布消息的最好工具之一。

想一想

外交部发言人如何通过新闻发布会促进政府形象塑造？

1. 新闻发布会的特点

新闻发布会形式比较正规，规格较高。信息传播速度快，减少了信息传递损耗，提高了传播效率。记者们可以根据自己的兴趣方面，有侧重地进行提问，有利于弄清问题，更好地发布信息。加深了双方的相互了解，促进了组织与新闻界的双向沟通和交流，从而使双方的联系更加密切和友好；促进了组织观察能力、反应能力等方面素质的训练和提高。

2. 新闻发布会的筹备组织工作

对于一个组织来说，举办新闻发布会不仅是向社会发布某种信息，而且也是组织形象的一次“亮相”，因此不办则已，要办就应取得成效。要办好一个新闻发布会，必须精心设计和策划。新闻发布会的筹备组织工作主要从以下三方面进行准备。

（1）会前准备。会前准备一般包括以下五项工作：

① 确定会议主题和对会议进行可行性分析，即会议要传播什么信息，是对某件事情进行解释，还是发布相关信息。如果发布信息，则需要对发布的消息进行分析研究，看其是否具有广泛传播的新闻价值以及是否合时宜，然后再决定是否召开发布会。同时要对记者们在会上可能提出的问题进行预测，提前制定应对策略，并在组织内部统一口径，以免说法不同而引起与会记者的猜疑。

② 确定应邀者范围。应邀者范围应视问题涉及的范围或事件发生的地点而定。一般情况下，与会者应是与特定事件相关的新闻界人士和公众代表。

③ 确定时间和地点。为了获得良好的传播效果，召开新闻发布会一般应避开重大节日，

也不宜与社会公众普遍关心的社会重大活动相重叠。地点一般应选择在交通便利、场地较舒适的市中心地段，也可以选择在主办单位或某一事件发生的现场。

④ 准备好各种会议材料，包括口头材料、文字材料、实物材料等。

⑤ 落实好有关会务问题，包括请柬、拟定会议程序、准备会议器材、确定工作人员、布置会场等。

（2）会议过程。首先要做好会议签到工作，然后按预先的安排将与会者引到会场就座。会议的进行要严格遵循会议程序。会议主持人应充分发挥其主持者与组织者的作用，始终把握会议主题，维持好会场秩序。主持人言谈应庄重而富有幽默感，并善于调节气氛，巧妙回答问题。

（3）会后工作。会议结束后，要及时收集有关这次会议的反馈信息，以便检测会议是否达到预期目的。这项工作可以从三个方面进行：要尽快整理出会议记录材料，对会议的组织、布置、主持和回答问题等方面的工作进行回顾和总结，从中吸取经验和找出不足。要收集与会者对会议的反应，检查在接待、安排、服务等方面的工作是否有欠妥之处，以便会后改进。要统计各到会者在报刊上发表的稿件，进行归类分析，找出舆论倾向。同时对各种报道，应做出良好的应对策略。若发现不正确或歪曲事实的报道，应立即采取行动，证明真相。如果是由于自己失误所造成的，应通过报道机构表示虚心接受并致歉意，以挽回声誉。

（4）答谢宴会。新闻发布会后，组织往往需要安排宴会，感谢各新闻媒体记者。宴会可以安排在发布会后紧接着进行，也可以安排在现场参观活动后进行，这是组织与新闻记者沟通信息、交流情感的良好时机。

新闻发布会组织的成功与否对于达到组织的目标有十分重要的影响。瑞士苏黎世有家食品厂举行新闻发布会，邀请记者评价两种产品：一种汤汁和一种罐装肉汁。新闻发布会在上午 11 时 30 分到下午 2 时结束。在会上，著名艺术家表演了短剧，并在剧中把产品巧妙地编排进去，引起了与会者浓厚的兴趣。同时向与会者赠送了一种厨房烧菜用的围裙作纪念品，这种围裙是特制的，上面有漫画，并有五个口袋，每个口袋里装有一种汤汁或罐装肉汁。会上让新闻记者品尝这些新产品，要求写下评语，并当场抽奖。这次新闻发布会举办得非常成功，有 80 家报刊进行了报道，有的还附有艺术表演的照片。之后，新产品打开了销路，供不应求。

补充阅读

新闻发言人制度

组织机构的新闻发布制度是从国家的新闻发言人制度中衍生出来的。新闻发言人制度是当今世界大多数国家推行的一种基本的信息发布制度。这项制度的首创者是美国总统富兰克林•罗斯福。1933年，罗斯福执政后为挽救严重的经济危机而采取了被称为“新政”的施政纲领。

此后罗斯福为了推动“新政”的顺利实施，就“新政”的推行情况定期约请广播电台的记者到自己的办公室或寓所，以“炉边谈话”的形式向社会发布新闻，从而开创了新闻发言人制度的先河。

我国政府1983年4月开始设立新闻发言人制度，国务院设新闻办公室和新闻发言人。这一体现公开性和透明度的行之有效的政治制度也在工商企业界和其他社会服务领域得到了普遍的推广。

新闻发布会就是指借助媒体的公信力量对企业进行宣传的一种传播途径，它主要有三种形式：新闻发布会、记者招待会和酒会或舞会。不可否认，一篇对企业的正面新闻性报道远比十几篇软文的宣传效果要好得多。在这种低投入高产出的高性价比下，很多企业越来越钟情于以新闻发布会的形式来进行企业宣传。

3. 组织新闻发布会应注意的问题

不论发布何种新闻，都应充分、慎重地考虑到它对社会的各种影响，不能违背国家的法规，以避免出现政治偏差。

坚持实事求是原则。无论是会上发布信息还是会后与记者交谈，公共人员都必须讲真话。只有把自己组织的真实情况告诉记者，记者的报道才会公正。要有一是一，有二是二，切不可虚报浮夸，更不能“掺假”，以免带来不良后果。

新闻发布会必须按时举行，时间不宜过长，一般应控制在一个小时之内。这就要求所有发言要简明扼要。

会期、地点确定后，要提前一两周向与会人员发出请柬，以便被邀请者有所准备。会议结束，可以向与会者赠送一些有特殊意义，特别是印有主办单位标志的小礼品，以给与会者留作纪念，这是人之常情，也是公共活动所允许的。

4. 新闻发言人应注意的问题

不要重复记者的话，容易被断章取义；不要对记者提供的新信息表态；不要回答与事先确定的主题无关的问题；不要接受记者当场递交的任何东西，接了等于认可；不要按记者提供的姓名指名道姓地进行评论；不随便打断记者的提问；不说“无可奉告”之类的官话、套话；不对记者有不满或不屑一顾的表情；对回答不了的、带偏见挑衅、被下套的问题，不要暴怒失态；不说错别字和难以理解的词语。

问与答

问：新闻发布会会前准备工作有哪些？

答：①确定会议主题和对会议进行可行性分析；②确定应邀者范围；③确定时间和地点；④准备好各种会议资料；⑤落实好有关会务问题。

案例 14.2

李宁精准奥运营销　让运动回归本质

在伦敦奥运会“激励一代人”的口号影响下，不仅是运动员们在这个大舞台上延续了“更快、更高、更强”的奥运梦想，李宁品牌也以此为平台，集中展现了体育的精神与梦想。这对李宁相关奥运产品所带来的商业收益有很强的促进作用。通过整合的奥运营销计划的实施，李宁新产品的功能性得到了很好的传递，独特的品牌个性也不断加强，很好地传达了其品牌定位，强化了品牌资产。可以说，成功的奥运营销让李宁奏响了中国品牌在奥运赛场的最强音。

在传播内容上，李宁团队紧紧围绕2012伦敦奥运的契机，通过挖掘运动员与李宁品牌精神相贴合的一面，借此加强公众对李宁品牌的认知，并延续和强化李宁与中国体育和奥运的紧密联系，从而帮助实现李宁品牌长期稳定地健康发展。借助此次伦敦奥运会，李宁品牌最独特的资产——赞助国家队，代表中国第一运动品牌的形象和概念，更好地跟中国消费者进行了连接。

另外，李宁在互联网上，也展开了一次史无前例的深度传播。李宁与同样在奥运营销上投入巨大关注的门户网站腾讯强强联手，共建“中国军团”和“五金队专题”，深度植入品牌信息，共获得超过10亿人次的浏览，李宁所有签约运动员的微博也统一换成了李宁标准的背景模板，获得超过4亿人次的访问。

在李宁的官方微博上，奥运期间共发布微博150余篇;每当运动员有可圈可点的表现，都会第一时间发布和运动员关系紧密的内容，而网友们对此也反应热情，认为李宁的微博内容是站在运动员的角度说出了消费者的心声。

在细节方面，李宁也并未将全部注意力都集中在金牌之上。体操男子吊环和女子高低杠项目结束后，陈一冰和何可欣的银牌引来一片哗然，可谓一石激起千层浪。作为体操队的赞助商，李宁公司第一时间在官方微博上表达了自己的态度：“你们用金牌的动作改变了银牌的定义，中国人让改变发生。”网友们普遍表示了对这一理念乃至李宁品牌本身的认同，堪称民族品牌唤起民族共同情感的绝佳案例。

启发思考：

1. 李宁品牌的营销战略核心内容是什么？

2. 通过赞助，李宁品牌能否提升社会价值与经济价值？

3. 查询资料了解其他著名品牌赞助的案例。

四、赞助活动

所谓赞助活动是指社会组织以不计报酬的捐赠方式，出资或出力支持某一项社会活动、某一种社会事业。赞助活动富有公益性，赞助本身是一种对社会做出贡献的行为。从公共关系的角度讲，它又是综合运用多种传播手段树立本组织形象的公共活动。举行赞助活动是一个组织搞好与政府或社区的关系，提高自身的知名度和美誉度的最为有效的方式之一。

1. 赞助活动的作用

赞助活动的主要作用具体体现在以下三个方面：通过赞助活动为组织做广告，可以使组织名称和产品商标获得新闻媒介的广泛报道，增强广告的说服力和影响力。通过对某些社会公益事业的赞助，不仅可以培养社会各界或某方面公众对组织的良好感情，还可以迅速提高组织的知名度和美誉度。通过赞助活动，可以向全社会表明本组织对社会具有高度的责任感，从而获得社会的认可。

2. 赞助活动的类型

赞助活动多种多样，常见的主要有以下四种类型。

（1）赞助体育活动。赞助体育活动主要包括为体育馆捐资和赞助大型体育比赛，其中以后者居多。随着世界和我国体育事业的发展，人们对体育活动的兴趣越来越浓厚，关注大型体育比赛的人数越来越多。在这种情况下，许多社会组织、企业和团体视促进体育事业繁荣为己任，慷慨解囊。赞助的同时也给赞助者带来了客观的经济效益和社会效益。例如，山东鲁能集团的“鲁能”品牌以及形形色色的“运动员服装”效应，都证明了这一点。可见，在体育活动受到空前关注的今天，赞助体育活动是一种非常有效的公共关系途径。

（2）赞助社会福利事业。赞助社会福利事业主要是指为贫困地区、残疾人、孤寡老人、荣军提供帮助的活动。这类赞助活动能体现出组织高尚的道德品质，从而获得公众的好感。例如，近年来每当有的地方发生重大自然灾害后，社会各界都会进行捐助活动，一些社会组织也积极参加，产生了很好的社会效果。

（3）赞助教育事业。随着社会的进步，人们越来越普遍地认识到“百年大计，教育为本”，教育事业的发展关系国家千秋大业。因此，赞助教育事业，既有助于教育事业的发展，也使组织从中受益，是智力投资，大可为之。教育赞助的方式主要有赞助设立奖学金、赞助学校常年经费、赞助社会办学等。

（4）赞助文化活动。主要有赞助电影、赞助电视节目制作以及赞助知识竞赛、艺术节、文化节等大型文化活动，赞助科学研究和艺术研究，赞助出版图书等形式。举办这类赞助活动，不仅有助于社会文化的发展，也是提高本组织社会效益和知名度的好办法。

3. 赞助活动应注意的事项

（1）明确宗旨。任何赞助活动都应有明确的宗旨。要从分析社会需求和组织需求入手，以保证社会和组织双方受益。同时要注意保持宗旨的一致性，以免四面出击，各行其是，给公众留下捉摸不定的印象。

（2）重点突出。赞助是一种自觉自愿的行为，要优先对各种慈善事业、社会福利事业和活动、公共设施、教育事业进行赞助。赞助这些项目，既是组织的责任和义务，又较容易获得社会各界的普遍好感。

（3）量力而行。赞助通常需要雄厚的资金支持。赞助者不可能也没有必要拿出所有资金去赞助某项事业或活动。即使是用作赞助的资金，也应留存一部分机动款项，作为一些临时重大活动的备用资金。

（4）抵制强制赞助。赞助活动是组织自愿参加的一种社会公益活动，不应成为某些部门搞摊派集资的借口。作为社会组织，对于各种不合法、不正当的集资，尤其是被要求强制赞助，要坚决抵制，必要时可以诉诸法律以维护组织的合法权益。

问与答

问：赞助活动有几种类型？

答：①赞助体育活动；②赞助社会福利事业；③赞助教育事业；④赞助文化活动。

第三节　其他公共关系专题活动

知识点滴

公共关系专题活动还包括公共关系谈判、庆典、公益活动等。

公共关系专题活动种类很多，除上面已重点讲述的开幕典礼、展览活动、新闻发布会、赞助活动外，下面再对开放参观、座谈会、公关联谊三种活动作简要介绍。

案例 14.3

蒙牛乳业2015工厂参观“厂开趣玩”

行业内工厂开放力度一步步升级，随着消费者对产业链源头真实体验的逐步重视，形式单一的工厂参观已无法满足期待。蒙牛从“放心牛奶”到“体验方式创新”，如何实现“牛奶体验幸福升级”，成为2015蒙牛工厂开放的出发点。

蒙牛乳业在整个2015年“厂开趣玩”活动中，以主题“肌动的夏天”结合夏季健身热为主体活动，将“趣”深入人心，通过四个阶段，引爆工厂开放互动高潮。第一阶段：海报浪潮掀起情感共鸣。正值火热夏季，是各种运动派、健身狂最活跃的季节，我们以“肌动的夏天”为主题开启“厂开趣玩”运动专场。通过系列肌动海报向消费者传递牛奶乳蛋白的运动价值，引起健身爱好者的情感共鸣。第二阶段：紧跟热点“就爱肌动”H5火爆现身!引燃“肌动一夏”，同步推出“就爱肌动”H5，以“挥拳出击”的方式，大幅增加传播“互动性”，同时直达“厂开趣玩”参观的报名页面，以最创新的形式吸引消费者。第三阶段：趣游工厂，情感升级。线上传播成功吸引关注后，迅速转战线下展开工厂趣玩体验。将工厂变身趣味健身房，让消费者感受运动带来的酣畅淋漓，体会牛奶乳蛋白对于运动的重要性。第四阶段：现场直播，传播效果最大化。在活动进行中，对系列活动进行实时播报，将现场的情况反馈给没能来到现场的受众，从而引发大家对蒙牛“厂开趣玩”极大的兴趣。另有“就是不断奶”亲子趣玩专场、“追星星的人”明星趣玩专场、“幸福小食刻”美食趣玩专场等系列活动。

2015年工厂开放“厂开趣玩”项目整体评估：以“趣”玩为出发点，打破了传统的工厂开放，将科技感与现代感很好地融合，将活动持续升温，为蒙牛聚集了人气。蒙牛此次工厂开放，不仅打造了娱乐化、趣味化的互动方式，更是在工厂内进行了创新升级，在原来仅有讲解员对工艺知识讲解的基础上，引入了“摇一摇”和 IBeacon 技术，以数字化代替语言口述，将牛奶及品质等相关信息更精确、实时地传递给消费者，进一步促进了牛奶生产工艺在大众中的普及。

与此同时，一改往常消费者被动的信息获取方式，以参与感十足的“摇一摇”主动获取信息的方式传递价值点，使消费者在互动体验中潜移默化地记住传播诉求。

启发思考：

1. 蒙牛为什么要开放工厂，举办参观活动？
2. 企业在举办开放参观活动时应注意哪些问题？
3. 查询其他知名组织举办的开放参观活动，总结共性特点。

一、开放参观活动

参观是指一个国家、一个企业和一个单位敞开大门让公众实地走走看看，以使公众更好地认识和了解自己的一种活动。一个组织要想让公众更好地认识自己，用事实证明自身的存在是有利于社会、有利于社区、有利于公众的，敞开门户，让社会各界人士、社区居民到本组织来实地观光考察是必要的。这不仅有利于激起公众对组织的兴趣和好感，而且会收到验证宣传真伪、消除怀疑之功效，对维护组织的良好形象具有重要的作用。

> **课堂讨论**
>
> 谈谈如何举办校园开放参观活动。
>
> 谈谈如何组织开展政府部门的参观活动。

搞好开放参观活动，要注意以下事项。

（1）明确参观目的。组织首先要明确通过参观活动达到什么目的，要给参观者留下什么印象。一般说来，组织参观活动的目的主要包括如下几个方面：为了扩大知名度。这往往由于组织的知名度不高，需要公众的了解。为了维护和扩展良好声誉。这往往由于组织获得了良好的声誉，有关方面、本行业同仁和新闻单位要求前来参观。为了澄清疑点，求得理解。

这往往由于社会公众对组织产生了某些误解和怀疑，希望通过参观澄清事实，消除怀疑。为了密切与社会各界人士和社区公众的关系，广结良缘而举办的。总之，不管出于何种目的，在整个参观活动中要紧密围绕自己的目的来策划。这是参观活动取得成功的必要前提。

（2）搞好参观的组织工作。参观工作一般要由公共关系部门组织，主要包括以下几方面的工作：确定参观日期，最好安排在特殊节日，如重大节假日、开工喜庆、周年庆典等。发出邀请并告知参观事项。接待服务工作，包括编写来宾名册、解说词，布置接待室、休息室、餐室，印制资料和准备纪念品等。向导工作。向导工作是组织参观的关键环节，要事先进行培训，来宾参观时向导要统一服装或佩戴统一标志，这既便于来宾辨认，也有利于树立企业良好的形象。

（3）处理好公开与保密的关系。参观要遵循公开化的原则，但由于某些原因，每个组织往往又都有自己不宜外传的秘密。因此，公关部门通常要对参观做出合理安排，选择好参观点。这样不仅可以防止本组织的秘密外泄，还能保证正常的工作秩序，不至于对组织的日常工作造成大的干扰。参观结束后，要及时收集来宾反映等信息，分析参观活动的收获和不足，以备参考。

> 问与答
>
> 问：开放参观时应注意的问题有哪些？
>
> 答：①明确参观目的；②搞好参观的组织工作；③处理好公开与保密的关系。

二、座谈会

座谈会是组织为了与公众商讨某些问题或对自己的工作征求意见、听取反映的一种小型会议。它是一种常用的公共关系活动形式。其特点是：参加人员较少，比较灵活，气氛轻松和谐。与会者无拘无束，可以自由发言。组织座谈会虽然比较简单，但要真正把座谈会开好，达到预期效果，还应认真策划。

召开座谈会，应注意以下几个问题。

（1）主题明确。即必须清楚座谈会上要商讨什么问题。每次会议应该有一个或几个明确的主题。

（2）参加人员的选定。参加者一定要与座谈会主题直接利益相关联，尽量不要让无关人员参加。

> 问与答
>
> 问：座谈会在公共关系中的作用是什么？
>
> 答：座谈会可以为组织与公众商讨某些问题或对自己的工作征求意见提供渠道。

（3）时间安排。尽量把会期安排在工作比较清闲、与会人员比较轻松的时段，以让参加者能够安心投入座谈会。此外，还要注意不要使座谈会同参加者感兴趣的其他会议、活动相冲突。

（4）会议安排。虽然座谈会不像其他会议那样隆重、正规，但是也应认真准备。准备工作主要有：选好会议地点，座谈安排要适合交谈，准备好有关资料，时间不要过长，中间适当安排休息等。

三、公关联谊活动

为了联络与内部公众和外部公众的感情，广交朋友，公关部门常有计划地举办一些面向特定公众的公关联谊活动。按照联谊活动内容不同，可分为经济联谊、文化联谊、科技联谊等；按照联谊活动的范围和对象不同，可分为内部公众联谊和外部公众联谊两种。内部联谊包括职工联谊会、股东年会、青年联谊会、妇女联谊会等。外部公众联谊会包括顾客联谊会、读者联谊会、社区联谊会等。这些联谊活动对于增进社会组织与其各类公众之间的良好沟通、加强联系、改善关系有着十分重要的作用。

举办联谊活动，应注意把握以下几个问题。

（1）选定联谊对象。联谊对象的选择，要遵循互助互利原则。联谊双方或多方都要有联谊的要求、内容和能力。

（2）确定联谊的内容层次。按照由低到高、由浅入深的层次划分，联谊活动一般可以划分为三个层次类型：感情型，即以联络感情为主要内容的联谊；信息型，即以沟通信息为主要内容的联谊；合作型，即以经济合作为主要内容的联谊。其中，合作型联谊属于高层次的联谊，是联谊成果的最终体现。因此，企业公关人员应把着眼点和落脚点放在这个层次的联谊上。

> **问与答**
>
> 问：公关联谊应该注意哪些问题？
>
> 答：①选定联谊对象；②确定联谊的内容层次；③把握联谊原则。

（3）把握联谊原则。联谊活动主要应把握以下三条原则：真诚原则，即不能以损人利己为出发点；互利原则，即应使双方收益，同时又不能损害社会利益；效益原则，即要在有效时间和定向范围内取得成效。

本章小结

公共关系专题活动是组织为了与公众进行某方面的交流而围绕预先确定的某个主题开展的一种群体活动。专题活动又称为特别活动、特别项目活动，在国外常常被称为公共关系特殊事件。公共关系专题活动属于公共关系技术范畴，是公共关系日常业务的内容之一，在公共关系工作中占有重要地位。

公共关系专题活动的策划程序是一个循序渐进的过程。公共关系专题活动的策划，一般可以分为确定项目、调研分析、策划和论证决策四个阶段。

公共关系专题活动的基本要求有：明确活动目的；确定活动的主题；认真策划；确保成功。专题活动的评价是客观的，成功与否、效果如何，一目了然，而且影响是直接的，因此，必须慎之又慎，只能成功，不能失败，稍有疏忽将造成难以弥补的损失。

公共关系专题活动的种类很多，形式也多种多样。常见的公共关系专题活动主要有开幕典礼活动、展览活动、新闻发布会、赞助活动。除上述常见的公共关系专题活动外，还有开放参观、座谈会、公关联谊等。

思考题

1. 简述公共关系专题活动的含义及特点。
2. 简述公共关系专题活动的基本要求。

3. 常见的公共关系专题活动有哪些？

4. 简述举办各种公共关系专题活动的注意事项。

拓展资料

1. 2012 年南京大学 110 周年校庆：http://edu.people.com.cn/GB/8216/236895/

2. 解读：中国有多少逸夫楼？为何遍地“逸夫楼”(凤凰网)：

http://edu.ifeng.com/news/special/yifulou/zuixin/detail_2014_01/08/32832123_0.shtml

3. 红星美凯龙 30 周年庆典：http://www.iqiyi.com/v_19rrli6zlk.html

4. 2014 年青岛世园会开幕式：http://qd.sohu.com/20140425/n398806580.shtml

5. 2008 年北京奥运会开幕式：http://2008.cctv.com/kaimushi/26/index.shtml

6. 外交部发言人王毅新闻发布会精彩回答：
http://news.cntv.cn/2014/03/08/VIDE1394248142202961.shtml

7. 十二届全国人大四次会议新闻发布会：

http://v.ifeng.com/2016lianghui/201603/015fcd65-aef2-4f42-acee-92b54b524c5f.shtml

8. 2016 苹果 iPhone7 新品发布会：

http://v.qq.com/x/cover/4u2w1hj02hntzon/r0021hfzfkn.html

9. 伊利赞助里约奥运会：https://v.qq.com/x/page/k0318uhbbx9.html

10. 分享视界•城市大不同 smart 灵动之夜：

http://v.youku.com/v_show/id_XMzI1MjU1OTY4.html

11. 中国国际房车展览会：http://v.ku6.com/show/__inmTlMOkxtDF5T1osGSw...html

主要参考文献

1. 张龙祥. 1993. 中国公共关系大辞典[M]. 北京：中国广播电视出版社.
2. 廖为建. 2000. 公共关系学[M]. 北京：高等教育出版社.
3. 翟向东. 1994. 中国公共关系教程[M]. 北京：中国商业出版社.
4. 余明阳. 1999. 公共关系学[M]. 广州：广东高等教育出版社.
5. 熊源伟. 1990. 公共关系学[M]. 合肥：安徽人民出版社.
6. 李道平. 2000. 公共关系学[M]. 北京：经济科学出版社.
7. 李秀忠. 1996. 现代公共关系学[M]. 成都：西南交通大学出版社.
8. 王乐夫. 1994. 公共关系学概论[M]. 北京：高等教育出版社.
9. 郭惠民. 1995. 当代国际公共关系[M]. 上海：复旦大学出版社.
10. 和铭. 1999. 公关员[M]. 上海：复旦大学出版社.
11. 李秀忠. 1994. 新编公共关系学[M]. 北京：中国矿业大学出版社.
12. 林汉川. 1994. 公共策划学[M]. 上海：复旦大学出版社.
13. 李秀忠. 1999. 公共关系学[M]. 武汉：武汉大学出版社.
14. 邢颖. 1996. 企业实用公共关系[M]. 北京：中国商业出版社.
15. 潘肖珏. 1990. 企业文化教程[M]. 上海：同济大学出版社.
16. 方宪玕. 1991. 企业文化教程[M]. 杭州：杭州大学出版社.
17. 徐耀魁. 1990. 大众传播学[M]. 沈阳：辽宁教育出版社.
18. 郑瑞城. 1994. 传播媒介管理学[M]. 北京：三民书局.
19. 杨洪璋，等. 1991. 中国传统公共关系初探[M]. 北京：中国物资出版社.
20. 于里. 1996. 国际公共关系原理与实务[M]. 北京：工商出版社.
21. 程旭兰. 1995. 公共关系策划[M]. 银川：宁夏人民出版社.
22. 李秀忠. 2015. 公共关系学[M]. 武汉：武汉大学出版社.
23. 邵培仁. 2002. 媒介管理学[M]. 北京：高等教育出版社.
24. 熊源伟. 1990. 公共关系案例[M]. 合肥：安徽人民出版社.
25. 金正昆. 1996. 现代商务礼仪教程[M]. 北京：高等教育出版社.
26. 李强. 1995. 公共关系学概论[M]. 北京：中国人民大学出版社.
27. 张云. 1995. 公关心理学[M]. 上海：复旦大学出版社.
28. 陈萍. 2004. 最新礼仪规范[M]. 北京：线装书局.
29. 邱伟光，阎照武. 2011. 公共关系实务[M]. 安徽：安徽人民出版社.
30. 李秀忠. 2012. 管理心理学[M]. 济南：山东人民出版社.

配套资料索取说明

说明：学生和普通读者注册后可下载学习资源；教学用资源仅供教师下载，教师身份、用书教师身份需网站后台审批，审批后可下载相应资源；教师加“关注”后新增资源有邮件提醒（咨询邮箱 602983359@qq.com 或手机：15652315123）。

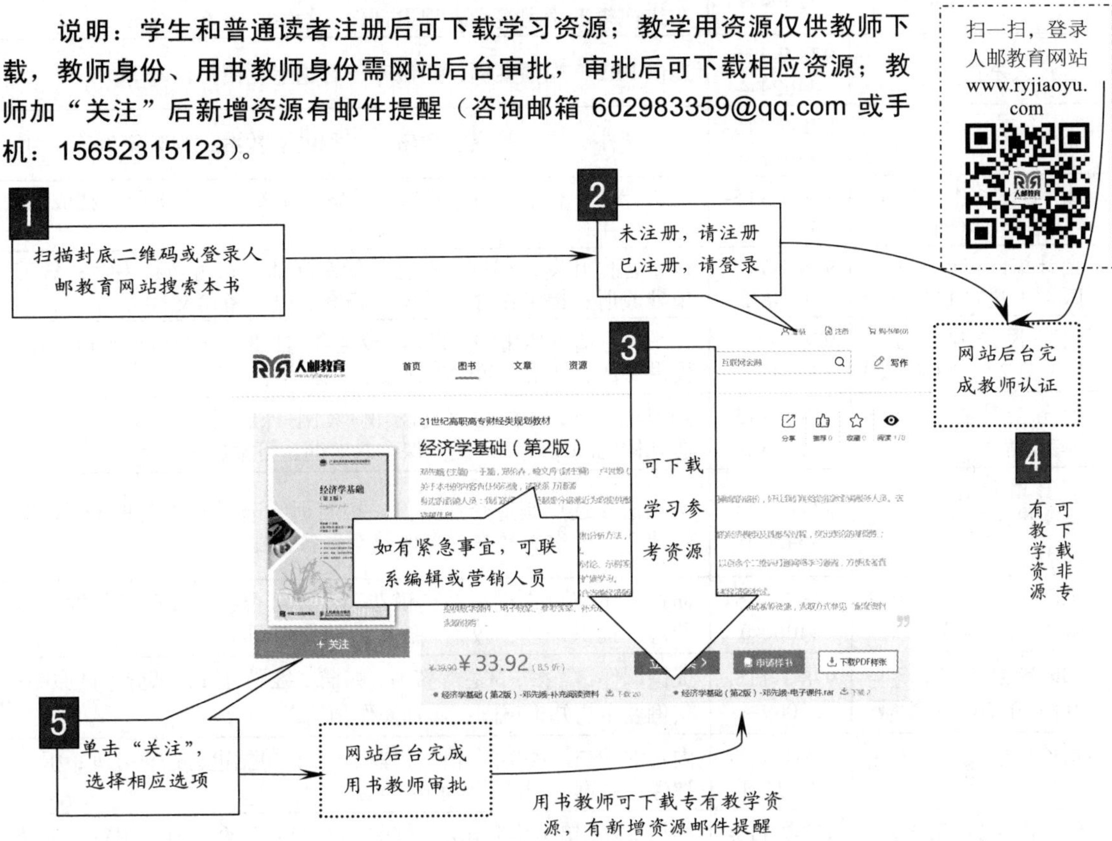

部分 21 世纪高职高专财经类规划教材推荐

书名（作者）	书　号	特 点 简 介
管理学（方振邦）	978-7-115-44334-2	提供 PPT、习题库及习题答案、模拟试卷、视频案例、案例库等
管理学基础（李海峰）	978-7-115-39378-4	提供课件、教案、教学体会、实训说明、文字与视频案例、参考答案、习题集、试卷、阅读资料等，作者开通有教学博客
人力资源管理（第 2 版）（吴少华）	978-7-115-44162-1	40 余二维码链接新闻、案例等；案例阅读与分析、实战演练等形式促进边学边练；提供课件、教案、实训指导、答案、案例和试卷等
电子商务基础（白东蕊）	978-7-115-40043-7	涉及物联网、互联网+等新内容；二维码链接网络学习资源；提供课件、实训指导、文字与视频案例、试卷等
公共关系理论与实务（吴少华）	978-7-115-38147-7	大量采用 2013 年、2014 年案例；二维码链接案例、视频等网络资源；提供课件、教案、答案、案例和试卷等
采购管理（张晓芹）	978-7-115-38155-2	提供实训软件、实训指导、实训资料；二维码链接网络学习资源；提供课件、大纲、参考答案、试卷等
经济学基础（第 2 版）（邓先娥）	978-7-115-42219-4	数百实例讨论链接理论与生活；百余二维码打通网络学习通道；提供课件、答案、阅读资料、教案、文字与视频案例、试卷等

续表

书名（作者）	书　　号	特 点 简 介
会计基础与实务（第3版）（杨桂洁）	978-7-115-42694-9	山东省潍坊市第二十次社会科学优秀成果二等奖；满足会计从业资格考试要求；原始凭证单独成册，方便裁剪；二维码展示在线视频等学习资源；提供课件、教案、答案、试卷等
客户关系管理	978-7-115-44624-4	提供 PPT、视频案例、案例库、习题库、模拟试卷等
企业文化	978-7-115-44012-9	提供课件、习题答案、教学计划和电子教案、视频案例等
成本会计（上、下册）（第2版）（徐晓敏）	978-7-115-39201-5	提供课件、教案、习题及实训答案、试卷；实训部分单独成册，方便使用
会计综合实训（第2版）（甄立敏）	978-7-115-30148-2	校企合作开发，根据企业会计的实际情况布置教材内容；凭证单独成册；提供课件、教案、答案、电子备份文件等
财务报告编制与分析（第2版）（赵威）	978-7-115-37583-4	二维码打造立体化阅读环境，校企合作开发，部分资料来自企业；提供课件、教案、教学案例集、习题答案、试卷等
财务会计报告分析（韩德静）	978-7-115-42465-5	知识+例题+课堂练习+分析实例+案例+课后习题+实训；二维码打造立体化阅读环境；提供课件、大纲、答案、试卷等
会计电算化（财务链·供应链）（沈清文）	978-7-115-36450-0	实训操作选用制造企业案例，拓展训练选用流通企业案例；提供课件、大纲、教案、习题答案、备份账套、试卷
国际贸易实务（第3版）（张燕芳）	978-7-115-44060-0	通过二维码可查询运费、税费等，还可查看真实业务单据高清照片。提供课件、教案、答案、补充习题集、教学案例、试卷
国际贸易单证实务与操作（第2版）（徐薇）	978-7-115-25009-4	提供课件、答案、试卷等资料；扫描二维码可查看部分单证原图；实例展示与知识巩固、实训操作相结合
报检与报关实务（熊正平）	978-7-115-30917-4	内容安排与通关实际操作过程相吻合，单据进行仿真处理；提供课件、教案、习题答案和试卷等
经济法实务（第2版）（王琳雯）	978-7-115-35654-3	根据2014年实施公司法、消法等修订；结合会计、银行、证券等从业资格的考试要求；提供课件、教案、答案和试卷等
经济法概论（刘磊）	978-7-115-31183-2	内容图表化、案例故事化，实践与实训源于工作实际；提供课件、教案、答案和试卷等
金融法理论与实务（第2版）（罗艾筠）	978-7-115-35124-1	“十二五”职业教育国家规划教材；省级精品资源共享课程配套教材；提供课件、教案、答案、文字与视频案例、实训指导、试卷等
人际关系与沟通技巧（龙璇）	978-7-115-41966-8	数十组实训寓教于乐；近百实例开启思考讨论大门；五十余二维码拓展网络空间；提供课件、大纲、实训指导手册、答案、补充教学案例集等
金融学概论（郭晖）	978-7-115-28574-4	提供课件、教案、答案、案例、试卷等；注重教与学互动，提供扩展学习指导
金融基础知识（第2版）（韩宗英）	978-7-115-35666-6	“十二五”职业教育国家规划教材；以故事提升学习兴趣，以通俗降低学习难度；提供课件、教案、答案、试卷、视频案例等
证券投资实务（孟敬）	978-7-115-43069-4	二维码拓展学习通道；学练结合提高学习效果；涵盖证券从业资格考试知识点；提供课件、文字与视频案例、试卷等
保险基础与实务（第2版）（徐昆）	978-7-115-35125-8	“十二五”职业教育国家规划教材；校企合作开发，与职业资格证书考核内容和专业岗位要求相衔接；提供课件、文字与视频案例、答案、试卷和实训资料等